대나무

竹・たけ

일러두기

- 이 책은 동북아시아의 중심국가인 한국·중국·일본이 공유하고 있는 사물(事物)·사항(事項) 중 상징성이 높은 대나무를 비롯한 사군자(四君子), 십이지(十二支) 등을 종교, 사상, 미술, 공예, 민속, 생활 등 다각도로 조명했다.

- 원고 내용은 집필자의 견해에 따르되, 문장은 누구나 쉽게 읽을 수 있도록 했으며, 관련 도판은 상징적이고 의미가 깊은 자료를 가능한 많이 넣어 이해를 돕도록 했다.

- 한글 전용을 원칙으로 하되, 어려운 어구(語句)나 특수용어 등은 괄호 안에 한자 또는 원어를 병기했다.

- 맞춤법, 띄어쓰기, 외래어 표기원칙 등은 교육인적자원부가 제정·발행한 〈한글맞춤법〉이나 〈편수자료〉를 따랐다. 예를 들어 보조동사(도움움직씨), 즉 보조용언(도움풀이씨)은 띄었고, 나타내는 용어가 한마디로 굳어진 관용어는 붙여 썼다.

- 연대는 서력기원으로 표시하고, 필요한 경우 괄호 안에 왕조년을 부기했으며, 본문 서술 중 중요한 경우 왕조년을 먼저 밝히기도 했다.

- 《 》는 서적·신문·잡지·작품 등의 제명(題名)을, 〈 〉는 논문명, 서지·문헌 등의 장(章)이나 편(篇)을 표시한다.「」은 인용문·가사를 표시한다.

- 도량형 단위는 미터법을 따르되 한글로 표시함을 원칙으로 삼았다.

- 일본의 도시명이나 인명은 현지음으로 표기했는데, 전체적으로 통일되어 있지 않다. 이는 집필자의 원고에 따른다는 원칙도 있었으나 표기가 통일되어 있지 않아도 내용을 이해하는 데 큰 불편이 없기 때문이다.

- 중국어 인명(人名)은 신해혁명(1911)을 기점으로 그 이전은 우리 한자 독음으로, 그 이후는 중국어음으로 표기했고, 지명은 중국어음으로 표기했으나, 생소한 지명은 한자 독음으로 표기했다.

- 내용의 교열·교정에 기준으로 삼은 사전은 《금성판 국어대사전》(금성출판사 간, 1999)이며, 외래어 표기법은 《표준국어 대사전에 따른 외래어표기법》(초록배매직스 간, 2000)을 참고로 했다.

대나무

竹・たけ

【이어령 책임편찬】

종이나라

한·중·일 문화코드읽기를 펴내며

세계화와 함께 지역화가 이루어지고 있다. 국경은 소멸되어 가고 있지만 문화를 단위로 한 지역 간의 울타리는 날로 선명해지고 있다. 정치 경제의 이념으로 양극화되었던 세계는 이제 문명·문화를 토대로 한 다원적인 세계 구도로 변화해 가고 있다. 이미 우리는 초국가 형태의 유럽연합의 탄생을 통해서 문화의 공유와 그 정체성이 정치·경제를 이끌어 가는 새로운 파워로 등장하고 있음을 본다.

그래서 지금 문화·문명은 충돌하는 것인지 혹은 공존·융합하는 것인지 하는 문제가 세계의 화두로 제기되고 있다. 하지만 우리는 그러한 물음 이전에 우리가 서 있는 문화의 기반이 무엇이며 그것이 지금까지 우리가 추구해 왔던 근대화·서구화의 그것과는 어떻게 다른 것인지부터 깊이 알아야 할 것이다.

중국·한국·일본의 동북아시아 세 나라는 서양을 알기 이전부터 3000년 동안 함께 나눠 온 문화를 지니고 있다. 그런데도 중국의 중화사상과 일본의 대동아 공영권 같은 일국 중심의 지배 이론으로 그동안 동북아시아의 문화적 가치는 편향되고 왜곡되어 온 것이 사실이다. 그러므로 동북아시아가 공유하고 있는 지역 문화의 그 동질성과 특성을 다시 새롭게 물어야 할 중대한 문명사적 소명 앞에 우리는 서 있는 것이다.

특히 그 역할은 한 번도 그것을 지배의 도구로 이용해 본 일이 없던 한국이 주도해야 할 입장에 놓여 있다. 그리고 지정학적인 입장에서 보아도 중국의 대륙 문화와 일본의 해양 문화를 다같이 아우를 수 있는 것은 한국의 반도 문화일 수밖에 없다.

그리고 그것은 종래처럼 일국 중심의 패권이나 이념화를 통하지 않고 가치 중립적인 입장에서 접근하지 않으면 안 될 것이다. 그렇기 위해서 우리는 매화나 소나무·대나무처럼 역사적으로 공유해 온 구체적인 대상물의 상징과 이미지를 비교해 그 차이와 공통점을 밝혀 내는 방법을 선택하게 되었다. 이는 한마디로 동북아시아 세 나라의 문화 코드를 읽는 작업이다. 이 작업을 통해 공통의 언어와 상상력, 사고의 문법을 구축하고 그것을 새로운 글로벌 문명을 살아가는 데, 이른바 사회 자본(social capital)으로 삼아야 할 것이다.

그러므로 이 책은 작고도 큰 책이다. 이 책《대나무》는 3000년의 문화, 그것도 한 나라가 아닌 동북아시아의 대륙과 해양·반도를 함께 융합하는 거대한 시공(時空)의 서(書)이다. 이에 뜻을 같이하는 삼국의 지식인들이 모여 지금까지 어느 사람, 어느 나라에서도 시도하지 못한 모험적인 책을 내놓게 되었다. 끝으로 이 한·중·일 문화코드읽기의 기획은 유한킴벌리의 문국현 사장과 종이나라 노영희 사장을 비롯한 두 회사 임직원 여러분의 헌신적인 도움으로 실현된 것임을 밝혀 둔다.

책임편찬인 | 이어령

이 책을 여는 글

대나무 문화권의 텍스트 읽기

1. 대지팡이의 문화적 충격

채플린의 지팡이

찰리 채플린의 지팡이를 모르는 사람은 없을 것이다. 하지만 그의 콧수염만큼이나 유명한 그 지팡이가 '대(竹)'라는 사실을 아는 사람은 거의 없다. 역시 대나무라고 할 때 떠오르는 것은 채플린이 아니라 죽림칠현(竹林七賢)의 유령(劉伶)이요 완적(阮籍)이다. 오랫동안 사군자(四君子)나 세한삼우(歲寒三友)로 사귀어 온 사람들은 결코 그것이 서양 사람에게는 더구나 희극배우에게는 어울리지 않는 식물이라는 것을 잘 알고 있다.

　백거이(白居易)의 〈양죽기(養竹記)〉에는「죽심공 죽절정(竹心空, 竹節貞)」이라는 인구에 회자(膾炙)된 말이 나온다. 대나무는 속이 비어 있고 줄기에 마디가 있어 절조가 높고 겸허한 현자와 같다는 뜻이다.(58쪽 참조) 하지만 대나무가 그러한 상징성을 모두 잃게 되면 곧바로 채플린의 지팡이 같은 도구로 변한다. 속이 비고 겉이 단단하다는 대의 속성은 단지 물질적 기능성에 의해서만 평가된다.

　냉전시대에 중국을 '죽의 장막(bammboo curtain)'이라고 불렀던 서구적 수사법도 마찬가지이다. 죽림은 더 이상 신선들이 노니는 초현실적 공간이 아니다. 대나무가 빽빽하게 들어찬 그 숲은 음침하고 폐쇄적인 장막으로 비쳐진다. 대가 중국의 상징으로 쓰인 것만은 분명하지만, 이 경우에는 소련을 '철의 장막'이라고 부른 처칠(Churchill, 1874~1965)의 말처럼 '철'과 비교되는 단순한 물질로서의 대나무다.

이렇게 대나무는 '상징의 영도(零度)' 혹은 '상징이 까무러친' 효율적 실용의 세계에서는 더 이상 아시아 문화의 코드로 작용할 수가 없다.

「고기 없이는 밥을 먹을 수 있으나 대나무 없이는 하루도 살 수 없다.」고 말한 소동파(蘇東坡)의 대나무는 철과 비교되는 물질이 아니라는 것을 보여 준다. '고기'가 몸을 보양하는 것이라면 마음을 살찌게 하는 것은 다름 아닌 대나무이다. 고기가 먹고 살아가는 인간의 실용적 가치를 대신하고 있는 데 비해서 대나무는 예술적 감동이나 종교적 이념을 추구하는 상징적 가치를 창조한다.

도구의 의미를 넘어서는 대나무의 상징 세계

동양 사회에서도 죽장망혜(竹杖芒鞋)라는 말이 있듯이 나그네에게 있어서 지팡이는 짚신과 다를 바 없는 도구다. 하지만 서양에서와는 달리 한자의 도구(道具)는 원래 문자 그대로 도(道)를 닦는 기구〔具〕였다. 일본에서는 불자가 지팡이를

묵죽(墨竹) | 김진우(金振宇), 일제강점기, 간송미술관 소장 | 이처럼 순죽(筍竹)과 신죽(新竹)·성죽(成竹)·통죽(筒竹) 그리고 고죽(枯竹)까지 대나무의 일생을 모두 한 화면에 담은 그림은 어린 손주부터 할아버지에 이르는 가족이 삼세 동당을 이루고 살아가고 있는 모습을 보여 준다.

짚고 순례를 하는 것을 동행이인(同行二人)이라고 한다. 밀교를 믿는 사람들에게는 물을 만들어내는 지팡이가 곧 구카이(空海: 弘法大師)인 것이다.

특별한 종교적 코드를 사용하지 않아도 대나무의 마디는 인체의 뼈마디와 흡사하게 생겨서 쉽게 사람과 동일시되는 경우가 많다. 실제로 시인 이상(李箱)은 대나무를 엑스레이 사진에 찍힌 인체의 모양에 견준 시를 쓴 적이 있다. 더구나 대나무의 마디는 보통 60여 개가 된다고 해서 환갑을 일생의 단위로 삼고 있는 인간과 동일시된다.

'자신이 곧바로 대나무가 된다'는 인간의 죽화(竹化) 현상 또는 대나무와 인간이 일체가 되는 심죽(心竹)의 경지는 비단 선(禪)의 세계에서만 일어나는 현상이 아니다.

또한 죽부인의 경우, 가공품이기는 하나 아버지가 사용한 것은 아들이 쓸 수 없을때 이미 대는 대나무가 아니고 피가 돌고 있는 사람이 되는 것이다.

왕희지(王羲之)의 아들 왕휘지(王徽之)가 대나무를 가리켜 '이 사람(此君)'이라고 부른 것처럼 대나무는 인간과 가장 쉽게 동화 될 수 있는 식물이다(45쪽 참조).

동·서양의 두 문명을 비교하는 경우 우리는 그것이 너무나도 막막하고 애매하고 주관적인 것이어서 당황하게 될 때가 많다. 하지만 채플린의 지팡이가 대나무라는 사실을 알았을 때 생기는 낯설음의 심리적 파동은 어디에서 생기는가. 그것을 추적해 가면 동서의 문화적 차이를 분명하게 읽을 수 있는 단서를 얻게 된다.

그리고 같은 동북아시아 사람이라고 해도 시대와 장소에 따라서 대나무의 문화 텍스트를 읽는 코드가 달라진다는 것도 깨닫게 될 것이다. 요컨대 대나무 문화권에서 살아온 한국인의 정체성이 무엇이었는지를 가늠할 수가 있다는 이야기이다.

그러므로 동과 서의 문화적 차이를 읽고 그것을 다시 세분화하여 한·중·일 세 나라의 문화를 비교하는 데 있어서 대나무는 귀중한 문화 텍스트로 떠오르게 된다.

동북아시아인들이 오랫동안 이상으로 삼아왔으나 역사적으로는 실패를 거듭했던 화이부동(和而不同)의 세계—이질성을 통해서 통합해 가는 '따로 그러나 함께'라는 역설적인 삶의 방식이 있다—요즘 유행되고 있는 말로 하자면 글로벌과 로컬을 한데 합친 글로컬리즘(Glocalism)을 뜻밖에도 우리가 잊고 있었던 그 대밭의 공간에서 찾아 볼 수가 있을 것이다.

대지팡이는 아버지;유교와 무속의 문화 코드

무엇보다도 유교 문화권에서의 대지팡이는 단순한 도구가 아니라 '아버지'를 상징하

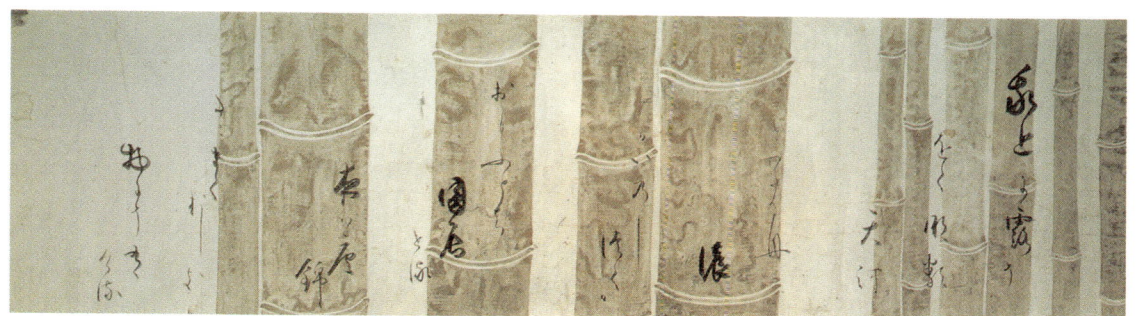

시키소카시타에와카칸(四季草花下繪和歌卷) 竹圖 | 다와라야 소타츠(俵屋宗達), 17세기 | 대나무의 위와 아래를 끊어 버린 이 그림은 소타츠가 그린 밑그림 위에 혼아미 코에츠(本阿彌光悅)의 글을 써 넣은 합작품으로, 18세기의 화가 오가타 고린이 그린 죽매도에 이런 부분화법을 원용하고 있다.

는 종교 코드이다. 《예기(禮記)》에는 「아버지의 상(喪)에는 둥근 대나무 지팡이를 짚고 어머니의 상에는 네모진 오동나무 막대기를 짚는다.」고 적혀 있다. 기록에만 그런 것이 아니라 얼마 전까지만 해도 실제로 우리는 부모상을 당하면 대지팡이를 짚고 곡을 했다.

그리고 우리는 오랫동안 둥근 것은 하늘을 상징하는 부성원리(父性原理)요, 네모난 것은 땅을 가리키는 모성원리(母性原理)라는 천원지방(天圓地方)의 상징체계 속에서 살아왔다. 효율성 실용성을 중시하는 단순한 보행 보조 도구를 넘어서 그것이 아버지가 되고 군자가 되고 때로는 부처님과 죽림칠현(竹林七賢)의 신선이 되는 대나무 숲의 몽상, 댓잎이 스치는 청량한 바람 소리와 빈 뜰에 흔들리는 대나무 그림자의 은은한 움직임 속에서 아시아 문화의 횡단이 시작되는 것이다.

대지팡이가 아버지의 상징이 되는 유교 문화 코드는 무속신앙에서도 그대로 적용된다. 우리나라의 제석풀이의 무가(巫歌)에 나오는 당금아기는 승려와 사통(私通)해서 아들 삼 형제를 낳는다. 아이들이 자라 아버지를 찾자 대밭에서 오줌을 누어 너희를 낳게 된 것이라고 거짓말을 한다. 그 말을 곧이듣고 삼 형제가 대밭으로 들어가 아버지를 부르자 대나무는 "나는 너희 아버지가 아니다. 그러나 너희의 진짜 아버지가 죽은 뒤 우리를 베어다 상주 막대로 삼으면 3년 동안 아버지가 되어 주겠다."고 말한다.

대지팡이가 아버지와 등가물로 되어 있다는 점에서는 다를 바가 없으나 무속의 경우에는 다산과 풍요의 지모신(地母神)과도 결합된다.

당금아기의 이야기는 현실과 신화의 두 세계가 서로 뒤얽혀 있는 구조로 되어 있다. 대밭에서 오줌을 누어 아이들을 잉태하고 낳았다는 부분은 신화 축에 속한 것으로 대나무의 번식성과 생명력을 반영한 것이다. 그리고 대의 번식성은 죽순(竹筍)과 연관되어 있는 것으로 풀이될 수가 있다.

백 년 걸려야 꽃이 피고 열매를 맺는다는 전설이 전해져 왔듯이 대나무들은 씨를 통해서가 아니라 뿌리에서 돋는 죽순으로 생식(生殖)을 한다. 무엇이 많이 생겨나는 현상을 '우후죽순(雨後竹筍)'이라고 하듯이 대는 그만큼 다산성의 상징성을 띠게 된다. 또 죽순의 '筍(순)' 자는 대나무 죽(竹) 자에 열흘을 뜻하는 순(旬) 자를 합친 글자로 그만큼 빨리 자란다는 성장속도를 나타낸다. 실재로 대나무는 하루에 일 미터 가까이 자라는 기록을 보여 주기도 한다. 그래서 어머니의 키를 시샘하여 빨리 자란다고 하여 '투모초(妬母草)'라는 별명까지 얻고 있는 것이다.

그리고 한자음으로 죽순(竹筍)의 '순(筍)'은 자손의 손(孫)과 음이 통한다. 이래저래 대나무는 자손들이 왕성하게 번창하는 것을 삶의 가치로 삼아온 아시아적 대가족주의와 상통한다. 죽순을 '용손(龍孫)'이라고도 부르고 노죽을 '죽조(竹祖)'라고 부른다.

이러한 죽순과 대의 문화 코드를 가지고 보면 왜 하필 당금아기가 대밭에서 오줌을 누어 세 형제를 얻었다고 말했는지 그 이유를 알 만하다.

물의 물질적 상상력과 대나무의 문화 텍스트

대지팡이 하나를 통해서 우리는 유교적인 깐깐한 부성원리와 무속적인 풍요와 생식(生殖)의 모성원리를 동시에 바라볼 수가 있다. 그리고 당금아기가 대밭에서 '오줌'을 누어 삼 형제를 얻었다는 이야기의 신화소(神話素)는 대나무가 물의 물질적 상상력과 깊이 연관되어 있음을 암시한다. 여성의 오줌은 생식력의 상징으로서 농작물의 풍요한 수확을 위한 무속적 신앙 의식(儀式)에서 나온 풍습이라는 것은 널리 알려진 사실이다.

제석풀이의 무가(巫歌)에 나타난 대와 오줌의 관계를 중국 맹종죽(孟宗竹)의 기원설화로 옮기면 눈물과 대나무의 유교 텍스트가 출현한다. 병환 중의 어머니가 죽순을 먹고 싶다고 하여 맹종은 한겨울에 대나무밭으로 간다. 하지만 눈 덮인 대밭 어디에도 죽순은 보이지 않는다. 맹종이 어머니를 생각하며 슬피 울자 그 눈물방울이 떨어진 눈 속에서 죽순이 돋아났다는 이야기이다.

이 두 설화를 통해서 '오줌'과 '눈물', '생식'과 '봉양(효)' 그리고 '무속' 대 '유교'를 비교할 수 있는 텍스트의 분석 모형을 만들어낼 수 있다. 그리고 그 같은 문화 텍스트의 모형은 불교의 상징 속에서도 확대 적용된다.

일본에서는 대나무를 상주의 막대로 사용하는 경우는 없는 것 같다. 그 대신 앞서 말한 것처럼 불교의 순례행자에게 있어서의 대지팡이는 대사(大師)를 의미하는 것으로 신성시된다. 특히 일본 전역에 분포되어 있는 대나무 세우기 전설[杖立傳說]의 하나인 신란(親鸞)의 대지팡이가 그렇다. 신란은 13세기 가마쿠라 초기의 정토진종(淨土眞宗)의 개조(開祖)로 알려진 승려로 한때 염불선(念佛禪) 탄압으로 변두리 지방으로 유배당한 적이 있었다. 그때 그는 자기가 짚고 다니던 대지팡이를 땅속에 거꾸로 꽂고 "자신의 설법이 온 누리에 퍼지게 되면 이 지팡이에서도 새싹이 돋아나 무성하게 자랄 것"이라고 예언했다. 과연 후일에 그의 설법이 일본 각지에 널리 번지며 불교 중흥을 일으키게 되자 거꾸로 꽂은 대지팡이에서는 새싹이 나 번성했다는 것이다.

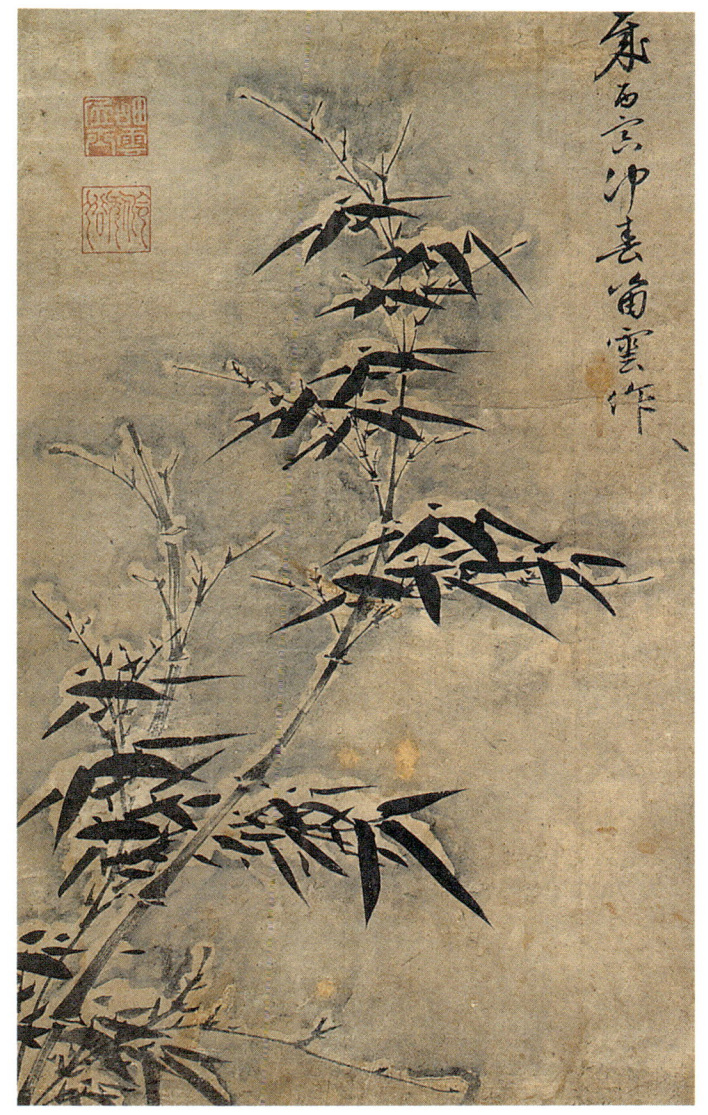

설죽(雪竹) | 유덕장(柳德章), 조선, 간송미술관 소장 | 푸른 댓잎과 하얀 눈발이 강렬한 대조를 이루고 있다.

일본인들이 사카사마타케(逆樣竹)라고 부르는 신란의 이 대나무 세우기 설화는 불교의 솔법을 대나무의 생명력과 그 번식력으로 상징화한 것이라고 볼 수 있다. 염불의 탄압으로 귀양길에 오른 신란이 대지팡이라고 한다면 그가 다시 불사를 일으켜 불교가 부흥케 된다는 것은 거꾸로 꽂은 지팡이가 대나무로 재생하여 무성하게 번지는 것과 같다.

그러므로 신란의 설화에는 직접 언급되어 있지 않지만 신란의 설법은 마른 대나무에 물을 주는 것과 같은 역할을 한다. 신앙심의 초능력은 맹종의 눈물이 눈 속에서 죽순을 돋게 한 것처럼 지팡이의 죽은 대에서 싹을 트이게 한 것이다.

그리고 대지팡이를 땅에 거꾸로 박는 행위는 굳이 프로이드를 들먹이지 않아도 당금아기가 대밭에서 오줌을 눈 의사(疑似) 행위와 같은 의미를 갖는다. 서양문명권에서도 아론(Aaron)의 지팡이에서 싹이 나고 꽃이 피는 이야기가 있듯이 반드시 대가 아니라도 지팡이는 남근의 상징으로 흔히 사용된다.

이렇게 세속적인 생식과 다산의 풍요를 종교적인 상징으로 뒤집어 놓은 것이 신란의 설화이다. 신란의 설법은 '사카사마타케'처럼, 그의 신도들이 우후죽순이라는 말대로 여기저기에서 돋아나 신속히 대밭처럼 전국을 덮는다.

맹종의 죽순 설화, 당금아기의 무가 그리고 신란의 지팡이 세우기 전설을 통해서 우리는 대나무의 문화 텍스트를 읽는 분석 모델을 만들어낼 수 있게 된다. 이 세 이야기들은 종교적 층위에서 보면 유교·무속·불교, 물질적 상상력의 층위에서 보면 눈물·오줌·물(설법), 인물의 층위로는 맹종·당금아기·신란 그리고 나라별로는 중국·한국·일본의 병렬 구조로 비교할 수 있다.

2. 물과 불의 물질적 상상력

대나무와 용 그리고 물

중국이나 일본 설화에서는 대나무는 용과 동일시되는 일이 많다. 비장방(費長房)이란 사람이 대나무 막대기를 연못에 던졌더니 용으로 화했다는 고사가 있어 대나무를 화룡(化龍)이라고 부르기도 한다. 일본에서도 대가 용이나 뱀으로 바뀌는 이야기들이 여러 지방에 분포되어 있다(71~74쪽 참조).

무엇보다도 대나무 순을 용손(龍孫)이라고 부르는 것을 보아도 대=용의 상징적 등식을 용이하게 찾아낼 수 있다. 두말할 것 없이 서양에서 용은 불의 상징이지만 아시아의 문화권에서는 물(비와 구름)과 연관되어 있다. 동남아 열대우림의 대나무들은 근경(根莖)이 없이 족생하고 있지만 동북아시아의 대나무들은 밑뿌리가 땅속으로 꾸불꾸불 깊이 뻗어 있어 잠용(潛龍)과 쉽게 동일시될 수 있다. 그리고 방풍림 등으로 강가에 심은 죽림들이 많아 대나무의 장소성에서도 물과 근접해 있다.

설화의 세계만이 아니라 대나무는 시화(詩畵)에서도 물의 이미지와 상징성이 짙게 깔려 있다. 대나무 잎에 이슬이 맺혀 있는 노죽(露竹), 비가 내리는 날의 우죽(雨竹)과 안개가 낀 연죽(煙竹) 그리고 때로는 바람에 나부껴 급류처럼 물결치고 있는 풍죽(風竹)들이 모두 그러한 것이다.

시각적 이미지만이 아니라 댓잎들이 스치는 대숲의 바람 소리는 계곡으로 흘러가는 물소리처럼 표현된다. 시문 속에 자주 등장하는 '빈 뜰에 드리운 댓잎의 그림자'는 물의 물질적 특성 가운데 하나인 '차가움'과 관련된다. 진각국사(眞覺國師)가 든 열 가지 대나무의 특성 가운데의 하나가 바로 청량성(淸凉性)이다. 남방 열대의 식물이 이상스럽게도 한자문화권에 오면 북방의 겨울 이미지로 바뀐다. 한자문화권의 대나무는 '설문해자'의 풀이대로 '겨울에 나는 풀(冬生草)'로 정의된다. 장황하게 설명할 필요 없이 소나무나 매화와 함께 세한삼우의 하나로 등장하는 대나무는 오래 전부터 추운 겨울에 의해서 그 특성을 드러낸다.

그래서 물의 차가움이 극에 이른 것이 설죽(雪竹)이다. 가령 유덕장(柳德章)의 통죽을 보면 오랜 세월을 차가운 눈발과 겨울을 견뎌온 설죽의 흔적이 오버랩 된다. 그 통죽 그림에 찍힌 '올바른 얼음집[正氷堂]'이라는 인장 글씨가 더욱 대의 차가운 이미지를 불러일으킨다. 실제 설죽도들은 유난히 가는 대나무 가지 위의 큰 댓잎마다 눈들이 수북이 싸여 있다. 묵화라고 해도 푸른 댓잎과 하얀 눈발이 강렬한 대조를 이룬다. 반드시 겨울이 아니라도 대나무의 이미지가 얼음처럼 차가운 달빛과 어울리는 경우도 있다. 그것이 바로 '설월죽(雪月竹)'의 이미지다.

대는 또 때로는 얼음과 같이 빙결한 차가운 바위와 어울리기도 한다. 이러한 액체의 결정체(結晶體)의 이미지는 종종 댓잎에 스치는 바람 소리를 얼음처럼 차가운 백옥이 부딪치는 소

묵죽도(墨竹圖) | 신위(申緯), 조선, 고려대학교박물관 소장 | 전형적인 죽석도(竹石圖)로 커다란 바위를 중심으로 자라는 몇 그루의 대나무를 묘사한 것이다. 선비의 내면세계를 표출하듯 부드럽고 온화함이 드러나고 있다.

리로 비유하는 시를 낳기도 한다.

하지만 대나무와 물의 이미지 관계는 결코 평탄한 것이 아니다. 훨씬 복합적이고 양의성을 지닌 긴장관계를 나타낸다. 대나무는 물만이 아니라 원래 불의 물질적 이미지와 깊이 얽혀 있기 때문이다.

대나무 어원과 불의 이미지

원래 대나무의 원산지는 동남아시아로 열대식물이다. 대를 뜻하는 영어의 뱀부(bamboo)가 말레이 반도의 토속어에서 비롯되었다는 것을 봐도 알 수 있다. 그리고 그 어원은 열대림의 대밭이 불에 탈 때 나는 큰 폭음 소리를 의성어로 나타낸 것이라고 한다. 뿐만 아니라 아프리카, 남미 그리고 적도의 원주민들은 마른 대나무로 불을 일으켰고 번제(燔祭)를 지낼 때에도 신성한 제례의 도구로 사용했다고 전한다. 그러므로 대의 이미지는 물보다는 불에 더 가까운 것이었다.

비교적 남방 문화의 특성을 많이 가지고 있는 일본의 경우, 대밭에서 어린아이가 태어나는 〈가구야히메〉의 설화 역시 당금아기의 이야기와는 달리 물이 아니라 불빛과 관련되어 있음을 알 수 있다.

중국에 와서도 대나무는 폭죽(爆竹)의 불꽃놀이와 연결되어 있어서 불의 상징성을 지니고 있다. 중국은 화약을 최초로 발명한 나라이며 동시에 폭죽의 문화를 만들어낸 나라이다. 하지만 중국인이 설이나 명절에 폭죽을 터뜨리는 것은 단지 폭음과 불이라는 물질적 상상력에서 나온 벽사(辟邪)와 축귀(逐鬼)의 풍습으로만 설명될 수는 없다. 한자로 '爆(폭)'은 알린다는 '報(보)'와 음이 같고, '죽(竹)'은 '축(祝)'자와 발음이 같아서 폭죽은 곧 '보축(報祝)'의 뜻을 지니게 된다. 그래서 경사스러움을 알리고 축하하는 길상의 표시로 중국인들은 축제일이 되면 폭죽을 쏘아 올린다.

대나무의 남방성과 불은 대나무를 뜻하는 중국말 자체가 남방어인 '텍'에서 왔다는 사실로도 입증된다. 한국의 대도 일본의 '다케(たけ)'도 모두 남방의 고음에서 생겨난 말이라는 어원학자들의 주장이 있는데 특히 한국말의 '대(夕)'와 나무를 뜻하는 '기(キ=木)'가 합쳐서 일본의 다케란 말이 만들어진 것이라는 가나자와 쇼사브로(金澤庄三郎)의 설은 귀담아 들을 만하다.

왜냐 하면 대의 원산지는 동남아시아지만 동북 지방의 중국→한국→일본으로 옮겨 오면서 점차로 북방적 요소를 띠게 되고, 동시에 불의 이미지는 물의 이미지로 변하며 뜨거운 감각은 차가운 기운으로 바뀌게 되었다는 사실을 추적할 수가 있다.

여름과 겨울, 불과 물의 대나무의 복합적 이미지와 그 상반된 상징성은 남방적인 것과 북방적인 문화가 때로는 충돌하기도 하고 때로는 융합하기도 하는 복합적 문화 코드를 생성한다.

그것이 물의 변용적 이미지인 눈물, 피, 술과 같은 액체로 확대·재생산된다. 그리고 그것들은 당연히 액체화한 불의 요소라는 특이한 양의성을 내포한 상징 코드를 만들어 간다.

불의 물=눈물과 피

맹종의 대나무 설화에서도 보듯이 눈 위에 떨어진 '눈물'에서 죽순이 돋아난다는 것은 눈물이 눈을 녹이는 열기를 지니고 있다는 것을 의미한다. 이때의 눈물은 효성의 열도를 나타내는 정감의 불꽃을 상징한다. 반죽(斑竹)의 근원설화도 마찬가지다. 순(舜)임금이 죽자 아황(娥皇)과 여영(女英)이 소상강 가에서 슬피 울다 강가의 대나무를 적셨다는 눈물 역시 뜨거운 불꽃을 지닌 액체이다. 어머니에 대한 효성이든 남편을 위한 정절이든 그 농도가 더욱 짙어지고 그 불꽃이 더욱 더 타오르면 그 눈물은 피눈물로 화한다.

차가운 물이 얼음으로 변하는 것과 달리 뜨거운 물이 짙어지면 피로 바뀐다. 이렇게 정절의 불이 액체화하여 만들어낸 대나무가 다름 아닌 혈죽(血竹)이다. 푸른 불꽃처럼 폭발하는 죽순, 절정기에는 하루에 일 미터씩 자란다는 대나무의 맹렬한 성장, 굽지 않고 곧게 뻗어가는 강직한 줄기 또한 대쪽이라는 말이 함유하고 있는 것처럼 타협하지 않는 직선적 성질—대나무처럼 불의 과격한 폭발력을 지닌 식물도 드물다.

그렇기에 물과 불이 혼합된 대나무 코드에서 불의 요소가 강화되면 이념색이 짙은 의죽(義竹)과 혈죽(血竹)이 태어나게 된다. 유교적 이념이 강해질수록 대나무의 물은 붉은 피로 변한다. 다리 위에서 이방원에게 살해된 정몽주의 일편단심(붉은 마음)과 그 피는 의죽이요, 혈죽으로 선죽교(善竹橋)의 이름 위에 남아 있다.

고려 말에서 5백 년이 지난 구한말에도 혈죽의 한국 문화 코드는 변함없이 이어진다. 그것이 바로 을사조약으로 나라를 잃자 순국한 민영환 의사의 죽어간 자리에서 돋아난 혈죽(血竹)이다.

호국이나 충의를 나타내는 대나무는 눈물이 피로 변용된 이념적 텍스트로서 한

유황좌소도(幽篁坐嘯圖) | 우지정(禹之鼎), 청(淸), 산동성박물관 소장 | 이 그림은 청대 시단(詩壇) 어양산인(漁洋山人)의 우두머리인 왕사정(王士)을 그린 것이다. 바람에 휘날리는 대나무 숲에서 시인이 가죽을 깔아 놓은 반석에 앉아 아직 횡금을 치지는 않고, 무슨 생각에 잠긴 듯 학자의 분위기를 단단히 내고 있다.

·중·일 삼국의 대나무 코드 가운데 가장 한국적인 것으로 꼽힌다. 중국이나 일본의 경우에는 앞서 말한 대로 대나무의 물이 불로 변해도 벽사나 길상의 폭죽문화의 길상코드로 사용되는 일이 많기 때문이다. 상대적으로 폭죽문화가 미미했던 한국 문화에서는 대가 길상적인 축제문화와 얽히는 예는 극히 예외적인 것이었다고 할 수 있다.

만파식적의 문화코드

대나무가 호국 이념의 문화 코드로 사용된 것은 신라 때부터의 일이다.《삼국유사》에 기록된 만파식적(萬波息笛)과 죽엽군(竹葉軍) 설화가 그 대표적인 예라고 할 수 있다. 하지만 이 두 설화가 다 같이 호국이념을 나타내고 있는 대나무의 텍스트이지만 만파식적의 대나무는 물의 상징계열에 속해 있고, 미추왕의 죽엽군의 그것은 불 계열에 보다 가까운 것으로 볼 수 있다. 특히 이 두 설화에서 대나무의 종교적인 상징 코드는 유·불·선 삼교가 조금씩 융합된 것으로 볼 수 있으나, 음양 사상이나 조상신과 같은 기층문화가 그 저변에 짙게 깔려 있다. 그러므로 한국적인 특성을 가장 많이 지니고 있는 대나무 상징의 원형으로 간주할 수 있다.

만파식적은 신문왕이 낮에는 둘이 되었다가 밤에는 합해져서 하나가 되는 대나무를 발견하여 그것으로 만든 대나무 피리에 관한 설화이다. 그 피리(만파식적)를 불면 처들어오던 적군이 물러나고 역병이 낫고 가뭄과 장마 그리고 거친 폭풍도 잦아들었다고 한다.

낮에는 둘, 밤에는 하나가 되는 것은 이미 당금아기 설화에서 본 것처럼 남녀의 의사 성행위 같은 음양합일의 원형성을 보여 준다. 동시에 비와 용과 그리고 바다와 같은 '물'의 상징성과 깊이 간여되어 있다. 만파라는 이름에도 파도가 들어 있고, 그 피리의 상징성을 풀이한 용의 이야기에서도 모든 것을 용해하고 융합시키는 물의 속성이 암시되어 있다.

"한 손으로 치면 소리가 나지 않지만 두 손으로 마주 치면 소리가 나는 이치와 같다. 대나무란 것은 합해진 뒤라야만 소리가 나므로 성왕께서는 소리로써 세상을 다스리게 될 것이다. 왕께서 이 대나무로 피리를 만들어 불면 천하가 화평할 것입니다."라고 했다.

피리 소리로 세상을 다스리라는 것은 무력의 힘으로 다스리는 패도가 아니라 덕으로 다스리는 왕도정치를 펴라는 이야기와 같다. 요즘 말로 하자면 만파식적의 피리는 파워 폴리틱스가 아니라 모럴 폴리틱스를 의미하는 것이고 하드 파워가 아니라 소프트 파워를 상징하는 것이다.

바람이 불어야 대나무의 잎들이 서로 스쳐 청량하고 평화로운 소리를 낸다. 그것처럼 사람의 입김이 닿아야 피리는 소리를 낸다. 피리 소리는 마주치는 손뼉처럼 둘이 서로 합쳐질 때 비로소 울리는 소리이다. 음과 양이 서로 조화를 이루는 것처럼 만파식적은 대나무와 그 피리가 지니고 있는 화합의 힘을 상징한다.

요약하자면 종교적으로는 유·불·선 삼교를 회통시키고 정치적으로는 고구려와 백제, 신라의 삼국을 통합시킨 신라의 정치력과 호국이념을 상징해 주고 있는 것이 바로 만파식적의 그 대나무이다. 그리고 그 설화의 구조는 바다→표류하는 섬→섬 속의 산→산 속의 두 대나무→하나의 대나무로→피리의 순서로 그 공간이 점점 수축되어 하나의 피리로 응결된다. 그리고 그것을 불면 이번에는 그 작은 대와 입김이 마주치는 소리가 온 바다와 나라밖의 우주로 퍼진다. 마치 월명 스님이 피리를 불면 하늘에 뜬 달이 멈춰 섰다는 전설과 같다. 한 방울의 물이 강과 바다로 확산되는 것처럼 만파식적은 만파의 바닷물결과 하늘의 우주공간으로 생명의 입김이 확산되어 만물을 감응시킨다. 두 대가 하나로 합치듯이 피리와 입김이 서로 하나의 소리가 되듯이 원융회통(圓融會通)하는 신라의 정신을 대나무로 코드화한 것이 다름 아닌 통일신라의 호국불교였다고 할 수 있다.

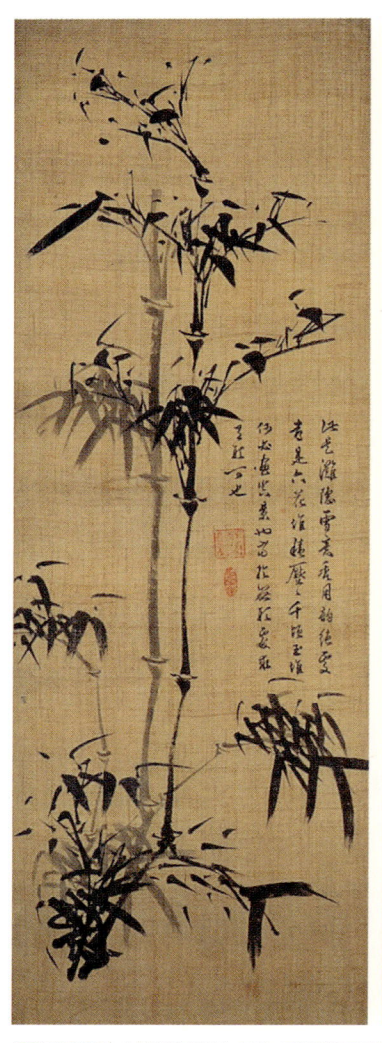  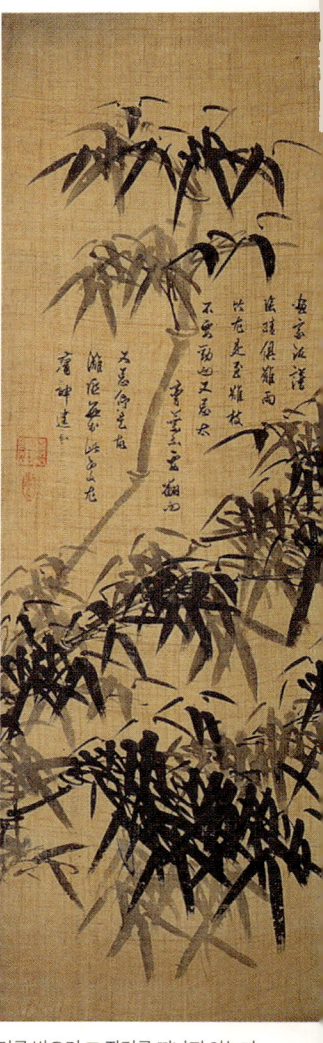

묵죽도6곡병 | 송상래(宋祥來), 조선, 고려대학교박물관 소장 | 성질이 곧고 지조가 굳은 대나무는 한번 뿌리를 박으면 그 자리를 떠나지 않는다.

죽엽군과 대나무 잎

만파식적이 소프트 파워를 나타낸 것이라면 유례왕 때의 죽엽군(竹葉軍)의 이야기는 무력을 사용하는 하드 파워의 상징이라고 할 수 있다. 이서국의 침략으로 위기에 처한 신라를 구한 것은 갑자기 나타난 원병들에 의한 것이었다. 그들의 귀에는 대나무 잎들이 끼어 있었고 그들이 사라진 다음 미추왕의 능에는 대나무 잎이 수북하게 쌓여 있었다는 것이다. 그래서 미추왕의 능에는 '竹'자를 부쳐 죽현능(竹峴陵)이라고

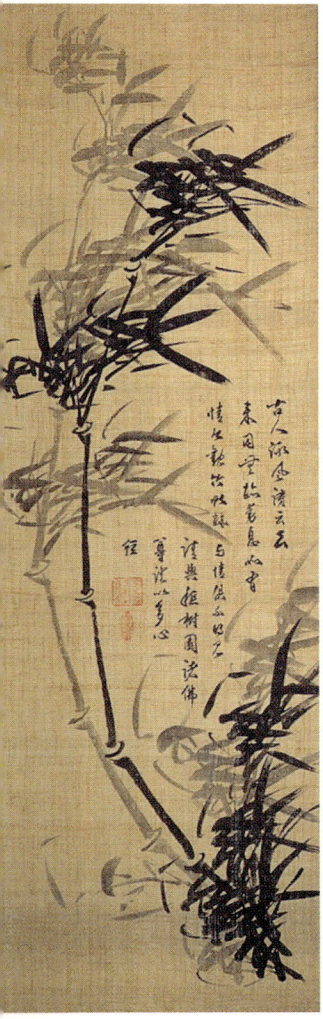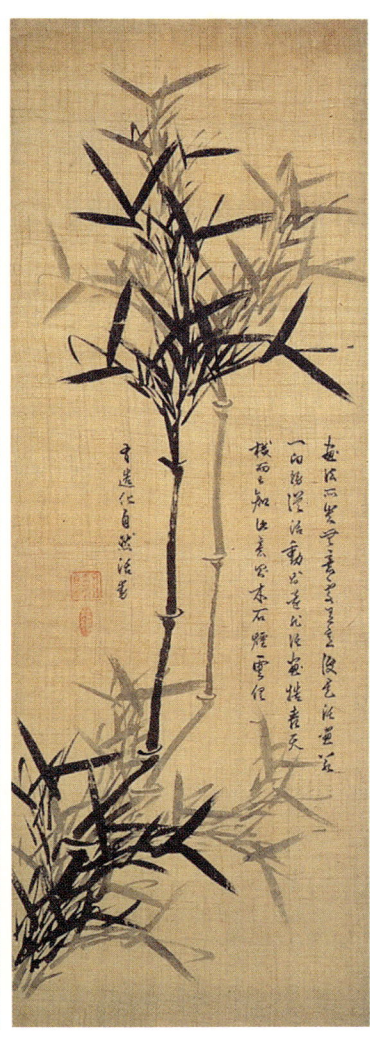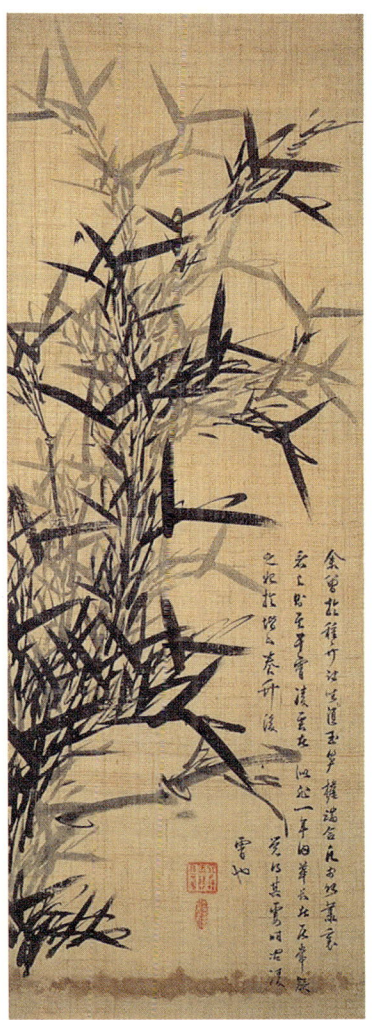

부르게 되었다고 한다.

불의 이미지가 직접 나타나 있지 않지만 문무왕이 죽어서 용이 되어 나라를 지키려고 한 것처럼, 미추왕의 호국충절의 정신은 앞에서 본 그 의죽과 혈죽처럼 불의 이미지와 통해 있는 것이다. 세한삼우의 소나무와 매화에게는 없는 대나무의 특성 가운데 하나가 바로 무와 관련된 하드 파워라고 할 수 있다. 대나무가 지니고 있는 불의 문화적 코드다.

백제군과 끝까지 싸우다가 아내와 자식을 죽이고 자신도 자살한 죽죽(竹竹)은

"아버지가 나의 이름을 죽죽이라고 지어 준 것은 추울 때에도 시들지 않고, 꺾일지언정 굽히지 말라함이다. 어찌 죽음을 겁내 항복하겠느냐."라고 말한다. 대나무의 이미지에는 불의와 타협하지 않고 산속으로 숨은 백이숙제의 고절군(孤節君)이 아니라 실제로 전쟁터에서 목숨을 바쳐 싸우는 무사의 투쟁정신도 내포하고 있다. 죽엽군과 같은 이야기에서 병사들이 댓잎 대신 매화나 소나무가지를 꽂고 싸웠다고 한다면 혹은 죽죽장군의 이야기에서 그 이름을 매매(梅梅)나 송송(松松)이라고 바꿔본다면 어떤 느낌을 받게 될 것인가. 그 이야기에 결코 어울리지 않은 다는 사실을 발견하게 될 것이다.

그 까닭은 꺾이지 않은 대의 위세 속에 상무적인 강한 힘 '뱀부'의 불타는 폭음처럼 불굴의 의지가 타오르는 불의 이미지가 잠재되어 있다. 뿐만 아니라 전쟁터에서 무구로 사용되는 활과 화살 대창 같은 것들은 모두가 대나무로 만들어진 것들이다.

대로 만든 붓은 선비를 상징하고 창과 그 궁시는 무를 상징한다. 붓대의 문(文)은 물이고 화살의 무(武)는 불이다.

불의 물=술과 대나무

'눈물'과 '피'와 함께 불의 액체화는 술의 경우에서도 나타난다. 그리고 술과 대나무는 피와 대나무가 얽힌 혈죽과 가장 대립적 이미지를 지니게 된다. 피는 액체화한 태양으로 혈관을 순환하면서 정신을 고양시키지만 술은 아폴로에 대립된 디오니소스의 경우처럼 이성을 잠재우고 긴장을 풀어 준다. 술은 모든 틀을 해체해 혼돈의 소용돌이를 일으킨다. 대나무의 직선적인 성격 그리고 외곬으로 달려가는 강직한 성품을 탈(脫) 코드화한 것이 다름 아닌 죽취일(竹醉日)의 대나무이다.

성질이 곧고 지조가 굳은 대나무는 한번 뿌리를 박은 자리에서 떠나지 않는다. 그래서 옮겨 심으면 죽고 만다. 그런데 대나무가 일 년에 딱 한 번 술에 취하여 정신을 잃는 날이 있다는 것이다. 음력 5월 13일이 바로 그날이다. 300여 년 전에 씌어진 중국의 《화용월령(花庸月令)》에 의하면 술에 취하는 음력 5월 13일을 택일하여 대나무를 옮겨 심으라고 되어 있으며, 그날이 아닐 경우라도 '5월 13일'이라고 쓴 종이쪽지를 옮겨 심은 대 가지에 매달면 뿌리가 활착(活着)하게 된다는 것이다.

아무리 포절군(包節君)이라고 일컫는 대나무의 절개라고 할지라도 자신이 어디로 옮겨지고 있는지 알 수 없을 정도로 취하는 날이 있다는 죽취일을 통해서 우리는 삼백예순 날 내내 맑은 정신만으로는 살아갈 수 없다는 일탈의 사상과 그 미학을 배우게 된다.

고려 때의 시인 이인로(李仁老)는 죽취일의 대나무를 이렇게 찬미하고 있는 것을 보아도 알 수 있다.

> 제 홀로 술에 흠뻑 취해 있는 대나무여/ 멍하니 어디로 가는 줄도 모르는구나/ 강과 산, 자리는 비록 달라졌어도/ 어디든 경치는 달라질리 없으니 다시 술에서 깨어나지 말거라./ 창을 들어 술 취해 지조나 행실을 잃었다고 시비하는 저 선비라는 자들을 쫓아 버리겠다./ 이 대나무는 오히려 한 곳에만 매어 있는 것 부끄럽게 여기니/ 가고 싶은 대로 가는 것 하늘도 막지 못하리라.
>
> 〈죽취일 이죽〉

탈이념적인 이 대나무 텍스트는 분명 당시의 주류적 문화규범을 탈코드화한 것이라고 할 수 있다. 대쪽이나 대꼬챙이라는 말처럼 꼬장꼬장하고 뾰족한 절개의 하나로 통해 오던 대의 이미지와 그 상징성이 술에 의해서 해체된 자유분방한 또 하나의 대나무 모습을 보게 된다.

이인로의 해학적인 그 시에서는 '한 곳에만 매어 있는 것'이 오히려 부끄러움이 되고 지조의 행실만 따지는 선비들이 융통성 없는 시비꾼으로 격하되어 있다. 가고 싶은 데로 가는 것은 하늘도 못 막는다는 인간의 자유의지까지 내비친다.

하지만 강직한 대나무의 속성에서 일탈된 죽취일의 대나무 역시 대나무가 지니고 있는 본래적인 속성의 하나라고 할 것이다. 대나무에는 피의 대나무인 의죽과 함께 그 옆에는 술의 대나무인 죽취일의 이죽(移竹)도 있다. 대나무들을 떠나 다른 공간으로 옮겨 심은 일탈의 대들 그것이 유교에서 도교적인 공간으로 옮아가는 죽림칠현의 그 대밭이라고 할 수 있다.

술 취한 대나무와 도교적 문화 코드

이미 언급한대로 대나무의 문화 코드를 만들어내는 물질적 상상의 근원은 물이며 그러한 상징체계에서 대나무는 용과 동일시된다. 그래서 죽취일을 용생일(龍生日)이라고도 한다. 용은 변화무쌍한 존재이며 여러 짐승을 한데 어으른 복합수로서 그 자체가 조화와 생성을 상징한다. 공자가 노자를 보고 "나는 용을 보았다"고 한 것과 마

제죽도(題竹圖) | 두근(杜菫), 명(明), 베이징 고궁박물원 소장 | 이 그림은 동파제죽(東坡題竹)의 고사를 그린 것이다. 화면 가운데 높은 모자에 소매가 긴 옷을 입고 붓을 들어 대나무에 글을 쓰고 있는 사람이 소식(蘇軾)이다. 왼편에 한 동자가 벼루를 들고 시중을 들고 있으며, 오른편에는 한 노인과 어린아이가 집중하여 지켜보고 있다.

찬가지로 용이 된 대나무는 무엇이라고 정의할 수 없는 양의성, 하나의 틀로는 가두어 둘 수 없는 자유분방한 경계 침범의 힘을 지니게 된다. 물처럼 흐르는 것에는 대나무와 같은 마디(節)가 없다. 그러한 물이 불과 같은 열도를 지니게 되어 활성화하면 '술'로 변하게 되고 그 정념의 물은 광기로 발전한다.

자신의 재능을 「터진 버선 실같이 풀어져 있는 것으로 비유하고 취하여 하늘에 호소해서 내 미친 노래를 바친다.」고 한 김시습(金時習)의 모습에서 '술 취한 대나무'를 보는 것은 그렇게 어려운 일이 아니다. 그는 방옹광(放翁狂)과 시주광(詩酒狂), 하감광(賀監狂) 그리고 두보(杜甫)와 접여(接輿)의 광기를 모두 가지고 있다고 한 자신을 스스로 대나무(苦竹)에 비교하고 있기 때문이다.(54쪽 참조)

단정한 대나무를 죽취일의 대나무 코드로 변환시킨 것은 두말할 것 없이 술이다. 술은 이미 말한 대로 물과 불이 합성된 액체로 디오니소스적인 특성을 지닌 것이라고 말했다. 늘 맑은 정신으로 깨어 있는 대나무는 유교적 이념의 모델이지만 모순되는 모든 것을 받아들이고 양극화의 마디(節)와 마디를 벗어나 자유로운 초현실적 공간을 만들어내는 술은 도교적인 죽림칠현의 현자 혹은 은자의 상을 창조한다.

유교가 교조적인 것으로 흐른다는 것은 대가 옹색하게 한쪽으로만 쏠리고 그 유연성을 상실하는 것과 같다. 그러므로 도교적인 발상은 항상 죽취일에 대나무를 옮겨 심는 이죽(移竹)과도 같은 작용을 해왔다고 할 수 있다. 주자학이 성행했던 한국의 유학 풍토에서 유교의 이념은 끝없이 죽취일의 이죽 행위에 의해 새로운 생명력을 얻어 왔다고 할 수 있다. 혈죽의 피가 상징하는 의혈의 대나무는 때때로 술에 취해서 고착된 틀에서 벗어나 새로운 토포스(장소)를 찾는다. 구속에 대한 자유 이념에 대한 상상력, 세속화에 대한 탈속화, 의인(義人)에 대한 현인(賢人), 사대부에 대한 은자(隱者) — 유교문화에 대한 대의 이미지와 상징성을 도교 혹은 선불교와 같은 대의 이미지가 어울리면서 동아시아의 다이내믹한 문화코드를 생성해 왔다.

대나무의 광기 또는 술 마신 대나무의 반란은 사실상 대나무가 어떤 식물에서도 볼 수 없는 그레이존의 영역에 그 뿌리를 두고 있기 때문이다. 이렇게 피와 술의 대립적인 문화 코드가 수천 년 공존해 왔던 것은 대나무 자체가 이더 오어(either-or)가 아니라 보드 올(both-all)의 대밭의 상징 공간을 만들어 왔기 때문이며 그 속에서는 하나의 잣대로는 잴 수 없는 복합적이고 양의적인 마음의 생태학이 자라고 있었던 것이다.

3. 대나무의 그레이존

풀이냐 나무냐

대나무의 그레이존 그리고 그 마음의 생태학이란 무엇인가. 인터넷을 검색하다가 「Bamboo (the tallest grass in the world) can grow up to 90 cm in a day.」라는 풀이를 발견하게 될 때 우리는 채플린의 지팡이가 대지팡이였다는 것을 알았을 때처럼 마음에 이상한 이화감이 생겨난다. 서양 사람들에 의하면 혹은 식물학지식을 지니고 있는 사람들의 눈에는 아무런 주저 없이 '대'를 grass(풀)라고 부를 수 있을 것이다. 하지만 '나무도 아닌 것이 풀도 아닌 것이'라는 그 유명한 윤선도(尹善道)의

〈오우가(五友歌)〉를 알고 있는 한국 사람이라면 새삼스럽게 대풀이라고 말하는 사람들을 보고 놀라게 될 것이다.

아무리 과학이 발달해도 우리는 우리가 세 살 때 배운 한국말의 울타리를 쉽게 뛰어넘을 수가 없다. 한국말로 대라고 하면 갈대의 대, 수숫대의 대처럼 속이 비고 호리호리한 풀줄기의 이미지가 강하게 나타난다. 그러면서도 한국 사람들은 대를 그냥 대라고 하지 않고 나무 자를 붙여 대나무라고 불러왔다. 분명히 대는 갈대와 같은 풀이면서도 동시에 목본(木本)에 속해 있는 당당한 나무의 양의성을 띠고 있는 식물이다.

그래서 세한삼우라고 할 때에는 소나무, 매화나무와 한 식구가 되고 사군자의 경우에는 난초와 국화와 같은 풀과 한 식구가 된다. 풀과 나무의 경계 속에 사는 그레이존의 식물이다. 대를 대나무라고 부르는 한국인만이 아니라 그것이 한자문화권에 있어서의 대나무에 대한 감각이요, 그 개념이다.

미심쩍다면 우선 한자자전을 보면 나무 목 변과 풀초 변이 있어서 나무에 속해 있는 것과 풀에 속해 있는 것들이 분명하게 나눠져 있다. 그러나 대나무는 어떤가. 나무목 변에도 풀초 변에도 들어 있지 않다. 대죽 변으로 따로 분리·독립되어 있기 때문이다. 웬만한 자전에는 나무에도 풀에도 속하지 않은 대나무 계열의 문자들이 무려 990개나 되어 독자적인 자기 영역을 지키고 있다.

일본 사람들은 대나무를 다케(竹)와 사사(笹)라고 부른다. 사사는 대와 다른 특별한 종류의 명칭이라기보다 키가 작고 잎이 커서 풀에 가까운 대를 그렇게 부른다. 보통 대라고 하면 일본 역시 풀과 나무의 경계에 있는 식물로 인식한다. 말하자면 '풀도 아닌 것이 나무도 아닌 것'이라는 개념이 대의 이미지요, 상징의 원천적 특성이다. 그리고 나무이면서도 풀, 풀이면서도 나무인 대나무의 그 엉거주춤한 그레이존이야말로 동아시아적인 특수한 기호(記號)들과 그 문화를 키워 온 창조의 영역이라 할 수 있다.

희극배우 채플린의 지팡이가 대지팡이라는 것을 알았을 때 생겨나는 이화감은 상징적 가치가 물질적인 사용 가치로 전환될 때 일어나게 되는 현상이다. 그것처럼 대나무를 영어로 "그래스"라고 부를 때 생겨나는 어지럼증은 문예적인 감성이 갑자기 과학적 이성으로 돌변할 때 벌어진다.

모든 사람이 효율과 기능을 중시하는 도구화로 기울고 모든 사고가 신화와 상징에서 과학적 분석으로 쏠리고 있는 현대 문명 속에서, 아시아인들은 대나무를 통해 느껴지는 이화감과 어지럼증을 통해 자신이 아직도 아시아인이라는 희미한 동질성을 지니게 된다.

식물도감의 지식 속에서는 나무와 풀의 회색지대에 서성대는 것을 허락하지 않는다. 그것은 일도양단으로 벼(禾)과에 속하는 식물로 분류되어 버리고 만다. 그리고 지팡이라는 보행보조 도구들은 그것이 대로 만들었건 명아주로 만들었건 혹은 플라스틱이나 특수한 석유화학 제품의 신소재로 만들었건 그 기능에 의해서만 문제가 된다.

이치고이치에(一期一會)의 정성 | 손님에게 차를 대접하는 사람은 다기 하나하나를 깨끗이 닦고 차를 준비한다. 손님에게 차를 따르는 순간의 행위에 모든 정성을 담아 전무후무한 그런 차 맛을 체험하도록 돕는다. '一期一會'는 일생에 단 한 번 만난 심오한 인연으로 알고 손님에게 차를 대접한다는 뜻이다.

반대의 일치(Contraria scount complementra)

대나무는 도구가 된다고 해도 대밭의 상징 공간이 지니고 있는 그레이존에서 일탈하는 것은 아니다. 진각국사(眞覺國師)가 〈죽존자전(竹尊者傳)〉에서 예거한 대나무의 덕성 가운데 열 번째로 맨 마지막에 든 것은 다재이세(多材利世)이다(76쪽 참조). 옛날 동아시아의 사람들은 태어나서 죽을 때까지 대나무 도구와 함께 살아왔다. 임어당의 표현을 빌리자면 중국인의 일생은 요람에서 무덤까지 대와 함께 산 일생이다. 그러나 대나무는 단순히 채(材)와 이(利)의 기능적 도구로만 의미를 갖는 것이 아니었다.

티 위스크(차센) | 차를 준비할 때 필요한 차를 골고루 휘젓는 기구. 대나무 받침은 천연 무늬가 있어야 고품격이다.

죽세공의 민예품에서 그것도 그냥 사용한 것이 아니다. 용도가 모두 서로 배치되어 있거나 그 상징성이 대립과 모순으로 이루어진 것들로 짝을 이루고 있다. 문(文)을 상징하는 것으로서는 붓(筆), 죽간(竹簡), 붓통(筆筒) 같은 무구(文具)에서 선비들의 거처에서 가장 사랑받던 죽창(竹窓)에 이르기까지 이루 헤아릴 수가 없다. 그런가 하면 한편으로는 궁시(弓矢), 죽창(竹槍), 죽도(竹刀) 그리고 대나무 방패(竹楯) 등 전쟁터의 무

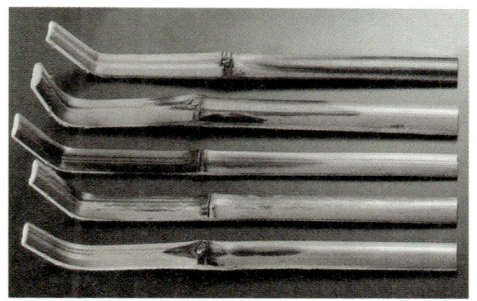

티 스쿠프(차샤쿠) | 엄청난 정성을 더 들여야 하는 완성품보다 마무리가 채 안 된 차 뜨는 스푼을 차 애호가들은 높이 쳐준다고 한다.

구(武具)를 만드는 역할도 한다. 대는 문과 무의 경계를 붕괴시킨다.

문무만이 아니다. 문과 무를 넘나드는 또 하나의 우주를 상징하는 영역이 있다. 물속의 불인 용이 된 대나무처럼, 적에게 공포를 주고 아군에게는 기쁨을 주는 피리의 마력이다.

죽마가 유년 시절의 상징이라면 대지팡이는 노년을 상징한다. 죽편(竹鞭)이 유교의 서당에서 가르침을 나타내는 상징물인데 비해, 죽비(竹篦)는 선방(禪房)의 수행을 상징하는 도구이다. 그런가 하면 신장대는 강신의 도구로 무속의 상징이다.

대나무는 그 용도에 있어서도 이상스럽게 반대되는 것을 서로 보완하거나 일치시키는 마력을 지니고 있다. 이것은 흔히 대나무의 영성이라고 하는 것으로 물불의 융합, 이승과 저승과의 접속, 온갖 강한 것과 유한 것의 물질적 특성의 대립에 이르기까지 그 경계를 넘나드는 힘이다.

일본 사람들이 내세우는 무사도와 다도(茶道)는 서로 모순되는 것처럼 보이지만 대나무에 의해서 반대의 일치를 보여 준다. 무구와 다구의 모순이 동시에 하나의 공간에서 연출되는 기이한 설화가 바로 후루타 오리베(古田織部, 1543~1615)가 만들었다는 '다마아라레(弾あられ, 총탄이 우박처럼 쏟아지는 것)'의 명(銘)이 붙은 차샤쿠(茶杓)이다. 차샤쿠라는 것은 말차(抹茶)를 떠낼 때 쓰는 다의 도구로 귀이개처럼 머리 부분이 약간 패인 대 막대이다. 겉보기에는 아무런 특징도 없어 보이는 대나무쪽이지만 다인들은 이것을 격조 높은 여술품으로 애지중지한다. 대를 깎을 때의 정신과 기량을 다하지 않으면 명품이 탄생하지 않기 때문이다.

그런데 다인 오리베가 총탄이 비 오듯이 쏟아지는 전쟁터에서 문득 대나무 방패(竹盾) 가운데 마음에 드는 대 하나를 발견하고 그 자리에서 차샤쿠를 깎기 시작한다. 그러다가 총탄에 맞아 건상을 입기도 한다. 전쟁과 다(茶)의 모순되는 두 공간이 대의 방패(竹盾)와 차샤쿠(茶杓)의 기능이 다른 두 도구가 오리베에 의해서 하나로 통합됨으로써 명품 '다마아라레'가 출현되는 것이다. 다샤쿠만이 아니라 다도에서 쓰이는 도구 가운데는 대가 주종을 이룬다. 무사들이 한편에서는

묵죽(墨竹) | 임희지(林熙之), 조선, 간송미술관 소장 | 조선 후기 한어(漢語) 역관이던 임희지는 청조 문예에 대한 관심에 의해 양주팔가(揚州八家)의 일원이었던 나빙의 필법으로 이 작품을 그렸다고 한다. 따라서 이전 묵죽화에 비해 새로운 미감이 반영되었다.

우도를, 또 한편에서는 다도를 함께해 온 것 자체가 대의 상징 공간인 그레이존이 아니고 무엇이겠는가.

4. 현대의 대나무 도구성과 상업성

한국 대나무 문화의 현주소

한·중·일 세 나라에서 지리풍토상 가장 대나무에 적합하지 않은 땅이 한반도다. 세종조 때의 조선조 실록에도 그러한 사정이 뚜렷하게 기록되어 있다. 의정부에서 병조 정문 「황해도에서는 본시 대〔竹〕가 생산되지 않습니다. 그러나 남북의 풍토(風土)가 같지 않아서 대나무가 살기에 적당하지 않은지를 참으로 알기 어려우니, 본도 감사로 하여금 선척(船隻)과 군인을 적당히 징발하여, 충청도에서 이를 채취하여 다 재배 시험토록 하옵소서.」라고 아뢰었다는 대목이다.

그러므로 자연히 한반도보다 남쪽에 위치해 있고 다습다온의 조건을 갖추고 있는 일본에서 이 열대성 식물이 더 번성할 수밖에 없다. 그리고 대를 이용한 각종 기구 만들기와 그에 관련된 생활풍습이 한국보다 다양하고 앞서갈 수밖에 없다.

중국에 가까워 항상 대륙 문화를 일본의 섬에 이식시켜 왔던 한국이지만 대나무에 관한 것만은 역수입해 오는 현상이 많았다. 역시 세종 11년 일본 사신으로 다녀온 박 서생(朴瑞生)의 보고 내용에서도 그러한 사정을 엿볼 수가 있다.

「일본에서는 대나무로 큰 밧줄을 만들어 양쪽 언덕에 매어 놓고, 통나무를 깎아서 배를 만들어 대나무 밧줄에 등자를 달아 배 위로 내려뜨리고는, 기둥을 세우고 들보를 가설하고, 널빤지〔板子〕를 쭉 깔아 다리를 만들어 놓고는, 진리(津吏)로 하여금 건너는 세를 가볍게 징수하게 하여 후일에 교량이 낡아 허물어졌을 때의 보수 자금으로 사용하고 있습니다. 우리나라의 한강과 임진강은 남북을 통하는 큰 관진(關津)입니다. 비옵건대, 이 예에 따라 다리를 가설하고 다릿세를 거두어서 무너지는 대로 즉시 보수하게 한다면, 다만 돈을 사용하는 법이 광범위해질 뿐만이 아니라 남북의 인마(人馬)가 험로(險路)를 걸어서 피곤해 쓰러지는 폐단도 또한 없어질 것입니다.」라는 부분이다.

청죽함로(靑竹含露) | 강세황(姜世晃), 조선, 간송미술관 소장 | 청죽함로는 '푸른 대가 이슬을 머금는다'는 뜻으로, 안온하면서도 청담한 분위기를 자아내고 있다.

한국의 선비문화 일본의 조닌(상인) 문화

대나무의 호국정신 선비들의 절개와 충의를 상징하는 혈죽의 전통에 있어서는 한국을 따를 나라가 없었으나, 그것을 길러 민생화하고 상업화하는 면에서는 풍토상의 이유도 있었지만 일본에 뒤떨어진 양상을 보여 준다. 박 서생의 충격은 오늘날이라고 예외일 수 없는 것이다. 우리나라에서도 담양 등의 대밭을 이용한 관광과 그것을 활용하여 만든 각종 상품들이 출시되고 있으나, 일본의 경우에 비하면 훨씬 뒤져 있는 형편이다.

한국의 경우 대나무는 절조(節操)를 생명으로 하는 선비의 문화 코드로 작용하고 있었지만, 일본의 경우에는 조닌(町人)들의 상업적 코드로 기울어 세속화한다. 그 가운데 하나가 일본에서만 볼 수 있는 에비스(十日講)의 축제이다. 에비스는 상인들의 신으로 부(富)와 그 번영을 상징하는 칠복신의 하나이다. 벌써 300년 전 오사카의 상업도시에서는 매년 정월초가 되면 에비스의 축제가 열렸다. 그 축제를 상징하는 것이 바로 맹종죽의 대나무 가지이다. 맹종죽은 그 근원설화에서 이미 보았듯이 한겨울에 노모를 위해 죽순을 구해 온 맹종의 눈물—효의 상징이었던 것이 상인의 공간에서는 죽순처럼 돋아 번영하는 부(富)의 의미로 변한다.

오늘날에도 변함없이 대나무는 세속적인 상업주의와 손을 잡고 일본 사회 속에 깊이 파고들고 있다. 우리에게는 이미 잃어버린 기념일이 되고 말았지만 일본에서는 해마다 죽취일이 되면 각지에서 여러 가지 이벤트를 벌이고 있다. 원래 죽취일로 삼은 음력 5월 13일은 중국 풍토에서는 대를 옮겨 심기 좋은 출순(出筍)기로 최적기지만, 일본의 경우 가장 많이 이용하는 '마다케(眞竹)'의 이식에는 최악의 시기가 된다.

그런데도 일본인들은 그 죽취일의 본래의 뜻과는 상관없이 일본의 민담〈가구야히메〉가 달로 돌아가는 날과 결부하여 여고생들이 참여하여 술을 따르는 민속으로 전환시켰다. 해마다 양력 5월 13일이 되면 세계의 대나무 500종을 수집해 기르고 있는 후지 죽류식물원(富士竹類植物園)을 비롯해 히메지(姬路) 등 지역축제로 대성황을 이룬다. 죽엽 술이나 죽순으로 만든 각종 음식 등을 시음하는 직판 이벤트를 벌이기도 하고, 나라(奈良)의 다이안지(大安寺)에서는 다케구요(竹供養)를 벌여 건강장수와 암 퇴치까지 기원하는 전국 규모의 큰 모임을 갖는다.

대나무로 맺어진 에디슨과 일본 신도

일본 신도(神道)의 특징이기도 하지만 일본에서는 다 쓴 물건을 구요(供養)하는 불교의 풍습이 있다. 붓을 쓰다 수명이 다되면 사람처럼 후데스카(筆塚, 붓무덤)를 만들어 제사를 지내 주는 것이다. 도구로 물신화(物神化)하는 공양문화 그리고 오마츠리(祭) 문화는 근대의 실용적인 과학기술, 문명기기 그리고 상업문화와 결합하여 쉽게 융합된다.

그 대표적인 예로 에디슨을 대나무 상징으로 바꿔 신처럼 모시고 있는 야와타(八幡男山)의 신사(岩淸水八幡宮)이다.

1879년에 에디슨은 등화의 혁명을 일으킨 탄소의 백열전구를 발명한다. 그때 온 세계에서 모인 6천여 종의 재료를 써서 실험한 가운데 일본 쿄트에 있는 야와의 대나무를 사용하여 성공을 했다. 에디슨은 전구 발명을 한 이듬해부터 10년 가까이 이 대

에디슨 기념비 | 에디슨의 천재성과 일본 대나무의 우수한 품질이 결합해 인류의 공동재산인 전기 불을 만들어냈다.

를 사용하여 매년 2, 3천만 개의 전구를 세계에 수출하게 된다.

에디슨의 전등 발명 50년의 행사로 1929년 간미즈하치만구(岩淸水八幡宮)의 경내에 에디슨의 기념비를 세우고 대나무와 벚꽃을 심어 놓았다. 대뿐만이 아니라 에디슨 생일인 2월 11일에는 일본의 진무천황(神武天皇)이 일본의 야마토 나라를 세운 날과 일치한다 하여 신도와 연관을 짓고 있다.

신사만이 아니라 오사카의 교한(京坂) 역전에는 에디슨의 동상이 서 있고 야와타 시민들은 자기 고장의 대나무가 인류에게 희망의 빛을 보낸 근원지라고 하여 평화의 도시 만들기의 축제를 만들어 이벤트를 벌이기도 한다. 우연이지만 일본 각 지방에 퍼져 있는 민담《다케도리모노가타리(竹取物語)》에 나오는 가구야히메는 대나무에서 빛이 나는 것을 보고 그 안에서 여아를 발견한다는 이야기이다. 에디슨의 전구가 된 야와타의 대나무와 옛날 설화에 등장하는 대나무의 빛은 서로 그 이미지가 교합된다.

어쨌든 대나무는 강직하다는 동아시아인들의 '절(節)'에 대한 문화 코드가 서양의 과학 문명에 인팩트를 던진 것만은 분명하다. 에디슨의 조수 윌리엄 무어가 일본을 방문하여 필라멘트가 될 만한 양질의 대나무를 구하려고 청원했을 때 이토히로부미(伊藤博文)의 메이지 정부에서는 교토의 사가노의 야와타의 대나무를 천거했다. 대나무의 곧고 강한 의사의 상징이 과학 발명의 에디슨 코드로 바뀐 것에서 우리는 근대 일본의 변화 과정을 극명하게 바라볼 수 있다.

중국의 사회주의는 대나무를 뱀부 커튼(대나무 장막)이라는 새로운 이미지를 탄생시켰고, 일본의 탈아입구(脫亞入歐)의 대나무는 에디슨을 신으로 모시는 전기(電氣)의 상징을 만들어냈다. 한국의 대나무 이미지는 무엇이 되었는가. 6.25전란 때 이념항쟁의 상징이 되었던 죽창인가. 아니면 죽염, 죽기름 같은 공해와 싸우는 웰빙 식품의 이미지인가.

대나무는 이제 그 도구성마저도 플라스틱에 의해 그 자리를 잃어 가고 있다. 그러나 현대문명 속에서 그 용도의 도구적 가치가 변한다고 해도 그 상징적인 가치는 종교 속에서, 문학과 예술의 작품 속에서 혹은 생활풍습과 무심코 사용하는 아이들의 언어 속에서 죽순처럼 자라고 있을 것이다.

꽃이 피고 열매를 맺으면 대나무는 곧 말라 죽는다. 판다곰은 댓잎만 먹고 살아가는 짐승이기 때문에, 절대로 자기 영역 밖으로는 나가지 않는 짐승이기 때문에 대나무가 시들면 함께 죽는다.

대가 고사해 가는 이 풍토에서 동 아시아인들은 판다곰처럼 멸종되어 갈 것인가. 여러 학자에 의해 탐구된 이 대나무의 책은 아마도 그러한 질문에 답하는 지름길이며 그 도표(道標)가 될 것이다.

한·중·일을 횡단하는 문화 텍스트 읽기가 지금 막 시작되었다. 누가 아는가. 노모를 위해 흘린 눈물이 한겨울 눈발 속에서 죽순을 돋게 했듯이 혹은 땅속에 거꾸로 꽂은 대 지팡이에서 새순과 푸른 가지가 돋아났듯이 한·중·일 문화상징의 탐색작업을 통해서 이 메마른 도시의 아스팔트 위에 죽림칠현의 현자들이 다시 나타나게 될지도 모를 일이다.

|이어령|

차례

- 004 　한·중·일 문화코드읽기를 펴내며
- 006 　이 책을 여는 글 | 대나무 문화권의 텍스트 읽기

- 037 　대나무를 찾아가는 첫걸음 |
  대나무의 어원과 관련어 풀이·이상희·진태하·신현철

1
종교·사상으로 본 대나무

- 048 　하나 | 한국
  대나무의 주력과 영성, 절개의 상징·심경호
- 056 　둘 | 중국
  유교의 이상적인 인격체로서의 대나무·안동준
- 063 　셋 | 일본
  일본의 대나무는 불목·강석원
- 067 　넷 | 한국
  대나무와 선(禪)·이규태
- 071 　다섯 | 한·중·일
  대나무의 신통력은 대륙을 날아 바다를 건너·이규태
- 075 　여섯 | 한국
  혜심의 〈죽존자전〉·김상환
- 078 　일곱 | 중국
  중국의 창조신과 대나무·박석기
- 081 　여덟 | 한·중·일
  불교와 대나무, 한·중·일 문화의 시각·박석기

2
문학 속의 대나무

하나 | 한국　　　　088
아마도 세한고절은 너뿐인가 하노라·최강현

둘 | 중국　　　　096
청정의 이상세계를 추구하는 경계선·심경호

셋 | 일본　　　　104
상록의 정취와 장생의 상징·김충영

넷 | 한·중　　　　109
한국과 중국의 시문에 나타난 죽부인·김상환

다섯 | 일본 | 서사문학　　　　117
달나라 항아와 미카도 천황의 사랑·박석기

3
미술로 본 대나무

하나 | 한국 | 회화로 본 대나무　　　　124
자연의 섭리를 서정적 기법으로·허균

둘 | 중국　　　　131
탈속과 풍류로서의 청아한 격조를·허균

셋 | 일본　　　　138
정절과 길상의 상징·김용철

넷 | 한국 | 도자 문양으로 본 대나무　　　　148
어우러짐의 청백자의 대나무·정양모

다섯 | 중국　　　　153
전통적 덕목보다 강한 장식성 문양·방병선

여섯 | 일본　　　　157
전통적 상징보다는 길상의 문양·방병선

일곱 | 한국 | 민화로 본 대나무　　　　161
부귀장수의 이상세계를 화폭에 담아·윤열수

여덟 | 일본　　　　166
대나무로 본 문장(紋章)·김문학

4
생활 속의 대나무

170 하나 | 한국 | 여인들의 장신구를 통해 본 대나무
  푸른 대나무는 오래도록 봄이다 · 장숙환

177 둘 | 한국 | 선비들의 문방사우와 사랑방 가구로 본 대나무
  홀로 그윽한 대숲 속에 앉아 · 이종철

183 셋 | 한·일 | 생활용품으로 본 대나무
  생활용품에도 대나무는 살아 있다

191 넷 | 한국 | 악기로 본 대나무
  신의 소리를 전하는 대나무 악기

198 다섯 | 한·중·일 | 설화, 속신, 속설을 통해 본 대나무
  우리 임금님 귀는 당나귀 귀

207 여섯 | 한·중 | 신이, 무속으로 본 대나무
  풀도 아니고 나무도 아닌 것이

211 일곱 | 한·중·일
  대나무와 한·중·일 통과의례 비교 · 이규태

215 여덟 | 한·중
  약용과 식용으로서의 대나무 · 김종덕

220 아홉 | 한국 | 민요로 본 대나무
  단산 봉황이 죽실을 물고 오동 속에서 넘노는 듯 · 김문성

227 열 | 한·중
  우리와 함께 살아온 대나무

236 열하나 | 한·중·일
  관련어와 속담 풀이

5
오늘날의 대나무

하나 | 한국 | 현대시로 본 대나무의 상징성 242
대나무 피리가 만들어내는 투명한 공간·김현자

둘 | 한·중·일 | 대나무의 품종과 분포 현황 247
동양인의 마음에는 대나무가 푸르다

셋 | 한·중·일 | 대나무를 주제로 한 축제와 관광산업 251
푸름의 바다에서 만나는 건강 체험

넷 | 한·중·일 | 상품으로 본 대나무 261
과학적으로 증명된 웰빙 산업의 첨단소재

다섯 | 한국 | 문화재로 본 대나무 268
반드시 보존되어야 할 우리의 문화유산

여섯 | 한국 | 역사로 본 대나무 272
민충정공의 혈죽·이구열

일곱 | 한·중 277
대나무의 다양한 모습

여덟 | 한·중·일 281
대나무의 미래는 청정하다

부록

대나무 소재의 한·중·일 명시·명문 288 / 대나무와 관련된 한·중·일 지명 311
찾아보기 326 / 참고 문헌 336 / 집필진 약력 341

삼우백금도(三友百禽圖) | 변문진(邊文進), 명(明), 타이페이 고궁박물원 소장 | 궁정화가 조렴(趙廉), 장자성(蔣子成)과 더불어 "금중(禁中)의 삼절(三絶)"로 일컬어지는 변문진은 구륵전채(鉤勒塡彩) 화법을 쓴 꽃과 새의 그림으로 송원시대 이래 제일인자로 높이 평가받았으며, 명(明)시대 이 장르 그림을 개척한 시조라고도 한다. 이 그림의 삼우(三友)는 송죽매를, 백금(百禽)은 그림 속에 나오는 백 마리 새를 말한다. 수목 바위 사이를 나는 새, 나뭇가지에 앉은 새, 나무와 풀을 쪼는 새, 여러 가지 자태를 생동감 넘치는 필치로 정밀하게 그린 변문진의 관찰안이 얼마나 예리한지 알 수 있다.

대나무를 찾아가는 첫걸음

대나무의 어원과 관련어 풀이

대나무의 어원과 명칭

대나무는 순수한 우리말인데, 대나무의 원산지는 동남아 지역이다. 그렇다면 대나무는 수입 식물임을 알 수 있다. 그러나 《삼국유사》에 등장하는 '만파식적(萬波息笛)'이나 '죽엽군(竹葉君)' 등의 이야기로 보면 우리나라에는 이미 신라 이전부터 대나무가 자라고 있었다고 볼 수 있다. 이를 뒷받침하는 근거로는 우리나라에서도 대나무 화석이 발견되고 있다는 사실이다.

우리말 대나무는 '대+나무'의 합성어로서 '대'를 목본(木本)으로 보고 일컫는 말이다. '대'라는 말의 어원은 '대'가 남방에서 북방으로 옮겨올 때 그 명칭도 이동했다고 본다.

'죽(竹)'의 현대 중국음은 tʂu [주]이지만, 중고음은 '장육절(張六切)'의 반절음으로 '듁〉죽'이다. 조선 세종 29~30년(1447~1448)에 간행되었으며, 중국의 음과 다른 우리나라의 한자음(漢字音)을 새로운 체계로 정리한 최초의 음운서(音韻書)인 《동국정운(東國正韻)》에도 '竹'의 음은 '듁'으로 되어 있다. 그러므로 우리가 한자음 '竹(죽)'이라 발음하는 것은 중국의 중고음에서 유래되었다는 것을 알 수 있다. 그러나 중국의 방언 중 조주(潮州)음은 'tek', 복주(福州)음은 'tøy'이다. 이로써 우리말 '대'는 중국의 자전음(字典音)이 유입되기 이전에 이미 중국 남방의 방언이 들어와 쓰였다는 것도 알 수 있다. 시대적으로 보아 '竹'의 입성음(入聲音) 'k'가 탈락되기 이전에 우리나라에 유입되었으며, '대'로 발음된 것은 우리나라에서 'k'가 탈락되어 쓰였기 때문이라고 보여진다.

한자에서 '竹'자를 찾아보면 은대(殷代)의 갑골문(甲骨文)에서는 나타나지 않고, 주대(周代)의 금문(金文)에서 '竹'의 형태로 처음 나타난다. 진대(秦代)의 소전체(小篆體)에 이르러 '竹'의 형태로 쓰이다가 오늘날의 '竹'자로 쓰이게 된 것이다. '竹'은 곧 대나무 잎의 형태를 본뜬 상형자(象形字)이다. 이로 보면 중국에서도 은나라 때는 아직 대나무가 유입되지 않았음을 알 수 있다.

일본어에서 '竹'은 'たか, たけ'로 쓰이는데, 이 역시 일본의 고유어가 아니라, 중국의 남방어인 'tek'이 '다케(たけ)'로 변음되어 쓰인 것이다. 종합하여 볼 때, '竹'에 대한 한국어 '대'나 일본어 '다케'가 모두 중국의 남방음 'tek'에서 연원되었음을 알 수 있다. 즉, '죽(竹)'의 남방 고음은 '덱(tek)'이었는데, 끝소리 'ㄱ'음이 약하게 되어 우리나라에서는 '대'로 변했고, 일본에서는 두 음절로 나누어져 '다케'로 되었다는 것이다.

그런데 키가 낮은 소형 대나무는 '다케'라 하지 않고 '사사(ささ, 笹)'라고 한다. 옛날에 죽간(竹竿)으로 이용하는 것을 다케라 하고, 잎을 이용하는 것을 '사사'라고 했으나 오늘날에는 대체로 죽순에 붙어 있는 껍질이 일찍 떨어지느냐 오랫동안 남아 있느냐에 따라 구분한다. 즉, 줄기가 성장한 후에도 껍질이 썩을 때까지 남아 있는 것이 '사사'이고, 성장함에 따라 껍질이 탈락하는 것은 '다케'이다. 그러나 '다케'란 명칭의 어원에 대해서도 학설이 나누어진다. '나무가 높이 올라간다'는 뜻인 '다카하에(たかはえ, 高生)' 또는 키가 크다는 뜻의 '다케(丈)'에서 온 말이라고도 하고, 다케의 '다(た)'는 한국어의 '대'이고, '케(け)'는 나무라는 뜻이라고도 한다.

대나무를 영어로는 'Bamboo'라고 한다. 이 명칭은 말레이어의 'bambu'에서 전와(轉訛)되었는데, 어원은 대밭이 불탈 때 생기는 폭발음에서 온 것이라고 한다. 오늘날 이 'bamboo'는 모든 대나무를 총칭하는 것처럼 되어 있으나 원래는 지하경(地下莖, 줄기 뿌리)이 없고, 줄기가 총생(叢生)하는 열대산 대나무를 지칭하는 말이었다.

왕대나 솜대, 죽순대같이 키가 큰 대나무류는 식물학적으로는 모두 피로스타키(Phyllostachys)속에 포함되는데, 이는 그리스 어로 '잎'이라는 뜻의 필론(phyllon)과 '이삭'이란 뜻의 스티키스(stachys)의 합성어로, 작은 이삭이 잎 모양의 포에 싸여 있다는 뜻이며, 이것이 식물 분류군의 특징이다. 대나무의 학명은 각 품종별로 정해져 있다. 그러나 서양화의 중세 이전의 그림에는 대나무가 나타나지 않는데, 이로 보아 대나무가 유럽으로 이식된 것은 중세 이후로 보기도 한다.

대나무는 화본과 중 대 아과(亞科)에 속하는 다년생 상록 목질 식물의 범칭이다. 대나무는 열대에서 온대 지역에 걸쳐 자라고 있는데, 특히 몬순 지대에 풍부하여 그 반수 이상을 점하고 있다.

대나무는 갈대 같은 풀이 장구한 세월을 거치는 동안에 나무로 변한 것으로 생각된다. 줄기에 규칙적으로 마디를 만들고 그 속은 비어 있으며 잎은 상록성이다. 수십 년간 계속해서 꽃이 피지 않는 것이 특성이며, 한두 달 동안에 성장을 끝내고 마는 것도 대나무만의 중요한 특성이다.

대나무의 종류

현재 지구상에는 대나무의 종류가 엄청나게 많다. 지구상에는 약 120속 1,250종이 분포되어 있다. 그 중 동남아에 1,190종이 자라고 있고, 중국에 500여 종, 일본에 640여 종이 서식하고 있다. 우리나라는 19종 정도가 자생하고 있었는데, 일제 때 중국·일본·남방 등지에서 35종이 들어와 지금은 54종으로 늘어났으며 왕대와 죽순대, 솜대가 주류를 이루고 있다.

일찍부터 중국 문헌에서는 대나무의 종류에 대해 언급하고 있다. 진대(晋代)의 혜함(嵇含)이 쓴 《남방초목상(南方草木狀)》에 보면 남방에서 자라는 6종의 대나무를 열거하고, 그 크기와 생산지 등을 설명하고 있다. 또 같은 진대의 대개지(戴凱之)가 쓴 《죽보(竹譜)》에 보면 수십 종의 대나무에 대한 특징을 기록하고 있다. 그 후 송대(宋代)의 승려 찬영(贊寧)은 《순보(筍譜)》에서 역시 수십 종의 대나무 특질을 설명하고 있다. 그리고 원대(元代)의 이간(李衎, 1244~1320)이 쓴 《죽보상록(竹譜詳錄)》에서는 대나무의 종류와 그림을 그리는 방법 등을 상세히 기술하고 있다.

왕대 : 우리나라에서 가장 크게 자라는 대나무로 높이가 20미터에 이르는 것도 있다. 그러나 추운 지방에서는 3미터 정도밖에 자라지 않는다. 그래서 왕대는 충청도 이남의 해발 600미터 이하의 따뜻한 지방에 식재되고 있다. 왕대는 탄력성이 좋고 세공하기가 쉬워 용도가 아주 넓다. 그래서 왕대라고 부른다. 왕대는 참대 또는 늦죽이라고도 한다. 죽순이 약간 쓴맛을 가진다고 해 고죽(苦竹)이라고도 하고, 당죽(唐竹)이라고도 한다. 왕대는 중국이 원산지라고 하지만 우리나라와 일본에서도 화석이 발견됨에 따라 어느 곳이 원산지인지는 확실하지 않다.

죽순대 : 중국이 원산지이며, 1898년 일본에서 건너와 부산시 대신동에 처음으

위에서부터 왕대, 죽순대, 솜대림, 오죽, 조릿대, 이대

로 이식되었다고 한다. 남부 지방에서 많이 자라고 있으며, 높이는 10~12미터 정도다. 죽순대는 죽순을 먹는 대라고 하여 붙여진 이름으로 식용죽(食用竹)이라고도 한다. 이 죽순대는 일본에서 들어왔다고 해서 일본대라고도 하고, 중국의 양자강 남쪽에서 난다고 해서 강남죽이라고도 한다. 중국에서는 모죽(毛竹) 또는 남죽(楠竹)이라고도 했다. 가장 널리 알려진 이름은 맹종죽(孟宗竹)이다.

솜대 : 솜대는 높이가 10미터까지 자라는 것으로 흰 얼룩무늬가 있는데, 이것이 솜처럼 보여 솜대라고 부른다. 솜대는 한명(漢名)으로는 담죽(淡竹) 또는 분죽(粉竹)이라고 하며, 죽순의 맛이 좋다고 하여 감죽(甘竹)이라고도 한다. 번식력이 강하고 추위에 잘 견딘다. 왕대에 비해 줄기가 가늘고 잎이 작으며 죽순 껍질에 털이 많아 구별하기 쉽다. 왕대보다 더 북쪽에서도 자라며 해안선을 따라 강원도 남부와 중부 이남에서도 자란다.

오죽(烏竹)·반죽(斑竹) : 솜대의 일종에 줄기의 색깔이 검은 오죽이 있다. 흑죽(黑竹) 또는 자죽(紫竹)이라고도 한다. 오죽은 중국이 원산지이다. 죽간이 첫해에는 푸른색을 띠고 있으나 해를 거듭할수록 검은색을 더해 간다. 음지일수록 더 검다. 죽순이 많이 돋아나고 키도 높게 자란다. 강릉의 율곡 이이의 생가를 오죽헌이라 부르게 된 것도 그곳에 오죽이 많았기 때문이다. 검정색이 고르지 못하고 얼룩이 질 때 이것을 반죽(斑竹) 또는 얼룩대라고 한다. 반죽도 솜대와 같은 종류에 속한다.

조릿대 : 야산에서 자라고, 키가 1~2미터 정도로 자라는 작은 대나무가 있는데, 이 대나무로 조리를 만든다고 하여 조릿대라고 한다. 산에서 자란다고 하여 산죽이라고도 하고, 또 지죽(地竹)이라고도 한다. 조릿대는 추위에 강하고 죽피(竹皮)가 오래도록 줄기를 감싸고 있다. 함남·평남 이남의 전역에 야생한다. 특히 제주조릿대는 한라산에서 주로 자라는데, 우리나라에 자생하는 특산이다. 키는 10~80센티에 불과하다. 또 울릉도 성인봉 상복부(上腹部)에는 섬조릿대가 자라는데, 키는 3~5미터까지 자란다.

이대 : 중부 이남에서 자라며, 높이가 2~4미터로 중앙 윗부분에서 5~6개의 가지가 나온다. 이대는 화살로 사용된다고 해

서 시죽(矢竹) 또는 전죽(箭竹)이라고도 했다.

신이대 : 함경북도 병천군 운만대(雲滿臺) 근처에서 군락을 형성하고 있으며, 가지가 갈라지고 마디 사이가 짧다. 높이는 30~80센티 정도 자라며, 어린 것은 역모(逆毛)가 있다. 섬조릿대와 비슷하지만 잎이 작고 가지가 밀생하는 것이 다르다. 이 대나무는 병천 지방의 특산물로 '고려 조릿대'라고도 하는데, 관상용으로 많이 재배한다.

해장죽(海藏竹) : 바닷가에서 방풍림이나 생울타리용으로 많이 심는 대나무이다. 여죽(女竹)이라고도 하는데, 죽순을 먹으므로 '식대'라고도 하고 '시누대'라고도 한다. '시누대'라는 것은 '먹을 수 있는 대'라는 뜻이다. 키는 6미터 정도로 경상북도 동해안 지대에 자생하고 있다.

갓대 : 우리나라에만 자생하는 대나무로 '갓대'가 있다. 키는 1~2미터로 조릿대와 비슷하다. 갓대는 전라남도와 지리산 사이에서만 자라는데, 산 중턱 이하의 숲 속에서만 자란다. 이 갓대로 조리를 주로 만들었다.

업평죽(業平竹) : 일본 원산으로 남부 지방에서 정원수로 심고 있다. 줄기는 처음에는 녹색이지만, 겨울이 되면 자색을 띠게 된다. 마디는 이륜상이며 마디가 있는 곳은 다소 꾸불꾸불해진다.

구갑죽(龜甲竹) : 중국 원산으로 높이 10~30미터, 지름 5~10센티이고 일명 불면죽 또는 구문죽이라 한다. 줄기에 거북등 같은 무늬가 있으며 맹종죽의 변종이다. 죽순은 식용으로 사용되고 줄기는 세공 재료로 사용된다.

대나무의 생태와 환경

대나무의 생태환경은 우리나라의 경우 화강암과 편마암이 기조를 이루고, 자갈이 섞인 흑갈색의 사질양토 또는 사양토가 생육에 가장 적당하다. 15도 이하의 완경사지가 최적의 조건이며 배수가 잘 돼야 좋은 것은 두말할 것도 없다. 그러나 30도의 경사지까지는 대나무 재배에 큰 지장이 없다. 거기다가 연평균온도가 섭씨 10°C 이상이며, 대륙성 기후풍의 매서운 추위가 아니고 해양성 기후면 더

위에서부터 해장죽, 업평죽, 맹종죽 수간, 왕대 수간, 구갑죽, 근곡죽

욱 좋다. 그것은 같은 위도 선상에 있는 서울이나 경북 이북의 내륙 지역에 비해 바다를 끼고 있는 강릉 지역의 대나무가 잘 자라는 것을 보면 알 수 있다. 대륙성 기후는 겨울철 기온의 일교차가 심할 뿐만 아니라 차고 건조한 바람이 북쪽에서 불어오지만, 해양성 기후는 일교차가 거의 없고 온난 다습하여 강수량 때문에 대나무가 생육하기에 좋은 환경을 마련해 준다고 할 수 있다. 대나무를 포함한 상록성의 나무들은 차고 건조한 바람으로 잎의 기공이 열리고 내부의 수분이 대기로 빠져 나가면서 저온이 되면 치명적인 동해(凍害)를 입게 된다.

산죽이나 이대와 같은 키 작은 대나무 이외의 왕대나 솜대, 댕종죽과 같이 비교적 큰 대나무는 영하 10°C 이하로 내려 가면 잎 세포에서 수액이 빠져 나와 얼게 되어 잎이 마르게 된다. 따라서 광합성 능력이 떨어져 유기물의 합성이 되지 않아 결국은 죽게 된다. 연간 강수량이 1,500~2,000밀리나 되는 일본이나 중국 양자강 이남과 같이 온·난대 지역과 인도, 태국 등 동남아 등이 대나무 생산의 종주국임을 생각하면 강수량이 얼마나 중요한지를 알 수 있다. 특히 죽순이 돋아나서 생육하는 3월부터 6, 7월의 강수량이 중요하다. 우후죽순(雨後竹筍)이라는 말이 있듯이 대나무 생육의 절대적인 요건이다.

대나무의 생장 속도는 지구상의 어느 식물보다 빠르다. 대나무의 1일 최고생장 속도는 왕대 59센티, 솜대 87센티, 맹종죽 72센티 자라는 것으로 조사되었는데, 일본에서는 맹종죽 119센티, 왕대 121센티까지 자랐다고 보고된 바 있다. 하루 중의 신장량은 오전 10시부터 오후 3시까지 가장 왕성하고 건조할 때보다 습할 때, 기온이 낮을 때 보다 높을 때 생장이 잘 된다. 발순(發筍)을 시작하여 신장 생장 및 부피 생장이 완료되는 기간은 45일 내외가 된다. 또한 대나무의 뿌리는 지하경(地下莖)으로 번식을 하는데 종류에 따라 다소 차이가 있다. 죽순의 신장 생장이 끝나는 무렵인 6월 하순경 시작하여 8, 9월경 가장 활발하게 생육하다가 11월 하순경 신장 생장이 멈추게 된다. 뿌리(鞭根) 모양도 대나무의 수간처럼 마디와 마디로 연결되어 있으며 이듬해 봄에 자라게 될 눈과 죽순의 눈이 함께 숨어 있다.

대나무의 생장소(生長素)는 죽순의 위쪽 끝부분과 죽피에 많다. 죽피는 죽순을 보호할 뿐만 아니라 생장을 빠르게 하는 역할을 한다. 생장 속도가 빠른 이유는 마디마다 생장조절물질인 지베렐린(gibberellin)이 분비되어 옥신(auxin)과 함께 생장을 촉진하는 신비의 호르몬 성분을 함유하고 있기 때문이다. 그래서 줄기의 굵기와 관계없이 길이가 하늘 높이 자랄 수 있는 것이다. 특히 지베렐린은 호르몬을 만드는 곰팡이의 일종인 지베렐라 후지쿠로이(Gibberella fujikuroi)에서 이름을 따온 것으로 줄기(樹幹)의 생장성분이 많은 것으로 판명되었다. 옥신 역시 성장 호르몬으로 대나무의

왼쪽부터 왕대 마디, 솜대 마디, 맹종죽 마디

줄기가 빛을 향해 자라도록 굴광성(屈光性)에 영향을 주며, 중력의 작용 방향에 따라 자라는 굴지성(屈地性)을 억제하는 물질이 있다. 이 옥신이 세포 분열과 결실(結實), 곁가지 형성을 억제하고 낙엽을 만들어내는 역할을 하는 등 대나무 생태의 중요한 성분이 되는 것이다.

　대나무 생태의 신비성은 마디가 죽순 상태에서 다 생성된다는 사실이다. 대나무의 자라는 속도가 왕성한 것은 종간의 차이도 있지만, 이미 완성된 40여 개의 마디와 마디 사이의 생장점에서 거의 동시에 생육을 시작하기 때문이다.

　대나무 마디는 왕대와 솜대가 쌍가락지 모양의 쌍테(二輪狀)를 갖고 있는데, 왕대는 2개의 테 중에 위의 것이 굵고 솜대는 거의 비슷한 크기를 하고 있으며 왕대에 비해 마디가 짧고 마디 표면에 흰색 가루가 붙어 있어 구별이 용이하다. 맹종죽은 하나의 테(一輪狀)로 되어 있다. 이러한 마디는 넘어지거나 쉽게 부러지지 않게 버팀목 역할도 겸하게 된다.

　대나무의 속이 비어 있는 것은 너무 빠르게 자라기 때문이라고 할 수 있다. 줄기의 벽을 구성하고 있는 조직은 대단히 빠르게 늘어나지만 속을 이루는 조직은 세포분열이 느린 데서 그 원인이 있다고 본다.

대나무의 이칭과 의칭으로 본 환유의 세계

대나무의 이칭과 의칭은 참으로 많다. 각 부위마다 지칭하는 이름이 다르고, 생태적인 형태에 따라 명칭도 다양하다. 의칭 또한 다양하며, 사람들이 대나무를 대하는 의식 또한 남다르다. 그것은 중국이나 일본도 다르지 않다.

　조선 23대 왕 순조(純祖, 재위 1800~1834) 때 한글학자 유희(柳僖, 1773~1837)는 《물명유고(物名類攷)》에서 대나무의 이칭으로 차군(此君)·투모초(妬母草)·옥판(玉板)·묘두(猫頭)라고 했고, 죽순(竹筍)이라고도 했다. 순(笋)·죽태(竹胎)·죽자(竹子)·택룡(擇龍)·죽아(竹芽)·죽손(竹孫)·용손(龍孫)·초황(初篁)으로

수황수석도(修篁樹石圖) | 이간(李衎), 원(元), 베이징 고궁박물원 소장 | 이간은 일찍이 저장(浙江) 지방에서 살았으며, 1294년 교지(交趾 : 지금의 베트남에 있음)에 사신으로 가면서 '죽향(竹鄕)에 깊이 들어가' 대나무를 관찰하고 체험할 기회를 가졌다. 옛 거장의 그림을 익힌데다 자연을 스승으로 삼음으로써 마침내 대나무 그림의 독특한 풍격을 창조했다. 그는 조자앙(趙子昻)·정거부(程鉅夫)의 추앙을 받았는데, 특히 조자앙은 문동(文同) 이후 200여 년간 오직 이간만이 대나무의 참모습을 완벽하게 그려냈다고 평했다. 그는 조자앙·고극공과 더불어 원대 초기 대나무 그림의 3대 명가로서, 후대에 막대한 영향을 끼쳤다.

죽순을 의인화하기도 했다. 대껍질(竹皮)은 택(籜), 대나무 열매는 낭간(琅玕), 그 꽃은 초화(草華)로 잎은 죽근(竹斤)이라고 했다. 이와 같은 이칭들은 비단 우리나라만의 명칭이 아니라 중국·일본도 마찬가지다.

차군(此君) : 대나무의 별칭인 차군은 '이 친구'라는 뜻이다. 대나무를 이렇게 부르게 된 데 대해서는 《진서(晋書)》〈열전(列傳)〉에 그 사연이 밝혀져 있다. 4세기 진대의 명필 왕희지(王羲之, 307~365)의 아들 왕휘지(王徽之)가 한때 남의 집을 빌려 임시로 살고 있었다. 그러면서도 정원에 대나무를 심자 친구들이 그 까닭을 물었다. 그는 새로 심은 대나무를 가리키며 "이 친구(此君)가 없으면 하루라도 어찌 살 수 있겠는가!"라고 했다는 것이다. 그로부터 문인들은 대나무를 '차군'이라고 부르는 것을 선비의 덕목으로 여기게 되었다고 한다. 이러한 사실은 중국뿐 아니라 우리나라에서도 마찬가지다. 예를 들면 고려 말기의 문인 이색(李穡, 1328~1396)은 〈차군루기(此君樓記)〉라는 글을 지었고, 조선 후기의 문장가 김매순(金邁淳, 1776~1840)은 〈차군헌기(此君軒記)〉라는 글을 남기고 있다.

투모초(妬母草) : 대나무를 투모초라고 하는데, 이것은 대나무 순이 어머니의 키를 시샘하여 빨리 자라 어머니같이 되겠다는 뜻이라고 한다.

화룡(化龍) : 비장방(費長房)이란 사람이 대나무 막대기를 연못에 던졌더니 그것이 용으로 변했는데, 그로써 화룡이란 이름을 얻었다고 한다.

포절군(抱節君) : 대나무는 그 외양이 여러 개의 마디를 가지고 있다. 그것은 절도를 갖춘 군자를 상징한다고 하여 포절군이라는 이름을 얻게 되었다.

고인(故人) : 대나무를 고인이라고도 하는데, 이것은 중국 당나라의 시인 이백(李白, 701~762)의 「문을 여니 대나무가 흔들리기에 / 혹여 옛 친구가 찾아왔는가 했네(開門風動竹 疑是故人來).」라는 시에서 유래되었다고 한다.

대나무는 다른 식물이나 자연물과 짝을 지어 부르기도 한다.

이아(二雅)는 대나무와 매화를 가리키고, 일년삼수(一年三秀)는 대나무와 바위 그리고 영지를, 삼청우(三淸友)는 고목과 대나무 그리고 바위를 뜻하며, 세한삼우(歲寒三友)는 소나무와 대나무, 매화를 가리킨다. 이 외에도 사군자(四君子)는 매·란·국·죽, 오청(五淸)은 매화·소나무·대나무·난초·바위를, 오우(五友)는 대나무·매화·난초·국화·연꽃 또는 물·바위·소나무·대나무·달을 지칭한다.

대나무의 한자어인 '竹(죽)'자는 '풀초(艸)'자를 거꾸로 한 상형문자로 자해(字解)하여 종도초(從倒草)란 이름으로 바뀌어 불리기도 한다. 이는 모두 선비들이나 시인 묵객들의 고고한 인격이 자연과의 만남에서 추구하는 정신세계를 환유한 명칭이거나 아름다운 은유의 명칭들이라고 할 수 있다.

| 이상희·진태하·신현철 |

1
종교·사상으로 본 대나무

하나 | 한국
대나무의 즈력과 영성, 절개의 상징

둘 | 중국
유교의 이상적인 인격체로서의 대나무

셋 | 일본
일본의 대나무는 불목

넷 | 한국
대나무와 선(禪)

다섯 | 한·중·일
대나무의 신통력은 대륙을 날아 바다를 건너

여섯 | 한국
혜심의 〈죽존자전〉

일곱 | 중국
중국의 창조신과 대나무

여덟 | 한·중·일
불교와 대나무, 한·중·일 문화의 시각

1. 종교·사상으로 본 대나무

하나 | 한국

대나무의 주력과 영성, 절개의 상징

대나무의 영성에 대한 믿음

신라 때 '만만파파식적(萬萬波波息笛)'이라는 대나무 피리가 있었다. 그 피리의 이름은 신라 32대 효소왕(孝昭王, 재위 692~702) 때 '만파식적(萬波息笛)'을 잃어버렸다가 되찾은 후 바꿔 붙인 것이다. 《삼국유사》의 기록에 따르면, 신라 31대 신문왕(神文王, 재위 681~691)이 아버지 문무왕(文武王, 재위 661~681)을 위해 감은사(感恩寺)를 지은 후 해룡(海龍)이 된 문무왕과 천신(天神)이 된 김유신(金庾信, 595~673)으로부터 대나무를 얻어 만든 피리라고 한다.

　　682년(신문왕 2) 5월 초 동해 가운데 떠 있는 작은 산이 물결을 따라 이리저리 움직이는 것이 목격되었다. 신문왕은 이견대(利見臺)에서 그 산을 발견하고 사자(使者)를 보내어 살펴보게 했다. 산은 거북의 머리 형상이었고, 그 꼭대기에 대나무 한 그루가 서 있는데, 낮에는 둘로 되었다가 밤이면 합쳐져 다시 하나가 되었다.

　　사자가 돌아와 이렇게 아뢰자 왕은 감은사로 나아가 그곳에 머물렀다. 다음 날 자시(子時)가 되자 신기하게도 둘이던 대나무가 합쳐져 하나가 되었다. 그순간 천지가 진동하며 바람이 불고 비가 쏟아졌다. 7일 동안 캄캄한 밤이 계속되었다. 그 달 16

일이 되어서야 바람이 자고 파도는 평온해졌다. 왕은 배를 타고 바다로 나아가 그 산에 올랐다. 거기에는 용(龍) 한 마리가 있었고, 용은 검은 옥대를 받들어 왕에게 바쳤다. 왕은 용에게 대나무가 갈라지기도 하고, 합쳐지기도 하는 까닭을 물었다. 용은 대답하기를 "한 손으로 치면 소리가 나지 않고 두 손으로 쳐야 소리가 나는 이치와 같습니다. 대나무는 둘이 합쳐져야만 소리가 나는데, 성왕께서는 소리로써 세상을 다스리게 될 것입니다. 그래서 이 대나무로 피리를 만들어 불면 천하가 화평해질 것입니다." 했다. 왕은 오색 비단과 금·옥을 용에게 하사했다. 그리고 사자에게 대나무를 베게 한 다음 이를 가지고 뭍으로 올라왔다. 그러자 산과 용이 홀연히 사라져 버렸다. 그 대나무로 만든 피리가 바로 '만파식적'이다. 그 피리를 불면 적군이 물러가고 병이 나았다. 그리고 심한 가뭄이나 장마도 조절되었으며, 거친 폭풍도 잦아들었다.

한 그루의 대나무가 둘로 갈라졌다가 다시 하나로 합쳐진다는 것은 대나무에 자웅(雌雄)이 있다는 속설에 근거한 듯하다. 또한 분리나 분열을 극복하고 조화와 통일을 이룩한다는 상징을 대나무의 통성(統性)에서 찾은 듯하다. 실제로 신라 왕실은 29대 태종 무열왕(太宗 武烈王, 재위 654~661)의 후계들이 왕위를 계승하면서 강력한 지배체제를 구축할 수 있었다. 그리고 만파식적이 파도를 재울 수 있었다는 것은 대나무 소리의 영성(靈

묵죽도(墨竹圖) | 이정(李霆), 조선, 국립중앙박물관 소장 | 전반적으로 농담의 차이를 뚜렷하게 하여 원근을 가려 대나무를 배치했다. 전체적으로 기세와 격조가 있으나, 상단부 탄은(灘隱)이라는 관서 글씨가 약간 낯설다.

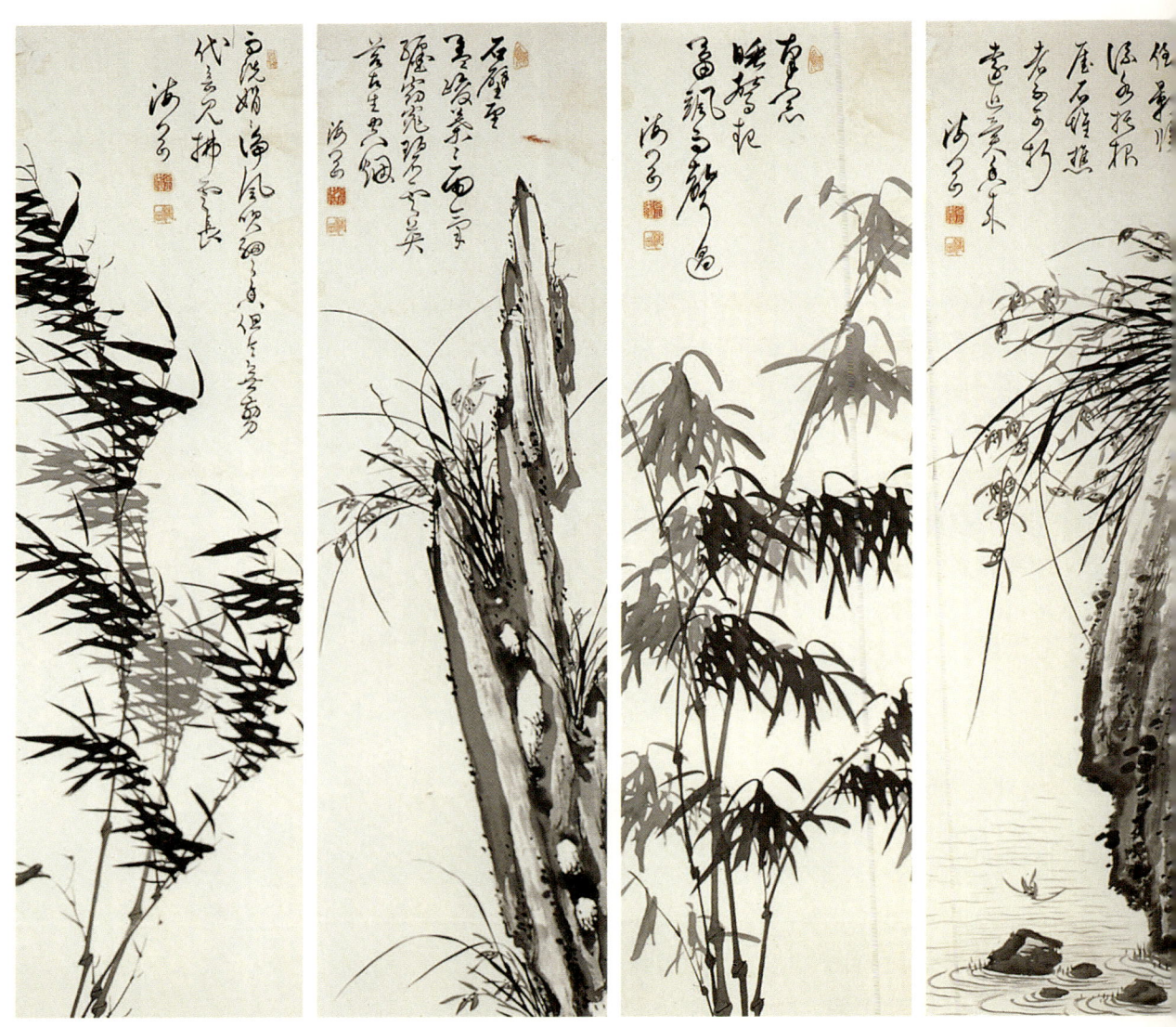

죽난 8폭 병풍 | 대나무와 난초가 한 폭씩 번갈아 가며 그 위용과 수려함을 자랑하고 있다. (가회박물관 제공)

性)을 존중하는 의식구조를 반영한 것이다.

《삼국유사》〈감통(感通)〉'월명사 도솔가(月明師兜率歌)'조에 보면 신라 35대 경덕왕(景德王, 재위 742~765)때 승려 월명(月明)이 "달밤에 사천왕사 앞에서 대금을 불면 하늘을 지나던 달도 걸음을 멈추었다"고 말한 기록이 있다.

신라는 남방 쪽에 자리잡고 있어 대나무가 특히 많이 자랐다. 따라서 대숲을 신성한 지역으로 여기는 관습이 널리 퍼져 있었다.《삼국유사》뿐만 아니라《삼국사기》에도 신라 지역의 대나무에 관한 기록을 여럿 남기고 있다. 특히 신문왕 11년(691)

봄과 40대 애장왕(哀莊王, 재위 800~809) 2년(801) 10월에 대나무가 죽었다는 사실을 기록하고 있다. 이것은 단순한 자연 현상을 보고한 것이 아니라, 하늘의 경고〔天譴〕이거나 예시〔兆朕〕로서 대나무의 고사(枯死) 사실을 제시한 것이라고 생각된다. 경문왕의 '당나귀 귀와 복두장이' 설화나 '쌍곡죽' 이야기 등에서도 대나무의 신성성과 영성이 드러나 있다. 이처럼 대나무는 일찍부터 우리 민족과 깊은 관계가 있었음을 짐작케 해준다. 그로부터 700여 년의 세월이 흐른 조선시대에 이르기까지 대나무의 영성은 지속되고 있다.

이황(李滉, 1501~1570)의 〈유소백산록(遊小白山錄)〉에 보면 다음과 같은 기록이 있다.

> 중가타의 어귀에 왔는데 중가타에는 중이 없으므로 들어가지 않았다. 몇 걸음을 옮기니 두어 층으로 된 폭포가 쏘는 것같이 쏟아져 흐르고 그 옆에 암석들이 섞여 늘어섰다. 옛날에는 왕대〔竹〕가 무더기로 났다고 하는데, 지금은 다 말라서 죽고 뿌리만 볼 수 있었다. 그래서 죽암폭포(竹岩瀑布)라 이름했다. 산승이 말하기를 "이 바위에만 대가 난 것이 아니라, 숲 밑에 땅이 보이지 않을 정도로 빽빽하게 온 산에 대가 있었지요. 그런데 지난 신축년에 돌연 일제히 열매가 열리더니, 그 해에 다 말라죽었습니다." 했다. 이상하다. 그 이치를 알 수 없었다.

신축년은 문신 주세붕(周世鵬, 1495~1554)이 풍기군수로 부임한 해이니, 죽실(竹實)이 만개한 이변을 두고 청렴한 관리〔廉吏〕의 부임을 경축하는 길조라고 미화하려는 사람들이 있었던 듯하다.

현실계에 간여하는 실존적 망자의 영성

예로부터 우리나라 사람들은 대나무에 신령한 힘이 있다고 믿었다. 초례상 위에 소나무와 대나무를 양쪽 병에 꽂아두고 청실홍실을 걸어 연결하는 것은 신랑·신부의 절개를 권면하는 뜻과 함께 혼례의 신성한 의미를 강화시키기 위한 것이었다. 또한 소나무와 대나무에 재액을 막는 주력(呪力)이 있다고 믿었기 때문이기도 하다.

성현(成俔, 1439~1504)의 《용재총화(慵齋叢話)》에 보면, 민간에서는 섣달그믐에 푸른 대나무 잎, 엄나무 가지, 익모초 줄기와 동쪽으로 뻗은 복숭아 가지를 한데 모아 빗자루를 만들어 징과 꽹과리를 울리면서 문마다 쓸고 다니며 재액을 쫓았다고 한다. 그것을 방목귀(放牧鬼)라고 한다. 조선시대 초에 대나무를 엄나무, 익모초 줄기, 복숭아 가지와 함께 액막이의 주목(呪木)으로 여겼음을 알 수 있다. 대나무는 저승에 속하면서 현실계도 간여하는 망자(亡者)의 현존을 상징한다. 대나무의 뿌리가 깊이 땅속에 박혀 있으면서 그 줄기가 곧게 하늘을 향해 솟아 있는 형상에서 그러한 상징적 의미가 가중되었을 가능성이 높다.

그리고 옛날에는 왕이나 왕후가 승하했을 때 죽산마(竹散馬)라는 장의 기구를 사용했다. 그 죽산마는 신라 때 이미 대나무로 만들어 사용했다는 흔적이 있다. 신라의 고분인 천마총에서 나온 유물 가운데 말의 안장 밑에 까는 대오리로 만든 장니(障

泥)가 발견되었다. 장니는 '말다래'라고도 하는데, 말을 탄 사람의 옷에 흙이 튀지 않도록 말의 안장 양쪽에 늘어뜨린 물건을 말한다. 장의기구에 대나무가 사용된 것 역시 대나무가 지닌 신비한 주력을 신앙했기 때문일 것이다.

무속에서는 신성한 지역을 표시할 때 대나무를 사용한다. 별신굿을 할 때 세우는 별신대는 그 지역이 금기 구역임을 나타낸다. 곧 대나무에 의해서 표지된 곳은 속계의 잡인이 함부로 침범할 수 없는 구역이 된다. 더 나아가 무속에서는 신을 부르고 신을 내리게 하는 신대로 대나무를 사용한다. 대나무는 곧 신이 강림하는 통로이자 신체(神體)를 상징하는 것이다. 오늘날에도 남쪽 지방에서는 점집에 푸른 대나무 가지를 세운다.

한편 조선 14대 왕 선조(宣祖, 재위 1567~1608) 때 권문해(權文海, 1534~1591)가 엮은《대동운부군옥(大東韻府群玉)》〈수이전(殊異傳)〉에 보면 조각글이 실려 있는데, 그 중 '죽통미녀와 김유신'의 고사도 결국 대나무 통의 좁은 반경이 신성한 세계로의 통로를 연상시키고 있다.

절개와 의지의 상징

백제의 윤충(尹充)이 신라를 공격할 때 지금의 경상남도 합천에 있던 대야성을 지키던 죽죽(竹竹)이 그곳에서 순국했다. 신라 27대 왕 선덕(善德, 재위 632~

묵죽도(墨竹圖) | 이정(李霆), 조선, 국립중앙박물관 소장 | 오른쪽 아래를 큼직하게 메운 바위는 전체적으로 둥근 형태로서 가운데는 희고 양옆은 검게 처리한 후 큰 태점을 몇 개 쳤다. 그 뒤쪽에 솟아난 대나무는 굵은 동죽으로서 끝까지 자라지 못하고 중도에서 터져 버린' 형태다. 이파리 역시 흔히 보는 것과 달리 끝부분이 가위로 잘려 나간 듯 특이한 흔태로 마감했다.

647) 11년(642) 8월의 일이다. 윤충의 백제 군사가 대야성을 포위하자, 성주 김품석(金品釋)에게 아내를 빼앗긴 검일(黔日)이 창고에 불을 질렀다. 김품석은 전의를 잃고 죽죽의 만류를 뿌리치고 항복했다. 백제군이 항복하러 나온 사람들을 모두 죽여 버리자 김품석은 아내와 자식을 죽이고 자신도 자살했다. 죽죽은 남은 병사를 거느리고 싸웠으나 백제군을 당할 수가 없었다. 그는 "아버지가 나를 즉죽(竹竹)이라 이름을 지은 것은 추울 때에도 시들지 않고, 꺾일지언정 굽히지 말라 함이다. 어찌 죽음을 겁내 항복하리오." 하면서 끝까지 싸우다 전사했다고 한다. 선덕여왕은 그에게 급벌찬(級伐湌)이란 관등을 내리고, 그 처자들을 왕도(王都)로 옮겨 살게 했다. 그후 많은 세월이 흐른뒤 죽죽의 충절을 기리기 위해 조선 16대 왕 인조(仁祖, 재위 1623~1649) 22년(1644)에 합천 군수 조희인(曺希仁)은 '신라충신 죽죽비'를 세웠다.

'죽죽'이란 명명법과 그 풀이에서 알 수 있듯이 우리 민족에게 대나무는 굽힘 없는 절개를 상징하는 것으로 파악되어 왔다.

그런가 하면 유교나 불교의 구도자들도 대나무를 자신의 본성을 기원하는 굽힘 없는 의지와 청정한 정신세계로 상징해 왔다. 마른 대나무나 늙은 대나무 혹은 꺾인 대나무가 늠연하게 서 있는 모습은 더욱 불굴의 정신을 상징했다.

김시습(金時習, 1435~1493)은 자신을 가리켜 방옹광(放翁狂, 육유의 광기)이요, 시주광(詩酒狂)이요, 하감광(賀監狂, 하지장의 광기)이요, 소릉광(少陵狂, 두보의 광기)이요, 시광(詩狂)이요, 접여광(接輿狂, 초나라 미치광이 접여의 광기)이라 했는데, 자신의 청고(淸苦)한 처지를 고죽(苦竹)과 견주었던 것이다. 평양감사인 이파(李坡)에게 준 시 〈화기수운(和箕叟韻)〉에서 김시습은 이렇게 고죽을 노래했다.

> 내 재주는 터진 버선 실같이 풀어져/ 취하여 하늘에 호소해서 니 미친 노래를 바칩니다/ 무능한 꼬락서니 십 년에 너덜너덜하고/ 작은 오막살이 한 세상 황량하구려 / 고죽(苦竹)의 성글디성근 그림자에 의해 잠들고/ 수심 벌레의 찍찍 우는 창자를 대하여 시를 읊지요/ 이 몸 두고 헛 늙었다고는 말하지 말아요/ 잘난 이름을 은둔처에 전파하리니
> (我材似拆襪絲長 醉訴天公呈我狂 樗散十年多濩落 蝸廬一世正荒涼 眠依苦竹踈踈影 吟對愁蚕喞喞腸 莫謂此身空老大 姓名應播考槃陽).

이황(李滉)은 도산에 절우사(節友社)를 만들어 소나무·대나무·국화·매화·연

(蓮)을 가꾸면서 그 오절군(五節君)의 고절(苦節)·청분(淸芬)·정결(淨潔)을 사랑했다. 특히 열 가지 종류의 대 그림인 〈신원량(申元亮)의 화십죽(畵十竹)〉에 대하여 제화시(星山李子發號休叟索題申元亮畵十竹 十絶)를 남겼다. 즉, 설월죽(雪月竹)·풍죽(風竹)·노죽(露竹)·우죽(雨竹)·추순(抽筍)·치죽(穉竹)·노죽(老竹)·고죽(枯竹)·절죽(折竹)·고죽(孤竹) 등이 그것이다. 그 중 〈마른 대(枯竹)〉의 제화시는 다음과 같다.

> 가지와 잎이 반 넘어 시들었어도/ 기개와 절조는 전혀 죽지 않았구나./ 살지고 기름기 많은 이들에게 말하나니/ 초췌한 인사를 경시하지 말게나(枝葉半成枯 氣節全不死 寄語膏粱兒 無輕憔悴士).

〈꺾인 대(折竹)〉의 제화시는 다음과 같다.

> 억세게 기세 부리다가 잘못 꺾이고 말았다만/ 올곧은 마음은 깨진 것이 아니어서/ 늠름하게 서서는 조금도 흔들리지 않으니/ 퇴폐하고 겁약한 이들을 분격시키기에 충분하구나(强項誤遭挫 貞心非所破 凜然立不撓 猶堪激頹懦).

〈외론 대(孤竹)〉는 고죽국(孤竹國)의 백이와 숙제가 지녔던 절개를 가탁(假託)했다. 백이와 숙제는 문왕에게 귀의하려 했다가 문왕이 죽고 무왕이 은나라를 정벌하러 나서자 말머리에서 "폭력을 폭력으로 바꾸는 것은 잘못이다"라고 간했다. 그러나 무왕이 그 간언을 받아들이지 않자, 수양산으로 들어가 굶어 죽었다.

> 원로를 잘 기른단 말 듣고 어찌 아니 돌아가랴/ 폭력을 폭력으로 바꾸다니 장차 어디로 가랴/ 이로부터 다시 외로운 존재가 되었으니/ 곡식이 있다고 해도 내가 먹을 것은 아니로구나(聞善盍歸來 易暴將安適 從此更成孤 有粟非吾食).

이황은 말랐거나 꺾였지만 곧은 마음을 그대로 지닌 대나무나 외롭게 혼자 서 있는 대나무에서 곧은 절개와 순수한 정신의 전형을 읽어냈던 것이다.

이렇게 볼 때 우리나라 사람들에게 있어 대나무는 영성(靈性) 자체로 인식되는 것은 물론이고 순수한 정신의 외표로서 인식되어 왔음을 알 수가 있다. │심경호│

1. 종교·사상으로 본 대나무

둘 | 중국

유교의 이상적인 인격체로서의 대나무

대쪽같은 절개

세한삼우(歲寒三友)와 사군자(四君子)에 모두 포함되는 식물로는 매화와 대나무가 있다. 그런데 대나무는 풀도 아니고 나무도 아니다. 이러한 대나무를 송나라의 문인 소동파(蘇軾, 1036~1101)는 "고기가 없이 밥을 먹을 수는 있으나 대나무 없이 살 수가 없다"고 자신의 심경을 밝혔다. 그는 무슨 이유로 대나무 없이는 살 수 없다고 했을까?

　대나무는 맑은 바람결에 바스락거리는 소리를 내며, 달빛 아래에서는 산뜻한 그림자를 드리운다. 그럼에도 눈서리가 몰아치는 겨울에도 푸른빛을 잃지 않고 고결한 기품을 보인다. 중국 서예의 대가 왕희지(王羲之)의 아들 왕휘지(王徽之)가 "어찌 하루라도 '이 사람(此君)'이 없을 수 있겠는가"라고 고백한 데서 대나무가 얼마나 오랫동안 중국 선비들의 사랑을 뼛속 깊이 받아왔는지를 짐작하게 한다. 왕휘지의 성품은 형식에 얽매이기를 싫어하는 편인데, 일찍부터 대나무의 상징성을 내면 깊이 파악했던 것이다. 대나무가 문인들에게 기림을 받았던 이유는 무엇보다도 눈서리에 굽히지 않는 의연한 선비의 기상을 갖고 있었기 때문이다. 늙어도 시들지 않고, 차가운 서리가 내려도 폭설이 와도 대나무는 의젓이 홀로 빼어난 모습을 유지한다. 눈서리를 이겨내고 네 계절을 통해 올곧게 서서 굽히지 않는 것은 선비가 지향하는 모습과 매우 닮아 있다.

이러한 대나무는 일찍부터 유교의 이상적 인격체인 선비로 표상되어 많은 시인·묵객이 즐겨 노래하는 소재로 널리 활용되었다. 그 역사는 《시경》에까지 거슬러 올라간다. 《시경》에는 대나무 관련 시가 많이 실려 있다. 그 가운데 널리 알려진 대나무 시는 〈위풍〉 기오편에 있는데, 「저 기수(淇水)의 물굽이를 바라보니 푸른 대가 아름답게 우거졌구나.」라는 시구(詩句)이다. 이는 대나무에 빗대어 절차탁마하는 선비의 본분을 표현한 것이다.

대나무는 모란과 같은 화려함이 없고, 소나무·측백나무와 같은 위용도 없다. 또한 복숭아꽃과 같은 요염함도 없지만, 고아하게 제자리를 지키면서 불의에 굴복하지 않는 선비의 품성은 갖추고 있다. 이른바 '대쪽같은 절개'란 말이 오늘날 널리 알려진 것처럼 대나무의 품성은 유교의 관념적 가치와 부합한다. 그래서 많은 선비들은 대나무를 자신들의 정신적 지주로서 기렸던 것이다.

아버지의 말없는 사랑

대나무는 사철 푸르고 곧게 자라는 성질로 강직한 선비의 절개를 상징하기도 하지만, 고대 유교에서는 말없는 아버지의 사랑을

여왕원기합작난죽파석도(與王原祁合作蘭竹坡石圖) | 석도(石濤), 청(淸), 1691, 타이페이 고궁박물원 소장 | 석도는 청(淸)나라의 화승(畵僧)이지만, 명 왕실의 후손으로 망국의 설움을 그림으로 풀어냈다. 산수(山水)와 화훼(花卉), 난초, 대나무 등을 잘 그렸다.

상징하기도 한다.

　백거이(白居易)는 〈양죽기(養竹記)〉에서 예로부터 대나무를 아끼는 이유를 네 가지로 들었다. 그 첫째는 대나무의 본성이 굳기 때문에 덕을 세울 수 있다고 했으며, 둘째로 대나무의 본성이 바르기 때문에 남에게 의지하지 않는다고 했다. 그리고 셋째는 대나무의 속마음이 비었기 때문에 도를 체득할 수 있다고 했다. 마지막으로 대나무는 마디가 굳기 때문에 뜻을 세워 어려움을 헤쳐 나갈 수 있다고 했다. 이와 같이 대나무를 자세히 관찰하면, 겉으로 드러난 모양새는 단단하고 곧게 서 있지만 속은 텅 비어 있다.

　유교의 예법을 잘 정리한 《예기》를 보면, 아버지의 상(喪)에는 둥근 대나무 지팡이를 짚고 어머니의 상에는 네모난 오동나무 막대기를 짚는다고 한다. 둥근 대나무는 하늘을 상징하고, 네모난 오동나무는 땅을 상징한다. 많은 나무 가운데 대나무와 오동나무를 취한 것에는 그럴 만한 사연이 있다. 무릇 자식을 둔 어버이라면 험난한 세파에 시달리면서도 대나무와 같이 꼿꼿한 자세로 살기를 원할 것이고, 다른 한편으로는 오동나무와 같이 너그럽게 그늘을 드리우게 마련이다. 마치 대나무와 오동나무가 겉이 푸르고 속이 비어 있는 것처럼 자식에 대한 어버이의 사랑도 이와 같이 줄곧 변함이 없었으며, 거기에는 어떠한 사사로운 마음도 깃들지 않았다는 것을 비유한다. 특히 대나무는 겉이 단단하고 속이 여려서 외강내유(外剛內柔)한 아버지의 사랑을 뜻하기도 한다. 유교의 전통적 예법에 특별히 이러한 나무를 사용한 이유는 사회와 가정을 지키기 위해 헌신한 어버이의 말없는 사랑을 되새기고자 하기 때문이다.

　이러한 대나무는 주위의 잡초가 누렇게 시들어 가도 언제나 푸른 빛을 오래도록 간직하는 고집스러움이 있다. 어려움에 굴하지 않는 굳센 마디와 텅 빈 마음 그리고 늘 푸른 잎은 보는 이로 하여금 유교 정신을 가정과 사회에서 구현한 가장(家長)으로서의 의연한 풍도를 느끼게 해준다. 주자의 권학시(勸學詩)에 「못가에 봄풀은 아직도 꿈을 깨지 못했는데/ 섬돌 앞에 오동잎은 벌써 가을 소리를 내며 떨어지는구나(未覺池塘春草夢 階前梧葉已秋聲).」 했듯이, 자식은 자라서 어버이가 되었지만, 자신이 모실 어버이는 이미 그 자리에 없다. 예전처럼 섬돌 앞에 서서 어버이의 가르침을 받들고자 하지만 대청 위에 있을 그분들은 말없는 사랑을 남긴 채 사라지고, 자신이 어느덧 그 자리에 서서 봄풀과 같은 자식을 가르치고 있음을 깨닫게 된다. 권학시에 언급된 오동나무는 어버이의 참모습을 상징하는 점에서 대나무와 다른 것이 아님을 알 수 있다.

오죽계당도(梧竹溪堂圖) | 하규(夏圭), 송(宋), 베이징 고궁박물원 소장 | 이 그림은 오동나무, 수죽, 초가집, 먼 산을 그린 것이다. 구도상 '일각(一角, 산수화 화법의 하나로 자연의 일부분을 잡아 요점적으로 간결하게 묘사하는 기법)' 화법을 채용했다. 대나무와 오동나무는 산뜻하고 간결하게 그렸으며, 구조가 교묘하다. 전체 그림상의 필법은 세련되고 박력이 있으며, 빠른 필치로 과단성이 있게 그렸다.

효도와 정절의 상징인 대나무

중국인이 널리 내세우는 대표적인 효자로 맹종(孟宗)이란 사람이 있다. 맹종의 이야기는 대나무와 깊은 관련이 있는데, 여기에서 대나무는 효도의 상징이다.

맹종은 병든 어머니를 봉양하고 있었는데, 하루는 어머니가 겨울철인데도 죽순이 먹고 싶다고 했다. 오늘날처럼 식품 저장 기술이 발달하지 못한 그 시대에 맹종은 한겨울에 죽순을 구하지 못해 대밭에 들어가 하염없이 눈물을 뿌렸다고 한다. 그런데 뜻밖에도 맹종이 울고 있는 발 밑에서 죽순이 솟아올라 마침내 어머니의 소원을 풀어 드렸다고 한다. 이때부터 그 대나무를 중국에서는 맹종죽(孟宗竹)이라 한다.

또한 대나무는 여인의 정절을 상징한다. 당나라 시인 유우석(劉禹錫, 772~842)은 「어찌하면 이 천 줄기 눈물을/ 다시 상강(湘江)의 반죽(斑竹)에 뿌릴 수 있으랴.」 하고 노래했다. 상강 반죽의 얼룩진 무늬가 한많은 여인의 눈물이 아롱진 것이라는 비유는 순임금의 슬픈 죽음과 관련된다. 요순시대라는 대명사로 잘 알려진 순임금은 요임금의 뒤를 이어 천하를 태평성대로 만들었지만 정작 본인은 순탄한 삶을 누리지 못했다. 요임금은 순에게 두 딸을 출가시켰는데, 두 아내의 이름은 각각 아황과 여영으로 알려져 있다.

그런데 순임금이 중국 남쪽 지방을 순행하다가 창오(蒼梧)에서 병이 들어 그만 죽어 버린다. 그 소식을 접한 두 아내는 순임금이 묻힌 곳으로 가려고 했지만 뜻을 이루지 못하고, 상강(湘江) 가에서 서로 붙들고 울다가 강물에 몸을 던져 지아비의 뒤를 따라 순절했다. 그때 두 여인이 뿌린 눈물로 주변 대나무가 모두 얼룩져 오늘날까지 상강반죽이란 이름으로 전해지고 있다. 그녀들이 뿌린 눈물은 피눈물이었던 것이다. 대나무의 굳은 마디가 선비의 절개를 상징한다면, 상강의 반죽은 그 위에 눈물 자국을 더해 죽음과 맞바꾼 여인의 절행을 상징하게 된 것이다.

불성의 상징인 대나무

불교에서의 대나무 이미지는 무엇보다도 먼저 죽림정사(竹林精舍)를 떠올리게 마련이다. 죽림정사는 인도 마갈타국에 있는 불교 최초의 가람이다. 주변이 대나무 숲으로 둘러싸여 있어 오늘날 방문해도 아늑하면서도 조용한 분위기를 느끼게 한다. 그곳에서 석가모니가 제자를 가르치고 조용히 명상에 잠겼다고도 한다. 그러나 당시 인도에서 대나무에 어떤 의미를 부여했는지는 알 길이 없다.

다만 중국 불교 자료인 《경덕전등록》에서 당나라 고승 혜해(慧海) 선사(禪師)가 「푸릇푸릇한 비취빛 대나무는 모두가 부처님의 몸이고, 무성하게 우거진 노란 국화는 반야(般若)의 지혜가 아님이 없다.」라고 한 대목을 찾을 수 있는데, 여기에서 대나무는 불성(佛性)의 상징으로 인식된다.

대나무와 같은 무정물에 불성이 있느냐 하는 문제는 굳이 조주(趙州) 스님의 그 유명한 무(無) 자 화두를 들먹이지 않더라도 중국 선종 내부에서는 치열한 논쟁거리 중 하나다. 우두종(牛頭宗)에서는 불성이 모든 곳에 존재한다고 하며 대나무와 같은 무정물에도 불성이 있다고 주장한다.

그래서 《금강경(金剛經)》〈야부송(冶父頌)〉에서는 「대나무 그림자가 뜰을 쓸

설어도(雪漁圖) | 작가 미상, 오대(五代), 타이페이 고궁박물원 소장 | 이 그림은 물가에서 무성하게 자란 죽림에 눈이 하얗게 쌓인 설경을 그린 작품이다. 방립과 도롱이 같은 외투를 둘러쓴 한 늙은 어부가 어깨에 낚싯대를 메고 추위로 웅크린 채 눈 위를 걸어가는 모습을 매우 생동감 있게 그렸다.

고 지나가도 티끌은 움직이지 않고, 달빛이 못 밑을 뚫어도 물결이 일지 않는다.」고 했다. 여기에서 대나무 그림자는 형상은 있지만 실체가 없다. 그러나 허상도 아니다. 실상과 허상의 구분은 인간의 관념이다. 대나무의 본성은 일정한 형상 없이 인간의 마음이 어떻게 움직이는가에 따라 그에 상응하는 형상을 나타낸다. 이른바 마음이 움직이면 일체의 법이 생겨나고 마음이 잦아들면 일체의 법도 잦아드는 것이다. 차별이 없는 마음으로 대나무의 존재를 긍정할 때 대나무는 부처의 몸이며 불성의 상징으로 드러난다.

후대에 시불(詩佛)의 명성을 얻은 왕유(王維, 699?~761)는 〈죽리관〉이란 시에서 대나무가 상징하는 세계관을 이렇게 묘사했다.

> 홀로 그윽한 대나무 숲에 앉아/ 거문고를 튀기며 길게 휘파람 부네// 대나무 숲이 깊어서 찾아오는 이 없는데/ 밝은 달빛이 찾아와 서로를 비출 뿐(獨坐幽篁裏 彈琴復長嘯 深林人不知 明月來相照).

여기서 시인은 세속 일을 멀리한 채, 대나무 숲 속에 홀로 앉아 마음 내키는 대로 거문고를 뜯고 길게 휘파람을 불고 있다. 그러나 아무도 모른다. 악기를 연주하고 노래를 부르는 것은 소란스러운 일이지만, 아무도 모를 만큼 조용하고, 조용하면서도 귀를 기울이게 하는 울림이 있다. 대나무로 둘러싼 세계는 일체가 공(空)하면서 공하지 않다. 그 점을 달빛만은 알고서 시인에게 일러 준다.

이처럼 불교에서의 대나무 상징은 유교에서 부여한 인간적인 색채를 탈색시킨다. 왕유의 시에서 세한(歲寒)의 흔적을 찾을 수 없는 것도 그러한 이유이다. |안동준|

1. 종교·사상으로 본 대나무

셋 | 일본

일본의 대나무는 불목

'다케'의 어원은 한국어

대나무는 일본어로 다케(たけ)이다. 이 말의 어원을 살펴보면 '나무의 생장 속도가 빠르다는 말인 다케오우(長生)에서 나왔다'는 설 등 다양하다. 그러한 설 가운데에서 한 가지 눈길을 끄는 것이 있다. 그것은 우리말과의 관련설이다. 이는 언어학자이며 일본인으로서 한국어 연구의 선구자라고 할 수 있는 가나자와 쇼사부로(金澤庄三朗, 1872~1967)가 제기한 주장으로서, 즉 다케의 '다'는 대나무를 뜻하는 한국어의 '대'에서 나왔으며, '케'는 일본어의 '키(木)'라고 하는 설이다. 그의 주장대로 하자면 '다케'는 한·일 합성어인 셈이다.

대나무가 일본인의 의식 속에서, 특히 종교적인 면에서 어떠한 존재로 자리매김하고 있는가 하는 문제를 알아보기 위해서는 대나무와 관련된 고사성어나 속담 따위를 살펴보는 것도 하나의 방법일 것이다.

먼저 '대비도 오백나한(五百羅漢)'이라는 말이 있다. 이는 대나무 빗자루와 같은 대수롭지 않은 물건이라도 믿음 여하에 따라서는 오백나한이 될 수 있다는 말로서, 깊은 신앙심에 대한 영험의 불가사의한 힘을 의미하는 속담이다. 여기에서 말하는 '오백나한'은 유교결집(遺敎結集, 석가모니의 열반 후 그가 세상에 남긴 가르침을 모아 편찬한 경전을 편찬하는 일)에 모인 500인의 나한을 가리키는 말로서, 이것이 불교 용어임은 재론의 여지가 없다.

다음 '죽수행(竹修行)'이라는 말이 있다. 여기에서 죽(竹), 즉 대나무는 퉁소를 뜻하는데, 이는 퉁소가 대나무로 만들어졌기 때문에 나온 말이다. 그러므로 '죽수행'은 '퉁소 수행'이라는 말과 같다고 할 수 있다. 그러면 '퉁소 수행'이란 무엇인가?

'퉁소 수행'이란 말 그대로 퉁소를 불며 수행하는 것을 뜻한다. 이는 선종의 일파인 보화종(普化宗)의 허무승(虛無僧)이 퉁소를 불고 탁발(托鉢)을 하고 각처를 돌아다니며 하는 수행을 뜻하는데, 허무승은 머리를 기르고 가사(袈裟)를 입고 삿갓을 쓰고 우리로서는 이해가 가지 않지만 칼도 찼다. 에도(江戶) 시대에는 죄 지은 무사가 허무승이 되면 형을 면제받았다고 하는데, 아무튼 '죽수행'이란 말을 통해서도 대나무와 불교의 연관성을 엿볼 수 있다.

신란과 사이쵸의 대나무

그런데 이러한 사례는 신란(親鸞, 1173~1262)을 통해서도 확인할 수 있다. 신란은 가마쿠라(鎌倉) 시대의 고승으로 정토진종(淨土眞宗)의 개조(開祖)이며, 《쿄교신쇼(敎行信證)》의 저자이기도 하다. 그리고 그의 제자가 편찬한 《단니쇼(歎異抄)》는 그의 어록으로서 메이지(明治) 시대에 일본인의 마음을 사로잡았던 책으로도 유명하다.

다음은 신란과 대나무에 얽힌 일화이다.

신란은 한때 염불정지(念佛停止)의 탄압을 받고, 에치고(越後, 지금의 니이가타(新潟) 현)에 유배당한 적이 있었다. 그때 그는 가지고 다니던 대나무 지팡이를 거꾸로 땅에 꽂으며 '내가 말하는 불법이 널리 세상에 퍼진다면 이 지팡이가 다시 살아나게 될 것'이라고 말했다. 과연 그 뒤 그 지팡이가 거꾸로 된 상태에서 가지와 잎이 무성하게 자라났으며, 그 후 그 뿌리로부터 자라나는 대나무는 모두 거꾸로 된 모양을 하고 있었다고 한다. 그리고 이로부터 사카사마타케(逆樣竹), 즉 '거꾸로 된 대나무'라는 말이 나왔다는 것이다.

한편 수많은 종류의 대나무 가운데 천태죽(天台竹)이라는 것이 있다. 이름만으로도 불교를 연상케 하는 이 대나무는 일명 영향죽(影向竹)이라고도 하는데, 이 대나무는 원래 인도의 기원정사(祇園精舍)에 있던 것으로 이를 중국의 천태산에 옮겨 심었던 것을 다시 헤이안(平安) 시대의 고승인 사이쵸(最澄, 767~822)가 가지고 와

백의관음도(白衣觀音圖) | 노아미(能阿彌), 무로마치 시대, 1468 | 노아미가 그의 아들의 제삿날을 기념하여 관음보살의 초상을 그린 묵화이다. 대나무의 불가사의한 영험한 힘과 부처님의 법력으로 그의 아들이 다시 사람으로 환생해 더없이 좋은 삶을 누리기를 기원했을지도 모른다.

서 히가시에이잔(東叡山)의 루리덴(瑠璃殿)에 옮겨 심었다고 한다. 사이쵸는 시호(諡號)를 덴교 대사(傳敎大師)라고 하며, 일본 천태종의 개조이자 일본에서 대사(大師)라는 칭호를 쓰게 된 최초의 인물이기도 하다.

대나무에서 탄생한 동자

이렇게 대나무는 그 이름에 따라 여러 형태의 일화가 전해지고 있는 가운데 다음과 같은 불교 설화도 있다.

옛날에 선인(仙人) 세 사람이 살고 있었다. 어느 날 득도(得度)하게 된 그들은 너무나도 기쁜 나머지 각자의 자리에서 사신(捨身, 부처님을 봉양하기 위해서나 법(法)을 구하기 위해 또는 중생을 구제하기 위해 자기 몸을 버림)하게 되었다. 그러자 그 자리에서 세 그루의 대나무가 자라났다. 그 대나무들은 광명과 향기로 충만했다.

대나무들은 크게 성장해서 그해 10월이 되자 각각 스스로 갈라지며 그 가운데에서 동자가 태어났다. 용모 단정한 세 동자는 모두 대나무 밑에서 결가부좌(結跏趺坐)를 하고 정정업(正定業, 정토종에서 아미타불의 본원(本願)으로 틀림없는 정토왕생을 결정하는 행업)에 들어가 7일째 되는 날 밤에 정각(正覺, 일체의 진상(眞相)을 아는 무상(無上)의 지혜)의 경지에 이르렀는데, 그때 그들의 몸에서는 금빛 광채가 나고 있었다. 그리고 세 그루의 대나무는 칠보(七寶)로 장식한 찬란한 누각(樓閣)으로 변했다는 이야기이다.

이상에서 보다시피 대나무는 일본인들의 의식세계 속에서 불목(佛木)으로 자리 잡고 있다고 하겠다.

| 강석원 |

1. 종교·사상으로 본 대나무

넷 | 한국

대나무와 선(禪)

들창의 대나무 무엇이 흔들리는가

먹의 농담으로 그리는 수묵화(水墨畵)의 특색은 그것이 무엇을 그렸는가가 아니라 그것이 무엇을 암시하는가에 있다. 암시한다는 것은 사실(寫實), 곧 대상을 사실대로 나타내는 것이 아니라 대상을 구성하고 있는 급소와 요점만을 그리는 감필화법(減筆畵法)이나 생략화법(省略畵法)으로, 그것을 보는 이로 하여금 찰지(察知) 또는 감지(感知)시키는 일이다.

그러하기에 여백(余白)의 문제가 대두된다. 화면 가운데 그려지지 않은 부분은 아무것도 보이지 않는다 해서 공백이 아니다. 그 주변의 형상으로 무한한 그 무엇을 암시하는 공간이다. 곧 수묵화는 자연에서 초자연으로 옮겨 가는 수단이요 과정인데, 가장 자주 그 소재로 이용된 것이 대나무다.

강한 바람에 휜 대나무 한 그루가 그려져 있다. 그 그림에 대나무 형상이나 대나무 잎은 찾아볼 수 없고, 대 마디[節]를 감지케 하는 묵적(墨跡)만이 바람에 휜 궤적대로 점점으로 찍혀 있을 따름이다. 보이지 않고 잡히지 않는 바람을 이렇게 점 몇 개의 간단한 화법으로 그 강도까지 그려낸 동서고금의 어떤 화법이 있었던가 싶다.

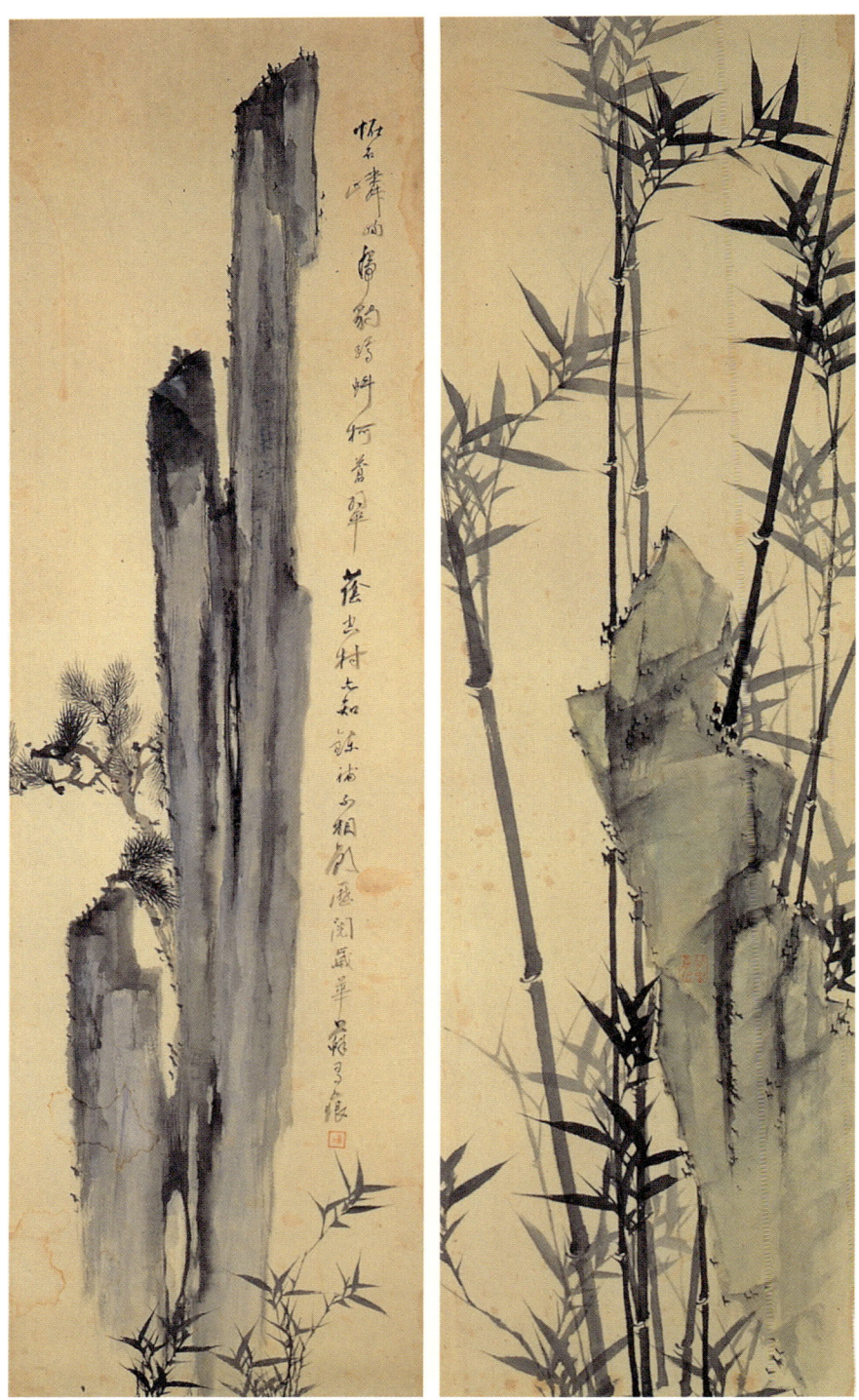

죽석도(竹石圖) | 정학교(丁學敎), 조선, 고려대학교박물관 소장 | 중엄한 기상의 괴석과 힘찬 기세의 대나무가 길고 좁은 화면을 꽉 채우고 있으며, 문인화의 상징성을 강조하고 작가의 내면적인 심기를 표현하기 위해 의도적인 왜곡이 시도되었다. 당시 그의 마음속을 가득 채운 그것은 무엇이었을까?

수묵화에서 가장 선호되는 소재가 대나무나 대숲이다. 대숲 묵화를 보면 대숲이 가르는 대바람 소리가 들려온다. 묵화를 선경(禪境)에 인도한다 하여 선화(禪畵)라 일컬어지고 선화의 소재로 대나무가 선호되는 이유가, 바로 대나무가 속계와 선계의 완충 지점에서 자라는 나무이기 때문일 것이다.

근대의 선승(禪僧) 만공(滿空) 스님의 선방(禪房)이 수덕사(修德寺)에 늦게까지 보존돼 있었고, 스님의 제자인 일엽(一葉) 스님의 안내로 그 방에 들렀던 적이 있다. 초배지 같은 거친 닥종이로 천장과 벽, 방바닥을 일색으로 도배한 텅 빈 방에는 창살도 없는 들창을 통해 창 밖에서 바람에 흔들리는 대나무만이 방 안에 그늘을 던지고 있었다. 그 대 그림자만이 선방에 존재하는 전부요, 그 흔들리는 대 그림자를 마치 스크린처럼 깔아 놓은 고운 모래 위에다 받고 있었다.

그 대나무 그림자가 이 모래를 헤치는 경지가 만공 스님이 좌선하는 목표 경지다. 스님은 그 흔들리는 그림자에서 대바람 소리를 들었고, 그 그늘이 모래바람을 일으키고 모래판을 파헤치는 경지를 여러 번 겪었을 것이다. 곧 과학이 관장하는 자연계와 과학이 설명하지 못하는 초자연계의 경계를 이 선방에서 체험한 것이다. 그 경계의 매체가 왜 대나무였느냐는 건 어려운 선문(禪問)으로 남겨둘 수밖에 없다.

독일의 사상가이자 철학자인 오이겐 헤리겔(Eugen Herrigel, 1884~1955)은 동양의 궁도(弓道)에 심취, 신묘한 그 경지에 도달한 유일한 서양 사람이다. 그가 남긴 〈궁도에서의 선(禪)〉에 보면 서양 사람이 활을 쏠 때는 먼저 과녁에 눈을 맞추는 외관(外觀)을 하는데, 동양 사람이 활을 쏠 때는 먼저 눈을 마음에 맞추는 내관(內觀)을 하는 것부터가 다르다고 했다. 활터에 서면 뒷머리—목뼈—척추뼈—다리 정강이—뒤꿈치를 마치 한 그루 대나무처럼 일직선으로 세운다. 이를 마음속에 세우는 대나무라 하여 심죽(心竹)이라 한다. 그러고는 온몸에 흩어져 있는 마음의 응어리들을 풀어 이 심죽에 고스란히 흡인시키는 과정에서 대나무 속이 비듯이 이 마음속의 대나무는 속이 텅 비게 된다. 이렇게 속이 비어 심죽이 될 때까지 기다려 활시위를 당겼을 때 신궁(神弓)이 된다 했다.

일제 때 조선총독부가 조사한 민속자료에 보면 초능력을 발휘하는 무당들이 신물(神物)로 손에 가장 많이 든 것이 대나무 가지였다. 영매 수단인 이 대나무 가지를 무당이 들고 흔들면 영매 대상인 인물이 갑자기 학질 앓는 사람처럼 몸을 떤다는 사례도 보고되었다.

반란의 수모(首謀) 홍경래(洪景來, 1780~1812)도 대나무로 초능력을 발휘, 부하를 복종시켰다 한다. 지모(智謀)가 뛰어난 우군칙(禹君則)이며, 자금의 소유자 이희저(李禧著) 등을 멀리 있는 솥뚜껑을 대나무 바람으로 들어 올리는 등의 초능력으로 감복시켜 참모로 삼았다.

정신이상 환자의 푸닥거리에서 무당이 들고 환자로부터 병귀를 내쫓는 도구가 바로 대나무 가지다. 곧 대나무에는 인력이 미치지 않는 초자연계와 교감하는 영매(靈媒) 작용이 있음은 물론, 한국의 기조문화인 애니미즘과 샤머니즘과 접합하고 각종 종교 속에 들어가 자리매김해 왔음을 알 수 있다.

| 이규태 |

1. 종교·사상으로 본 대나무

다섯 | 한·중·일

대나무의 신통력은 대륙을 날아 바다를 건너

호국사상의 사상적 매체의 한국 대나무

삼국시대의 정사(正史)인《삼국사기》에 대나무가 네 군데 나온다. 그 중 하나는 「대나무가 죽자 당나라 태종이 죽었고, 당나라는 사신을 보내어 신라에서 임금 호칭을 태종으로 삼은 데 항의했다는 것」이다. 다른 하나는 「망해 가는 신라를 다시 세우려다가 뜻대로 되지 않자 지리산에 들어가 대나무를 심으며 여생을 살았다.」는 최치원(崔致遠, 857~?)에 대한 기록이 그것이다. 그리고 나머지 두 개의 대나무 기사가 신화성과 주술성을 띠고 신라 호국사상과 밀접하게 연계되어 주의를 끌게 한다.

그 중 하나가 미추왕(未鄒王)의 능인 죽현능(竹現陵)에 대죽(竹) 자가 들어가게 된 연유다.《삼국사기》유례이사금 14년 기사와《삼국유사》미추왕 죽엽군(竹葉軍) 기사에 같은 내용으로 쓰인 그 연유를 간추리면 다음과 같다.

「제14대 임금인 유례왕 때 지금 경상도 청도군(淸道郡)에 있었던 촌락국가 이서국(伊西國)에서 신라의 서울 경주를 공격해 왔는데, 패세가 짙어졌을 무렵 난데없이 원병(援兵)이 나타나 적병을 물리치고 사라지는 이변이 일어났다. 한데 그 원병들 귀에 댓잎이 끼어 있었으며, 사라진 후 흥륜사(興輪寺) 동쪽에 있는 선왕(先王) 미추

대나무 병풍 | 해강 김규진 | 박력 있고 마디마디 군더더기 없이 곧게 상승하는 늘 푸른 대나무는 하늘에 접근하는 신통력이 있음직하다. (가회박물관 제공)

왕의 능에 댓잎이 소복하게 쌓여 있었다. 이에 선왕의 음덕(陰德)으로 적을 물리친 것으로 보고 그 공을 기려 능을 죽현릉이라 부르게 됐다.」고 했다.

다른 하나는 왜군의 침입에 한을 품고 동해의 용이 되어 이를 물리치겠다고 동해에 묻힌 문무왕(文武王)의 후대 신문왕(神文王)이 얻은 대나무 피리 '만파식적'이 그것이다.

이 두 대나무 기사에서 공통된 항을 찾아보면 적병을 물리치거나 물리치기로 예언된 신물이 대나무요, 신라 호국사상과 대나무가 결합되었음을 들 수 있다. 그리고 용과 호국사상과의 결합을 문무왕의 화룡(化龍)과 만파식적에서 볼 수 있으며, 고대 한국인의 호국사상을 분모로 하여 용과 대나무가 결합하고 있음을 알 수 있다.

용과 대나무의 초능력은 비단 호국에서 발휘된 것만이 아니다. 강릉 낙산의 관음굴에서 7일 동안 기도한 끝에 동해의 용으로부터 여의주(如意珠)를 얻고, 다시 7일 동안 기도하여 부처님의 진신(眞身)을 보았으며, 부처님이 손가락질한 곳에 쌍죽(雙竹)이 솟을 것이니 그곳에 절을 지으라고 시켜 지은 절이 낙산사(洛山寺)라고《삼국

유사》는 적고 있다.

    용은 승천하는 영물로 초능력을 얻었을 것이고, 대나무는 늘푸른 박력 있고 마디마디 군더더기 없이 곧게 상승하는 상록수인지라 하늘에 접근하는 신통력과 저승이나 신령계와 교통하는 초능력을 부여받았음직하다.

용과 뱀의 형이하학적 단계의 대나무

대나무와 용과의 결합에 대해 같은 동북아 문화권인 중국과 일본에서의 자취를 살펴봄으로써 그 문화 전승의 허실을 더듬어보면 다음과 같다.

    중국의 신화적 인물로 대나무 지팡이를 타고 하늘을 나는 비장방(費長房)이라는 슈퍼맨이 있었다. 비장방이 타고 다니던 지팡이를 물가에 버렸더니 용이 돼 승천했다는 기록이 《묵자(墨子)》에 나온다. 또한 대나무 심기 좋은 날을 죽취일(竹醉日)이라 하여 5월 13일로 잡은 것은 중국이나 일본 그리고 한국이 같다. 그러나 중국 악양(岳陽) 풍토기에는 이 대나무 심는 날을 용생일(龍生日)이라 부른다 했다. 이같이 대나무를 용으로 보는 견해는 중국 역사에서는 유구하다. 또한 중국문헌인《죽보(竹譜)》에 보면 대나무는 사람처럼 조손을 가려 부르는데, 할아버지 대나무를 죽조(竹祖), 손자 대나무를 용손(龍孫)이라 부른다 했으니 대나무와 용과의 관계를 이에서도 가늠해 볼 수 있다.

중국 백과사전이라는《연감유함(淵鑑類函)》439권에「여남(汝南) 사람이 대나무를 자르다가 그 중 한 대나무가 용신(龍身) 또는 사신(蛇身)으로 흐느적거리는데 윗가지에는 댓잎이 그대로 붙어 있다.」고 했으며, 《속박물지(續博物志)》에는「동로(桐盧) 사람이 대를 잘랐는데 밤을 새고 보니 용신치두(龍身雉頭)가 돼 움직이고 있었다.」고도 했다.

일본에서도 교토 가모가와(鴨川) 상류에 있는 구라마(鞍馬)라는 절에서 매년 6월에 대를 자르는 신사(神事)를 베푸는데, 암수〔雌雄〕8그루의 대나무를 용 또는 대사(大蛇)로 비유, 8명의 사나이로 하여금 산도(山刀)를 휘둘러 자르게 하고, 마지막 남은 토막인 꼬리를 겨드랑에 끼고 경주(競走)를 해 이기는 마을에 풍년이 드는 것으로 알았다.

중국이나 일본의 '죽(竹)+용(龍)' 패러다임은 신라에서처럼 호국 같은 형이상학적 사상매체로 발전하지 못하고 형태적인 형이하학적 단계에 머물렀을 뿐 아니라 용에서 뱀으로 격하되고 있는 것 등으로 미루어 서로 영향을 미쳤다고 보기에는 무리가 있다.

용과 연관해서 대나무에서 영험한 피리를 얻었다는 유사한 문헌으로《진서(晉書)》에 나오는 중국의 고대신화를 들 수 있다.「중국 신화시대 황제(黃帝)와 치우(蚩尤)가 탁록(涿鹿)에서 싸울 때 황제가 대피리를 불게 했더니 그 소리가 용 울음이 되어 적을 물리쳤다.」고 했다.

중국 후한(後漢) 말 학자 응소가 편찬한《풍속통의(風俗通義)》6권에 이런 기록도 있다.「강적(羌笛)이라는 피리가 있는데 강인(羌人)이 대를 자르면 용이 수중에서 울었는데, 그 모습을 드러내지는 않았다. 한데 그 자른 대나무로 피리를 만들어 불면 용 울음소리와 흡사하다.」고 했다. 만파식적에서의 용과 대나무의 결합은 중국의 고사에서 영향을 받았다는 사실을 부인할 수는 없으나, 이 역시 중국에서는 한국에서처럼 사상적 승화를 하지 못했음을 알 수 있다.

|이규태|

1. 종교·사상으로 본 대나무

여섯 | 한국

혜심의 〈죽존자전〉

혜심은 대나무에서 부처를 보았다

대나무를 사랑했던 고승 혜심(彗諶, 眞覺國師, 1178~1234)은 〈죽존자전(竹尊者傳)〉에서 선사(禪師)들의 선문답(禪問答)을 통해 대나무의 속성과 선(禪)의 이치를 대비하면서 대나무의 맑은 덕성과 의연한 기품을 예찬했다. 작가는 당시 조계종의 제2세로 이름 높은 선사였다.

　서두에는 대나무의 속성을 꿰뚫어 보고, 생태와 특성, 효용 등에 걸쳐 미덕(美德) 열 가지를 들었다.

　　1) 나자마자 우뚝 자란다. 　　　　　　　　　　(纔生便秀)
　　2) 늙을수록 더욱 굳세다. 　　　　　　　　　　(漸老更剛)
　　3) 그 결이 고르고 곧다. 　　　　　　　　　　　(其理調直)
　　4) 성품이 맑고 서늘하다. 　　　　　　　　　　(其性淸凉)
　　5) 소리가 사랑스럽다. 　　　　　　　　　　　　(其聲可愛)
　　6) 외모가 볼 만하다. 　　　　　　　　　　　　　(其容可觀)

묵죽도(墨竹圖) | 민영익(閔泳翊), 조선, 국립중앙박물관 소장 | 짙은 먹색의 댓잎을 계속 포개어 바람에 나부끼는 모습을 묘사한 이 대나무는 근대로의 이행기를 살았던 한 불운한 지식인의 자기 표현이라고 할 수 있다. 대상의 사실성을 뛰어넘어 대나무와 바위의 형상에 자신의 정신을 불어넣음으로써 사군자도의 또다른 면모를 보여 주고 있다.

7) 마음이 비어 사물에 잘 대응한다.
(虛心應物)
8) 절개를 지켜 추위를 참는다.
(守節忍寒)
9) 맛이 좋아 사람의 입맛을 돋운다.
(滋味養人)
10) 재능이 많아 세상을 이롭게 한다.
(多材利世)

작가 혜심과 죽존자(대나무)가 작품 속에서 주고받는 문답 가운데 "바닷가의 외지고 험한 곳 보타락가산(補陀洛迦山)에서 무슨 불사(佛事)를 돕느라고 푸른 바위 사이에 서 있습니까?" 하고 물었다. 죽존자가 대답하기를 "날마다 감로(甘露)에 젖고 때때로 범음(梵音)을 내 세속 먼지를 덜어내어 자연을 도우며 큰 대비(大悲)의 마음을 돕습니다."라고 했다.

그렇다면 〈죽존자전〉의 대상이 우리나라 어디쯤에 있었던 대나무였을까? 바로 보타락가산의 절이라는 지금의 낙산사와 홍련암 사이의 절벽 바위틈에서 자라난 대나무는 아닐까.

보타락가는 산스크리트의 포탈라카(Potalaka)에서 유래한 말이며, 중국에도 같은 이름이 있어서 불교와는 깊은 관계가 있는 지명이다. 뿐만 아니라 관세음보살이 항상 머무는 곳을 뜻하기도 한다.

우리나라 3대 관음기도 도량의 하나인 낙산사는 671년(문무왕 11) 의상(義湘)대사가 창건했다고 전한다. 특히 의상대사와 원효대사 등 고승대덕의 많은 이적과 설화가 어려 있는 곳으로 《삼국유사》를 통해 많은 이야기를 간직한 사찰이었으나 2005년 4월 5일 강원도 양양 지역에서 발생한 큰 산불로 소실되어 안타깝기 그지없다.

절벽 바위 틈에 의지해 솟아 있는 대나무를 혜심은 마음을 실어서 보았다. 작품 끝에는 찬시(讚詩)로 대나무의 미덕을 예찬했다.

> 내가 죽존자를 사랑함은/ 추위와 더위를 용납하지 않기 때문이다.// 해가 갈수록 절개는 더욱 굳세지고/ 날이 오랠수록 마음은 더욱 비는구나.// 달빛 아래 맑은 그림자 희롱하고/ 바람 앞에 부처의 말씀 전하네.// 하얀 눈을 머리에 이고/ 뛰어난 운치로 사찰에 났도다(我愛竹尊者 不容寒暑侵 年多彌勵節 日久益虛心 月下弄淸影 風前送梵音 皓然頭戴雪 標致生叢林).

이처럼 작품 끝에 다른 가전(家傳)과는 달리 찬시를 붙여 문학의 단순한 풍자성을 초월해 우리 주위의 자연 사물에서도 오묘한 불교의 법리(法理)를 깨달으려는 선사의 고결한 마음을 표현했다. 염량세태 속에서 힘겨운 삶을 살아갈지라도 때때로 하늘을 향해 곧게 뻗어 오른 대나무를 바라보며 우리도 그렇게 올곧게 살기를 기원하고, 중생들을 향해 쏟아지는 죽비 소리를 들으며 정진의 마음을 가다듬어 보자는 이야기일 것이다.

나아가 선사는 이 작품을 통해 선(禪)의 마지막 경지에서 얻을 수 있는 세계, 깨달음에서 얻어지는 우주적 진리의 세계를 이야기하고 싶었던 것은 아닐까? 왜냐 하면 대나무는 처음부터 공(空)으로 시작되어 공으로 끝나며, 흙을 뚫고 나오자마자 주저하지 않고 추위와 더위에 굽히지 않는 절대 신념을 지니고 하늘을 향해 일직선으로 올라가기 때문이다. 그것은 억겁의 인연을 쌓아 단숨에 해탈의 경지에 든 부처일 수도 있기 때문이다.

| 김상환 |

1. 종교·사상으로 본 대나무

일곱 | 중국

중국의 창조신과 대나무

묘족

뽕나무는 애기를 낳는 신의 나무(神樹)라고 한다. 황제의 증손자이며 하늘과 대지가 다시 맞붙지 않게 사이를 넓혀 놓은 천제 전욱(顓頊＝高陽氏)은 뽕나무 구멍(空桑)에서 태어났다. 당의 구양순(歐陽詢, 557~641)은 《신이경(神異經)》을 인용, 그가 편찬한 《예문유취(藝文類聚)》에「동쪽에 있는 높이 88장(1丈＝10척)의 나무에서 길이 3척 5촌의 오디가 난다.」고 써놓았다. 나무는 그 밑에 있는 못에서 열 개의 해가 목욕을 즐기는 부상(扶桑)나무요, 마상수(馬桑樹, 큰 뽕나무)라고도 한다. 상(桑)의 중국 발음은 상(喪)과 같고 장(葬, zang)과 비슷하다. 중국인에게 뽕나무는 대나무 같이 목숨을 주고 걷어 들이는 거대한 나무였다. 암퇘지 요리로 탕(湯)왕을 감동시킨 요리사 출신의 정치가 이윤(伊尹) 또한 뽕나무에서 나와 100세가 넘게 살다갔다.

　귀주성 묘족(苗族)은 관에다가 마상목 대신 대나무를 그린다. 대나무 위에는 해를 상징하는 금계(金鷄)를 그려 넣는다. 처음에는 하늘과 땅이 맞닿아 있었다. 그것을 도끼로 찍어 떼놓은 다음 반고가 99개의 맹종죽을 잘라다가 하늘을 떠받쳐 놓았다. 천지개벽 때의 맹종죽은 빨리 자라 지금과 같은 높이의 하늘을 머리에 이고 견딜

만한 거대한 받침대였다. 그리고 뿌이(布) 족의 전설에 의하면 대기둥은 어찌나 단단한지 12개의 해가 동시에 떠올랐는데도 타지 않았다. 뿌이 족의 벼락 신은 10개의 해를 쏘아 떨어뜨렸다. 대로 만든 화살은 그렇게 단단했다. 모든 생명을 위기에 몰아넣은 하늘을 뒤덮은 12개의 불덩이를 줄이는 작업에 야오(瑤) 족이 쓴 방법은 강성목(剛星木) 활로 대죽(大竹)의 날카로운 화살을 날리는 일이었다.

토가족

양자강 유역의 중국 소수민족들이 계승한 신화를 보면 광활한 대밭의 주인은 제우스 신 같은 무서운 신이 아니었다. 대와 더불어 사는 사람들이다. 뇌공(雷公)이 하늘 위에서 천둥 소리를 내며 벼락을 치고 있을 때는 제일 무서운 존재지만, 일단 지상에 내려 온 뇌공은 무엇보다 조롱(鳥籠)을 두려워하는 하잘것없는 존재가 된다.

호남성의 장가계, 원가계 일대에 흩어져 살고 있는 토가(土家) 족에게는 '하늘 구멍'이라는 전설이 있다.

백발노인이 준 세 알의 약을 단번에 삼킨 며느리가 세 쌍둥이를 낳았다. 아이들의 이름을 대역사(大力士), 장각간(長脚杆), 조이(早耳)라고 지었는데 이들은 인두세를 받으러 온 영주의 군인들을 혼내 줄 만큼 배포와 힘들이 셌다. 어머니는 아들이 하나같이 거칠게 노는 것이 걱정이 되어 그 기를 약간 꺾어 보려고 '얘들아, 뇌공의 고기가 먹고 싶구나!" 하고 한마디했다. 벼락신의 고기를 먹겠다는 이야기가 가당한 일이겠는가! 그러나 삼형제는 3333개의 나한죽(羅漢竹)으로 벼락 매리는 신을 생포하겠다고 뇌공롱(雷公籠)을 금세 만들어 놓고 비가 오기만을 기다렸다. 드디어 비가 쏟아지자 천둥벼락을 내리며 바람을 몰고 뇌공이 삐죽이 튀어나온 입술을 빼어 문 채 무서운 기세로 하늘에서 내려왔다. 대역사는 눈 깜짝할 사이에 번개 귀신을 번개 잡는 망태기로 덮쳤다. 조롱 속에 갇힌 뇌공은 의외로 부리 달린 한 마리 보잘것없는 닭이었다. 용감한 삼 형제의 어머니는 말했다. "내일 아침에 요리할 테니 그놈을 옷 궤짝에 묶어 넣어 놓아라." 그런데 궤짝에는 구멍이 나 있었다. 갇혀 있던 뇌공은 그날 밤 하늘이 내린 구멍이라 생각하고 빠져 나와 도망쳤다.

원(元)나라의 《삼교수신대전(三教搜神大全)》에는 뇌신이 어머니를 잘 모신 효자라고 되어 있다. 닭을 잡아 어머님 보신을 시켜드리려다가 벼락을 맞았다는 것이다. 천제는 하늘에 올라온 그를 뇌문구원수(雷門苟元帥)로 임명했다. 그때부터 그는 오른손에 설(楔, 쐐기), 왼손에 퇴(槌, 몽둥이)를 든 모습이 된다. 대나무는 이미 그때부터 귀신 잡는 조롱이 될 수 있었던 것이다.

이족

대로 만든 큰 망태기는 사천성 대량산(大凉山)의 새해맞이 불놀이로 유명한 이족(彝族) 사회에서는 고려장할 때 흔히 쓰인 물건이다. "사람 나이 120이 되면 원숭이처럼 무서워진다." "백 살을 넘은 노인은 귀신으로 둔갑해서 사람을 해친다."는 옛말을 그들은 믿어 왔다.

예시테니(約斯特尼)라는 노인 역시 아들이 진 큰 대나무 당태기에 꼼짝없이 등짐처럼 실려 나가는 신세가 되었다. 그는 아들에게 한마디했다. "아들아 오늘은 내 명줄이 다하는 날이다. 다시는 못 만날 테니 네 얼굴이나 어디 한 컨 봐둬야겠다." 아들은 아버지를 내려 놓았다. 노인은 큰 망태기를 손으로 가리키면서 "이걸 잘 보관해 둬라. 네가 올 때도 필요하니까." 얼굴을 찡그리는 아들을 보고 노인은 덧붙였다. "우리는 장수하는 집안이다. 너도 백 살, 이백 살까지 살게 되면 네 아들이 너를 짊어지고 높은 산 바위 밑에 버릴 것이 아니냐. 이 대망태기는 요긴한 것이니라." 그때야 비로소 아들은 깨달았다. '귀하신 부모가 돌아가시면 제사를 지내야만 해. 그걸 안 하고 살다가는 내 아들도 나를 몹쓸 노인으로 여기고 내다버리겠지.' 아들은 다시 아버지를 지고 내려와 돌아가실 때까지 잘 모셨다. 그리고 망태기를 짠 대로는 위패를 만들었다.

무덤으로 가는 도구로서의 큰 대망태기는 마침내 인륜을 아름답게 하는 효(孝)의 사상을 일깨워 주는 모티브의 대나무로 거듭난 것이다.

이족은 화장이 끝나면 피모(畢摩)라는 샤먼이 대 뿌리를 잘라서 한족(漢族)의 위패와 비슷한 조상의 영혼이 머무는 영통(靈筒)을 만든다. 남녀가 다르게 자른 대를 양털과 초령초(招靈草)로 싼 다음 마사(麻絲)로 묶어 통에 꽂아서 벽에 걸어 놓는다. 실물을 관찰한 일본학자 모모다 야에코(百田彌榮子)는 그의 저서《중국 신화의 구조》(2004)에서 영통을 자세히 설명하고 있는데 영통 위로 솟아오르게 하여 고인의 머리를 상징하는 한 가닥 양털을 마두(馬都)라고 부른다. '마'는 대(竹)요, '두'는 나온다는 뜻이다. '대에서 태어나서 대속으로 돌아가는 이족'의 의식에서 가족과 가축의 번영을 비는 전통적인 의식을 읽을 수 있다.

| 박석기 |

1. 종교·사상으로 본 대나무

여덟 | 한·중·일

불교와 대나무, 한·중·일 문화의 시각

제일 작고도 큰 자비의 상징

한글대장경《금광명경(金光明經)》〈사신품(捨身品)〉에 석가모니의 999번째 전생담이 나온다.

 마하라타 왕의 세 왕자는 큰 대숲 속에서 범 한 마리를 발견했다. 이 범은 새끼를 낳은 지 이레가 되었는데, 일곱 마리 새끼에게 둘러싸여 먹을 것을 먹지 못해 지쳤고 머잖아 죽게 되었다. 막내왕자 마하살타는 범 있는 데로 가서 옷을 벗어 대나무 가지 위에 걸어 놓았다. 칼을 찾지 못한 그는 마른 댓가지로 목을 찔러 피를 쏟으며, 높은 산 위로 올라갔다. 그리고 몸을 날려 범 앞에 떨어졌다(以乾竹刺頭出血於高山上投身虎前). 새끼들을 살리려고 범은 먹이가 되어 준 왕자의 피를 빨고 살을 먹고는 뼈만 남겼다고 한다.

 이 설화는 중국 돈황 막고굴 제296굴의 테마가 되었다. 우리나라 여러 사찰의 본전 벽면을 장식하는 이 전생담은 삼국시대 신라와 백제에서 불교를 받아간 일본 법륭사의 〈다마무시노즈시(玉虫廚子)〉 그림에도 등장한다. 이로써 석가모니는 1000번 몸을 버리겠다고 다짐한 전생의 서원을 완성했고, 설법하는 부처가 될 준비를 모두 마쳤다. 전생의 단절은 단절이 아니고 인류사에 큰 발자국을 남길 최후의 숨고르기였다.

그러면 왜 범인가? 여기에는 여러 설이 있는데, 토템인 범에게 먹히고 나면 귀적(鬼籍)에 들었다가 사람으로 다시 태어난다는 고대인의 습속으로 본다. 고귀한 자기희생의 도구, '마른' 댓가지의 '건(乾)'은 하늘이라는 뜻. 일대 전기(轉機)를 마련한 건죽(乾竹)은 생명의 단절을 축원으로 바꿔 놓은 위대한 초월성(超越性), 자비심의 상징이다.

석가모니의 마지막 음식, 죽순

《팔리 경전(Pali 經典)》〈우다나(Udana)〉 8장 5절은 석가모니 부처가 이 세상에서 드신 최후의 조찬을 자세히 소개하고 있다.

비구들을 거느리고 말라를 거쳐 파바에 도착한 부처는 대장장이의 아들 춘다 소유인 망고 나무숲에서 하루 묵어가기로 했다. 춘다는 그 유명한 붓다가 자신의 땅에서 하룻밤 쉬어 가신다는 소식을 듣고 인사를 드렸다. 당연히 모여든 많은 사람과 함께 붓다의 설법을 듣고 감동한 춘다는 이튿날 아침 공양을 올리겠다고 간청했다. 붓다는 말없이 고개를 끄덕였다. 춘다는 허락하신 것으로 알고 공손히 뒷걸음쳐서 물러났다. 이튿날 아침 석가모니 일행은 가사를 걸치고 바리를 들고 춘다의 집으로 갔다. 붓다는 지정한 자리에 앉아서 춘다에게 말했다. "수카라맛다바(sukaramaddava)를 요리했다니, 그 요리와 그 밖에 신선하고 부드러운 것이 있으면 대중에게 대접하게." 춘다는 "분부대로 하겠습니다." 말하고 차린 음식을 내 놓았다.

내 놓은 음식을 본 붓다는 춘다를 부르더니 이렇게 말했다. "이보게 춘다, 수카라맛다바에서 남는 것은 모두 땅을 파고 땅속 깊이 묻어버리게. 마라(마구니)와 브라흐마가 사는 세상에, 사마나(사미승)나 브라흐마나가 살고 있는 이 세상에 그런 음식은, 완벽한 그 분이 아니라면, 신이건 사람이건 먹을 수가 없겠네그려." 그러고 나서 춘다가 마련한 음식을 든 붓다는 병이 들었다. 고통과 출혈이 심해 죽을 것 같았다. 먹어서는 안 되는 음식이었던 것이다. 그런데도 붓다는 마음을 가다듬고 소리없이 아픔을 견디었다. 그리고 다음 행선지인 "쿠시나가라로 가자!"고 아난다에게 재촉했다. "그렇게 하겠습니다."고 대답하고 아난다는 게송을 읊었다.

춘다의 음식을 드신 다음/ 붓다는 무서운 고통을 참으셨습니다./ 수카라맛다바는 상한 음식이라/ 감당하기 어려운 병마가 세존을 괴롭혔습니다./ 하지만 생리적 고통은 문제가 아니었지요./ '자, 쿠시나라로 가자.' / 거침없는 말씀이었습니다.

강을 건너 쿠시나가라(拘尸那揭羅)에 온 붓다는 이 세상에 태어나서 처음 땅에 눕고 싶다고 말한다. 아난다는 사라쌍수 사이에 붓다가 오른쪽 몸이 땅(붓다가 깨달은 현장에서 증인이 된 대지의 모신, 프르시비, 箄犁醯陛→장아함경)에 닿도록 눕혀 드렸다. 머리는 북쪽을 향하게 했다. 붓다가 돌아가시게 되었다는 전갈을 들은 마을 사람들이 작별 인사를 드리려고 몰려오고 있었다. 그것은 단순한 식중독 사건이 아니었다. 대숲 속에서 말보다 침묵이 더 많은 설법으로 제자들을 이끌고 보통 사람의 불안, 불만, 고통을 덜어준 대나무에 비유된 위대한 큰 스승의 열반이었다.

우다나 연구의 권위자인 담마팔라(Dhammapla)는 붓다가 이 세상에서 마지막으로 든 음식은 「(멧)돼지가 대밭에서 밟아 놓은 죽순(sukarehi maddita-vamsakaliro)」이라는 주석을 달고 있다.

백의관음, 화엄의 세계

우주를 이어놓은 대는 속이 비어 있다.

《삼국유사》에 보면 대는 백의관음보살의 상징이다. 7일 기도를 드리는 의상대사에게 참모습을 드러낸 관음은 쌍죽(雙竹)이 나타나는 산 위에 절을 짓도록 지시한다. 그 자리에 절을 짓고 관음상을 모시니 대는 사라졌다고 한다. 그곳이 바로 관음의 거처인 보타락임을 알고 절 이름을 낙산사라고 했다. 마디마디가 이어져서 유연하면서도 곧게 자란 대나무는 사물의 크기와 부피를 한눈에 알아보도록 재는 그릇으로 사회적 합의의 기준이 되었다. 가구, 건축, 건설 자재 또는 무기로서 널리 쓰인 대나무의 각 부위는 불립문자(不立文字)라고 하는, 언어를 차단한 의식 공간에서 신호등처럼 명멸한 선승들의 코드(화두)이기도 했다. 공성(空性)은 중심을 채울 수 없는 대나무의 텅 빈 속이다. 선승의 피리는 둥근 그 공간을 절제된 호흡으로 순화하는 취선(吹禪)으로 발전했고, 모든 불안과 분쟁의 원인을 일거에 잠재운 만파식적의 소리를 지향했다. 만파식적의 이적을 일으킨 대를 발견한 위치는 신둔왕이 감은사에서 기림사로 이동한 구간이다. 해가 중천을 밝힌 오시(午時, 11~13시)였다. 밤에만 하나로 합쳐지곤 하던 두 그루의 대가 대낮에 하나가 되는 순간, 1순은 7일간 어둠과 폭풍우로 뒤덮였다. 하나는 여럿(一卽多)이요, 여럿이 곧 하나(多卽一)라는 화엄의 진리를 '천지진동(天地振動)'이 일깨우고 갔다. 7은 다름 아닌 부처의 7보행이 상징하는 전 우주를 포괄하는 기호다.

「10년간 대를 그려라, 자신이 한 그루 대가 되어 대를 그려라, 그리고 대에 관한 일체를 잊어라.」 미술사학자인 조지 다두이트(G. Dadoit)가 《중국의 신비사상과 근대회화》에 인용한 선화(禪畵)의 비법이다. 여기서 대는 곧 부처요. 부처에 다가가는 길은 대를 그리다가 대를 잊듯 마침내 나를 버리는 경지를 말한다. 일본의 선승은 대마디를 '요(代, 世)'라고 했는데 마디 하나에 이 세상의 시간이 다 들어 있다고 그들은 보았다. 7단계 깨달음을 대마디에 비유하며 살다간 한·중 고승들의 화두를 기록한 《경덕전등록(景德傳燈錄)》에 1차 시험에 실패한 선사의 일화가 있다.

지한(智閑) 선사는 이 세상에 태어나기 전 자신의 본분이 무엇인지 말하라는 선배의 물음에 대답할 수가 없었다. 연좌제, 대나무 뿌리처럼 얽힌 연기(緣起)를 어떻게 한마디로 표현한다는 말인가. 잔뜩 모아두었던 모범답안을 다 태워 버리고 그는 남양 충국사(忠國師)의 옛터로 가서 밭을 일궈보려고 했다. 잡초를 베다가 기와쪽 하나를 무심코 던졌는데 대나무를 때리는 '...?!?' 소리(귀로 감지한 일종의 기호 표현, signifier)가 났다. 속이 빈 마디 사이에서 울린 소리는 가슴속에 '!!!' 충격파와도 같은 뜻(기호내용, signified)으로 와 닿았다. 보이지 않는 '본분'을 드디어 찾아냈다는 것이다. 마음을 열어 놓은 지한은 자신을 억누르고 있던 상징체계가 파괴음과 함께 무너지는 소리를 들었다. 그것은 대나무 잎이 흔들리는 바람 소리에서 '불성'을 깨달은 기쁨과 비슷한 체험일 것이다. 그러나 기와쪽과 대가 충돌한 소리(기호)는 의성음을 빌려야 가까스로 표현할 수가 있었다. 지한 선사가 획득한 비교적(秘敎的) 상징은 코드 전환이 어려운 기호 내용이거나, 선승이 공(空, zero)을 공략하는 전략에 따라 끝없이 되풀이하는 '기호 표현'의 순수연속일지 모른다. 그리는 순간 지워 버리는 만다라 그림과 같다. 대는 뱀이다. 죽림정사에서부터 불자들이 찾아 나선 자기 꼬리를 문 뱀, 오우로보로스는 자족(自足), 즉 윤회를 넘어선 우주 통일의 원리였다.

보살계를 받은 재가승이며 지성인인 당나라 시인 백거이는 은퇴 후 거대한 대나무 숲을 사들였다. 1천여 그루의 대나무가 3천여 평이 넘는 땅에 죽림을 이루었고 1천 7백여 평의 연못과 1천

설암상(雪庵像) | 요대수(廖大綬), 청(淸), 베이징 고궁박물원 소장 | 한 노스님이 대나무 지팡이를 들고 있는 그림으로 오늘날 유일하게 남은 요대수의 작품이다. 많은 중생에게 불법을 전파했을 것 같은 노스님의 인상이 대나무의 텅 빈 줄기처럼 공허하면서도 무언가로 충만해 보인다.

여 평의 대지로 이루어진 장원이었다. 대나무울타리에 기쁨을 느끼고 살아간 대시인이 쉽게 쓴 울림이 좋은 시에는 대나무 숲을 스치는 바람 소리, 파도와도 같은 직관이 넘친다.

법계로 이어지는 죽의 공성

중국뿐 아니라 한·중·일 삼국에서 고난도 수행의 불교를 꼽는다면 단연 티베트 밀교다. 티베트는 인도에서 불교를 들여올 때부터 생소한 개념을 철저한 티베트 말로 풀어서 번역하고 실천했다. 예를 들면 '큰 저택'을 본적이 없는 그들은 '큰 저택이 있는 바라문의 집'을, '큰 사라수와 같은 바라문의 가계(家系)'로 번역할 만큼 티베트 인의 생활감각에서 벗어나지 않는 구체적이며 현실적인 불경을 만들려고 했다. 추상적인 이론의 설명보다는 손에 잡히는 구체적 행동 요령을 직유법으로 적시한다. 다음은 불교 탄트라 수행의 교본 《쿤상라마의 가르침》에 나오는 형이상학적인 관(管)을 대나무에 비유한 구절이다.

> 다키니에 변용한 네 몸 한가운데로, 마치 집의 기둥처럼 중앙관(中央管)이 일직선으로 나 있는 것을 보라. 이 중앙관은 좌우 어느 한쪽으로도 기울지 않고 대처럼 곧다. 중앙관의 첨단은 두정(頭頂) 브라흐마 공(구멍) 근처에서 옥상의 천창(天窓)이 열리듯 새파란 공간을 향하여 열리고, 중앙관의 길은 거기서 공성(空性)의 법계로 이어져 있다.

여기서 관은 '대로 만든 관'이라는 어원의 의미를 회복, 원형을 되찾고 있음을 볼 수 있다.

| 박석기 |

2
문학 속의 대나무

하나 | 한국
아마도 세한고절은 너뿐인가 하노라

둘 | 중국
청정의 이상세계를 추구하는 경계선

셋 | 일본
상록의 정취와 장생의 상징

넷 | 한·중
한국과 중국의 시문에 나타난 죽부인

다섯 | 일본 | 서사문학
달나라 항아와 미카도 천황의 사랑

2. 문학 속의 대나무

하나 | 한국

아마도 세한고절은 너뿐인가 하노라

대나무의 절묘한 환유세계

대나무를 소재로 글을 남긴 선현들은 수없이 많다. 우리나라에서는 스님들의 글이 많이 남아 있으나 여기서는 다루지 않고, 가능하면 문학 작품을 통해 대나무의 상징성을 찾고자 한다. 조선 개국의 일등 공신이기도 한 삼봉(三峯) 정도전(鄭道傳, ?~1398)의 문집에 실려 있는 〈죽창명(竹窓銘)〉이란 글은 대나무의 은유성(隱喩性)을 극적으로 표현하고 있다. 삼봉은자(三峰隱者)가 이언창(李彦暢)이란 사람에게 물었다.

> 선생의 호를 죽창(竹窓)이라 한다는데 대나무는 그 속이 비고 그 마디가 곧으며 그 빛이 차가우며 겨울을 지나도 변하지 아니하여 군자들이 그를 숭상하여 자신을 가다듬는다고 하였습니다. 《시경(詩經)》에도 스스로 학문을 닦아 이루어짐을 대에다 비유하였으니 선생 또한 학문이 깊다고 하겠습니다. 그리고 옛사람들이 대나무에서 얻은 바가 많다고 보는데 선생은 무엇을 택하셨습니까?

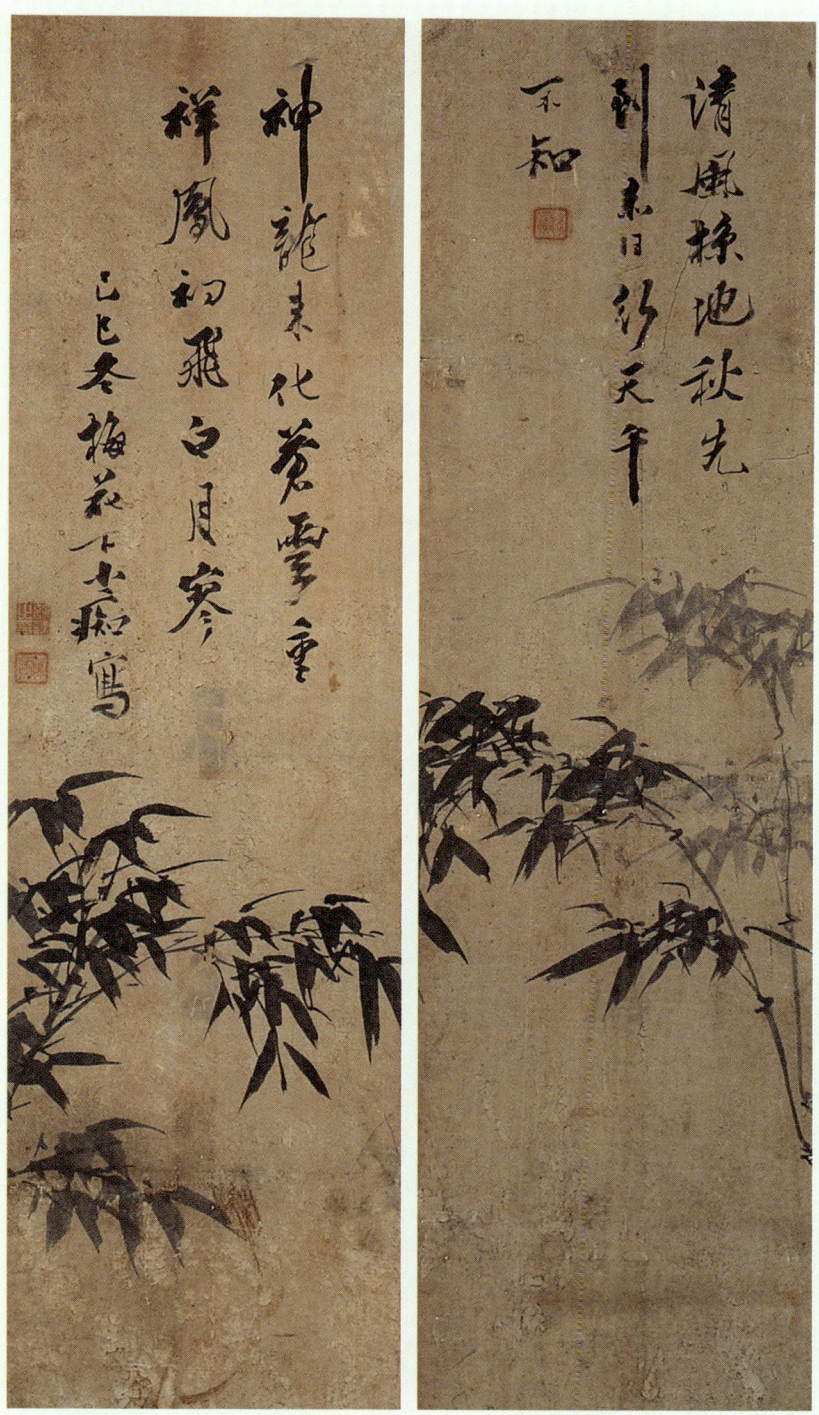

묵죽도(墨竹圖) | 허련(許鍊), 조선, 고려대학교박물관 소장 | 허련은 직업화가였으나 어떤 문인화가보다도 깔끔하고 담백한 문인화를 그려 높은 평가를 받았으며, 글·그림·글씨를 모두 잘해 삼절(三絶)로 불렸다. 특히 묵죽(墨竹)을 잘 그렸다. 이 그림은 그가 60세 때인 1869년에 그린 그림으로, 「땅을 스치는 맑은 바람 가을이 왔나 보다/ 붉은 태양 하늘을 가니 한낮도 모르겠네(靑風掠地秋先到 赤日行天午不知)」라는 시가 쓰여 있다.

설죽도(雪竹圖) | 속이 텅 비었지만 얇은 껍질로 눈보라와 강풍을 견디는 대나무는 청렴한 선비들의 강직한 삶 그대로를 보여 주고 있다.
(가회박물관 제공)

그러자 죽창이 담담하게 대답했다.

> 나는 그와 같은 고상한 이론은 없습니다. 다만 대나무가 봄에는 새들에게 알맞아 그 울음소리가 드높고, 여름에는 바람 부는 데 알맞아 그 기운이 맑고 상쾌하며, 가을이나 겨울에는 눈과 달에 알맞아 그 기운이 쇄락합니다. 그리하여 아침 이슬, 저녁 연기, 낮 그림자, 밤 소리에 이르기까지 무릇 이목에 접하게 되는 것치고는 한 점도 진속(塵俗)의 누(累)가 되는 것이 없습니다. 그래서 나는 일찍 일어나서 세수하고 즉창에 앉아 서탁을 정돈하고 향을 피운 다음 글을 읽기도 하고 거문고를 타기도 합니다. 때로는 온갖 잡념을 떨쳐 버리고 묵묵히 꿇어앉아 있으면 자신이 죽창에 기대고 있는 것조차 잊게 됩니다.

정도전은 이언창의 정신세계는 대나무에 있는 것이 아니라 마음이 얻은 것을 대나무에 의탁했을 뿐이라고 경탄했다. 그의 호를 명(銘)하여 자신이 시 한 수를 지어 바쳤다.

「그 창을 활짝 여니 무성한 대가 있네/ 군자가 사시는 곳 그 정조 옥과 같네(有闢其窓 有鬱者竹 君子攸宇 其貞如玉).」 그는 〈죽창명〉이란 제목을 달아 자신의 문집에 실어 후세에 전하고 있다. 이언창은 삶 그 자체가 대나무의 은유의 세계를 완벽하게 살아가는 천상의 시인이었던 것이다.

부러지지 않는 절개의 대나무

우리 시가문학에서 처음으로 대나무의 상징성을 차용한 작가는 고려 인종 때의 문신 정지상(鄭知常, ?~1135)이라고 생각한다. 그는 시문으로 김부식(金富軾, 1075~1151)과 쌍벽을 이루었으며, 신라 말 최치원(崔致遠) 이후 시문에 있어서 가장 뛰어나다고 평가되는 인물이다. 조선 성종 9년(1478) 서거정(徐居正, 1420~1488)이 신라에서부터 조선 당대에 이르기까지의 시문을 엮은 책 《동문선(東文選)》에는 〈영죽(詠竹)〉이란 정지상의 시가 남아 있다.

> 긴 대나무가 작은 마루 동쪽에/ 쓸쓸히 수십 그루 서 있네/ 푸른 뿌리는 용처럼 뻗어 있고/ 그 잎은 찬 바람에 옥소리를 내네/ 빼어난 빛은 온갖 풀에 비할 데 없고/ 맑은 그늘은 반공에 드리우네/ 그윽하고 기이함은 형용할 수 없고/ 서리 치는 밤 달이 밝게 비추네(脩竹小軒東 蕭然數十

대나무 병풍 | 사시사철 각각의 대나무들은 조금씩 그 모습을 달리하지만, 그 상징성은 예나 지금이나 변함없다. (가회박물관 제공)

叢 碧根龍走地 寒葉玉鳴風 秀色高群卉 淸陰拂半空 幽奇不可狀 霜夜月明中).

정지상은 제일 먼저 해가 뜨고 달이 뜨는 동쪽 툇마루 옆에서 자라고 있는 대나무를 무심히 보아 넘기지 않았다. 때마침 바람도 알맞게 불었고, 달 또한 높이 솟아 대 그림자 드리우는데, 뿌리는 용이 되고 댓잎은 옥소리를 내고 어두운 그림자가 맑게 보이는 것은 바로 대나무에 숨은 또 다른 세계를 찾았기 때문이다. 그래서 조선 중기

　시평가(詩評家)로 이름 높던 홍만종(洪萬宗, 1643~1725)은 그의 시를 두고 입신의 경지에 이르렀다고 했다.
　　고려 말 여와 서견(麗窩 徐甄)은 「암반 설중고죽(巖畔雪中孤竹) 반갑고도 반가워라/ 묻노라 고죽아! 고죽군(孤竹君)에 네 어떤 이냐?/ 수양산 만고청풍에 이제(夷齊) 본 듯하여라.」는 시에서 절벽 가장자리의 눈 속에 외로이 서 있는 대나무를 보고 자신의 처지를 백이숙제로 은유했다. 그는 무너져 가는 고려를 차마 보지 못하고 새로운 권력자로 부상한 조준(趙浚)·정도전을 탄핵했던 강직한 사람이며, 청백리로서 이름 높던 인물이다. 같은 시대의 원천석(元天錫)도 같은 운명이었는데, 그 역시 대나무를 범상하게 보았을 리 만무하다.

「눈 맞아 휘어진 대를 뉘라서 굽다턴고/굽을 절(節)이면 눈 속에 푸를소냐?/아마도 세한고절(歲寒孤節)은 너뿐인가 하노라.」 이때는 대나무가 절의와 충절을 상징하는 대표적인 식물로 이미 자리 잡았음을 알 수 있다.

조선 중기의 대표적인 시인 윤선도(尹善道, 1587~1671)는 「나무도 아닌 것이 풀도 아닌 것이/ 곧기는 뉘 시기며 속은 어이 비었느냐?/ 저렇고 사시(四時)에 푸르니 그를 좋아하노라.」라고 〈오우가(五友歌)〉의 한 대목에서 대나무를 좋아하지 않을 수 없음을 밝혔다. 나무도 풀도 아닌 것이 사철 푸름을 잃지 않는 대나무를 선비에 비유해 노래한 것이다. 올바른 선비가 명리에 대항해 절의를 지킬 줄 알고, 목숨을 담보로 권력에 굽히지 않는 충의지사(忠義志士)도 언제나 선비였다.

대한제국 광무 9년(1905)에 을사보호조약(乙巳保護條約)으로 마침내 나라의 명줄이 끊어지자 11월 4일 새벽에 민영환(閔泳煥, 1861~1905)은 자결로써 순국했다. 그가 자결한 다음해 4월이 되자 피 묻은 칼과 옷을 간직한 곳에서 대나무 네 뿌리에 아홉 줄기의 가지가 솟아났다고 한다. 이 소식을 들은 매천 황현(梅泉 黃玹, 1855~1910)은 〈혈죽(血竹)〉이란 시를 지어 공의 영전에 바쳤다.

> 대 뿌리를 땅이 아닌 공중에 내렸으니/ 충의의 뿌리를 하늘이 둔 줄 알겠네/ 산하의 빛은 변하고 오랑캐는 집을 삼네/ 이 말 들은 임금님의 눈물 비 됐네/ 네 떨기 아홉 줄기는 푸르게 들쭉날쭉하고/ 서른셋 댓잎들은 왜 저리 아름답나?……하략(竹根於空不根土 認是忠義根天故 山河改色夷虜堂 聖人聞之淚如雨 四叢九幹綠參參 三十三葉何猗猗 ……下略)

위의 선현들은 명리를 버리고 그야말로 목숨마저 앗아가는 비바람과 폭풍 앞에서도 물러서지 않고 '대쪽같이' 세상을 살았던 분들이다. 그들은 한결같이 설중고죽(雪中孤竹)이었고, 세한고절(歲寒孤節)이었다.

고절청풍은 여성에게는 의지도 되고 한도 되는가?

색깔은 다르지만 '고절청풍(孤節淸風)'의 대나무를 여성의 의지로 은유한 시가 있어 빠뜨릴 수 없다. 한말 여류시인 송설당(松雪堂) 최씨가 남긴 〈분죽(盆竹)〉이란 가사(歌辭)가 그래서 더욱 돋보인다.

금릉고원(金陵故園) 일총죽(一叢竹)을/ 옥분(玉盆)에 옮겨다가// 창
전(窓前)에 놓아 두고/ 일일 시시 상대하니// 너와 나와 두 사이에/ 지
취정의(志趣情義) 한가지라// 지취도 같거니와/ 정의도 한량없다.//
네가 비록 초목류나/ 고절청풍 갖추어서// 군자숙녀(君子淑女) 굳은
절의/ 마디마디 맺혔구나//…(하략)

최송설당은 집안이 '홍경래의 난'에 연루된 혐의로 몰락하자 그 혐의를 바로잡아 가문을 재건해야겠다는 뜻을 세우고 경상도 김천에서 홀로 상경한다. 그녀는 우여곡절 끝에 영친왕의 보모로 궁에 들어가게 되었고 고종황제로부터 '송설당'이란 호를 받을 정도로 신임이 두터워져 마침내 조상들의 혐의도 벗을 수 있었다.

그는 육영사업에도 헌신하여 현 김천중고등학교를 설립하는 등 많은 활약을 한 의지의 여성이다. 또한 시가(詩歌)에 능했는데 한시 200여 수와 국군시 60여 수를 남겼다. 이에 송설당은 군자숙녀로서 자신의 굳은 의지를 대나무 마디마디에 의탁해 분죽을 읊었던 것이다.

그런가 하면 작자는 알 수 없으나 반어법(反語法)의 시문으로 대나무의 용처를 은유한 가곡(歌曲) 한 수가 《악학습령(樂學拾零)》에 남아 있다.

백초를 다 심어도/ 대는 아니 심을 것이/ 젓대는 울고 살대는 가고, 그리
나니 붓대로다./ 구태어/ 울고 가고 그리는 대를 심을 줄이 있으랴?

이 시인은 구슬픈 가락을 내는 피리를 만드는 대나무이므로 심어 기르기 싫었다. 화살을 만드는 재료가 되는 전죽(箭竹)도 한번 쏘면 과녁을 향해 끝없이 날아가 돌아오지 아니하니 심어 가꾸기 싫다는 것이다. 뿐만 아니라 그림을 그리고 글씨를 쓰는 붓대의 재료가 되는 대나무조차도 심지 않겠다는 것이다. 왜냐 하면 대나무가 항상 임을 여의고 그리움 속에서 연연하는 마음을 쓰고 그리는 그 붓을 만드는 재료가 되기 때문이다.

그림을 그리는 붓대의 '그리다〔敍·寫·描〕'를 소리가 비슷한 마음속의 '그리다〔憧·慕·戀〕'와 연상해 대나무의 속성을 반어법으로 자신의 속내를 구사한 절창이 아닐 수 없다. 분명히 여성의 섬세한 정서가 깊게 드리운 것으로 토아 작자는 여류시인이 아닌가 싶다.

| 최강현 |

2. 문학 속의 대나무

둘 | 중국

청정의 이상세계를 추구하는 경계선

생활의 반려자로서의 대나무

《시경(詩經)》〈위풍(衛風)〉 기오(淇奧)편에 「저 기수의 물굽이를 바라보매, 푸른 대가 무성하게 자랐구나(瞻彼淇奧 綠竹猗猗).」라는 구절이 있다. 이 구절은 그 아래에 나오는 덕 있는 군자를 비유하기 위해 기분을 불러일으키는 말이라고 풀이된다. 또 같은 〈위풍〉에는 죽간(竹竿)편이 있어, 「길고 가느다란 대나무 줄기로, 기수(淇水) 가에서 낚시를 하였네(籊籊竹竿 以釣于淇).」라고 했다. 낚시는 결혼의 상징이라고 한다. 이 두 시를 보면 대나무는 일찍부터 다양한 방식으로 문학의 소재가 되었음을 알 수 있다. 특히 위나라의 기수 가에는 대나무가 많았는데, 그것은 번성을 상징하고 더 나아가 덕이 많음을 상징했다.

그런데 대나무라고 하면 흔히 송죽매의 세한삼우(歲寒三友)를 연상하게 된다. 그만큼 대나무는 소나무와 마찬가지로 절조를 상징하는 말로 전근대 시기의 시문에 많이 등장한다. 대나무는 또한 속기(俗氣)를 벗어난 고결한 정신 경계를 상징한다. 그렇기에 진(晉)나라의 서예가 왕휘지(王徽之)는 대를 일러 「어찌 하루인들 차군(此君) 없이 지낼 수 있겠는가.」라고 했다. 이로써 차군(此君)은 대나무의 별칭이 되었다.

북송 때의 대문호 소식(蘇軾, 1036~1101)은 〈녹균헌(綠筠軒)〉이란 시에서「고기 없이 밥은 먹을 수 있으나 대 없이는 지낼 수 없네. 고기를 못 먹으면 사람이 파리해지고, 대가 없으면 사람이 속되어지는데, 파리해진 건 살찌울 수 있으나, 선비의 속됨은 치유할 수 없다(可使食無肉 不可居無竹 無肉令人瘦 無竹令人俗 人瘦尙可肥 士俗不可醫).」고 했다.

소식은 문여가(文與可), 곧 문동(文同, 1018~1079)의 대나무 그림을 대단히 좋아했는데,〈조보지가 소장한 문여가의 대나무 그림에 쓴 세 수(書晁補之所藏與可畵竹三首)〉에서「멍하니 자기 자신을 잊었더니, 자기 자신이 곧바로 대나무가 되었다(嗒然遺其身 其身與竹化).」고 했다.

그 자신도 묵죽화를 잘 그렸는데, 공교롭게 먹이 떨어지자 앞에 있던 인주로 그림을 그렸다. 그 주죽(朱竹)을 받은 손님은 그 뒤에 길한 일이 계속 일어났다. 그 말을 들은 당시의 사람들은 소식에게로 몰려 가 붉은 대 그림을 그려 받기를 원했다고 한다.

명나라 말기에 개성적인 시문을 지은 원굉도(袁宏道, 1568~1610)는 죽림을 아주 좋아해, 고향 궁안(公安)에 운당곡(篔簹谷)을 지녔다. 본래 궁안 사람으로 왕승광(王承光)이 궁안 동쪽 25킬로 지점의 두호(斗湖) 둑 곁에 별장을 두고 수만 그루의 대나무를 심어 소죽림(小竹林)이라고 이름했는데, 그가 죽은 뒤 원굉도가 소죽림을 사서 운당곡이라 했다. 원굉도는 그곳에서 소요하면서 많은 시를 지었다.

한편 대나무 숲에 바람이 불어 소리가 나는 것은 우주와의 교감을 상징한다. 또한 대나무는 대개 여러 줄기가 무리를 지어 난다. 그렇기 때문에 번성과 무성함을 상징하는데, 특히 왕족의 번성을 의미한다.

여기에서는 중국 문학에서 대나무가 어떠한 상징으로 나타났는지 대표적인 예들만 살펴보기로 한다.

죽석도(竹石圖) | 관도승(管道昇), 원(元) 타이페이 고궁박물원 소장 | 관도승은 원초(元初) 유명한 사대부 화가 조맹부(趙孟頫)의 부인으로, 매·죽·난을 잘 그렸으며 특히 묵죽에 좋은 작품을 여러 점 남겼다. 이 그림은 죽간(竹幹)이 가늘고 잎이 비교적 큰 대나무(細竹)를 묘사하여 가냘프면서도 힘 있는 대나무의 특징이 잘 포착되어 있다.

번성과 무성함과 절조의 상징

우죽도(雨竹圖) | 고극공(高克恭), 원(元), 베이징 고궁박물원 소장 | 이 그림은 가을비에 씻기고 있는 두 그루의 대나무를 묘사하고 있는데, 나뭇가지가 뒤쪽을 향해 어지럽게 펴져 있어 부앙(俯仰)의 밀도 있는 자태를 보이고 있다. 가을바람과 성근비는 곧게 뻗은 대나무 줄기의 정취를 나타내고 있다.

대나무는 중국 문학의 가장 오래된 고전인《시경》에서 번성과 무성함의 상징으로 나타났다. 즉〈소아(小雅)〉사간(斯干) 편에「끝없이 흐르는 이 계곡 물의 흐름이여, 그윽하게 연이은 남산이여. 대나무 뿌리가 질기고 떨기져서 나듯, 소나무 잎이 푸르러 무성하듯(秩秩斯干 幽幽南山 如竹苞矣 如松茂矣).」이라고 했다. 사간 편〈모시(毛詩) 서(序)〉에 의하면 주나라 선왕(宣王)이 궁실을 낙성하고 축하한 노래로, 대나무는 소나무와 마찬가지로 궁실의 영원함과 견고함을 상징하는 것이라고 풀이했다.

대나무는 떨기져 나서 가족 생활을 하며 그 수명은 영구하게 이어진다. 따라서 대나무는 진작부터 무한의 번식과 번영을 의미했다. 특히 동산에 대나무를 심는 것은 황실이나 황족의 번영을 빌기 위해서였다. 이것은 북위(北魏)의 효문제(孝文帝) 아들 효왕(孝王, 기원 후 510년 무렵)이 양(梁) 땅에 봉해졌을 때 토원(兎園)이라는 원포(園圃), 즉 동원(東園)을 설치하고, 거기에 많은 대나무를 심었던 데서 기원하는지 모른다. 토원(兎園)은 양원(梁園)이라고도 하며, 수죽(修竹)의 동산으로, 양 효왕(梁孝王)이 축성한 것이다. 매승(枚乘, ?~BC 141)은〈양왕토원부(梁王兎園賦)〉를 지어 그 증거를 제시하고 있다.

한편 대나무는 곧다는 성질을 그 본성으로 지닌다. 절조를 상징한다는 점에서는 소나무와 같으므로 송균(松筠)이나 송죽(松竹)이란 복합어가 시문 속에 널리 나타난다.《수서(隋書)》〈유장전(柳莊傳)〉에 보면「지금 이후로는 송균의 절개를 보리라(而今已後, 方見松筠之節).」고 했다. 또 원굉(袁宏, 북위의 황제)의〈삼국명신서찬(三國名臣序贊)〉에「경쟁적으로 구기자 열매와 가래나무 열매를 거두고, 다투어 소나무와 대나무를 취한다(競收杞梓 爭采松竹).」고 했다. 이로써 송죽은 곧고 굳음〔貞堅〕을 뜻하는 부동의 말로 자리매김을 하고 있다.

또한 대나무는 맨 꼭대기 부분까지도 마디가 있다. 따라서 철두철미하게 신념을 굽히지 않는 절조(節操)를 상징한다. 양나라의 유효선(劉孝先)은 〈영죽(詠竹)〉이란 시에서 「사람의 높은 절조를 존중하지 않고, 그저 스스로 곧은 마음을 품고 있다(無重人高節 徒自抱貞心).」고도 했다.

청명한 경계로서의 대나무

대나무는 소나무나 국화처럼 은둔 공간이나 청정한 자연을 상징하며, 송경(松徑)·국경(菊徑)·죽경(竹徑)을 은사(隱士)가 사는 삼경(三徑)이라고 한다. 그런데 대나무는 소나무보다 더욱 차가울 정도로 맑은 경계를 상징한다. 중국 위진(魏晉)시대에 혼란한 세상을 피해 은자(隱者)로서의 삶을 살았던 청류파(淸流派) 지식인들을 죽림칠현(竹林七賢)이라 부르는 것은 그들이 현실 생활에서 벗어나 맑은 경계를 지향했기 때문이다.

당나라 시인 가운데 대나무 숲을 좋아한 사람으로는 시서화(詩書畵) 삼절(三絶)로 유명한 왕유(王維, 599~759)가 있다. 그는 망천(輞川)의 별장에 거처하면서 〈죽리관(竹里館)〉이란 시를 통해 자신의 은둔 공간을 다음과 같이 노래했다.

> 홀로 그윽한 대숲 속에 앉아/ 현을 튀기다가 다시 길게 휘파람/ 깊은 숲을 사람은 알지 못하고/ 명월만 와서 비춘다(獨坐幽篁里 彈琴復長嘯 深林人不知 明月來相照).

별장의 아주 깊숙한 대숲 속에 있는 작은 별채의 풍경을 노래한 시다. '유황(幽篁)'은 깊은 대숲이다. 달 그림자는 곧게 솟아난 대나무 가지 끝에 올라와 친근한 듯 이쪽을 비춘다. 자연과 인간의 어우러짐을 이렇게 표현했다. 또 왕유는 〈산 집의 가을이 저물 때(山居秋暝)〉에서도 청정한 죽림을 노래했다.

> 빈산에 비 지나간 뒤/ 천기는 저녁나절 가을이 깊었다/ 명월은 소나무 사이에 비추고/ 청천은 돌 위를 흐른다/ 죽림이 소란타 빨래하던 여인들 돌아가느라/ 연잎이 움직임은 고깃배 내려가기에/ 상관없이 봄꽃이 스러진다 해도/ 왕손은 제홀로 머물러야지(空山新雨後 天氣晚來秋 明月松間照 淸泉石上流 竹喧歸浣女 蓮動下漁舟 隨意春芳歇 王孫自可留).

춘화삼희(春花三喜) | 맹옥간(孟玉澗), 원(元), 타이페이 고궁박물원 | 대나무 위에 앉은 까치가 땅에서 노는 두 마리 까치를 보며 우는 모습은 그 소리마저 들릴 듯 극적으로 묘사되었다. 꽃과 대나무 잎, 새 깃털의 세세한 묘사는 남송화원 화조화의 능숙한 기술을 보인다.

인기척 없는 산이 비에 씻긴 뒤, 천기는 저녁을 맞이하여 점점 가을이 깊어간다. 빨래하던 여인들이 돌아가느라 두런두런 죽림이 소란하다고 했는데, 이것은 평소 죽림의 고요함을 거꾸로 암시해 준다. 명리(名利)의 장(場)과는 거리가 멀기에 빨래하던 여인들이 돌아갈 때나 소란스러운 것이다. 인간조차도 자연의 아름다움을 더하는 점경인물(點景人物)로서만 가만히 그 한쪽 구석에 묘사되어 있다.

역시 당나라 시인인 상건(常建)도 〈파산사 뒤 선원에 적다(題破山寺後禪院)〉에서 대숲 사이로 난 오솔길을 묘사하여 절간의 고요하면서 청정한 세계를 암시했다. 파산사는 강소성(江蘇省) 상숙현(常熟縣)에 있었던 절인 듯하다.

> 맑은 아침 오래된 절에 들어가자/ 갓 오른 해가 높은 숲을 비춘다/ 대 아래 길은 으슥한 곳으로 통하고/ 선방(禪房)에는 꽃나무가 깊어라/ 산빛은 새의 성질을 기쁘게 하고/ 연못 빛은 사람 마음을 텅 비게 한다/ 만뢰는 여기서 모두 적막하고/ 다만 종경(鐘磬) 소리를 남겨둘 뿐(淸晨入古寺 初日照高林 竹逕通幽處 禪房花木深 山光悅鳥性 潭影空人心 萬籟此都寂 但餘鐘磬音).

날이 밝아 절 입구 숲의 나뭇가지가 아침 햇빛에 물들어 있는데, 대숲 속의 작은 길이 희미하게 눈에 들어온다. 그것은 가장 으슥한 장소로 들어가는 입구이며, 그 깊숙한 곳에는 짙은 꽃나무에 둘러싸인 승방이 있다. 인간은 연못 빛의 청명함에 고무되어 망념(妄念)을 버린다. 그 청명한 경계로 인도하는 길이 바로 대숲의 작은 길인 것이다.

왕유와 교유한 일이 있는 당나라 시인 전기(錢起)도 대숲의 청명한 경계를 노래했다. 〈동구관에 묵다(宿洞口館)〉란 시가 바로 그것이다.

> 들 대숲은 계곡에 통하여 싸늘하고/ 가을 샘은 문에 들어와 밝아라/ 내란 있은 뒤로는 사람들이 이르러 오지 않아/ 가을 풀만 섬돌에 올라 자라났구나(野竹通溪冷 秋泉入戶明 亂來 人不到 寒草上階生).

전기의 이 시는 애상적이기까지 하다.

소동파의 문하생인 진관(秦觀, 1049~1100)은 〈매화시에 화운하다(和秦太虛梅花)〉라는 시에서 「강 머리의 많은 나무에 봄이 깊어지려 하는데, 대숲 밖에 한 가지 매화 비스듬하여 더욱 좋구나(江頭千樹春欲闇 竹外一枝斜更好).」라고 하여, 대숲과 매화 한 가지가 어우러진 풍경을 묘사함으로써 청명한 정신 경계를 상징했다.

만죽도(萬竹圖) | 송극(宋克), 원(元), 1369, 프리어갤러리 | 이 작품은 물결치듯 이어지는 토파(土坡) 위에 자라는 가는 대나무들의 모습을 그린 것으로 섬세하고 싱싱한 대나무와는 대조적으로 토파는 무게 있고 안정감이 있으며, 가늘고 날카로운 대나무 잎과 대나무 가지는 부드러운 곡선을 이루는 토파와 조화를 이룬다.

우주와의 교감을 일러 주는 풍죽

은둔을 지향하는 사람들은 소죽(疎竹), 곧 성글게 심어 둔 대나두 숲을 좋아했다. 원결(元結)의 글 〈오경명(痦頌銘)〉에 보면 「기이한 나무가 지게문을 사이에 두고 자라고, 성근 대나무는 처마를 곁하고 있다(異木夾戶 疎竹傍簷).」고 했다.

한편 대나무 가운데 특히 푸른 옥돌 같은 빛을 띠는 것을 낭간(琅玕) 혹은 낭간죽(琅玕竹)이라고 한다. 이것은 극도의 청정함을 상징한다. 소스의 〈범신중을 따라 대나무를 찾아 나서다(從范信中覓竹)〉에서 「십무의 낭간이 차갑게 좌석에 비치고, 시내 하나는 비단 띠같이 배를 통할 듯하여라(十畝琅玕寒照坐 一溪羅帶恰通船).」라고 했다.

대숲의 소리는 탈속한 기상을 상징한다. 그런데 특히 바람이 불어 대나무가 무심하게 흔들리는 광경이나 그 소리를 가리키는 풍죽(風竹)이란 말은 탈속하여 청정한 심경을 상징하는 데 그치지 않고 우주와의 교감을 뜻한다.

당나라 시인 무원형(武元衡, 758~815)은 시 〈청양현에 묵다(宿青陽縣)〉에서 대나무 숲이 바람에 서걱대는 것을 소재로 삼아 청정한 심경을 다음과 같이 노래했다.

나무들 모두 져서 빈 산에 삼추가 저물고/ 반디는 발 앞을 지나치고 달빛에 이슬이 둥글다/ 적막한 등잔 아래 수심에 젖어 잠 못 이루고,/ 바람에 서걱대는 대숲, 한밤의 창이 차가워라(空山搖落三秋暮 螢過疎簾月露團 寂寞孤燈愁不寐 蕭蕭風竹夜窓寒).

인기척 없는 산, 나뭇잎이 져서 가을의 석 달도 지나가 버리려고 하는 저녁나절, 성근 발의 저쪽을 반딧불이 하나 날고 달빛에 비친 이슬은 동그랗게 빛난다. 홀로 외로운 등불 그림자 아래에서 객수를 앓느라 잠들지 못한 이는 바람에 댓잎이 흔들리는 소리를 들으면서 창문에서 한기(寒氣)가 스며드는 것을 느낀다. 이것들은 모두 시리도록 맑은 정신 경계를 드러내며, 우주와 교감하는 순간을 담아낸 것이다.

중국인의 의식 속에 살아 있는 대나무는 단순한 식물이 아니라 우주와의 교감을 얻을 수 있는 영적 존재이며, 탐욕의 장에서 벗어나 의지할 수 있는 안식처가 되기도 한다. 그런가 하면 영원성은 물론 정명과 절조의 세계를 함께 보여 주는 자리에서 대나무는 한 번도 비켜나지 않고 제자리를 굳건히 지키고 있다.

|심경호|

2. 문학 속의 대나무

셋 | 일본

상록의 정취와 장생의 상징

생태의 정취를 택한 《만요슈》의 대나무

대나무는 나무식물 중에서 가장 짧은 시간에 키가 기세 좋게 가장 높이 자라는 것이 특징이다. 그런가 하면 해마다 죽순을 내어 번식력이 강하다는 점도 빼놓을 수 없다. 소나무처럼 늘 푸른빛을 간직하는 상록수이면서 폭설이 내렸을 때도 그 무게를 고스란히 잘 견디고 잘 부러지지 않는 강한 탄력을 지닌 점 등 장점이 많은 식물이다. 이런 장점들이 대나무로 상징화되어, 예로부터 귀인의 장수나 가정의 번창 등을 기원하는 의미의 시가에 이 대나무가 많이 등장한 것은 비단 일본의 경우만은 아닐 것이다.

고대 일본인들의 운문을 집대성한 《만요슈(万葉集)》에는 20수 이상의 작품에 대나무가 등장한다. 여기에는 대나무를 제구(祭具)·주구(呪具) 등으로 사용한 '다카다마(竹玉)'라는 표현이 보여 《만요슈》의 379번, 420번, 1790번, 3284번 노래들은 대개 이미 오래 전부터 일본인들에게 중시되어 왔다는 사실을 가늠해 보게 한다.

그러나 단순하고 직설적인 고대인들의 가풍(歌風) 탓인지, 상징성을 띤 표현은 이 《만요슈》에 거의 보이지 않는다. 다만 가느다란 대나무를 가리키는 '나요타케(弱竹)'를 단아하고 얌전한 여인의 모습에 비유하고 있는 217번 노래 정도가 발견될 따름이다. 대는 종종 봄의 자연 경물(景物)을 노래하는 작품 속에서 꾀꼬리와 함께 읊어졌다.

> 궁중의 대나무 숲에서 꾀꼬리는/ 끝없이 울어댔는데 눈은 그치지 않네
> (み園生の 竹の林に 鶯は しばなきにしを 雪は降りつつ)
> -《만요슈》4286번, 오토모 야카모치(大伴家持)

여기에서 꾀꼬리의 울음소리가 갖는 의미는 봄이 왔음을 알리는 신호로 보면 된다. 끝없이 울어댔음에도 불구하고 눈이 그치지 않아 꾀꼬리가 안쓰럽다는 뜻을 내비치고 있다. 그치지 않고 내리는 눈에 갇혀서, 지금은 꾀꼬리도 울기를 그만두었다는 의미도 아울러 내포하고 있다. 여기에서의 대나무는 꾀꼬리만큼 봄의 이미지를 강하게 띠고 있지 못하나, 어딘가 중국적인 풍류를 꾀꼬리와 함께 자아내고 있다. 《만요슈》824번 노래에도 매화가 지는 것을 애석해하여 대나무 숲에서 꾀꼬리가 운다는 식으로, 대숲과 꾀꼬리의 하모니가 보인다.

이 두 소재의 하모니는《만요슈》시대 다음으로 이어진 헤이안 시대의 와카(和歌)에 그대로 계승되어 있다.

> 대숲 가까이 침상 두면 안 되리 저 꾀꼬리가/ 우는 소리 들으면 아침잠 설칠 테니(竹近く 夜床寢はせじ 鶯の 鳴く聲聞けば 朝いせられず).
> -《고센슈(後撰集)》48번, 후지와라 고레히라(藤原伊衡)

꾀꼬리 우는 소리를 들으면 풍류심이 동해서 느긋하게 아침잠에 빠져 있을 수 없다. 그러므로 꾀꼬리가 앉을 저 대숲 가까이에는 잠자리를 둘 수가 없다는 뜻이다. 꾀꼬리 울음소리를 상찬하는 것에 그치지 않고, 대나무 숲과 꾀꼬리 소리의 하모니 속에 풍류를 찾는 작자의 감성이《만요슈》시대에 비해 한결 세련되게 표현되어 있다.

그런가 하면, 대나무 잎사귀가 바람에 날려 나는 소리를 노래한 작품도 눈에 띈다. 우선《만요슈》에 실려 있는 오토모 야카모치(大伴家持)의 노래(4291번)를 꼽을 수 있다.

> 우리 집 안의 몇 그루 대나무에 부는 바람의/ 잎새 소리 희미한 오늘 저녁이로다(我が宿のいささ群竹吹く風の音のかそけきこの夕かも).

또, 시대를 좀 더 내려와서 헤이안 시대의 가인(歌人) 쇼쿠시 나이신노(式子內親王, 1153~1202)는 이렇게 읊고 있다.

호도(虎圖) | 카노 쇼에이(狩野松榮), 무로마치 시대, 1566, 교토 대덕사 취광원(大德寺 聚光院) 소장 | 이 그림은 원래 대덕사 취광원의 의발각(衣鉢閣)이라는 방의 장벽화(障壁畵)로 그려진 것인데,《대덕사명세기(大德寺明細記)》에는 카노가 아닌 에이토쿠의 작품으로 기록되어 있다

> 창가 가까이 대 잎새 희롱하는 바람 소리에/ 한결 더 짧아지는 선잠 속의 꿈이네(窓近き竹の葉すさぶ風の音に いとど短きうたたねの夢).
> 　　　　　　　　　　　　　　　　　　　　　-《신코킨슈(新古今集)》256번

　대나무 잎사귀에 부는 바람 소리 때문에 선잠 자다 꾼 꿈을 깨야 했다는 것이다. 바람 소리가 시끄러워서가 아니라, 대나무 잎사귀에 부는 바람 소리의 운치에 들떠 깼다고 보아야 할 것이다.

대나무의 몸짓에 민감했던 사람들

한참 시대를 내려와서 에도 시대의 가인 오자와 로안(小澤蘆庵, 1723~1801)은 그의 저서 《로쿠죠에이소슈이(六帖詠草拾遺)》에서 〈죽창야우(竹窓夜雨)〉라는 제목으로 이렇게 읊고 있다.

> 거듭 떨어지는 대나무의 물방울도 소리 깊어져/ 빗물 소리 고요한 밤의 산 창이여(降り重る竹のしづくも音ふけて 雨靜かなる夜の山窓)

비가 그쳤거나 보슬비 정도여서 빗물 소리는 거의 없는 가운데, 대나무에 내렸던 빗물이 방울되어 떨어지는 정경을 노래한 것이다. 물방울 소리가 대나무의 살랑거리는 소리를 지우고 있어, 한적한 정취의 극치를 자아낸다. 대나무가 내는 소리는 잎사귀 소리뿐은 아니다. 쌓인 눈의 무게로 부러질 듯이 휘청대는 소리도 종종 시가의 소재가 되었다. 헤이안 말기의 가인 사카우에 아키카누(坂上明兼)의 작품이 그 한 예다.

> 솜대 가지가 부러져 드러눕는 소리가 없었다면/ 밤 깊어 내리는 눈을 어찌 알 수 있을소냐(吳竹の折れ伏す音のなかりせば 夜深き雪をいかでしらまし).

> -《센자이슈(千載集)》 464번

솜대의 일본어는 '구레타케(吳竹)'이며, 중국으로부터 건너간 담죽(淡竹)을 가리킨다. 10미터나 자라는 굵은 대나무인데, 그 잎사귀에 쌓인 눈의 무게로 가지가 부러졌고, 그 소리로 깊은 밤에 내리는 눈의 존재를 알게 된다는 것을 노래한 작품이다. 대나무에는 이것 말고도 나요타케(弱竹, 어린 대), 가와타케(川竹, 참대) 등이 종종 노래의 소재가 되었다. '나요타케'는 앞에서도 잠시 언급했듯이 가늘고 긴 대를 가리키며, 단아하고 어여쁜 여인이나 병약한 자식 등을 비유하여 읊어졌다.

> 어린 대 같은 내 자식의 덧없는 삶을 모르고/ 그리도 애지중지 키웠나 여겨지네(なよ竹のわが子の世をば知らずして生ほし立てつと思ひけるかな).」

> -《슈이슈(拾遺集)》 1304번, 다이라 가네모리(平兼盛)

어린 자식을 먼저 저 세상에 보내고 나서 애지중지 키운 보람도 없이 가 버린 자식의 덧없는 수명을 작자는 한탄하고 있다. 여기서 '나요타케(弱竹)'는 내 자식의 연약한 모습을 비유하고 있음은 말할 나위도 없다.

은유로서의 대나무의 영원성

'가와타케(川竹)'는 참대를 가리키는 말이다. 그런데 대나무의 종류로 지칭되지 않고 단지 강가에 난 대나무를 가리키는 경우도 종종 있다. 궁중에서는 천황의 어전(御殿)인 세이료덴(淸凉殿)의 뜰 도랑 옆에 심어졌는데, 북쪽의 '구레타케(吳竹)'와 마주 보는 형태로 남쪽에 위치했다. 북쪽의 '구레타케'는 궁전의 하나인 지쥬덴(仁壽殿) 가까이에 심어졌는데, 궁중에서 얼마나 대나무를 중시했는지 헤아리고도 남음이 있다.

대나무는 빛 바래지 않고 곧게 자라는 모습이 절조 있게 보여, 예로부터 중국의 군자(君子)들에게 많은 사랑을 받아 왔다. 그런데 대나무를 소재로 한 노래가 일본의 《와카집(和歌集)》에서 축하나 축수의 의미를 담은 '賀'의 노래로 분류된 것은 10세기 후반경인 《고센슈(後撰集)》이후의 일이다.

> 거문고 소리도 대나무도 천년의 소리가 남은/ 사람들 마음들이 통하기 때문이라(琴の音も竹も千歳の聲するは人の思ひに通ふなりけり).
> -《고센슈(後撰集)》1371번, 기노 쓰라유키(紀貫之)

이 노래는 다이고(醍醐) 천황의 아들 노리아키라(章明) 왕자의 성인식을 축하하여 읊은 것이다. 여기에서 대나무는 대 피리를 가리키는 것으로 왕자의 천년 장수를 축수하는 의미와 관련된다. 십장생 중의 하나인 소나무와 함께 읊어진 것도 있다.

> 빛 변치 않는 소나무와 대의 기나긴 후세를/ 어느 쪽이 오래 가나 중궁님만 보게 되리(色変へぬ松と竹とのすゑの世をいづれひさしと君のみぞ見む).
> -《슈이슈(拾遺集)》275번, 사이구 내시(齋宮內侍)

중궁(中宮)의 50세를 어느 내시가 축하하여 병풍에 적어 노래한 것으로, 상록수인 소나무와 대나무 중 어느 쪽이 오래 가는지 중궁님만 살아남아 볼 수 있을 것이라고, 중궁의 장수를 축수하고 있다.

이렇게 장수의 상징으로 대나무가 읊어진 것은 상록수라는 점 이외에 마디가 다는 사실도 관계가 있다고 보여진다. 여기에는 또 대나무의 마디 사이를 가리키는 일본어인 '요(節)'와 천대(千代)의 '요(代)'가 동음이의어라는 사실도 놓쳐서는 안 될 것이다. 마침내 대나무의 상징성이 확실하게 작용한 대목이 나타난 것이다. |김충영|

2. 문학 속의 대나무

넷 | 한·중

한국과 중국의 시문에 나타난 죽부인

한여름 청노를 안고 호접몽을 꾸다

대나무는 사시사철 푸른빛과 바람에 꺾이지 않는 강인함, 텅 빈 속〔心空〕을 지녔기 때문에 기절(氣節)과 겸허(謙虛)함을 상징하는 식물로 옛날부터 많은 문사의 사랑을 받아 왔다.

　　죽부인은 대오리를 원통형으로 얼기설기 엮어 무더운 여름에 팔이나 다리를 얹어 끈적거림을 방지하는 피서용 도구다. 보통 안석이야 나무로 만든 것이 얼마든지 있지만 여름의 안석은 대나무로 만들어야 제격인데, 그것을 바로 '죽궤(竹几)'라고 했다. 당(唐)나라 때에는 그 용도로 인해 '죽협슬(竹夾膝)'이라 했는데, 대나무로 만들어 무릎에 끼는 도구라는 뜻이다. 무더위가 기승을 부리는 한여름에는 선비들이 무릎 사이에 끼고 눕거나 끌어안고 팔다리를 얹으면 통풍이 잘 되기 때문에 편안하게 휴식을 취하는 데에는 그만한 도구가 없다.

　　특히 송나라 때에는 '죽부인'이라 의인화(擬人化)되어 여러 문인의 시문에 등장한다. 소동파·미불·채양과 함께 송 4대가로 불린 황정견(黃庭堅, 1045~1105)은 팔과 무릎을 쉬게 하는 것은 부인의 직분이 아니므로 겨울이나 여름을 가리지 않고 그

매죽도(梅竹圖) 2폭 가리개(부분) | 국립유물박물관 소장 | 우뚝 솟은 대나무 아래 매화를 그렸다.

일을 대신해 주는 것은 푸른 대나무의 장점이라 하여 '청노(靑奴)'라 고쳐 불렀다. 이로부터 '죽노(竹奴)'라 하거나, '죽희(竹姬)' '죽부(竹婦)' 혹은 '등파(藤婆)'라는 별칭이 나타나기도 했다.

역대 문인들이 죽부인을 두고 시문을 짓는 일은 한국과 중국이 다르지 않았다. 그들 중에 학문으로나 시문에 있어서 일가를 이룬 이들로는 송나라 때의 소식(蘇軾)과 주희(朱熹) 이외에도 여러 사람이 있었고, 고려의 이인로(李仁老, 1152~1220)와 조선 중기의 서거정(徐居正) 등을 들 수 있다. 죽부인의 명칭과 관련한 시문은 대체로 네 가지 유형으로 구분할 수 있다.

첫째, 죽궤(竹几)

소동파는 〈사수재에게 죽궤를 보내주며(送竹几與謝秀才)〉라는 시에서 「나를 함께 가자고 붙잡는 것은 지팡이인데, 그대에게는 말없는 죽부인을 주노라(留我同行木上座 贈君無語竹夫人).」고 했다. 제목에서는 죽궤라 하고 시에서는 죽부인이라 했으니 두 가지로 불렸음을 뜻한다. 주자는 〈완역재(翫易齋)〉라는 오언절구의 서두에서 「죽궤가 비껴 있는 곳, 서적은 반쯤 덮을 때(竹几橫陳處 韋編半掩時)」라 했는데, 《주역》을 완미(玩味)하다가 죽부인에 기대어 책을 덮을 때도 있다는 말이다.

조선 중기의 이식(李植, 1584~1647)도 오준(吳埈)에게 주는 시에서 병환으로 고적한 자신의 심사를 말하며 「이곳에서 친할 것은 오직 죽궤뿐이니, 몇 사람이나 감상하며 함께 금 술잔을 나눌까(是處交親惟竹几 幾人歡賞共金尊).」 했다.

둘째, 죽부인(竹夫人)

고려 말 조선 초기의 학자 이첨(李詹, 1345~1405)은 「몸을 기대는 것은 지팡이이고, 매파는 죽부인일세(扶持木上座 媒娉竹夫人).」라 하여 지팡이와 죽부인을 대구로 삼았고, 인조 때의 상신으로 병자호란 때 순절한 김상용(金尙容, 1561~1637)은 죽침을 두고 지은 시에서 「텅 빈 집에 날은 길고 좋은 친구 없으니, 그대에게 기대어 죽부인을 빌리네(虛閣日長無好伴 憑君要借竹夫人).」라고 했다.

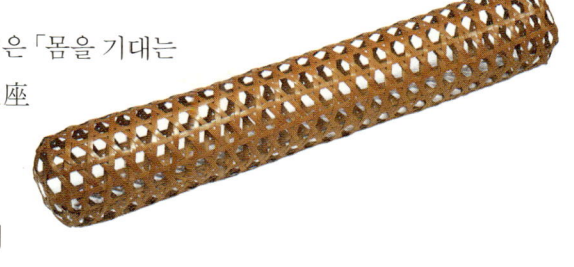

이들은 생활 속에서 느낀 죽부인의 일면을 묘사한 것이다. 다음은 죽부인의 전모(全貌)를 읊었다고 생각되는 두 작품이다.

송나라 시인 여본중(呂本中, 1084~1145)은 〈죽부인〉이라는 시에서 죽부인의 일생을 인간의 영고성쇠(榮枯盛衰)에 빗대어 다음과 같이 노래했다.

> 그대와 예전부터 같은 침상에서/ 서풍에 앉으니 온 밤이 서늘하네.// 문득 작은 등곳이 담 모퉁이에 버리듯 하니/ 둥근 부채 상자에 갈무리함만 못 하네.// 인정이 이처럼 쉽게 변하니/ 근심 많은 세상일에 스스로 상심하네.// 우습구나, 반첩서와 진후가/ 일생 동안 고생하며 방 안 총애 독차지하려 한 것이…(與君宿昔尙同牀 正坐西風一夜檠 便學短牆角棄 不如團扇篋中藏 人情易變乃如此 世事多虞祇自傷 卻笑班姬與陳后 一生辛苦望專房).

무더운 여름에는 곁에 두고 애지중지하더니 어느 날 가을바람이 불자 나지막한 등잔걸이를 담 구석에 던져 버리는 것처럼 죽부인도 팽개치니, 이것은 둥근 부채를 내년에 쓰려고 대바구니에 담아 보관하는 것과 다른 대우라고 한탄했다. 이어 인정이 이처럼 쉽게 변덕을 부리고 세상사가 근심이 많으니 스스로 상심할 뿐이라 했다. 이런 가운데 작자는 도리어 반첩여와 진후가 일생 동안 규방에서 총애를 독차지 하려고 안간힘을 썼던 것이 가소롭다는 탄식으로 끝을 맺는다.

한대(漢代)의 여류시인 반첩여(班婕妤)는 성제(成帝) 때의 궁녀로 임금의 총애를 받았고, 진후(陳后)는 한 무제(漢武帝)의 황후 진씨이다. 이들은 다같이 황제의 총애를 받다가 별궁으로 쫓겨남으로써 한을 남긴 여인들의 대표적인 사례로 전해지는데, 그들의 운명을 죽부인에 비유한 것이다.

이규보(李奎報, 1168~1241)는 〈초당에서 3수를 읊음(草堂三詠)〉이라는 시에서 소금(素琴)과 소병(素屛)을 읊고, 마지막으로 죽부인을 노래했다.

대는 본래 장부에 비할 것이지/ 참으로 아녀자의 이웃은 아니네.// 어찌하여 침구로 만들어서/ 억지로 부인이라 이름하였나.// 내 어깨와 다리를 편안하게 괴고/ 내 이불 속으로 친하게 들였네.// 눈썹과 나란하게 밥상 드는 일은 못 하나/ 다행히 사랑을 독차지하게 되었네.// 탁문군처럼 사마상여에게 달려갈 다리도 없고/ 백륜에게 간하는 말도 없구나.// 고요한 것이 가장 내 마음에 드니/ 어찌 아름다운 서시(西施)를 모방할 필요가 있겠나(行本丈夫比 亮非兒女隣 胡爲作寢具 强名曰夫人 揩我肩股穩 入我衾裯親 雖無擧案眉 幸作專房身 無脚奔相如 無言諫伯倫 靜然最宜我 何必西施嚬).

대나무는 행실로 보아서 아녀자에 비길 것은 아니지만 침구이기 때문에 억지로 부인이라 한 것과 본처는 아니지만 여름 한철 동안 선비들에게 사랑을 받는 점, 술처럼 지나치게 먹어서 뒤탈도 없고, 고요한 것이 마음에 드니 굳이 춘추시대 월(越)나라의 미녀 서시처럼 화장할 필요도 없다고 했다.

탁문군은 한나라 임공(臨邛)에 사는 탁왕손(卓王孫)의 딸인데 과부가 되었다. 사마상여(司馬相如)가 탁씨의 집에서 술을 마시다가 금심(琴心)을 돋우니 문군이 밤에 상여에게 달려갔다. 백륜은 진나라의 죽림칠현의 한 사람인 유령(劉伶)의 자이다. 백륜은 술 한 병을 끼고 사슴이 모는 수레를 타고 떠나며 사람을 시켜 삽(鍤)을 메고 뒤따르게 하고는 "내가 죽거든 곧 묻으라."고 했다. 아내가 울면서 매달리며 술을 끊으라고 애걸했다는 것이다.

이로 보아 이규보는 철저한 자유인이었던 모양이다. 살가운 정분도 지녀야 할 도리도 보이지 않는 죽부인에게서 비로소 자신의 휴식을 얻었던 것은 아닌가 한다.

세 번째, 청노(靑奴)

황정견이 죽부인을 청노라 개명했다고 하는데, 우리나라 문인들도 청노를 두고 읊은 시가 있다.

「중년에 도를 잘 닦는 길은 현빈(玄牝, 道)을 지키는 것이고, 몸을 편안히 하는 최상책은 청노에 기대는 것일세(好道中年守玄牝 安身上策寄靑奴).」라는 시가 있다. 이것은 이색(李穡, 1328~1396)이 청노에 기대어 술잔을 기울이며 여유롭게 지은 시의 한 구절이다.

「시를 지어도 홍비(꽃)가 어찌 이해하랴, 푹 잠들 때는 청노에 기댈 수 있네(題詩紅婢那能解 熟睡靑奴此可憑).」라는 시도 있고,「앉아 청노를 마주 해도 전혀 잠들

수죽사녀도(修竹仕女圖) | 구영(仇英), 명(明), 상하이 박물관 소장 | 이 그림은 소매가 넓은 장삼을 입은 한 사녀가 정원에서 발걸음이 내키는 대로 한가로이 거닐다가 먼 곳을 응시하고 있는데, 공허하고 무료함을 드러내고 있다-. 화면이 깔끔하면서도 섬세하고 아름다우며, 무척 우아하다. 또한 당송사녀를 그리는 기법을 수용했다. 인물의 선은 현격하게 머끄러우며 틀어올린 머리에 자태는 풍만하다. 중국 당대의 화가 주방(周昉, 618~907)이 그린 당대 귀족 아녀자의 모습과 유사하다.

수 없는데, 어느 곳에서 차가운 다듬이 소리 급히 들리네(坐對靑奴渾不睡 數聲何處急寒砧).」라는 시도 있는데, 이것은 서거정이 밤에 지은 시 가운데 나오는 구절이다.

조선 전기의 남효온(南孝溫, 1454~1492)은 산 중에 은거하며 자적하다가「산골 집은 사방이 벽인데, 앉거나 누울 때 청노 하나뿐(幽居四立壁 坐臥一靑奴).」이라는 구절을 남겼다. 정수강(丁壽崗, 1454~1527)은 〈한가로운 가운데 우연히 읊음(閑中偶吟)〉이라는 시에서「나무 그늘 깊은 곳에 불꽃 더위 피할 수 있으니, 청노를 불러 나비로 화해 볼거나(樹陰深處避炎暉 喚取靑奴化蝶飛).」라 했다. 이것은 무더운 여름날 짙은 나무 그늘에 자리를 펴고 청노를 낀 채 세상의 시시비비를 잊고 장자의 호접몽(胡蝶夢)을 꾸어 보자는 말이다.

이식(李植)은「오래 앉아 경서를 궁리하다 심신이 게을러지면, 한가롭게 청노에 기대어 한나절 조네(窮經坐久神心倦 閑倚靑奴半日眠).」라는 시를 남겼는데, 엄정단아한 선비의 모습이 아니라 공부에 지쳐 청노에 기대어 깜빡 조는 모습을 노래하고 있다.

네 번째, 죽노(竹奴)

조선 중기의 김안로(金安老, 1481~1537)는 〈능허정(凌虛亭)〉이라는 시에서「맛있는 반찬은 어비(魚婢)이고, 조금 서늘하려면 죽노를 찾네(兼味輸魚婢 微涼策竹奴).」라고 했다. 여기에서 '어비'는 작은 물고기를, '죽노'는 청노와 같은 말이다. 김상헌(金尙憲, 1570~1652)은 장유(張維)에게 보내는 시에서「죽노가 꿈을 깨우니 초당이 고요하고, 물가에서 마음 씻으니 산수가 서늘하네(竹奴攪夢草堂靜 松磵洗心山水冷).」라고 했다.

김정희(金正喜, 1481~1537)는 〈장난삼아 속구를 잡아 지음(戲拈俚句)〉이라는 시에서「뜨락의 오동에 푸른 잎만 너울거리는데, 밤 무더워 도리어 낮 더위를 누르네. 구부러진 평상 위에 잠 못 이루니, 사람 보면 부질없이 등파만 찾네(庭梧只管碧婆娑 夜熱還於午熱多 曲彔床頭眠不得 向人空自覓藤婆).」라 했는데, '등파'는 죽부인의 일종이다.

한국이나 중국에서의 시인묵객들이 죽부인의 효능을 칭송한 것은 한결같다. 그들에게 있어서 죽부인은 여름을 나는 데 없어서는 안 될 필수품이었던 것으로 보인다. 때로는 비스듬이 기대어 사색의 깊이를 더하는 데 더할 나위 없는 도구가 되고, 무릎이나 다리 밑에 넣어 몸의 피로를 풀기도 한다. 뿐만 아니라 학문 수행의 여가에 있어서나 망중한을 즐기는 데 둘도 없는 반려자로 여겼던 것이다. 여기에서는 무거운 군자의 덕목으로서가 아니라 차가운 대나무의 속성을 이용해 여름을 나는 도구로서의 대나무만 있을 뿐이다.

한·중의 산문으로 본 〈죽부인전〉

'죽부인'은 죽씨(竹氏) 성을 가진 부인(夫人)이란 뜻과 더위를 식히는 도구인 소서구(消暑具, 竹几)의 의인(擬人) 명사라는 두 가지 뜻을 가지고 있다. 죽부인은 무더운 한여름에 더위를 견디는 도구로 애용되다가 서늘한 가을이 되면 버려지는 용도로 인해 염량세태(炎凉世態)를 풍자하거나 총애(寵愛)를 잃은 여인의 신세에 비유되었다. 또는 대나무의 경직성이나 무생물로 의식이 없다는 특성에 따라 정절(貞節)과 과묵한 덕목을 선양하기 위한 풍자적 시문의 제재로 이용되기도 했다.

중국 당나라 한유(韓愈, 768~824)가 붓을 소재로 지은 〈모영전(毛穎傳)〉은 최초의 가전(假傳) 작품으로 알려져 있고, 송나라 이후에 많은 문인이 다양한 물건을 소재로 삼아 작품을 지었다. 고려 중·후기에 크게 유행하여 임춘(林椿)의 〈국순전(麴醇傳)〉을 위시한 많은 작품이 나왔고, 조선시대에도 여러 문인에 의해 꾸준히 창작되었다.

자수병풍 | 새들도 대나무의 미덕을 알았던 것인가. 암수가 다정하게 대나무 가지에 앉아 꽃을 찾아드는 벌을 흐릉하고 있다. (가회박물관 제공)

인간사의 다양한 문제를 의인화라는 간접적이고 우회적인 수법으로 다루면서 비평하고 있기 때문에 강한 풍자성과 함께 포폄의식을 수반하는 것이 그 특징이다. 이들은 풍자적·교훈적·유교적인 성격을 띠며, 대개 도입·전개·결말의 3단계로 구성되어 있다. 또한 의인화 대상이 되는 사물에 얽힌 여러 전고(典故)를 많이 도입해 자신의 사상을 표현하기 때문에 현학적(衒學的)일 수밖에 없다.

중국 문인으로는 송나라 초기의 장뢰(張耒, 1054~1114)와 원나라 말기의 양유정(楊維楨, 1296~1370)이 〈죽부인전〉을 남겼고, 고려 말의 학자 이곡(李穀,

1298~1351)과 조선 후기의 학자 나도규(羅燾圭, 1826~1885)도 〈죽부인전〉을 지었다. 이들은 모두 죽부인을 절개 있는 부인에 비유하여 쓴 작품으로 대나무와 죽부인의 절개를 내세우며 자신의 입장에 따라 이랬다저랬다 하는 염량세태를 징계했다.

　네 작품은 모두 같은 제목과 제재로 대나무를 택해 지은 작품이기 때문에 도입-전개-결말로 구성된 줄거리도 대동소이(大同小異)하다. 도입에서 주인공 죽부인의 이름과 가계, 교우 관계를 서술하고, 전개에서는 죽부인으로 제작되는 과정과 공덕을 찬양했으며 사람처럼 혼인(婚姻)하게 되는 과정을 그렸다. 결말에서는 사씨(史氏)의 논찬(論贊)을 빌거나 대화를 통해 자기 의사를 강조한 내용으로 사돌 하나하나를 연관성 있고 조리 있게 표현했다.

　이들 가운데 장뢰와 나도규의 경우에는 사씨의 논찬이 없다. 특히 다른 작품에서 죽부인의 제작과 모양·용도에 대해 언급한 반면, 이곡은 죽부인보다는 대나무의 지조와 성품을 강조해 송대부(松大夫, 소나무)와 혼인했으나 아이 없이 살다가 죽는 것으로 표현했다. 나도규는 앞부분에서 대나무의 덕을 칭송한 뒤에 일반적인 부인의 임무와 정절을 강조했다.

　제목이 암시하는 것처럼 대나무를 등장시켜 부인의 높은 절개를 고양하고, 당시 음란한 세태와 자신의 편의에 따라 버리고 취하는 인간의 변덕에 대해 경종을 울리는 한편, 절개를 지키는 부인이 드물어져 감을 한탄해서 지은 것으로 볼 수 있다.

　이밖에 대나무를 의인화한 작품으로는 고려 중기 고승 혜심(慧諶, 眞覺國師)이 지은 〈죽존자전(竹尊者傳)〉과 조선 중기의 정수강(丁壽崗, 1454~1527)의 〈포절군전(抱節君傳)〉, 조선 후기 이덕무(李德懋)의 〈관자허전(管子虛傳)〉 같은 작품들이 남아 있으나 그 주제와 내용 또한 크게 다르지 않다.

|김상환|

2. 문학 속의 대나무

다섯 | 일본 | 서사문학

달나라 항아와 미카도 천황의 사랑

가구야히메 이야기

평생 죽공예를 업으로 하고 살아온 노인이 어느 날 대밭에서 이상한 것을 발견한다. 대나무에서 빛이 났던 것이다. 가까이 다가가 봤더니 그 빛은 대나무에서 나는 것이 아니라 대통 속에 앉아 있는 어린아이에게서 나는 빛이었다. 더구나 손바닥에 올려놓아도 좋을 만큼 세 치 키의 귀여운 여자아이였다. 노부부는 집으로 데리고 와서 딸로 삼아 정성스럽게 키우기 시작했다. 아이는 대나무처럼 쑥쑥 자랐으며 3개월이 되자 벌써 아름다운 처녀티가 났고, 어른 옷을 입을 정도로 성장 속도가 빨랐다. 소녀의 이름은 가구야히메(かぐやひめ, 竹姫)였다.

　더욱 이상한 것은 그로부터 노인이 대밭에 나가서 잘라낸 대나무 마디마다 황금이 가득 들어 있었다. 뿐만 아니라 가구야히메가 있는 방 안은 빛으로 가득했다. 노인은 이 아름다운 수양딸을 위해서 3일 동안 춤과 노래가 어우러진 잔치를 벌였다. 온 세상 사람들이 소문난 미인의 얼굴을 보려고 모여들었다. 그러나 방 안에서 나오지 않는 소녀의 얼굴은 좀처럼 볼 수가 없었다. 그런데 남녀관계에 있어 달인이라는 소리를 듣는 5명의 사내들은 며칠 밤을 지새우며 끝까지 버티었다.

이에 노부부는 자신들이 살아 있을 때 시집을 보내고 싶어 수양딸에게 선 보기를 간절히 권했다. 그러자 가구야히메는 마지못해 선을 보는데 조건을 내걸었다. 그것은 자신이 꼭 보고 싶은 것을 가져오는 사람이 있으면 그 정성을 살펴서 가까이 하겠다는 것이었다.

석공장(石工匠, 천황의 친척)에게는 부처님이 쓰시던 돌로 만든 사발을 보여 달라고 했다. 구라모치(庫持, 창고를 가진 황자)에게는 봉래산에 있는 백금 뿌리, 황금 줄기에 백옥 열매가 달린 나뭇가지를 꺾어 달라고 부탁했다. 우대신(右大臣) 아베에게는 당나라에 있는 불쥐 가죽옷을 보여 달라고 했고, 다이나곤(大納言, 옛 고관) 오도모에게는 용의 목에서 반짝이는 진주를 떼내어 가져와 달라고 부탁했다. 그리고 쥬나곤(中納言) 이시노가미에게는 제비가 지니고 있는 순산(順産)에 필요한 조개껍질을 부탁했다.

그렇지만 가구야히메가 요구한 것을 가져 온 남자는 단 한 사람도 없었다. 어떤 이는 가짜를, 어떤 이는 애써 찾아온 것이 불에 타거나 금이 가고 깨졌다. 결국 혼수품으로 그녀의 마음을 사로잡은 사내는 아무도 없었다. 다만 그들에게는 조롱의 시 한 수씩이 돌아갔을 뿐이다.

대나무 속에서 나온 소녀가 청혼자들을 모두 따돌렸다는 소문은 천황의 귀에까지 들어갔다. 호기심이 생긴 천황은 사람을 보냈지만 그마저 거절당했다. 직접 찾아가 보는 수밖에 없었다. 사냥을 핑계 삼아 가구야히메를 보려고 죽공장까지 행차했다.

미카도(천황)는 소녀의 모습을 보는 순간 한눈에 반하고 말았다. 방으로 황망히 들어가려는 소녀의 옷소매를 천황은 덥석 붙잡았다. 그러자 매몰찬 음성으로 그녀는 "일본에서 태어나지 않았으니 나를 궁으로 데려갈 순 없습니다."라며 뿌리쳤다. 그러나 강제로라도 끌고 가겠다고 천황은 그녀의 소매를 놓지 않고 수레를 대령하라고 신하들에게 명령했다. 그 순간 그녀는 감쪽같이 사라졌다. 그제야 천황은 자신의 잘못을 깨달았다. 당황한 나머지 말투까지 바꾸어 "궁으로 데려가지 않겠으니 한번만 그대를 보게 모습을 나타내 주시오!"라고 사정했다. 천황의 간청에 히메는 할 수 없이 다시 모습을 보여 주었다.

천황은 궁으로 돌아온 뒤 '궁으로 돌아가다 행차를 세우고 뒤돌아보고 뒤돌아보는 것은 가구야히메 탓'이라는 애절한 편지를 보냈다. 히메는 답장에 이르기를 '넝쿨 뒤덮인 집에서 오래 살던 몸이 옥처럼 훌륭한 호화 궁전에서 어찌 살리요!'라며 합일될 수 없음을 완곡하게 표현했다. 그러나 두 사람은 그 뒤에도 재미있는 나무와 풀에 관한 단시[和歌]를 주고받는 사이가 되었다. 서로 위로하는 편지가 오가는 사이 3년이 어느덧 훌쩍 지나갔다.

칠석도(七夕の圖) | 츠키오카 요시토시(月岡芳年), 메이지(明治) 시대, 1886 | 〈가구야히메〉는 대어 서 사람이 태어난 일본의 대표적인 설화이다.

    이른 봄부터 가구야히메는 하얀 달을 볼 때마다 우울한 표정을 지었다. 음력 7월 15일 친딸 같은 그녀의 표정이 어두워지는 것을 걱정한 노인은 달을 보지 말라고 했다. 달을 보면 불길한 일이 생긴다고 했다. "하지만 어찌 달을 보지 않을 수 있느냐"며 그녀는 어두운 표정을 풀지 않았다.

    그리고 음력 대보름이 다가왔다. 가구야히메는 처음으로 눈물을 보였다. 그리고 자기는 달에서 온 사람이라고 고백했다. 오늘이 약속한 대로 나를 데리러 달에서 사람이 오기로 한 날이라는 것이다. 노인의 연락을 받고 천황은 궁을 지키는 근위부대에서 뽑은 정예병력 2천 명을 가구야히메가 사는 대나무 집으로 급파했다. 달에서 내려오는 병사들을 막으려는 것이었다. 담 위에 1천 명, 지붕 위에 1천 명이 배치되었으며 쥐새끼 한 마리도 비집고 들어갈 틈이 없었다. 노인은 소리쳤다. "하늘에서 무엇이든 날아오면 대나무 화살로 쏘아 죽여!"라고 소리쳤다. 그러나 가구야히메는 무슨 짓을 해도 달나라에서 오는 병사들을 막을 수는 없다고 했다.

    달이 떠오르고 시간이 자시가 되자 신기하게도 보름달은 주위를 열 배나 밝게 세상을 비추었다. 곁에 있는 사람의 머리털 속까지 훤히 보였다. 하늘에서 내려오는 병사들은 지상 5척(약 1.5미터) 높이에서 일렬로 늘어섰다. 궁수들은 일제히 활을 쏘려고 했다. 하지만 활을 들 힘이 없었다. 그쪽 대장인 듯한 사람이 "사누기노 미얏 고마로!"라고 노인의 이름을 부르며 나오라고 했다.

"어리석은 자여, 그대는 가구야히메를 잠시 돌보았지만 덕택에 팔자를 고치지 않았는가. 히메는 죄를 지은 까닭에 누추한 그대 집에서 살게 된 거야. 이제 형기가 끝났으니 울고불고 해도 소용 없어. 빨리 모셔가야 하네." 그 말에 노인은 손사래를 치며 말했다. "잠시라니요? 가구야히메와 생활한 지 어느덧 20년이 지났습니다." 그러면서 "지금 히메는 아파 움직일 수가 없어요."라고 억지를 부리기 시작했다.

달에서 온 병사들은 그 말에는 대꾸조차 하지 않고 하늘을 나는 수레를 가까이 불렀다. 히메는 어찌할 바를 몰라 엎드려서 통곡하는 노인 곁으로 다가갔다. 자신도 마음이 내키지 않으나 가지 않을 수 없는 사정을 이야기하며 마차에 올랐다. 마지막으로 자신이 벗어놓은 옷과 달을 보며 자신을 생각해 달라고 했다.

달나라 병사들은 떠나기 전에 저들이 가져 온 날개옷 하고로모(羽衣)를 히메에게 입히고 불사약도 먹게 했다. 히메는 옷을 갈아입고 약을 먹기 직전에 천황에게 편지를 썼다. 지난날 무례하게 굴었던 점을 사과하며, 「지금 날개옷을 막 입으려 하니 당신이 그리워지는군요.」라고 쓴 편지와 불사약을 궁중 경비병들에게 주며 미카도에게 전해 달라고 했다. 그러고는 하늘 높이 사라졌다.

보고를 받은 미카도는 식음을 전폐했다. 대신을 불러 "어느 산이 하늘에서 제일 가깝느냐?"고 물었다. 누군가가 "스루가 나라에 있는 산이 미야코(천황이 거처하는 수도)에서 제일 가깝고 하늘과도 가깝습니다."라고 아뢰었다. 미카도는 수많은 병력을 거느리고 산 위로 올라갔다.

「그대를 만날 수 없어 이토록 눈물이 펑펑 쏟아지는데 그 눈물 속에 떠오르는 그대의 얼굴! 아, 그대와 영원히 만날 수 없는 이 몸이 죽지 않는 약을 먹은들 무엇에 쓰리오.」 미카도는 이렇게 시를 읊으며 히메가 주고간 불사약이 든 약병을 태웠다. 지금도 그 산에서는 불사약이 타는 연기가 구름을 타고 하늘로 오르고 있다고 한다. 그 산이 바로 후지산(富士山)이다.

《다케도리모노가타리(竹取物語)》는 헤이안 시대의 필전(筆傳) 설화이다. 하늘 높이 솟아오르는 대나무를 일본 역시 신이 오갈 수 있는 통로로 보았던 것이다. 미카도가 하늘과 제일 가까운 후지산을 찾은 것도 같은 맥락이다.

대 속에서 나온 가구야히메가 고향인 달나라로 돌아갈 때까지 겪은 일종의 외계인 일본 체류기이다. 그러나 일본의 대표적인 고전인 《겐지모노가타리(源氏物語)》

에서는 신들이 지배한 먼 옛날 이야기로 치부해 버린 설화다. 언어학자들은 '신비로운 공간'에서 태어난 주인공 가구야히메(かぐや姫)를 '어른거리는 빛처럼 아름다운 히메'로 해석했다. 나아가 다니하노 다가노히메(丹波竹野媛)의 후손으로 보기도 한다. 다름 아닌 스이닌(垂仁) 천황의 아내가 된 가구야히메 노미고도라는 것이다.

이와 비슷한 우의(羽衣) 전설은 중국 서남부의 나시 족의 모소 전설을 비롯, 소수 민족 사이에도 널리 퍼져 있다.

|박석기|

3
미술로 본 대나무

하나 | 한국 | 회화로 본 대나무
자연의 섭리를 서정적 기법으로

둘 | 중국
탈속과 풍류로서의 청아한 격조를

셋 | 일본
정절과 길상의 상징

넷 | 한국 | 도자 문양으로 본 대나무
어우러짐의 청백자의 대나무

다섯 | 중국
전통적 덕목보다 강한 장식성 문양

여섯 | 일본
전통적 상징보다는 길상의 문양

일곱 | 한국 | 민화로 본 대나무
부귀장수의 이상세계를 화폭에 담아

여덟 | 일본
대나무로 본 문장(紋章)

3. 미술로 본 대나무

하나 | 한국 | 회화로 본 대나무

자연의 섭리를 서정적 기법으로

세한삼우의 하나로 처음 나타난 묵죽화

자연계에는 무수히 많은 나무들이 있지만, 그중에서 대나무는 옛사람들에게 있어 특별한 의미를 가진 존재였다. 선비들은 추운 겨울에도 푸름을 잃지 않는 대나무의 속성을 군자의 인품에 비유했고, 그 결과 대나무는 어느덧 유교의 도덕적 가치의 상징형이 되었다. 특히 문인들은 대나무를 애호하여 여기(餘技)로 묵죽화를 그리면서 자신의 고아한 품격을 드러냄과 동시에 심신의 수양을 도모했다.

문인화로서 대나무 그림이 그려지기 시작한 시기는 고려 말기로 보는 것이 일반적 견해이다. 현존하는 대나무 그림 중 가장 시대가 올라가는 작품은 고려 말 해애(海崖)가 그린 〈세한삼우도(歲寒三友圖)〉로 알려져 있다. 이 그림은 현재 일본의 묘만사(妙滿寺)에 소장되어 있다.

조선 초기 작품으로 추측되기도 하는 이 작품은 소나무·대나무·매화를 한데 모아 그린 '삼우도' 형식의 그림이다. 암석에 뿌리를 박은 큰 소나무 한 그루가 화면 중앙을 넓게 차지하고 있고, 그 좌우에 상대적으로 키가 작은 대나무와 매화가 그려져 있다. 그림에서 대나무는 소나무와 달리 왜소한 감은 있으나 소나무·매화와 함께 세

묵죽도(墨竹圖) | 이정(李霆), 조선(1622), 국립중앙박물관 소장 | 이 그림은 1622년 그의 나이 81세 때 그린 작품이다. 왼편 하단부에 자리잡은 언덕으로부터 화면 중앙을 향해 포물선을 그으며 솟아오른 대나무는 구도상의 조화를 잘 이루고 있다. 줄기를 따라 방향을 달리하면서 무리를 이루고 있는 대나무 잎들은 마치 오랜 장마비에 물기를 머금어 한껏 늘어져 있기라도 한 듯이 지면을 향한 마지막 잎새로 시선을 이끈다.

한삼우의 한 요소로 존재한다는 점에서 우열의 차이는 없다.

〈세한삼우도〉의 배후에는 《논어》 계씨편(季氏篇)의, 「유익한 벗이 셋이 있고, 해로운 벗이 셋이 있다. 정직한 사람을 벗으로 사귀고, 진실한 사람을 벗으로 사귀고, 박학다식한 사람을 벗으로 사귀면 유익하다(益者三友 損者三友 友直 友諒 友多聞 益矣).」는 말에서 비롯된 '익자삼우(益者三友)'의 관념과 무관하지 않다.

조선 초기의 대나무 그림으로 주목되는 것이 수문(秀文, 1403~?)의 《묵죽화책》이다. 대나무, 죽순, 바위를 함께 그린 〈죽석도〉를 보면 우선 스산하고 성글다는 인상을 지울 수 없다. 그 이유는 대나무 잎이 길고 큰 데 비해 줄기는 한결같이 가늘고 연약하기 때문이라고 생각한다. 이러한 표현 양식은 박팽년(朴彭年, 1417~1456)의 작품으로 전해지는 〈설죽도〉나 신사임당(申師任堂, 1504~1551)의 작품으로 전해지는 〈묵죽도〉에서도 전형을 찾아 볼 수 있다. 《묵죽화책》 중에 포함되어 있는 또 다른 〈죽석도〉는 두 개의 솟아오른 바위와 내려다본 대나무밭을 그리고 있는데, 대나무의 표현 기법 또한 조선 초기 한국 묵죽의 특징을 잘 나타내고 있다.

조선시대에는 화원(畵員)을 선발할 때 몇 가지 시험과목 중에서 묵죽(墨竹)을 중요시하여 높은 가산점을 주었는데, 그만큼 대나무 그림은 문인화가뿐만 아니라 직업화가들에게도 매우 보편적이고 인기 있는 소재였다. 대나무를 단독으로 그리는 묵죽화풍이 조선 중기에 이르러 본격적으로 유행하기 시작했는데, 당시에 활동한 문인화가 중 대표적인 사람이 탄은 이정(灘隱 李霆, 1541~1622)이다. 그의 생애는 자세히 알려져 있지 않으나, 문집 등 그와 관련된 자료나 현존하는 작품을 통해서 보면 그가 당대 최고의 대나무 화가였음을 쉽게 짐작할 수 있다.

기교를 초월한 서화일체 사상의 표현

이정의 대표작인 〈풍죽도〉는 바람결에 흔들리는 세 그루의 대나무를 그린 작품이다. 화면 왼쪽에서 불어오는 바람을 맞아 휘는 듯 버티고 있는 대나무의 탄성(彈性)이 절묘한 필법으로 묘사되어 있다. 전경의 대나무는 진한 먹색으로 분명하게, 배경 역할을 하는 두 그루의 대나무는 엷은 먹색으로 은은하게 처리하는 방법으로 화면에 그윽한 공간의 느낌을 불어넣었다.

대나무 잎의 묘사에 보이는 세련된 필법은 사필경아식(四筆驚鴉式, 네 잎을 까마귀가 놀라 날개를 펴고 달아나는 모양으로 그리는 방식), 첩분자식(疊分字式, 한자의 '分'자를 여러 개 겹친 모양으로 그리는 방식), 삼필개자식(三筆介字式, '介'자를 풀어 쓴 방식) 등이다. 이처럼 대나무 잎을 그릴 때 한자의 필획을 가져다 쓰는 것은 동양 고래의 서화일체(書畫一體) 사상과 직접적인 관련을 맺고 있다.

대나무 잎의 묘사에서 보이는 세련된 운필 뒤에는 기교를 초월한 문자향(文字香)이 배어 있다. 조선의 김정희는 묵죽(墨竹)에 서예의 기법을 적용할 것을 강조하여, 예서의 획과 대나무의 획을 동일시했다. 이것은 서예의 필력 자체가 쓴 사람의 인품을 반영한다는 원리의 연장선상에서 나온 것으로서 탄은의 〈풍죽도〉가 그 모범을 보여 주고 있다.

탄은의 〈풍죽도〉는 단정·엄숙함 속에서도 부드럽고 모나지 않은 한국적 서정을 머금고 있다. 담묵과 농묵으로 표현된 세 그루의 대나무가 연출해 내는 그윽한 공간감은 시적(詩的) 감정을 불러일으키기에 족하며, 바람결에 밀리는 대나무의 모습은 자연의 한 부분으로서의 대나무를 연상시킨다. 〈풍죽도〉는 지조나 절의 등 경직된 유교적 이념보다는 선비 탄은의 교양과 인품 그리고 그가 일체되기를 염원했던 대자연의 도(道)가 짙게 용해되어 있는 그림이다.

탄은 이후 조선 후기의 묵죽화가로 이름을 떨친 사람은 수운 유덕장(岫雲 柳德章, 1694~1774)이다. 문인화가인 수운은 탄은, 자하 신위(紫霞 申緯, 1769~1847)

풍죽도(風竹圖) | 이정(李霆), 조선, 17세기, 간송미술관 소장 | 이 〈풍죽도〉는 이정의 대나무 그림들에서 찾아볼 수 있는 화풍상의 특색과 그의 뛰어난 지량을 여실히 보여 주고 있다. 강한 대조를 보이면서 간략하고 빠른 필치로 처리한 언덕으로부터 솟아오른 대나무 줄기는 화면 중심부에서 세찬 바람에 의해 활처럼 휘면서도 꿋꿋이 버티는 풍죽의 기개를 보여 준다. 대나무 잎의 끝이 예리하고 약간 말린 듯한 이정 특유의 필치가 날카롭고 두드러져 보인다. 또한 세찬 바람을 받고 있는 풍죽의 자태가 더 없이 그 진가를 발휘하고 있다.

묵죽(墨竹) | 조희룡(趙熙龍), 조선, 19세기, 국립중앙박물관 소장 | 이 그림은 매 폭마다 독립된 한 작품으로 된 8폭 병풍 중 하나다. 화면 중앙에 5그루의 대나무를 그렸는데 두 간(竿)은 농묵으로, 세 간은 담묵으로 그렸다. 대나무 잎도 마찬가지로 담묵, 농묵이 혼용되어 산뜻한 조화를 보인다. 마치 첨예한 삼각형을 거꾸로 세워 놓은 것 같은 구도이다. 화면 오른쪽 하단에 4행의 긴 제발(題跋)을 적어 화면에 안정감을 부여하고 있다.

등과 더불어 조선 묵죽화가 그룹을 대표하는 사람 중의 한 사람이다. 그의 작품〈묵죽도〉는 가는 줄기에 비해 넓고 큰 잎을 가진 한국 대 그림의 특징을 잘 보여 주고 있다. 왼쪽 아래 모퉁이에서부터 치올라간 대나무 줄기의 빠른 동세(動勢)는 화면 중심 부근에서 약간 지체를 보이다가 다시 기운을 얻어 왼쪽 위 모서리로 빠져 나간다. 이 일방적인 추세를 화면 아래쪽에 누운 듯 뻗어 있는 대나무 잔가지가 견제함으로써 화면이 안정감을 잃지 않게 하고 있다. 유덕장의 묵죽도는 이정의 대나무 그림에 비해 다소 투박한 감이 있으나, 관기(款記) 글씨 자체가 대나무의 묘법과 절묘한 조화를 이루고 있는 점 등 서화 일체의 경지를 보여 주는 가작이라 할 수 있다.

신위는 시서화(詩書畵) 삼절(三絶)로 모든 분야에 능통했지만, 특히 대나무 그림에서 일가를 이루었다. 그의 대 그림은 기본적으로 품격이 있으면서도 우아한 모습으로 대나무가 표현되고 있다는 데 큰 특징이 있다. 그가 그린〈묵죽도〉의 대나무는 줄기가 가늘고, 농묵법과 담묵법을 구사한 화면은 깊이감을 지니고 있다. 신위의 대나무 그림은 고아하고 섬세한 분위기를 보여 주지만 상대적으로 힘이 약하다는 인상을 주기도 하고, 간혹 후덕하고 여유 있는 모습으로 구도를 소홀히 한 듯한 대범한 기상을 보이기도 한다. 그러나 무성하게 표현된, 이른바 농염첩엽법(濃淡疊葉法)은 신위 대나무의 한 멋을 유감 없이 보여 주고 있다.

이밖에 조희룡(趙熙龍, 1789~1866), 강세황(姜世晃, 1713~1791) 등도 대 그림을 잘 그려 조선 묵죽화사(墨竹畵史)에 적지 않은 흔적을 남겼다.

인간적 서정에서 길상 문양으로

문인들이 대나무 그림을 즐겨 그렸던 것은 내용적으로 그들이 중시하는 윤리적 상징성을 지니고 있고, 표현

청죽도(青竹圖) | 전(傳) 조익(趙翼), 조선, 17세기, 국립중앙박물관 소장 | 화면의 중앙을 수직으로 뻗어 올라 상단에서 갑자기 꺾여 수평으로 향하고 있는 대나무를 그린 이 그림은 윤곽선으로 그 형태를 묘사하고 그 안에 청록으로 채색한 구륵법(鉤勒法)을 구사했다. 화면의 오른편에는 마디 부분의 생태를 정확히 파악해 보려는 작가의 의도가 엿보이는 굵은 대나무가 담묵으로 그려져 있다.

기법에 있어서는 서예의 서법에 기초를 두고 있으며, 또한 대나무 자체의 모습이 간결하여 여기(餘技)로 그리고 즐기기에 적합하다는 점 때문이였다.

전반적으로 볼 때 한국 선비들이 그린 대나무 그림은 정직성을 잃지 않으면서 자연의 섭리와 부드러운 인간적 서정을 머금고 있다. 중국처럼 어떤 조형원리에 얽매어 있지도 않고 지나치게 이지적이지도 않으며, 일본처럼 기교를 부리거나 결벽성을 강조하지도 않는다. 오직 마음에서 우러나오는 대로 가식 없이 붓을 놀려 자연스럽게 감정을 표현하고 있다. 이 점이 이웃 나라 대나무 그림과의 차이를 드러내는 부분이라 할 수 있다.

문인들 사이에서 유교적 절의와 지조의 상징형으로 또는 자신의 고아한 품격을 드러내는 수단으로 즐겨 그려졌던 대나무가 일반인들의 요구에 의해 제작되는 생활 미술품에서는 축귀(逐鬼), 수명장수, 길상의 상징형으로 탈바꿈한다.

민화에서 흔히 볼 수 있는 〈죽호도(竹虎圖)〉는 대나무 밭을 배경으로 호랑이가 포효하는 모습을 그리고 있는데, 그림 속의 대나무는 귀신을 쫓아내는 축귀의 의미를 가진다. 화약 사용이 일반화되기 이전 옛날 풍속에 궁중이나 민가에서 귀신을 쫓아내는 축귀 의례를 행할 때 통대나무를 불에 던져 그 터지는 소리에 놀란 귀신이 달아나게 하는 방법을 썼는데, 이것이 훗날 폭죽놀이의 시원이 되었다. 주인공인 호랑이는 그의 용맹성으로 악귀를 물리칠 수 있으리라는 사람들의 생각에 의해 선택된 벽사상(辟邪像)이다.

대나무는 문인들의 수묵화 외에도 직업화가나 떠돌이 화가들이 그린 민화 등의 소재로 선택되거나 인물화나 화조화의 한 부분으로 그려졌고, 도자기 등의 일상용품의 길상적 장식 문양으로도 수용되었다. 일반 서민들이 향유했던 기예 미술에서의 대나무는 축수, 축귀, 여인의 정조, 상서(祥瑞), 길상(吉祥)의 상징형 등 현실적인 욕망의 표현 매개체로 존재했다.

| 허균 |

3. 미술로 본 대나무

둘 | 중국

탈속과 풍류로서의 청아한 격조를

독립 화목(畫目)로서의 대나무 그림은 언제부터인가?

대나무는 이미 《시경(詩經)》에서 군왕의 높은 덕망에 비유되어 칭송되었다. 대숲을 은거지로 삼고 유유자적했던 진나라의 죽림칠현이나 당나라의 죽계육일(竹溪六逸)의 이야기를 통해 대나무는 군자의 동반자로 입지를 굳혔다.

　문인들은 대나무를 여러 가지로 비유했는데, 백낙천(白樂天)은 어진 사람에, 두목(杜牧)은 장부(丈夫)에 비유했는가 하면, 송나라 왕원지(王元之)는 비 오는 여름이나 눈 내리는 겨울, 거문고 뜯을 때나 바둑 둘 때에 두루 좋다고 했고, 송나라 채거후(蔡居厚)는 대나무에 대해 그릇된 것과 바른 것을 분별하는 잣대라고 했다.

　대나무를 그림의 소재로 삼은 연대만 따진다면 당나라 때 이미 대나무 그림이 있었다고 볼 수 있다. 근래에 발굴된 당인(唐人) 이현(李賢, 654~684)의 묘에서 벽화 〈봉소시녀도(捧簫侍女圖)〉가 확인되었는데, 소(簫)를 두 손에 받쳐들고 서 있는 시녀 옆에 대나무가 그려져 있다. 배경 그림이지만 대나무의 특성이 매우 잘 나타나 있어 대나무 부분을 독립시켜 놓아도 한 폭의 대 그림으로 손색이 없을 정도다. 당대(唐代)까지만 해도 화목(畫目)으로 독립되지 못했던 대나무 그림이 정식으로 취급된 것

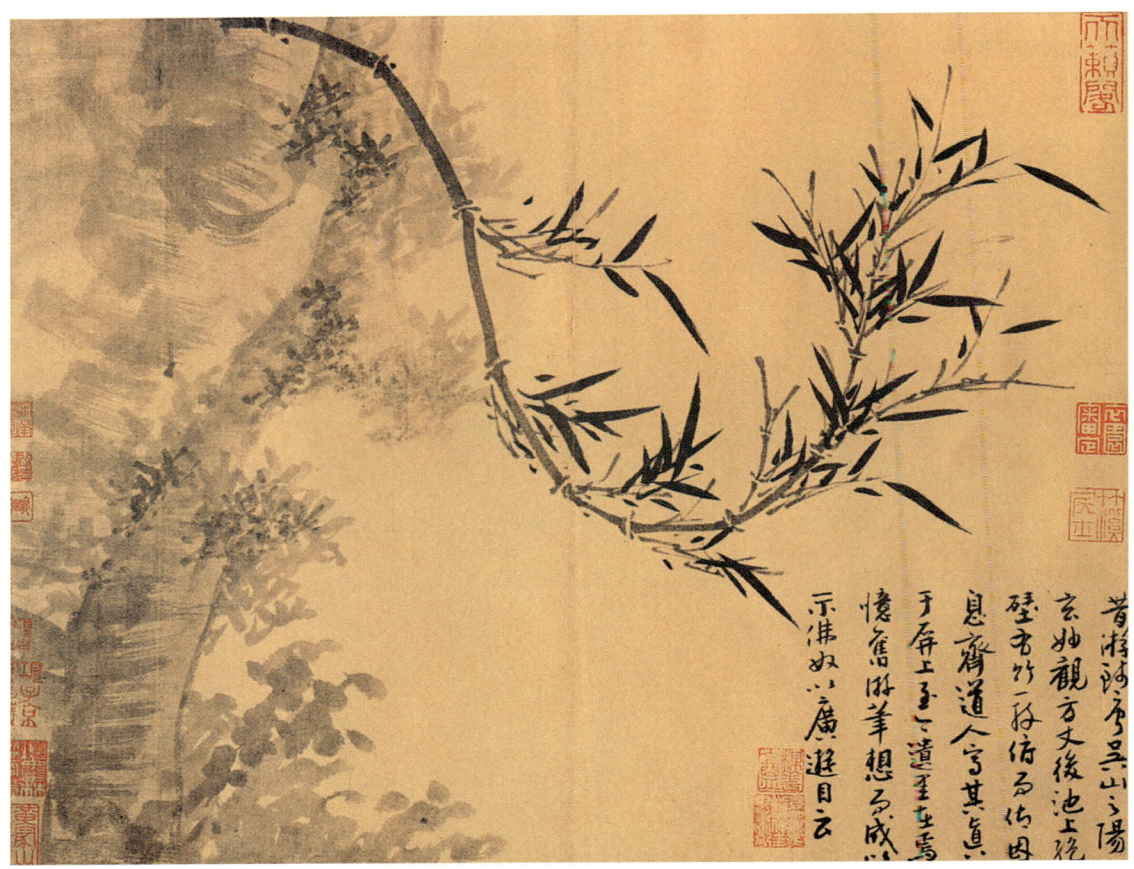

묵죽도(墨竹圖) | 오진(吳鎭), 원(元), 타이페이 고궁박물원 소장 | 오진은 원대의 가장 뛰어난 묵죽화가 가운데 한 사람으로 황공망, 왕동, 예찬과 더불어 원4대가로 불린다. 묵죽과 묵매에 능했다. 이 그림은 22장으로 된 《묵죽보(墨竹譜)》 중의 하나로 1350년에 그려졌으며, 이간(李衎)의 대나무 그림을 보고 후에 그 인상을 되살려 그린 그림이다.

은 북송 때 편찬된 《선화화보(宣和畵譜)》(1120년 序)에 의해서다. 그 이전에는 주로 송죽도, 죽석도 등의 배합으로 또는 화조화의 일부나 인물화의 배경으로 그려졌다. 화조도의 일부로 대나무를 그린 그림의 예를 든다면 북송의 조길(趙佶, 1082~1135, 송나라 8대 황제, 휘종(徽宗))이 그린 〈죽금도(竹禽圖)〉가 있다. 이 그림은 대나무 가지 위에서 마주 보고 앉은 두 마리의 새를 주제로 해서 그린 작품이다. 표현의 초점은 새에 맞춰져 있으며, 대나무는 소도구로 취급되었다. 이 경우의 대나무는 의미 상징형이라기보다 자연의 일부로 볼 수 있다.

중국에서 묵죽을 문인의 그림으로 승화시킨 사람은 송대의 소식(蘇軾), 문동(文同), 황정견(黃庭堅)인데, 이들은 '흉중성죽(胸中成竹)'을 제창, 마음속의 대나무를 추구했다. 대나무의 상징성을 주제로 삼은 것이다. 북송 때부터 대두된 사대부화 이론과 더불어 대나무가 가진 상징성 때문에 문인들은 대나무를 즐겨 그렸다. 북송 때 그려진 작품으로 현재 타이페이 고궁박물원에 소장되어 있는 〈묵즉도〉가 유명하다. 일명화가가 그린 이 그림은 화면 왼쪽 상단에 나타난 대나무 한 줄기가 아래쪽으로 향하다가 화면 중간 부근에서 반전하여 다시 상승하는 기운을 잘 잡아서 그렸다. 표현이 정교하고 사실적이어서 은근한 맛은 덜하지만 정련된 필묵법이 문인화다운 품격을 보여 준다.

원대(元代)에 들어와서는 고극공(高克恭, 1248~1310)이 묵죽화가로 이름을 떨쳤다. 유작인 〈죽석도〉가 현재 타이페이 고궁박물원에 소장되어 있어 그의 고아한 묵죽 문인화의 세계를 접할 수 있다. 큼직한 몇 개의 암석과 4~5그루의 대나무, 그 줄기 사이로 죽순이 자라고 있는 모습을 숙련된 필치로 묘사했다.

문인화로서의 청아한 묵죽의 예술경지

명대(明代)에도 변경소(邊景昭)의 〈쌍학도〉, 왕불(王紱)의 〈죽학쌍청도(竹鶴雙淸圖)〉, 여기(呂紀)의 〈남극노인도〉 등 대나무를 배경으로 한 화조, 인물화 계통의 그림이 많이 제작되었다. 한편에서는 원대의 고극공이 그렸던 〈죽석도〉 류의 그림도 다수의 화가에 의해 그려졌다. 주단(朱端)의 〈죽석도〉, 귀창세(歸昌世)의 〈풍죽도〉, 비수(斐綬)의 〈죽석도〉, 빙기진(憑起震)의 〈죽석도〉 등이 그 예인데, 한결같이 한두 그루의 대나무와 괴석이 있는 풍경을 그리고 있다. 이런 형식의 대나무 그림은 절의나 지조의 상징형으로서 시문에 자주 등장하는 대나무와 전혀 상관이 없는 것은 아니지만, 길상의 의미가 더 강조된 것으로 볼 수 있다.

〈죽석도〉 류 그림과 더불어 사의적(寫意的)인 대나무 그림도 문징명(文徵明, 1470~1559)과 같은 문인들에 의해 많이 그려졌다. 문징명은 명대 중기에 활동한 화가로 원대 문인화의 전통을 이어온 사람이다. 그는 필묵의 효과에 의한 감정 표출을 중시했으며, 청아한 수묵의 예술 경지를 추구했다. 그의 〈묵죽도〉는 능숙한 필법으로 두 그루의 대나무를 그린 것인데, 한 그루의 대나무는 농묵으로, 나머지 한 그루는 담묵으로 처리했다. 가는 바람에 미동하듯 유연하면서도 강건한 대나무의 표현에서 그가 추구했던 '심중성죽(心中成竹)'의 경지를 느낄 수 있다.

화풍은 다르지만 문징명과 같은 수준의 화격(畵格)을 지닌 화가로 당인(唐寅, 1470~1523)을 꼽을 수 있다. 당인은 송대 원체화풍의 학습에서 시작했고, 문인화와 다른 여러 화풍을 섭렵했다. 그의 〈풍죽도〉는 능숙한 회화의 기본 기술을 바탕으로 간략한 조형과 강건한 필법을 보여 주고 있으며, 담박한 먹색에서 우러나오는 청아한 격조를 풍기고 있다.

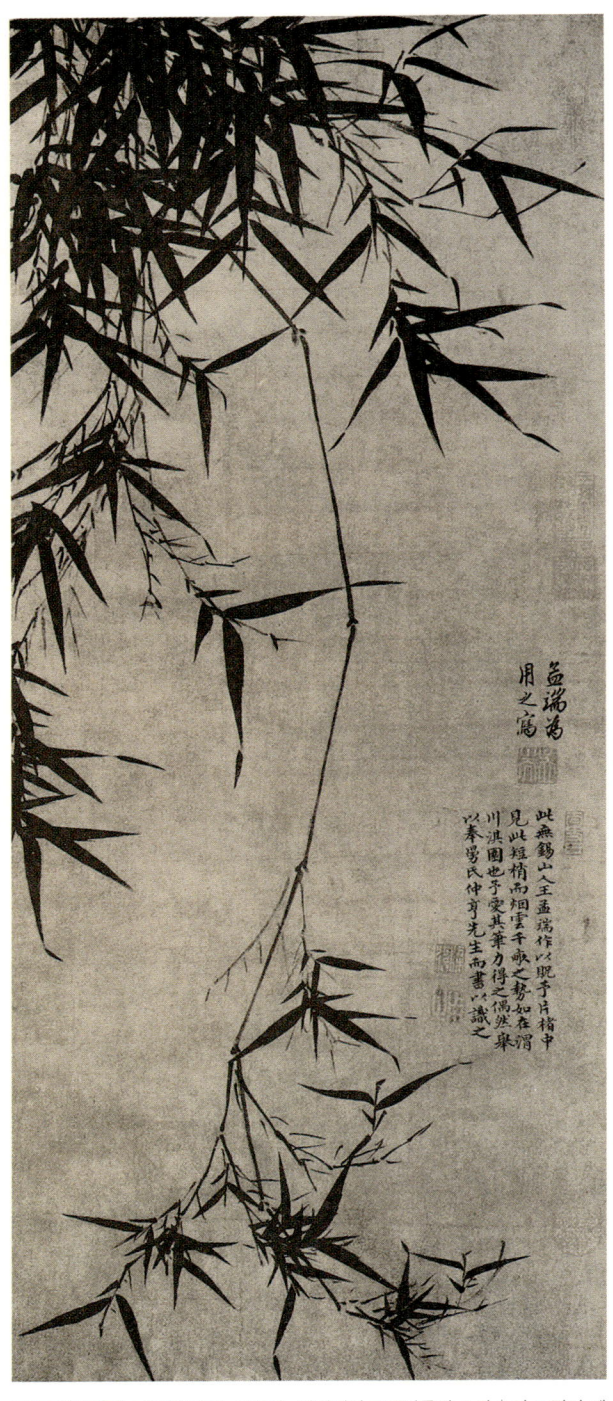

기위도(淇渭圖) | 왕불(王紱), 명(明), 타이페이 고궁박물원 소장 | 이 그림의 제목은 기수(淇水)와 위수(渭水)의 이름을 합쳐 〈기위도〉라 했다. 예로부터 이 지방은 아름다운 대나무가 무성하게 자라는 것으로 유명하며, 중국의 시문(詩文)에도 자주 언급되어 왔다. 즉, 이 그림의 아름다운 대나무 한 그루는 기수와 위수 가의 경치를 실감케 한다는 의미로 해석된다.

대나무 자체가 아니라 대나무와 교감을 나누는 선비들의 모습을 주제로 한 그림도 많이 그려졌다. 우지정(禹之鼎, 1647∼1716)의 〈죽계독역도(竹溪讀易圖)〉, 주첨기(朱瞻基, 1399∼1435)의 〈무후고와도(武侯高臥圖)〉 같은 것이 그런 등속의 그림이다. 〈죽계독역도〉는 노인이 물가에 인접한 죽림에서 《역경》을 읽고 있는 한가로운 모습을 소재로 하고 있는 그림이고, 〈무후고와도〉는 대숲에서 책을 베개 삼아 누워 있는 물외한객(物外閑客)의 은일한 모습을 담은 그림이다. 두 그림 다 인물을 중심으로 한 소경 산수 형식을 취하고 있는 것이 공통점이다. 그림의 대나무는 '지조의 대나무' '마음속의 대나무'가 아니라, 죽림에서 탈속과 풍류의 경지를 즐기는 은일자의 생활을 동경하는 마음에서 그린 것이다.

서예가로 유명한 판교 정섭(板橋 鄭燮, 1693∼1765)은 오창석(吳昌碩)과 함께 묵죽화로도 명성을 떨쳤다. 그가 사의성 짙은 대나무 그림의 대가(大家) 위치에 오를 수 있었던 것은 서예가로서의 높은 실력과 더불어 고아한 인격을 지녔기 때문이다. 그는 「임천(林天)을 대함에 있어 눈으로 해석하기보다는 마음으로써 그 섭리를 터득해야 가치가 높다.」고 하는 북송의 곽희(郭熙) 이래의 문인화론을 바탕으로 선가(禪家)의 깨달음을 묵죽으로 표현해 냈다. 그의 〈총죽도(叢竹圖)〉는 줄기가 가는 십여 그루의 대나무를 소재로 하고 있는데, 농묵과 담묵을 적절히 구사하여 그윽한 분위기

무후고와도(武侯高臥人圖) | 주첨기(朱瞻基), 명(明), 베이징 고궁박물원 소장 | 이 그림은 제갈량이 무후(武侯)에 봉해지기 전, 융중(隆中)에서 은거생활할 때를 묘사한 것이다. 제갈량이 죽림의 깊은 곳에 팔을 높이 베고 누워 한가로이 노니는 모습을 그린 것인데, 가슴을 풀어헤치고 책에 팔꿈치를 기대고 있다. 과장되어 표현된 복부는 원대한 포부를 넌지시 말해 주고 있다. 작자는 간결하고 소박한 먹선으로 인물과 배경을 힘 있게 표현해 냈으며, 묵죽의 빼어난 아름다움과 간결하고 유려한 인물의 형체를 그린 선은 범인탈속의 운치를 느끼게 해준다. 이 그림을 그린 주첨기는 당시 30세였으며, 원로 대신 진선(陣瑄)에게 하사한 것이다.

를 조성했다. 간결하고 숙련된 죽간(竹竿)의 표현과 죽간 사이의 글씨가 청아한 정취와 문자향을 배가시킨다.

번영과 수명장수의 길상문으로 등장

이색적인 대나무 그림으로 임이(任頤, 1840~1896)의 〈주죽봉황도(朱竹鳳凰圖)〉가 있다. 오동나무에 앉아 있는 봉황과 몇 그루의 대나무를 그렸는데, 대나무를 붉게 채색한 것이 매우 흥미롭다. 대나무를 붉은 색으로 칠한 경우는 한국이나 일본에서는 거의 찾아보기 힘들다. 붉은색은 중국인들이 행복과 상서로운 색깔로 여겨 황금색과 함께 가장 좋아하는 색깔이다. 대나무의 생태적인 특성을 무시하면서까지 붉은색을 칠한 것을 보면 중국인들이 가진 붉은색에 대한 애착이 얼마나 강한가를 쉽게 짐작할 수 있다.

묵죽도(墨竹圖) | 정섭(鄭燮), 청(淸), 홍콩 중문대학 부속문물관 소장 | 양주 팔괴의 특징은 개인의 다양성과 고독성에 있다. 정섭도 마찬가지여서 그의 그림에는 쓸쓸함과 상쾌함기 함께 존재한다. 정섭은 시에도 능했으므로 그의 그림에는 언제나 문자향(文子香)이 넘친다.

길상에 대한 중국 사람들의 오랜 욕망은 대나무를 자손 번창의 상징형으로 만들었다. 생활 장식 미술에 수용된 대나무는 대부분 길상적인 의미를 가진 것이라 해도 과언이 아니다. 세한삼우의 하나로 그려지는 대나무도 가구나 의복 또는 건축 장식 문양의 소재로 쓰일 때는 길상과 상서(祥瑞)의 상징형으로 바뀐다. 중국인의 구식 결혼 예법 가운데 대문의 좌우 양측에 「푸른 대나무 밭에 죽순이 돋아나고, 붉은 매화꽃이 열매를 맺네(綠竹生筍 紅梅結實).」라는 대련을 붙이는 풍습이 있는데, 그 이유는 대나무의 순(筍과 sun³)과 손(孫과 sun¹)이 동음이성(同音異聲)으로 생순과 결실이 자손이 많음을 나타내는 길상적인 말이 되기 때문이다.

같은 대나무라 해도 시대 상황, 신분, 계층, 처한 상황 등에 따라 그 의미가 달리 해석된다. 귀족계급이나 서민의 경우는 대나무를 장구(長久)나 수명 장수 등 길상적인 의미를 지닌 나무로 인식했다. 그러나 문인들의 경우 대나무는 자신의 고아한 품격을 은유적으로 드러내는 매개체였으며, 서화일체(書畵一體)의 심오한 예술의 경지를 체득할 수 있는 이상적인 소재였다. 이런 여러 가지 이유에서 대나무는 매·난·국·송과 함께 오랜 세월 문인화의 소재로서 또는 일반인들의 생활 장식 문양으로서 중국인들의 사랑을 받아왔다.

|허균|

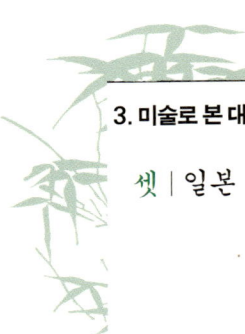

3. 미술로 본 대나무

셋 | 일본

정절과 길상의 상징

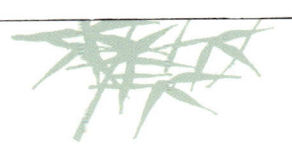

묵죽도는 선승의 그림으로부터

일본 미술에서 대나무는 일찍이 죠몽(繩文) 시대부터 조리나 바구니 등 공예품의 재료로 사용되었고, 7세기 아스카(飛鳥) 시대 옥충주자(玉蟲廚子)의 〈시신문게도(施身聞偈圖)〉나 〈사신사호도(捨身飼虎圖)〉에 등장한다. 이는 어디까지나 보조적인 모티프에 불과했다. 일본 미술에서 대나무가 중심적인 모티프로 다루어지게 된 것은 중국의 영향을 받은 결과였다. 문인이 갖추어야 할 정절의 상징으로서 세한삼우(歲寒三友)나 사군자(四君子)의 하나로 인식되었고 대나무가 미술에서 독립된 대상으로 다루어지게 된 당말(唐末) 오대(五代) 이래 북송대 문동(文同), 소식(蘇軾) 등 문인화가들에 의해 묵죽화는 하나의 장르로 확립되었다. 원대에 이르러 고극공(高克恭)이나 이간(李衎), 오진(吳鎭) 등에 의해 그려졌으며, 설창(雪窓)과 같이 문인 정신을 공유하고 있던 선종 승려들에 의해서도 그려졌던 묵죽화가 일본에 전해진 것은 가마쿠라(鎌倉) 시대의 일이다. 이후 무로마치(室町), 에도(江戶) 시대를 지나며 다양한 예를 남기게 된다. 때로 주변적인 모티프로 그려지기도 했으나, 세한삼우나 사군자같이 본래적인 상징성을 띤 주제로서 큰 비중을 차지한 예가 많은 것도 이 시기의 그림들이다.

묵죽화의 이런 예로는 1300년 전후에 그려진 〈백의관음도(白衣觀音圖)〉(나라국립박물관)가 있다. 관음이 앉아 있는 배경에 대나무 숲이 그려져 있는데, 이는 중국 송대 이후 〈백의관음도〉가 일본에 전해져 영향을 준 결과로 보인다. 무로마치 시대 게이아미(芸阿弥)의 〈백의관음도〉 또한 이 전통을 이은 예다.

가마쿠라 시대 선승들의 수묵화 속에 비중 있는 모티프로 등장하는 대나무는 문인의 정절 혹은 덕을 상징했다. 뎃슈 도쿠사이(鐵舟德濟), 교쿠엔 본포(玉畹梵芳)가 그린 수묵화 가운데 〈난죽석도(蘭竹石圖)〉나 〈난혜동방도(蘭蕙同芳圖)〉 등은 원나라 선승 설창의 영향을 받은 것이며, 문인정신을 공유한 선승들의 교양을 드러낸다. 이 그림들에서 대나무는 군자 혹은 군자의 덕을 상징하는 난초 그리고 소인을 상징하는 가시나무와 함께 그려졌으며 유연한 붓질로 묘사되었다.

선승 가오(可翁)의 〈죽작도(竹雀圖)〉나 구케이 유케이(愚溪右慧)의 〈죽작도〉 역시 중국 수묵화의 영향을 받아 그려진 예로서 그 모델은 남송 목계(牧谿)의 〈죽작도〉로 추정된다. 특히 구케이의 그림에서는 힘이 있고 유창한 운필로 그려진 대나무 잎이 인상적이다. 뎃슈 도쿠사이, 교쿠엔 본포의 그림과 함께 14세기에 그려진 이들 〈죽작도〉는 일본 수묵화의 발달 초기에 선승들이 중요한 역할을 수행했음을 보여 주는 좋은 자료다.

선종 사찰과 직·간접적인 연관을 가지며 수묵으로 그려진 대나무 그림은 무로마치 시대에도 계속 그려졌다. 이 시기의 대나무 그림

삼익재도(三益齋圖) | 1418, 세이카도 문고(靜嘉堂文庫) 미술관 소장 | 지식을 의미하는 소나무, '성실'을 의미하는 매화, '정직'을 상징하는 대나무에 둘러싸인 서재 '삼익재'가 고즈넉하면서도 정갈해 보인다.

미술로 보는 대나무 139

채죽도 | 야나기사와 기엔(柳澤淇園), 개인 소장 | 감색 종이에 백록으로 대나무를 그린 특이한 작품으로 대나무의 상징성이 고스란히 드러나 있다.

가운데 시화축(詩畵軸)으로 불리는 독특한 화면 형식의 몇몇 중요한 예에서 이를 확인할 수 있다. 시화축의 가장 오래된 예인 〈시문신월도(柴門新月圖)〉에서 대나무는 보조적인 모티프로 그려져 있지만 중요한 의미를 드러내고 있다. 중국 당나라 두보(杜甫)의 시 〈남린(南隣)〉의 한 구절을 형상화한 이 그림에서 대나무 숲은 은자의 집을 의미한다. 같은 의미를 지닌 대나무 그림은 슈분(周文)이 그렸다고 전하는 〈수색만광도(水色巒光圖)〉나 〈죽재독서도(竹齋讀書圖)〉에서도 볼 수 있다. 이들 그림은 중국 회화로부터 영향을 받아 그려진 것들이다.

한편 죠세쓰(如拙)가 그린 〈표점도(瓢鮎圖)〉는 표주박으로 메기를 잡는다는 선종적(禪宗的)인 주제를 다룬 그림이다. 일본의 무로마치 수묵화의 발달 과정에서 중요한 이정표라고 할 만한 이 그림에서도 대나무는 보조적인 모티프로 그려졌다. 근경의 언덕에 그려진 대나무는 두 갈래로 나뉘어 한 갈래는 원경으로, 또 다른 한 갈래는 메기를 잡으려는 인물 쪽으로 보는 이의 시선을 인도하는 역할을 맡고 있다. 마찬가지의 역할은 게이아미의 〈관폭도〉에서도 볼 수 있으며, 근경의 대나무는 중앙에 있는 폭포와 집을 둘러싸고 있다.

여러 문헌 기록으로 보아 소나무와 매화 그리고 대나무를 가리키는 세한삼우의 관념은 이미 가마쿠라 말기부터 무로마치 초기에 걸쳐 일본의 선승들 사이에서 일반화되었던 것으로 추측된다. 그 증거의 하나라고 할 무로마치 시대의 〈삼익재도(三益齋圖)〉는 제시에서 정직을 상징하는 대나무가 그려졌음을 언급하고 있다. 세한삼우와는 별도로 소나무·매화와 함께 공자가 《논어》에서 말한 익자삼우(益者三友, 정직:友直, 믿음:友諒, 깊은 學問:友多聞)에서 믿음을 의미하는 모티프로 그려진 것이다. 제시에 따르면 당시의 선승 츄와 상인(中和上人)이 화공에게 명하여 송죽매로 둘러싼 서재를 그리게 하고, 이를 삼익재로 불렀다고 한다. 지식이 많음을 의미하는 소나무와 성실을 의미하는 매화와 함께 대나무로 둘러진 서재를 그린 것 자체가 문인 정신을 지향했던 선승의 정신세계를 드러낸 예라 하겠으며, 이 세 가지로 둘러싸인 집은 이후 수묵화에 자주 등장한다.

현재 전하는 무로마치 시대의 〈세한삼우도〉는 〈삼익재도〉가 그려진 직후에 그려진 것이다. 15세기 초(1420~1427)에 그려진 〈설리삼우도(雪裏三友圖)〉에는 한겨울의 산골짜기 눈과 얼음 가운데 서 있는 소나무와 대나무 그리고 매화가 그려져 있다. 일본에 전하는 〈세한삼우도〉의 이른 예로서, 고려시대 〈세한삼우도〉와의 관련성이 지적되기도 하는 이 그림에는 난젠지(南禪寺)의 주지를 지낸 5명의 선승이 쓴 제시가 남아 있고, 제시에는 이 모티프들이 선승의 고결한 정신세계를 나타낸 것이라는 내용이 언급되어 있다.

중국의 영향 그리고 일본의 대나무

세한삼우는 같은 무로마치 시대의 그림 가운데 중국의 영향을 받은 그림들과는 계통을 달리하는, 이른바 야마토에(大和繪) 계통의 〈겐지모노가타리(源氏物語)〉 병풍에서도 확인할 수 있다. 병풍이라는 대화면에 《겐지모노가타리(源氏物語)》의 두 장면을 골라 형상화한 이 그림은 당시 야마토에에서도 중국적인 세한삼우를 수용했던 사실을 알려 준다. 채색으로 그려진 대나무 그리고 소나무와 매화는 현재 병풍에서는 각각의 화면으로 나뉘어 있으나 그림에서는 연못을 둘러싸고 연결되어 있다. 이후에는 〈사계화목도(四季花木圖)〉 병풍이나 부채 모양 화면으로 〈설죽도(雪竹圖)〉를 그린 화첩 등의 예에서 야마토에 계통의 채색 대나무 그림을 볼 수 있으나 나타내는 계절은 일정하지 않다. 〈사계화목도〉 병풍에서와 같이 때로 가을을 나타내는 경우도 있고 봄을 나타내는 경우도 있어서 중국의 묵죽화와는 다른 양상을 보여 준다.

무로마치 시대 이후 대나무는 계절 모티프로 그려지거나 호랑이가 사는 숲의 형태로 그려졌고, 죽림칠현(竹林七賢)이나 난정곡수(蘭亭曲水) 등 중국 고사를 형상화한 그림 그리고 〈금기서화도(琴棋書畫圖)〉 등의 배경에서 볼 수 있다. 계절 모티프로 그려진 대나무는 셋슈(雪舟)의 경우에서 볼 수 있듯이 사계화조화에서 매화·소나무와 함께 세한삼우로서의 상징성을 가진 모티프로 그려진 예들이 많다. 이는 유교적인 통치이념과 무관하지 않은 것임을 추측할 수 있다. 또한 이 그림들 가운데에는 수묵으로 그려진 예들도 있으나 채색으로 그려진 대나무 그림도 적지 않다. 이는 중국의 구륵전채법(鉤勒塡彩法), 즉 윤곽선을 그린 다음 채색으로 그 내부를 채우는 대나무 묘사법의 영향을 받은 결과라 할 것이다. 막부 어용화사인 가노파로 이어지는 대나무 그림의 전통은 이후에도 자주 그려졌으며, 유교적 통치이념과 깊은 관련이 있

우죽풍죽도 병풍 | 마루야마 오쿄(円山應擧), 교토 엔코지(円光寺) 소장 | 안개비에 젖은 대나무숲과 비가 맺은 사이 한 줄기 지나가는 바람 그리면서 당시 작자는 무슨 생각을 했을까.

다. 이와 같은 대나무 그림으로는 가노 모토노부(狩野元信)의 〈사계화조화(四季花鳥畵)〉나 가노 단유(狩野探幽)의 〈사계화조도후스마(四季花鳥圖襖)〉 등이 있다. 가노 산세쓰(狩野山雪)의 〈설정수금도(雪汀水禽圖)〉 병풍에도 대나무가 등장한다.

중국 고사를 다룬 예이면서 일본에서 자주 그려진 주제 가운데 하나가 죽림칠현이다. 무로마치 시대 셋손(雪村)의 〈죽림칠현〉 그리고 가이호 유쇼(海北友松)의 〈죽림칠현〉 등은 그 대표적인 예다. 이들 그림에서는 인물 묘사와 마찬가지로, 대나무 역시 조심스런 필선으로 그려져 있다. 이밖에도 가노 산세츠의 〈난정곡수도〉 병풍이나 가노 에이토쿠(狩野永德)의 〈금기서화도〉 그리고 우키요에(浮世繪)에서 이십사효(二十四孝) 가운데 한 명을 다룬 〈맹종(孟宗)〉 등 중국에서 유래된 주제의 그림 가운데 대나무가 등장한다.

대나무 숲을 배경으로 하는 동물 그림에는 호랑이나 학, 고양이, 수탉 등 여러 가지 유형이 있으며, 이 경우 대나무는 사계절 변함 없는 평안함을 의미한다. 대나무가

길상적인 의미를 띤 모티프로 그림에 자주 등장하게 된 것도 이 때문이다. 대나무 숲 속의 호랑이 그림은 앞서 살펴본 아스카 시대 옥충주자의 〈사신사호도〉에 등장한 것이 시기적으로 이른 예에 속한다.

이는 원래 불교 경전인 《금광명왕경》의 한 구절을 형상화한 것인데, 이후 독립된 주제로 그려진 예들이 많이 남아 있다. 호랑이 그림은 구름 속의 용 그림과 짝을 이루어 〈용호도(龍虎圖)〉로 그려지거나 〈군호도(群虎圖)〉, 〈표호도(豹虎圖)〉 등으로 그려졌다.

배경으로 등장하는 대나무 그림 역시 수묵과 채색으로 그린 두 경우로 나뉜다. 가노 쇼에이(狩野松榮)의 〈표호도(豹虎圖)〉와 가노 산라쿠(狩野山樂)의 〈용호도병풍(龍虎圖屛風)〉은 각각 수묵과 채색으로 대나무 숲을 묘사한 예들이다. 이들 주제는 〈소상팔경도〉 등과 같이 주로 무장들과 관련된 특정 공간을 장식했으며, 무장들의 용맹스러움과 일맥상통하는 까닭에 자주 그려졌다. 그리고 대나무 숲 속의 호랑이

죽매도(竹梅圖) 병풍 | 오가타 고린(尾形光琳), 도쿄 국립박물관 소장 | 유수문으로 세계적 명성을 얻은 오가타 고린의 수묵화. 대와 매화의 대위법적 구성이 절묘한 이 그림은 도쿄 국립박물관이 소장한 일본 중요문화재이다.

그림은 하시모토 가호(橋本雅邦, 1835~1908)가 그린 〈용호도병풍〉에서 볼 수 있는 것처럼 근대 메이지(明治) 시대에까지 전통이 이어졌다.

에도 시대의 대나무 그림이 남화 화가들 사이에서 자주 그려진 점 또한 주목되는 사실이다. 이 역시 중국 문인화와의 연관을 보여 주는 것으로, 18세기와 19세기에 걸쳐 그려진 여러 예가 남아 있다. 그 가운데 초기 남화가로서 18세기 중엽에 활약한 야나기사와 기엔(柳澤淇園)이 그린 〈채죽도〉는 감색 종이에 백록으로 대나무를 그린 특이한 예인데, 대나무의 상징성을 그대로 드러내고 있다. 그리고 이케노 타이가(池大雅)와 함께 일본 남화의 완성자로 불리는 요사부손(与謝蕪村)은 〈죽림모옥(竹林茅屋)〉을 통해 은일자의 생활을 묘사했으며, 에도 시대 말기 남화가 다카하시 소헤이(高橋草坪)의 그림에는 윤곽선을 그린 다음 잎이나 줄기의 일부에만 색채를 사용함

으로써 마치 백묘법을 연상시키는 묘사법을 보여 주는 등 다양한 대나무 그림이 남아 있다.

　에도 시대 남화와 관련이 깊은 중국의《팔종화보(八種畵譜)》역시 〈매죽난국사보(梅竹蘭菊四譜)〉가 포함되어 있어, 에도 후기에는 중국의 영향 아래 보다 광범한 사군자 그림이 그려진 것을 알 수 있다. 특히 중국의 화보와 관련이 깊은 남화 계통의 화가들이 채색과 수묵의 구별 없이 대나무 그림을 많이 그린 것은 이 점과 무관하지 않다. 기온 난카이(祇園南海)의 예가 대표적인 경우이며, 그는 〈난죽도〉나 〈묵해죽도〉 등 대나무를 소재로 한 그림을 다수 남겼다.

　에도 후기 남화 계통의 대나무 그림 가운데 빼놓을 수 없는 예가 와타나베 가잔(渡邊華山)에게서 그림을 배운 츠바키 진잔(椿椿山, 1801~1854)의 〈난죽도병풍〉

이다. 부드러운 필법을 구사해 난초와 대나무를 묘사한 이 그림의 회화 표현은 그의 온화한 품성과 관련 지어 논해지곤 한다. 그림의 제발(題跋)에는 북송 소동파의 필법을 따른 것임이 언급되어 있어, 화가 스스로 중국의 문인들이 즐겨 그린 사군자의 전통을 잇고 있다는 것을 의식하고 있었음을 알 수 있다.

에도 말기 나고야에서 활동했던 야마모토 바이츠(山本梅逸, 1783~1856)의 경우 세한삼우인 송죽매를 한 병풍에 그린 〈송죽매도 병풍〉을 남겼다. 소나무 그리고 매화나무와 대나무를 각각의 화면에 그림으로써, 세한삼우가 겨울이라는 계절을 전제로 하여 갖고 있던 본래의 상징적인 의미보다는 사계절 한결 같음을 나타내는 길상적인 의미를 띠는 소재로 달라졌음을 나타내고 있다.

한편 교토 엔코지(円光寺)에 소장되어 있는 마루야마 오쿄(円山應擧, 1733~1795)의 〈우죽풍죽도 병풍〉은 사실적으로 대나무 숲을 묘사했다는 점에서 다른 대나무 그림의 예들과는 구별된다. 각각의 화폭에 안개비에 젖은 채 서 있는 대나무 숲과, 비가 멎은 사이 한 줄기 바람이 스쳐 지나가는 대나무 숲의 경관을 그린 이 그림은 대나무의 줄기와 가지 그리고 잎의 형태에서 마치 살아 있는 듯한 생명의 기운이 두드러져 있다. 뿐만 아니라 섬세한 먹의 농담 차이를 활용해 무한히 멀어져 가는 공간의 깊이를 표현하고, 경관에 담긴 시정의 묘사에서는 현실의 대나무를 통해 화가의 마음을 표현하는 경지에까지 이르렀음을 알 수 있다.

에도 시대 대나무 그림에서 빼놓을 수 없는 화가들이, 이른바 린파(琳派) 화가들이다. 오가타 고린(尾形光琳)을 중심으로 장식적인 화풍을 구사했던 이들 화가들은 에도 시대의 도시 상공업자인 죠닌(町人)의 정서에 맞는 그림들로 인기를 누렸다. 이들이 그린 대나무 그림 가운데 대표적인 예가 고린의 〈죽매도 병풍〉이다. 금박 바탕에 수묵으로 대나무와 매화나무를 그린 이 그림은 간결한 형태에 강한 장식성을 띠고 있다.

그 기원은 중국에서부터 시작되어 문인의 정신과 관련된 상징성을 지닌 대나무 그림과 달리 일본의 전설이나 민담과 결합된 대나무 그림은 우키요에(浮世繪)에서 볼 수 있다. 18세기 초에 활약한 도리이 기요마스(鳥居淸倍)의 〈다케누키고로(竹拔き五郎)〉는, 이른바 가부키의 한 장르인 아라고토(荒事) 속의 장면으로 힘이 장사인 고로가 꺾인 대나무의 뿌리를 뽑는 장면이 그려져 있다. 이제 대나무는 사철 잎이 변하지 않고 푸른색을 유지하여 문인의 정절을 상징하는 중국 전래의 겨울 모티브가 아니라, 계절과의 관련성이 무시된 채 다만 땅속에 강한 뿌리를 내리는 식물로서 그것을 뽑는 고로의 완력이 세다는 것을 드러내 주는 대상으로 달라져 있는 것이다.

이밖에도 모모야마(桃山) 시대 센노리큐(千利休)가 차모임에서 사용한 꽃꽂이

용기나 찻술의 예에서 볼 수 있는 바와 같이 대나무는 차도구의 중요한 재료로 사용되었고, 에도 시대에 대나무가 등장하는 미술품에는 공예품에서도 대나무가 자주 등장한다. 도자기, 가구를 비롯한 목공예, 마키에(蒔繪) 등에도 대나무 그림이나 문양을 볼 수 있으며, 도자기의 경우 오가타 고린이 그림을 그리고, 그의 동생 겐잔(乾山)이 만든 각접시의 예가 대표적인 경우다.

|김용철|

3. 미술로 본 대나무

넷 | 한국 | 도자 문양으로 본 대나무

어우러짐의 청백자의 대나무

상징성보다는 친밀감의 청자 문양

대나무가 도자기 문양으로 나타난 것은 고려시대인 12세기 중엽부터이며, 청자에 상감기법으로 시문한 것이 처음이 아닌가 싶다. 12세기 중엽의 대나무는 청자매병과 주전자 등 주기(酒器)의 몸체 여러 면에서 볼 수 있는데, 다른 여러 가지 문양과 함께 나타난다. 대체로 한 면에 매화와 어우러져 나타나는 경우가 제일 많은데, 큰 대나무 사이에 매화는 조금 작게 표현되며, 여기에 학과 오리가 곁들여진다. 또 다른 면에는 버드나무, 갈대, 오리, 기러기 등이 부수된다. 대나무와 동자(童子), 버들, 갈대, 학이 같이 등장하면서 주변에 운학문(雲鶴紋)이 배치되기도 하고, 드물게는 대나무가 국화와 같이 등장하기도 한다.

　이와 같이 대나무는 거의 매화와 같이 나타나고, 주로 학이나 오리가 시문된다. 죽·매나 대나무만이 등장하는 예는 드문데, 이 경우 학과 동자가 부수된다. 여기에서 우리가 생각할 수 있는 것은 사군자 중 죽·매 문양은 절개와 지조의 성격이 강하다는 것이다.

　다음 사군자 중 대나무만을 강조한 예는 대나무가 지니는 절개·강인·포용 등 여

청자상감모초화문매병(青磁象嵌茅草花文梅瓶) | 고려, 14세기, 국립중앙박물관 소장

백자동화죽문호(白磁銅畵竹文壺) | 조선, 18세기, 국립중앙박물관 소장

러 가지 덕목을 강조한 것이라고 생각된다. 그리고 학은 특히 대나무의 고아한 덕목과 같아서 선경과 같은 이상적인 생활을 희구하는 것이라고 생각된다. 오리나 기러기, 동자가 같이 등장하는 것은 아름다운 시경(詩境)과 같은 경관과 생활을 동경했을 것이다.

13세기에는 청자에서 대나무 문양이 훨씬 줄어들었으며, 13세기 전반에는 매병의 주 문양으로 드물지만 대나무가 단독으로 등장한 예가 있다. 여기에 학이나 다른 새가 곁들여지며, 학은 날고 또 다른 새는 대나무에 앉아 있다. 이 예는 대나무에 학과 기러기, 오리 이외의 새가 처음 나타나 앉아 있는 경우로, 대나무의 덕목에 군자가 사랑하는 댓잎에 부는 바람과 새소리를 연관시킨 것이 아닌가 한다.

13세기 말~14세기에는 매죽이 어우러져 나타나므로 절개와 지조를 상징한다고 생각되며, 단지 대나무에 커다란 새가 앉아 있는 것은 13세기 전기의 예와 같다. 이는 대숲·바람 소리, 새소리가 어우러져 군자가 좋아하는 소리를 상징적으로 나타낸 것이 아닌가 한다.

조선시대로 넘어 온 15세기 분청사기에서는 매·죽이 다른 문양과 함께 간략한 모습으로 도안화되어 나타나는데, 그 상징성은 희박하다고 할 수 있다. 15~16세기

백자청화양각매죽문각병(白磁靑畵陽刻梅竹文角瓶) | 조선, 국립중앙박물관 소장

백자청화죽문시명연적(白磁靑畵竹文詩銘硯滴) | 조선 18세기 후반, 국립중앙박물관 소장

청화백자에 이르면 고려시대와 상황이 크게 변한다. 청화백자에 매·죽이 등장하는데, 고려시대와 달리 매화를 크게 그리고 대나무는 대체로 작게 그려서 매화에 대나무가 부수되는 매죽문이 된다. 매죽문 이외에 매화에 큰 새가 앉아 있는 매조죽문(梅鳥竹紋)도 있고, 16세기 말~17세기 전반경에는 백자철화 매죽문도 있다.

독립 문양의 자리를 끝까지 못 찾은 대나무

특히 조선시대 전기는 유교이념이 강력하게 요구되는 시기로, 매·죽이 상징하는 절개와 지조, 결곡한 인격을 상징했다. 특히 설 중인 초봄에 일찍 피는 개화의 운치와 덕을 더 높이 평가한 것 같다. 또한 청화백자의 그림은 전문 화가의 솜씨로 매·죽의 굳건하고 강인한 면이 여실히 나타나서 추상 같은 절개와 운치를 실감나게 한다. 매조죽문은 15세기 말~16세기 초경부터 등장하는데, 고려시대와 달리 새는 반드시 매화나무에 앉아 있으며, 이것은 절개, 지조, 강인함보다는 시적인 운치를 더 강조한 것이 아닌가 한다.

17세기에는 다시 일변하여 죽 문양이 청화백자에서는 거의 발견된 예가 없고, 철화백자로만 존재한다. 17세기 전반경에는 죽·매를 같은 비중으로 크게 그리다가 17세기 중·후반 들어 점차 매는 사라지고, 대나무만이 기면에 크게 나타난다. 이 무렵은 임진왜란이 한창이어서 푸른색 코발트 안료가 희귀한 때라 철분안료를 쓴 것은 당연하지만, 매화는 사라지고 대나무만 보이는 것은 대나무가 지니는 절개, 불변, 곧은 행실(절도), 포용(허심), 초지일관 등의 덕목이 이때에 와서 사회적으로 절실하게 강조되었기 때문일 것이다. 이러한 현상은 17세기 말~18세기 초까지 이어지다가 18세기 전반에는 다시 청화로 대나무만 등장하는 예가 많다. 이외에 대나무와 난엽 초화문(草花紋)이 함께 등장한 예도 있고, 매죽과 죽조, 매조문이 동격으로 등장하기도 한다. 죽, 난, 난엽초화문 등 사군자 중 국화가 빠진 사군자문이 나타난 예도 있다.

18세기 전반 이러한 문양은 아주 간결하게 표현되거나 종속문 없이 여백을 많이 살려 기면의 일부에 나타난다. 이 시기가 우리 도자기에서 한국적 주관이 확립된 시기로, 기형 문양에 중국적 색채가 어디에도 없고 대나무가 가장 강조된 가운데 매화, 난초 등이 함께하면서 중국적 사군자와 별개인 간결·강인·결곡하게 표현된 우리 민족 스스로가 가다듬어야 할 대나무·매화·난초의 덕성을 높이 기린 시대라고 생각된다.

청자죽순형주자(青磁竹筍形注子)
고려, 국립중앙박물관 소장

18세기 중·후반까지 이러한 풍조가 이어진 예가 있으나 간결한 필체가 흐트러진 것이 많은가 하면, 새롭게 회화적인 구성과 필체로 그린 격조 높은 죽·매가 시명(詩銘)과 함께 등장하기도 하고 여기에 종속문이 등장하기도 한다. 대나무는 매화와 함께 회화적 구성과 필치로 산수문과 장생문을 기면에 같이 그렸다. 이외에 난엽과 난엽국화를 같이 그리기도 하고 매난국죽의 사군자문도 등장한다. 청화 이외에 동화(銅畫)로 활발한 죽운문(竹雲紋) 등이 나타나는데 문양은 점차 파격적으로 변한다. 18세기 말~19세기 초기에도 종속문이 등장하는데 회화적이면서 파격적인 산수문, 장생문 등이 등장한다.

1세기에 가까운 시대에 걸쳐 매죽문과 같이 등장하는 문양에는 많은 변화를 보인다. 다시 말하면 18세기에는 도자 문양에 나타난 대나무가 매화, 난초, 난엽초화문 등과 같이 절제되고 간결한 필치로 기면의 적절한 부위에 시문하여 사군자의 드높은 덕목과 함께 시적인 운치를 나타낸다. 이러한 표현은 전통적 회화와 다른 한국적 독자성으로 나타난다. 그러다가 중·후반부터는 아직 여백이 많고 그런대로 파격적이기는 하지만, 다시 전통적 회화미의 대나무나 매화에 산수 장생문이 등장하고 사군자문도 나타나는 것으로 볼 때 중국적 회화미가 도자 문양에 회생되는 듯한 느낌이 든다.

18세기 중·후반과 19세기 초기의 죽문은 18세기 중엽 매화와 같이 등장하다가 다시 국화, 난엽문이 같이 등장한다. 이는 군자의 덕을 상징하는 매죽문과 더불어 사군자문이 처음 등장한 계기가 된다. 18세기 중·후반에는 죽문이 장생문 중의 하나로 등장한 것도 있고, 매화와 산수문과 같이 나타난 것도 있어서 대나무는 장생불변의 의미도 있고, 군자의 덕목을 나타낸 것도 있다.

　　18세기 말에서 19세기 초기에는 대나무만을 그린 것이 있는가 하면, 매화와 같이 그린 것과 매화와 난엽과 같이 그린 것도 있으며 송죽매도 있다. 이외에 매죽난과 초충이 있는 것과 죽국난도 있으며, 사군자에 초충이 곁들여진 것과 송죽매에 초충이 곁들여진 것도 있으며, 매죽에 사군자만 있는 것과 동화(銅畵)로 된 죽운문도 함께 나타난다. 특히 대나무를 다른 식물, 동물과 함께 다양하게 시문한 것은 대나무만의 덕목을 강조한 것이 아니라, 매죽과 같이 불굴의 고절을 강조하면서 고아한 운치를 나타내는 뜻도 있는 것이 아닌가 싶다.

　　이로 보아 19세기에는 매우 다양한 청화백자의 문양이 폭넓게 전개되었던 시기이다. 보통 기명의 죽문은 한 면에 굵은 노매 등걸에 죽문이 곁들여진 경우가 제일 많다. 그 외에는 대나무·매화가 같은 면에 어우러져 동격으로 나타나기도 하는데, 노매가 시문되었다. 죽문과 매문이 다른 면에 동격으로 독립적으로 나타나는 경우에도 매화는 역시 굵은 등걸의 노매가 많다.

　　위의 예를 보면 죽문이 주로 매화와 같이 나타나는데, 매화가 굵은 노매로 나타나는 것은 죽문도 노매와 같이 장구한 세월에 걸쳐 풍상을 이겨내는 고절을 강조한 것이라 생각된다. 죽문과 모란이 섞인 사군자의 하나로 나타나는 것은 고결함과 군자의 덕을 나타낸 것이라 여겨진다. 죽문이 난초와 같이 등장하는데 그 앞에 괴석이 곁들여지는 것도 역시 군자의 덕과 고결함을 나타낸 것이라 하겠다

　　19세기에는 18세기에 이어 문방구가 크게 발전한 시기였고, 문양도 다양하게 전개되었다. 문방구의 대나무는 죽문과 매문이 다른 면에 독립적으로 나타난 경우가 가장 많은데 운치 있는 노매가 거의 전부다. 죽문은 이파리만을, 매문은 꽃이 담뿍 달린 조그만 절지를 나타낸 것이 있으며, 죽매가 한 면에 동격으로 나오면서 다른 면에는 모두 괴석을 그리고 있다. 죽문 사이에 독비조문(獨飛鳥紋)이 있는 것과 죽문에 쌍조(雙鳥)가 앉은 것이 있으며, 매죽문 사이에 초충문이 있는 것도 있다.

　　문방구의 죽문은 거의 매문과 같이 나타나는데, 일반 기명과 달리 각각 다른 면에 독자적으로 나타나며, 매화는 일반 기명과 같이 운치 있는 노마로 나타난다. 죽문 또한 오랜 풍상을 이겨낸 고절을 한층 강조한 것이라 생각된다.

　　죽엽과 매화의 소절지(小折枝)를 시문한 것은 고결한 운치를 나타낸 것이며, 죽문과 난문에 괴석을 곁들인 것은 죽문의 고결함과 괴석의 장수와 덕을 지녔다는 뜻일 것이다. 죽문에 비조문과 쌍조문, 매죽문에 초충이 있는 것은 고결함과 별격의 운치를 함께 나타낸 것이라 생각된다.

│ 정양모 │

3. 미술로 본 대나무

다섯 | 중국

전통적 덕목보다 강한 장식성 문양

단순한 문양으로서의 대나무

중국 그릇에 나타나는 대나무는 일반적으로 알고 있는 것에 비해 상당히 늦게 등장한다. 연화나 모란이 도기의 주제 문양으로 활발하게 시문된 것과 달리 대나무는 그 강한 문인적 상징성 때문인지 길상적 문양인 연꽃이나 모란이 한대(漢代) 이후 도자기나 각종 금속기와 회화 작품 등에 꾸준히 시문된 것에 비하면 많이 뒤쳐지는 것이다.

대나무는 그 성격 때문에 군자(君子), 즉 덕과 학식을 고루 갖춘 사람의 인품에 비유되어 왔다. 회화에서 북송대(960~1124)부터 독립 화목(畵目)으로 등장한 대나무가 도자기에 처음 보이는 예는 송대(宋代) 이후 청자에서 찾아볼 수 있다. 예를 들어 대나무 형태를 띤 각종 주자는 물론, 12세기에서 13세기경 화남 지방의 용천요(龍泉窯)에서 제작된 것으로 보이는 〈청자순형병(靑磁筍刑甁)〉의 목 부위에는 대나무의 마디가 양각되어 있다. 이와 같이 대나무는 문양으로 그려지기 전에 기형 자체를 이루는 형상의 전부 또는 일부로서 활용되었다. 이때의 상징 의미는 대나무 본연의 군자와 같은 품성을 일부 나타내기도 하지만, 사실은 장식적인 효과의 일부로서 특정한 의미를 부여하기 어렵다.

오채화조문화분(五彩花鳥文花盆) | 강희(康熙), 청(請), 타이페이 고궁박물관 소장   두채취죽문완(豆彩翠竹文碗) | 옹정(雍正), 청(請)

　　북송대 비교적 낮은 품질의 민간 일용기를 주로 생산하던 자주요(磁州窯)에서는 인물고사도(人物故事圖)와 함께 한 면에 대나무 그림이 그려진 베개가 제작되었다. 그러나 장식성이 강한 도자의 특성상 세부 표현에 있어서는 생략과 과장이 엿보이며 상징 의미도 길상적 성격이 강하다. 즉 베개에 사용되는 대나무의 경우 길상적 의미의 문자와 결합하거나 화조화의 일부인 죽조문(竹鳥文)의 형태로, 혹은 양 측면에 모란과 대칭되게 복이나 부귀, 기쁨을 상징하는 길상문으로 시문되는 경우가 많았다. 이러한 송·금대 자주요의 전통은 원대(元代)에도 이어진다.

　　원대 14세기경에는 사실상 중국 도자의 중심으로 자리잡은 화남의 경덕진(景德鎭)을 중심으로 청화백자가 유행하기 시작했다. 청화백자는 초벌두이한 백자의 표면에 서아시아로부터 수입한 청화안료, 즉 산화코발트를 사용해 그림을 그린 자기로 이전 시기에 비해 문양의 채식을 중시하는 한편, 기면을 가득 채우는 문양 구성상의 특징을 보이게 되었다. 이와 같은 시문 방법과 양식상의 변화는 왜 대나무의 문양 표현이 이후 회화성을 중시한 방향으로 나아가게 되는지를 설명해 준다. 나아가 북송대에 출현한 사군자 등의 회화 화목이 도자기에서는 원대에 이르러서야 유행하게 되는지도 설명해 주는 것이다.

화려한 색채와 장식적 문양으로서 역할

청화백자 위의 대나무 표현은 대개 세 가지의 형식으로 분류된다. 즉 단독의 대나무, 대나무와 매화 그리고 소나무 등이 결합하는 형태인데 〈백자유리홍송죽매파초문병(白磁釉裏紅松竹梅芭蕉文甁)〉 등 개별적 상징보다 사군자 또는 송우의 일부로서

백자유리홍송죽매파초문병(白磁釉裏紅松竹梅芭蕉文甁) | 원(元)

묵채한강독조도병(墨彩寒江獨釣圖甁) | 건륭(乾隆), 청(淸), 타이페이 고궁박물원 소장

문인취향을 드러내는 예가 많다. 반면 민간 일용기를 주로 생산하던 화북 지방의 자주요(磁州窯)에서는 인물고사도와 함께 한 면에 대나무 그림이 그려진 〈백지철회인물도침(白地鐵繪人物圖枕)〉이 제작되어 대나무 문양에 대한 인식이 문인 이외에도 일반인들에게까지 광범위하게 받아들여지고 있었음을 보여 준다.

　명대(明代)에 이르러 대나무 표현은 원대의 다양한 조합에서 송죽매(松竹梅) 결합 문양으로 통합되는 양상을 보인다. 송죽매문은 주로 병이나 수주의 외면과 커다란 접시의 내면에 유리홍·청화·오채(五彩) 기법으로 표현되었다. 이 중에서 오채는 송·금·원대 자주요의 홍녹채와 삼채를 기반으로 개발된 시문 기법이다. 소성된 백자 유약 위에 홍·록·황·람(藍)·자색 등의 색상을 내는 산화철, 산화크롬, 산화코발트 등의 산화금속에 납을 혼합하여 제작한 안료로 채색하고, 2차로 소성하여 구워낸 것이다.

미술로 보는 대나무　155

홍지분채취죽문명(紅地粉彩翠竹文皿) | 옹정(雍正), 청(淸)

명대 오채 자기에서 대나무는 대나무와 까치를 그린 〈오채죽작문수주(五彩竹鵲文水注)〉나 화분에 담겨진 대나무와 각종 새를 그린 〈오채화조문화분(五彩花鳥文花盆)〉에서와 같이 다채로운 색감을 강조한 화조문으로 등장하기도 한다. 따라서 그 상징적 의미도 부귀와 복록을 상징하는 길상적 성격이 강하게 드러난다. 이는 회화적 양식을 반영하되 사군자나 삼우도가 지향하는 문인화적 취향이나 표현과는 다른 방향의 변화로 오히려 장식성이 강화되는 측면을 보이는 것이다.

비로소 등장하는 상징성

오채죽작문수주(五彩竹雀文水注) | 강희(康熙), 청(淸), 베이징 고궁박물원 소장

청대에 들어서면 회화에 있어 묵죽(墨竹)의 전개처럼 도자기 위의 대나무는 〈두채취죽문완(豆彩翠竹文碗)〉과 같은 독립적 표현이 등장한다. 이는 18세기 문인 취향이 강한 옹정제 건륭제가 기물의 조형이나 도안 결정에 직접 관여했으며, 또 한편으로 《개자원화전》 편찬을 담당한 화원들이 자기의 시문에 참여했던 당시 상황과도 관계가 깊다. 대나무의 상징 의미 역시 이러한 배경과 무관하지 않아서 문인을 상징하거나 문인의 품성을 상징했다.

한편 청대 강희연간(1662~1722) 오채에 법랑 기법이 결합하면서 새로이 생겨난 분채 기법은 옹정연간(1723~1735)부터 백자 유약 위에 문양을 시문하는 유상채(釉上彩)의 주류를 이룬다.

분채는 〈홍지분채취죽문명(紅地粉彩翠竹文皿)〉과 〈묵채한강독조도병(墨彩寒江獨釣圖甁)〉에 보이는 것과 같이 그릇에 명암 표현을 비롯해서 더욱 섬세하고 사실적인 표현이 가능하도록 했다. 상징적 의미도 문양의 표현에서 시·서·화, 인장(印章)이 자기와 결합하여 보다 문인적인 성격을 가지게 된 것처럼 다른 문양과 달리 길상적 의미보다는 사군자로서의 의미가 점차 확연해지는 특성을 나타낸다. | 방병선 |

3. 미술로 본 대나무

여섯 | 일본

전통적 상징보다는 길상의 문양

기하학적인 단순 문양

일본 도자기에 대나무가 시문된 것은 도기에서부터 찾아볼 수 있지만, 사실적인 문양 시문이 아닌 대부분 간략한 선문(線文)이거나 추상적이고 기하학적인 형태여서 의도된 상징성을 찾기는 어렵다. 이러한 상황은 17세기 일본이 조선과 중국 도자에 커다란 영향을 받으면서 규슈 일대에서 새로운 그릇들을 생산할 때까지 지속된다. 그러면 대나무의 상징성이 본격적으로 드러나는 17세기 이후는 어땠을까?

16~17세기 일본의 규슈(九州) 사가(佐賀) 현 가라츠(唐津) 시 일대에서 생산된 도자기를 일명 '가라츠 도기'라고 부른다. 이 도자기는 임진왜란 당시 일본으로 끌려간 조선 도공들에게서 그 기원을 찾아볼 수 있다. '가라츠 도기'의 전성기에는 조선백자에 보이는 조선 중기 양식의 초화문을 철화로 그려 넣은 에가라츠(繪唐津) 도기가 제작되었는데, 〈죽매택사문(竹梅澤瀉文) 차 항아리〉가 그 특징을 잘 보여 준다. 다도에서 필수적인 이 그릇은 다회(茶會)에서 주로 사용되었다. 당시 선종(禪宗)의 유행을 배경으로 무사계급 사이에서 크게 유행했던 일본 다도의 성격처럼 이 그릇은 그 형태와 문양에서 자연적이고 선적인 분위기를 자아낸다. 대나무와 매화가 같이 표

죽매택사문수지(竹梅澤瀉文水指) | 에라가츠(繪唐津), 17세기 초, 개인 소장

현되었는데, 매화의 표현이 거칠고 소략한 것에 비해 대나무는 잎과 가지 등이 회화적으로 시문되어 묵죽화를 연상시킨다. 그릇의 용도를 생각할 때 차를 마시고 문양을 음미하는 문인풍의 분위기를 연출하고 있는 것이다. 이를 통해 보면 조선이나 중국으로부터 도자기의 제작 기술뿐 아니라 당시 유교적 가치관과 덕목을 기탁한 사군자나 세한삼우 속의 대나무 도안이 전래되었을 가능성을 보여 준다.

고도의 테크닉으로 시문된 장식 문양

한편 본격적인 청화백자와 오채 그릇을 생산한 아리타 지역의 가마들은 중국 경덕진요의 청화자기를 모태로 하여 간에이(寬永) 14년(1637) 이후에는 완벽한 자기 중심 생산체제로 변모했다. 1640~50년대 이마리 자기는 조선계의 의장과 기술을 기반으로 하는 동시에 17세기 중반 명말 청초(明末淸初)의 청화자기의 작법을 습득하여 기술혁신을 이루었다.

이렇게 해서 완성된 이마리 자기는 그 문양의 모본을 중국 청화자기의 도안이 아닌 중국 회화의 도안에서 찾았던 것으로 보인다. 이들 그릇에는 고도의 회화 테크닉을 발휘한 대나무가 시문되어 장식적 효과를 배가시킨다. 예를 들어 〈청화백자죽문윤화발(靑畵白磁竹文輪花鉢)〉에서 보이는 묵죽뿐만 아니라 가키에몽 양식의 〈오채죽호도팔각발(五彩竹虎圖八角鉢)〉이나 고쿠타니 양식의 〈오채죽호도평발(五彩竹虎圖平鉢)〉에 보이는 죽호도(竹虎圖) 같은 주제가 중국 회화의 도안을 차용한 것들이다. 대개 대나무만 그려진 경우 장식적인 효과를 위해 시문된 것도 부인할 수 없지만, 그 그릇을 사용할 사람을 빗대어 대나무의 본래 상징인 문인이나 군자를 상징했을 가능성도 적지 않다. 대나무와 호랑이가 결합된 죽호도의 경우는 중국이나 조선 회화에서도 찾아볼 수 있는 문양 표현이긴 하지만 그릇에선 찾아보기 어렵다. 이 경우 그 상징 의미는 벽사와 길상적 의미를 동시에 지니게 된다.

이와 달리 회화적인 표현보다는 장식적인 표현 효과를 중시한 경우도 있다. 규슈 지역에서 생산된 나베시마 양식의 오채자기 중 〈오채송죽매병(五彩松竹梅瓶)〉에는 오랜 전통을 지닌 송죽매문이 굴곡이 심한 흰 바탕의 매병 위에 한데 어우러져 있다. 이 병의 굽 부근에는 거북 한 마리가 작게 묘사되어 있어 십장생을 연상시키는데, 이는 길상적 의미를 더욱 강화시키는 요소로 작용했을 것이다. 장식적인 문양 효과와 더불어 각종 길상 문양이 한데 어우러져 결국 십장생이라는 가장 강력한 길상문으로 진전된 것이다.

다양한 문화 해석으로 발현되는 개성

이처럼 대나무와 다른 도상이 결합되어 보다 강력한 길상적 의미를 지니게 된 예는 히메타니(姬谷)에서 제작된 〈오채욱일죽문접시(五彩旭日竹文皿)〉를 들 수 있다. 이 접시에는 대나무와 솟아오르는 죽순 사이로 중천에 뜬 붉은 해를 그려 넣었는데, 간결하면서도 도식적인 화면 구성을 보여 준다. 이는 하얀 바탕에 선명한 색상 대비로 장식 효과를 극대화시키고 있다. 여기에서 승천한 해는 대나무의 길상적 의미인 장수와 영원불멸을 강조하는

오채송죽매병(五彩松竹梅瓶) | 나베시마, 18세기

역할을 하는데, 결국 대나무, 죽순, 해가 결합되어 장생의 의미를 나타낸다.

위와 같은 장식적이고 길상적인 상징 의미와 달리 대나무 본래의 문인화적 상징 의미가 그대로 표현된 경우도 있다. 에도 시대 교야키(京燒)의 한 흐름을 형성했던 오가타 겐잔(尾形乾山, 1663~1743)은 18세기를 대표하는 개성 있는 도기를 만들었다. 그는 자신의 작품인 〈철회설세문수발(鐵繪雪笹文手鉢)〉에서 비대칭적인 묘한 기형에 백화장토를 교묘히 이용하여 눈 속의 대나무를 표현하고 있어 문양 표현상 새롭고 창조적인 시도의 일면을 확인시켜 주고 있다. 〈설죽도(雪竹圖)〉에 나타난 죽문은 추운 겨울 온 세상이 눈에 덮인 가운데에서도 자신의 색상을 온전히 유지하는 대나무를 통해 군자의 변함 없는 절개를 상징하는 문양이다. 이는 겐잔이 추구한 문인화적 회화성을 확인시켜 주는 중요한 요소가 된다.

이상에서와 같이 일본 도자 문양 속의 대나무는 중국 도자 문양의 영향을 매개로

오채욱일죽문접시(五彩旭日竹文皿)

철회설세문수발(鐵繪雪笹文手鉢) | 18세기

시문되기 시작했으나, 그 의미는 시대와 지역, 작가의 의도에 따라 다양하게 변용되었다. 특히 17~18세기 당시 문화예술의 주체라 할 조정귀족[公家]과 무사계급[武家] 그리고 새롭게 등장한 상인층의 후원은 다양한 문화 해석과 창조를 가능하게 했던 것이다. 이러한 배경 속에서 회화의 화목으로도 선호된 대나무는 송·죽·매라는 기존의 결합뿐 아니라 호랑이나 눈·해 등 새로운 요소와도 결합해 다양한 층위의 상징적 의미를 창출해 냈다.

| 방병선 |

3. 미술로 본 대나무

일곱 | 한국 | 민화로 본 대나무

부귀장수의 이상세계를 화폭에 담아

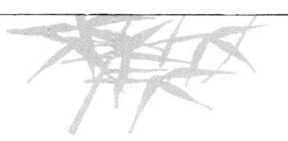

십장생에 포함되는 대나무

십장생은 소나무·대나무·해·구름·학·불로초·사슴·바위·물·거북을 말한다. 중국은 십장생으로 대나무 대신 산을 포함하고 있어 한국의 십장생과 차이점이 있으며, 국내 학자들 사이에서도 산과 대나무를 혼동해서 사용하는 경우가 있다. 한국의 십장생 중 대나무에 대한 기록은 고려시대 《목은집(牧隱集)》에서부터 나타나기 시작한다. 또 십장생 문양이 크게 유행했던 조선시대 후기 각종 생활용품 문양에서도 대나무 문양이 빠지지 않고 등장하는 것을 쉽게 볼 수 있다. 그러나 십장생에 달·천도복숭아·산 등이 포함되거나 봉황·기린·잉어 등의 장생신수(長生神獸)를 포함해 장생도라는 이름으로 민화 속에서 그려지기도 한다. 십장생에 그려진 대나무는 숲이나 왕대가 아닌 화면의 한 부분에 조릿대 정도 크기의 상징성만 나타낼 정도로 유연성 있게 몇 줄기만 그린 것도 있다.

　한국의 십장생에만 유독 대나무가 그려졌다는 명확한 자료는 찾을 수 없으나 부동적인 산에 비해 사철 푸른 대나무를 선호한 배경은 무엇일까? 그것은 아마도 절개와 지조를 자랑하는 상징성을 더 좋아하는 민족성의 단면이 아닐까 싶다. 십장생 그

십장생 대나무 | 조릿대 정도 크기의 대나무만으로도 그 상징성을 충분히 나타내고 있다.

림은 대체로 8폭 병풍을 그려 벽면 장식에 이용했고, 병풍 그림 자체를 출입문에 맞춰 그리기도 했다. 가끔 십장생 병풍 중앙에 한 쌍의 육각 또는 팔각의 문창살 문양이 그려지고, 손잡이로 사용되는 문고리가 달려 있어 실제 출입문으로 사용되었음을 알 수 있다. 삶의 보금자리인 방 안을 출입할 때 십장생 그림 속에서 나오고 들어간다는 장생의 소원이 간절하게 담겨 있음을 알 수 있다.

민화 〈십장생도〉에도 대나무가 등장한다. 대나무는 복숭아와 함께 십장생도에 등장하는 예를 많이 볼 수 있다. 〈십장생도〉에 보이는 복숭아는 먹으면 천년을 산다는 전설상의 천도(天桃)다. 복숭아와 그 주변에 그려진 대나무는 '축(祝)'의 의미를 가지고 있는데, 그것은 '죽(竹)'이 '축(祝)'의 발음과 유사한 데서 연유한 것이다. 대나무와 복숭아를 묶어 해석하면 '축수(祝壽)'라는 의미가 성립된다. 오래 살기를 축원한다는 뜻이 담겨 있는 것이다. 〈십장생도〉에 대나무가 나타나 있는 예는 경복궁 자경전 십장생 굴뚝에서도 찾아볼 수 있다.

대나무는 또한 민화 〈봉황도〉에서도 오동나무와 함께 나타나기도 한다. 〈봉황도〉에는 주로 오동나무가 그려졌는데, 때로 대나무가 등장하기도 한다. 이 그림에서 오동나무와 대나무는 어떤 특별한 의미를 가지고 있는 것은 아니다. '봉황은 오동나무에 깃들고, 대나무 열매와 이슬을 먹고 산다.'는 봉황에 얽힌 전설의 내용을 근거로 해서 그려진 것이다.

〈문자도〉와 대나무

문인화 가운데서 대나무는 군자의 기상에 비겨 매화·난초·국화와 함께 사군자라 했다. 또 대나무·소나무·매화를 함께 그려 추운 겨울을 꿋꿋하게 이겨내는 장부의 기백을 지녔다고 하여 세한삼우(歲寒三友)라 부르며, 문인화의 소재로 즐겨 다루었다.

민화 가운데 문인화풍이나 선비문화풍을 가장 많이 선호했다는 것은 사군자에서 확실히 확인할 수 있다. 특히 대나무는 축수의 기원과 함께 효·다산의 상징까지 겸하고 있어 민화 가운데 〈문자도〉나 〈신선도〉에 많이 등장한다.

문자도는 효(孝)·제(悌)·충(忠)·신(信)·예(禮)·의(義)·염(廉)·치(恥)의 여덟 글자로 유교의 덕목을 함축시켜 놓은 글자를 상징성 있는 그림으로 형상화한 그림 글씨를 말한다.

효(孝)자에 큼직한 죽순을 비스듬히 글자 속에 넣어 그렸는데, 이는 중국의 고사 내용이며 효자의 상징인 맹종(孟宗)의 설화와 잉어·부채·거문고 등의 효행 관련 상징성을 함께 그린 글씨이다. 충(忠)자에서는 충성의 근본인 지조·절개·군자를 상징하는 대나무를 중심으로 용·잉어·새우·대합 등 군신 간의 상징물들과 같이 그려 글자를 형상화하고 있다.

문자도 | 효(孝)를 형상화한 것으로 물고기 아래에 죽순을 그려 넣었는데 (맹종(孟宗) 설화와 관련이 있다.

민화 속의 문자도 가운데 대나무를 넣어 만든 글자는 의(義)·치(恥) 자 등이 있다. 그것은 인간이 지켜야 할 윤리 덕목 가운데 대나무의 상징성이 우리네 정서 속에 뿌리 깊게 내린 식물이기 때문이다.

죽음을 부르는 대나무 꽃

민화는 살아가는 데 필요한 생활용품으로써 집안의 관혼상례 때에 주로 사용되었다. 또 엄동설한의 외풍막이 병풍으로 제작되었지만, 그 속에 담긴 그림의 내용은 전통미

'축(祝)'의 대나무 | 전설상의 천도(天桃)와 함께 그려진 대나무는 '축수(祝壽)'의 의미가 있다.

술의 소재와 민중에게 필요한 모든 상징성이 담겨 있다. 대체로 화조도 8폭 병풍 가운데 소나무와 학, 오동나무와 봉황이 등장하는데, 오동나무 대신 대나무와 학이 그려지거나 오동나무 아래 죽순이나 작은 대나무 한두 그루를 그리기도 한다. 봉황은 상상의 동물로 어진 성군이 나타날 때 출현하며, 오동나무에만 앉고 한번 날게 되면 9만리를 날 수 있고, 굶어 죽어도 대나무 씨앗이 아니면 먹지 않았다고 한다.

십장생의 하나로 상징되는 대나무는 부정기적으로 한 번 꽃이 피고 열매를 맺고는 죽어 버리는 특성을 가지고 있다.

민화 속에 대나무를 소재로 한 내용 몇 가지를 들어보면 신선도나 산신도에서 쟁반에 죽순을 받쳐 놓고 있는데, 죽순은 한꺼번에 많이 나고 건강하게 잘 자라므로 다산을 상징한다.

그런가 하면 차 끓이는 동자가 물 끓는 소리와 대나무 숲에 부는 바람 소리에 홀려 무아지경에 빠진 그림도 목격된다.

또 책가도 그림인 선비방의 장식 그림에서는 대나무를 화병에 꽂아 둔 민화가 보이는데, 소나무·대나무·매화를 가까이하는 선비의 덕목으로 여기는 세한삼우인 것이다.

특히 선비정신의 자연 순화와 기개를 상징적으로 그려낸 산수화에서는 산과 물·소나무·대나무를 중심으로 많이 구성되고 있다. 거기에 소요와 사색의 장이 되는 정자가 그려지면 더욱 안정된 화면 구성이 이루어지는 것이다. 그래서 선비들의 전유물이던 것들이 사회 의식의 변화에 따라 민중문화 속에서 새로운 정신세계로 꽃을 피운 것이 민화이다.

| 윤열수 |

책가도(일부) | 언제고 세한삼우를 가까이하고 싶어 그림으로 그려 방 안에 두어 그 의미를 되새겼을 선비들의 겸손함이 느껴진다.

미술로 보는 대나무 165

3. 미술로 본 대나무

여덟 | 일본

대나무로 본 문장(紋章)

일본은 '대나무의 나라'라는 별칭이 있듯이 대나무는 일본인, 일본 문화와 밀접한 관계를 가지고 있다. 일찍이 《고지키(古事記)》에도 대나무가 등장하며 〈연희식(延喜式)〉에도 「대나무로 젓가락을 만들었다.」는 기록이 나온다. 일본 최고(最古)의 소설인 《다케도리모노가타리(竹取物語)》에도 대나무 속에서 사람이 태어나는 모티프가 설정되어 있다.

대나무는 문양으로서 봉황, 오동나무와 함께 염색보자기에 새겨져 왔다. 《겐지모노가타리 에마키(源氏物語繪卷)》에도 대나무 가락지〔竹丸〕 등이 등장하는데, 훗날 가문(家紋)의 시원이 되는 것으로 볼 수 있다. 일본의 아사쿠라(朝倉), 우에카미(上神), 아와이하라(粟飯原) 씨 이외의 몇몇 가문에서도 대나무의 상징성을 차용한 문장을 사용하고 있다. 일본 전체적으로 볼 때는 200여 가문이 대나무 문장을 사용한 것으로 나타나 있다.

대나무를 차용한 가문(家紋)의 유형에는 잎과 줄기를 주로 형상화하고 있다. 줄기를 동그랗게 그린 것을 죽환, 직선으로 그린 것을 죽문이라 부른다. 죽문에는 다른 문장을 콤비로 엮어 새롭게 형상화한 것도 있으며, 대나무에 참새, 대나무에 호랑이,

일본의 다양한 대나무 문장들

대나무·바위·돌 등을 조합한 것도 있다.

　대나무와 참새를 조합한 문장을 보면 이미 나라(奈良) 시대부터 사용되기 시작했다. 쇼소인(正倉院)이나 혼간지(本願寺)의 기물과 그림 속에 대나무와 참새가 함께 그려진 것이 있는데, 후지와라(藤原) 시대에도 계속 문양으로 사용했다는 것을 짐작할 수 있다. 《우지슈이 모노가타리(宇治拾遺物語)》에 나오는 〈혀 잘린 참새〉 설화 역시 대나무와 참새 이야기인 것을 보면 아주 오랜 옛날부터 함께 어울렸던 것이다. 〈겐몬쇼가몬(見聞諸家紋)〉에 따르면 이 문장을 사용하는 가문에는 우에스키(上杉), 하시오(箸尾), 다이묘(大名)인 이타치(伊達) 등 여러 가문에서 죽작(竹雀) 문장을 사용한 것으로 나타났다.

|김문학|

4
생활 속의 대나무

하나 | 한국 | 여인들의 장신구를 통해 본 대나무
푸른 대나무는 오래도록 봄이다

둘 | 한국 | 선비들의 문방사우와 사랑방 가구로 본 대나무
홀로 그윽한 대숲 속에 앉아

셋 | 한·일 | 생활용품으로 본 대나무
생활용품에도 대나무는 살아 있다

넷 | 한국 | 악기로 본 대나무
신의 소리를 전하는 대나무 악기

다섯 | 한·중·일 | 설화, 속신, 속설을 통해 본 대나무
우리 임금님 귀는 당나귀 귀

여섯 | 한·중 | 신이, 무속으로 본 대나무
풀도 아니고 나무도 아닌 것이

일곱 | 한·중·일
대나무와 한·중·일 통과의례 비교

여덟 | 한·중
약용과 식용으로서의 대나무

아홉 | 한국 | 민요로 본 대나무
단산 봉황이 죽실을 물고 오동 속에서 넘노는 듯

열 | 한·중
우리와 함께 살아온 대나무

열하나 | 한·중·일
관련어와 속담 풀이

4. 생활 속의 대나무

하나 | 한국 | 여인들의 장신구를 통해 본 대나무

푸른 대나무는 오래도록 봄이다

매죽문 비녀에 갇혀 버린 여인들의 정절

전통 사회에서는 동서양을 막론하고 머리숱이 많은 여인을 미인으로 여겼다. 따라서 미혼 남녀들은 머리를 길게 땋아 댕기를 들이면 발뒤축에 툭툭 채일 정도가 되어야 아름답다고 여겼고, 부인네들은 머리를 얹는 것이 풍성할수록 자랑스럽게 여겼다. 머리를 크게 하기 위해 '다리〔月子〕'라고 부르는 가발을 넣어 머리를 올리는 가체(加髢)가 유행했으며, 이에 따라 여러 가지 폐단이 발생하기도 했다. 반가(班家)의 부인들이 사형수나 죄인의 머리카락을 사서 가체로 만드는 일이 성행했고, 가난한 선비들은 가체를 준비하지 못해 혼인을 하지 못하는 일까지 생겨났다. 이에 나라에서 여러 차례 가체 금지령이 내려지기도 했다.

그 결과 순조 중엽에 얹은머리 대신 쪽머리가 일반화되면서 가체에 치중하던 사치가 점차 비녀로 옮겨 갔다. 그러면서 다양한 재료와 모양의 비녀가 유행했다. 이러한 비녀에는 꽂는 이의 넋을 모으는 마력이 있다고 생각했고, 내면세계를 반영하는 화장기구로 여겼다. 그래서 여성이 비녀를 잃으면 애정의 포기로 간주되었고, 남편이 죽으면 관(棺)에 넣어 수절(守節)을 다짐했다.

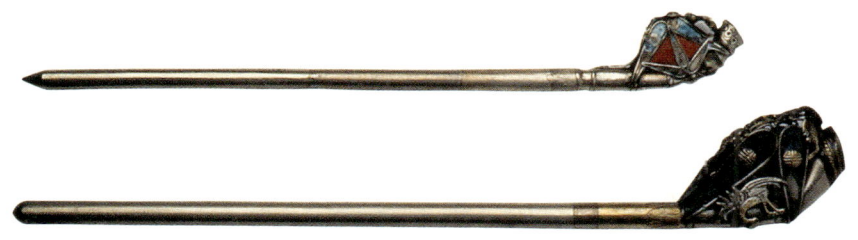

파란죽문비녀(琺瑯竹簪) | 조선, 이화여자대학교 담인복식미술관 소장

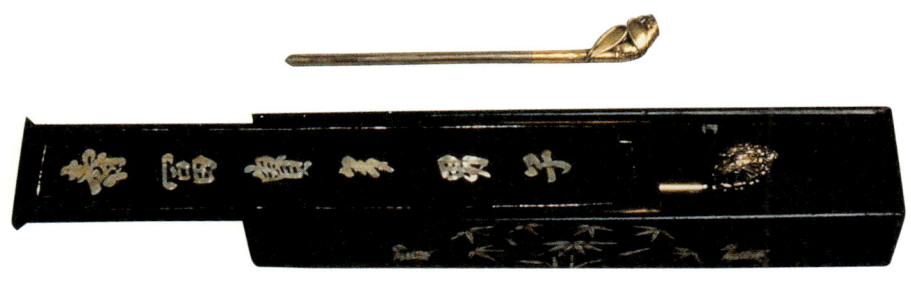

나전흑칠비녀집(螺鈿黑漆簪箱) | 조선, 이화여자대학교 담인복식미술관 소장

제게 있는 이 하나의 금비녀/ 이것은 시집 올 때 꽂고 온 것이네/ 이제 떠나는 당신에게 드리오니/ 천리 멀리서도 늘 생각하시라.

이 시는 허난설헌(許蘭雪軒, 1563~1589)이 중국의 유명한 시인 최국보의 체를 본받아 지었다는 〈효최국보체(效崔國輔體)〉의 세 편 중 하나이다. 이처럼 비녀는 여인이 한 남정네를 만나 짝을 맺었다는 가장 두드러진 징표였으며, 사랑하는 남성 그 자체를 상징했다. 그러므로 여인들이 비녀를 아름답게 돋보이려고 장식하는 것은 당연한 일이었다.

〈파란죽문비녀〉는 파란[琺瑯]이 선명한 대나무 잎 위로 산호가 박힌 매화꽃이 살짝 얹혀져 있는 비녀머리의 조형적 구성이 매우 탄탄하고 아름답다. 파란 비녀는 주로 가을과 겨울 사이에 많이 사용됐다. 〈파란죽문비녀〉는 죽절(竹節)과 두 개의 죽엽(竹葉)이 기본이며, 대나무 잎은 파란으로 장식하고, 그 가운데 도식화된 원을 두른 수(壽) 자를 양각했다. 대나무 잎 사이에는 한 마리의 학이 날고 있다. '학'과 '수' 모두 장수를 기원하고 있다.

이 두 비녀의 죽절과 죽엽의 의미는 여인의 절개를 상징하고, 여기에 더한 학과

은제화형뒤꽂이(銀製花形簪) | 조선, 이화여자대학교 담인복식미술관 소장

수의 문자는 장수를 강조하는 것이다. 비녀는 수식용구(首飾用具)일 뿐 아니라, 집안의 대대로 내려오는 가보(家寶)이다. 특히 친정어머니가 딸에게 혹은 시어머니가 며느리에게 가문을 이어갈 권위와 애정을 물려 주는 것이다. 받은 사람은 어머니의 분신처럼 비녀집에 넣어 고이 보관하면서 대물림으로 그 귀중한 상징성을 이어갔다.

〈나전흑칠비녀집〉은 뚜껑을 옆으로 밀고 닫게 되어 있으며, 주칠을 한 내부는 세 칸으로 나누어졌고, 비녀의 목을 걸칠 수 있도록 홈이 파인 지지대가 설치되어 있다. 뚜껑에는 '부귀다남자(富貴多男子)'라는 글귀가, 양옆은 매학(梅鶴)과 죽록문(竹鹿紋)이 시문되어 있다. 자손의 번창과 장수를 기원하고, 여인의 곧은 절개를 상징하는 문양들이다.

뒤꽂이는 쪽머리 위에 장식적으로 덧꽂는 비녀 이외의 수식물로 형태는 꽃과 나비로 된 화접문(花蝶紋)이 주류를 이루고 있다. 죽문(竹紋) 비녀가 많은 데 비해 죽문 뒤꽂이는 흔하지 않다. 〈은제화형(銀製花形) 뒤꽂이〉는 대나무 줄기 옆 댓잎 사이에 매화가 자리하고 있는데, 작지만 조형적으로 매우 탄탄한 구성을 지닌 아름다운 뒤꽂이다. 여기에서 죽(竹)은 정절(貞節)을 상징한다.

여인의 현세적 행복관이 투영된 노리개

노리개는 부녀(婦女) 정장(正裝)의 저고리 고름이나 치마 허리끈 등에 차는 장신구이다. 한복의 고유한 미를 한층 강조해 주며, 궁중을 비롯한 상류사회에서부터 평민에 이르기까지 널리 했다. 노리개의 기원에 대해서는 신라의 요패(腰佩)에서 비롯되었다는 설과 고려시대의 귀부인들이 허리띠에 차던 금방울[金鐸]이나 금향낭(金香囊)에서 시작되었다는 설이 있다.

노리개는 외형상 정교하고 화려한 장식이지만, 그 안에는 부귀다남, 불로장생, 백사여의(白事如意) 등의 현세적인 행복관을 바탕으로 하는 여인들의 염원이 담겨 있다. 또한 노리개는 어느 한 세대만이 점유해서 사용한 것이 아니라, 며느리에게 대대로 물려 주어 한 집안의 가통을 이어가는 여성들의 정신적 유산이었던 것이다.

〈은대삼작노리개〉는 호랑이발톱, 투각된 향집, 섬세하게 문양이 양각된 커다란 나비로 구성되었는데, 윗부분이 모두 댓잎으로 조화 있게 꾸몄다.

대표적인 대나무 형태의 노리개는 〈백옥투각노리개〉로 전장(全長) 40센티의 긴 술 매듭 위에 달린 단작노리개이다. 외곽은 대나무 밑동부터 표현되어 있는 줄기를 계란형으로 구부린 형태로 조각했고, 그 안에 댓잎을 입체적으로 넣었다. 여름 한철에 알맞은 재료와 디자인이다. 대나무를 단독 소재로 한 노리개로는 귀한 유물이다. 정절을 숭상했던 여인들이 사용한 기구(祈求)의 산물이다.

푸른 대나무는 오래도록 봄이다

정조(正祖)는 시력이 나빠 책을 읽을 때 안경을 쓴 최초의 왕이다. 우리나라에 안경이 처음 들어온 것은 1600년대 초이다. 순조 중엽 1810년대는 30여 가지의 각기 다른 안경을 안경 가게에서 팔고 있었으며, 경주(慶州)에서 나는 수정(水晶)과 동해에서 잡힌 구갑(龜甲)으로 국산 안경까지 만들었다. 그 가운데는 다리를 두 번 접었다 폈다 할 수 있는 학슬(鶴膝)안경과 안경다리 대신 실로 꿰어 접게 한 귀걸이 안경이 대표적이었다. 이러한 안경을 잘 보관하기 위해서 안경집은 필수였고, 꺼내 쓰기 좋도록 허리춤에 끈을 묶어 차고 다녔다.

〈장생문(長生紋)안경집〉은 대나무·불로초·매화 등 다수의 장생문이 등장한 가운데 뚜껑과 몸체에 장생문구(長生文句)가 수놓여 있다. 「긴 즐거움은 끝나지 않았으며, 푸른 대나무는 오래도록 봄이다(長生未央 綠竹長春).」라는 뜻인데, 한와(漢瓦)에 자주 보이는 글귀로 도교와 관련이 있다고 한다. 그렇게 이해됨에 따라 대나무와 더불어 장수의 기원을 강조하는 것으로 판단된다.

〈오방낭자(五方囊子)〉는 일명 오방줌치 또는 오방낭이라 하며, 오색 비단으로 만든 두루주머니이다. 정초가 되면 왕비는 재상가의 어린이들에게 액을 면하고, 한 해를 잘 지내라는 뜻으로 홍지(紅紙)에 황두(黃豆) 볶은 것을 싸서 오방낭자에 넣어 보냈다. 동양의 오행설(五行說)에 따라 청(동)·백(서)·적(남)·흑(북)의

백옥투각노리개(白玉透刻佩飾)
조선, 이화여자대학교박물관 소장

생활 속의 대나무

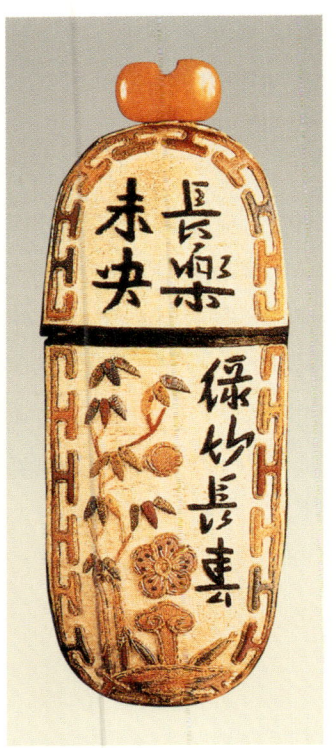

오방낭자(五方囊子) | 조선, 개인 소장

장생문안경집(長生紋眼鏡집) | 조선, 서울대학교박물관 소장

4색을 4방위에 맞춘 후 중앙에 황색을 팔각이나 원형으로 만들어댔다.

 수가 놓인 이 오방낭자의 아랫부분인 적과 청 위에는 바위 틈 사이로 자란 불로초가 군무를 추고 있고, 상부의 백과 흑 위에는 죽록(竹鹿)과 소나무가 토인다. 중앙의 황색에는 청학과 백학이 선회하고 있다. 송죽의 기개와 무병장수를 기원하며 만든 주머니 가운데 수작(秀作)이 남아 있어 그때의 습속을 더듬어보는 데 귀중한 자료가 된다.

선비의 품격이 반영된 삼죽엽의 옥관자

관자(貫子)는 일명 권자(圈子)라고 하는데, 망건당줄을 걸어 넘기는 소임을 하는 한편, 그 재료에 따라 품급(品級)을 구분하는 표시물로 쓰인다.

 관자의 형태가 원형인 것은 남자가 하늘에 해당하므로 천원지방(天圓地方)인 철리(哲理)의 형상을 따른다. 관자에 시문된 식물 문양은 조선시대 사대부(士大夫)들이 즐겨 사용한 사군자류가 많이 있다. 죽엽(竹葉)은 백옥관자에 많이 시공되어 있

옥관자(玉貫子) | 조선, 이화여자대학교 담인복식미술관 소장

삽금대(鈒金帶) | 조선, 이화여자대학교 담인복식미술관 소장

는데, 죽엽의 수는 삼죽엽에서 오죽엽까지 있다. 그 중에서 삼죽엽이 대부분을 차지한다. 조선시대 김육(金堉, 1580~1658)의 《유원총보(類苑叢寶)》에 옥(玉)은 군자의 덕(德)과 비교될 만한 수준을 갖추었다고 하는데, 당상관의 금옥관자에 금과 옥을 주재료로 사용하는 것도 이와 같은 뜻을 택한 것이라 할 수 있다. 이 삼죽엽의 백옥관자는 3품 당상관의 관자이다. 관자에 새겨진 댓잎들은 곧고 강한 의지의 대나무를 대신해 선비의 완전무결한 지조를 나타낸다.

    삽금대(鈒金帶)는 조선시대 정2품관이 조복(朝服)·제복(祭服)·상복(常服)을 입을 때 두른 띠였다. 띠의 장식에는 보상화문(寶相華紋)이나 당초문(唐草紋) 등을 새기며, 띠돈은 방형판(方形板)이나 천도형판(天桃形板)에 학·모란·난초·국화·소나무 등을 조각했다. 이 삽금대는 황철(黃鐵, 1864~1930)의 유품 가운데 하나이다. 황철은 한국 사진사의 벽두를 연 선구자로서 시(詩)·서(書)·화(畵) 삼절(三絶)의 서화가였던 문신(文臣)이었다. 이 삽금대의 전면 중앙의 띠돈에는 날고 있는 한 마리의 학을 중심으로 좌우에 국화와 난초를 새겼고, 좌측 왼쪽에는 댓잎이 여러 개 붙어 있는 대 줄기가 한 가닥 새겨져 있다. 반대편에는 소나무 문양이 새겨져 있다. 이 대(帶)

의 대나무 문양은 선비의 대쪽 같은 절개와 지조를 상징한다.

여인네의 솜씨가 드러나는 자수에서도 정절의 상징인 대나무가 주 문양으로 자리잡고 있다. 규방에서도 참빗·비녀·자와 실패 등은 대나무를 주재료로 하여 만들었다. 특히 아낙네의 지조와 절개를 상징하는 장도(粧刀)에 대나무를 이용한 것은 당연한 일이었다.

|장숙환|

4. 생활 속의 대나무

둘 | 한국 | 선비들의 문방사우와 사랑방 가구로 본 대나무

홀로 그윽한 대숲 속에 앉아

시전지에 살아 있는 선비들의 정서

우리 선조는 대나무가 지니고 있는 '늘 푸름'과 '굳세고 곧음'에서 지조와 절개를 배울 뿐 아니라 그 기상까지도 닮고자 노력했다. 그 노력은 정신세계 내면 깊숙한 곳에 자리잡게 되어 군자의 생활과 행동에 있어 하나의 규범이 되었다. 그러므로 선비들은 대나무로 만든 여러 용구를 곁에 두고 사용했을 뿐 아니라, 사랑방 가구와 문방구를 대나무 형태로 만들거나 문양으로 그려 넣었다.

대나무로 만든 다양한 옛 생활 속의 기물들은 그 재질이 주는 가공의 편의성·내구성 등도 물론 무시할 수 없지만, 대나무가 내포하고 있는 곧은 절개와 지조를 닮고 싶어하던 옛 선인들의 고안물이었다. 그래서 곧은 절개를 상징하는 대나무로 만든 문방가구를 선호했다. 대나무는 선비들이 스스로 지켜야 할 고결한 정신에 빗댈 만큼 그 자체로서 사랑을 받았을 뿐만 아니라, 표피의 자연스러운 광택과 매끄럽고 시원한 감촉 때문에 사랑방 가구와 용품의 재료로서 인기가 있었다.

선비들의 생활공간인 사랑방에는 대나무 마디 여러 개를 붙여 만든 필통, 대나무를 쪼개 만들어 주로 편지용의 두루마리 종이를 담아두는 지통, 경전의 일부 내용을

붓과 붓걸이 | 근대, 44.0×29.5 국립민속박물관 소장

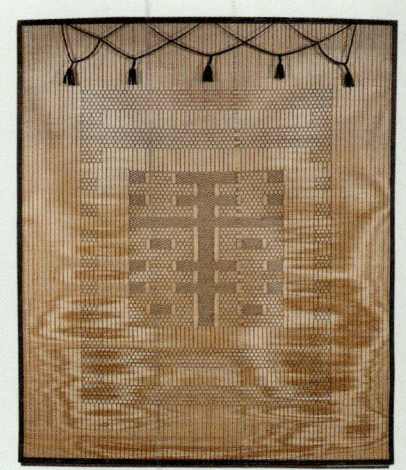

발 | 근대, 140×170, 국립민속박물관 소장

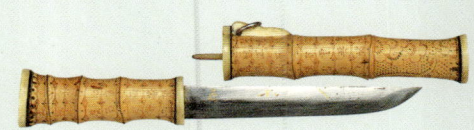

낙죽장도 | 현대, 길이15.0, 국립민속박물관 소장

얇은 대나무 조각에 적어 담아 놓은 경서통 등이 있었다. 문서류를 보관하는 고비 또한 대나무를 엮어 만든 것이며, 필통·연적·벼루 등의 문방구는 대나무 형태로 만들거나 대나무를 그려 넣었다. 종이를 만들 때 사용하던 시전지판에 여러 문양이 등장하는데 그 중에서도 대나무가 주를 이룬다.

    국립민속박물관에 소장된 조선 후기 오동나무로 제작된 의걸이장이 있다. 2층으로 구성되며, 1층은 미닫이, 이층은 여닫이로 개폐 방식이 다르다. 2층 내부에는 대나무로 제작된 횃대가 있어 옷을 걸 수 있게 했고, 1층은 소품을 넣을 수 있는 공간으로 나누었다. 문판에 대나무·난초·바위 등을 음각하여 장식적인 효과를 높였으며, 문판 밑으로 수복강령(壽福康寧)의 명문을 음각했다. 마대는 없고 기둥이 다리의 역할을 대신하고 있다. 절개와 지조의 대나무, 은자와 군자, 청초함의 난초, 장수의 괴석이 어우러진 문양은 이 의걸이장 사용자의 인품과 정신세계를 그려 볼 수 있는 좋은 예다.

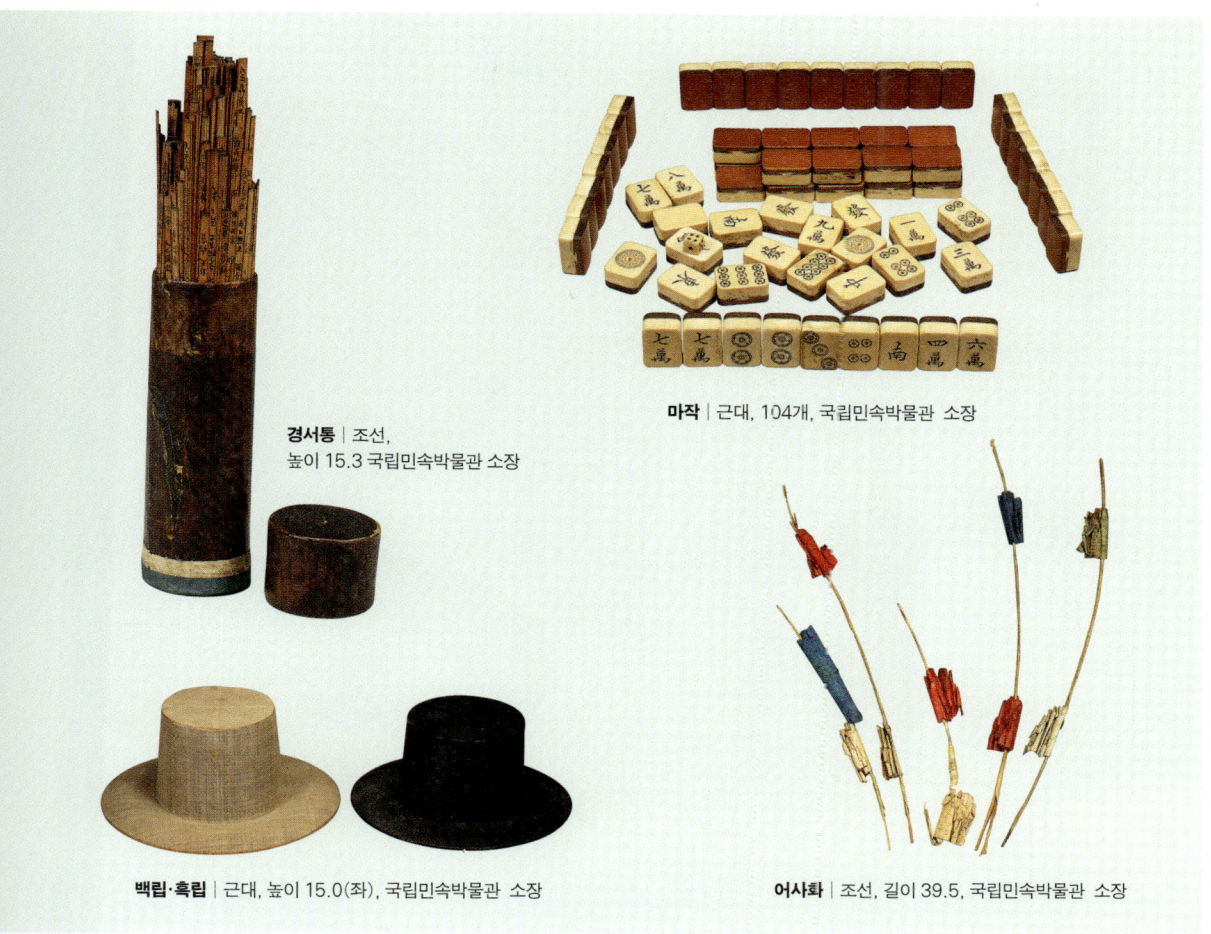

경서통 | 조선, 높이 15.3 국립민속박물관 소장

마작 | 근대, 104개, 국립민속박물관 소장

백립·흑립 | 근대, 높이 15.0(좌), 국립민속박물관 소장

어사화 | 조선, 길이 39.5, 국립민속박물관 소장

가구의 자재로, 때로는 정겨운 여인으로

사랑방 가구는 검소한 방을 격조 높게 생각하여 색채도 없고 장식이 많지 않다. 사랑방에 있는 목가구 중에서도 대나무의 겉대 부분을 아주 얇고 좁게 쪼개어 붙인 벼루집, 총죽문갑, 장롱 등이 있다.

관복이나 옷을 걸어 두는 의걸이장이나 관복함의 문짝에도 대나무를 문양으로 새기거나 그렸다. 물론 사랑방 주인들의 흑립·백립·정자관·탕건·갓끈·허리띠·토수 등도 대나무로 만든 옷치레이다. 특히 더위를 식히는 여름 사랑방 소품의 대나무는 그 서늘한 특성 때문에 즐겨 쓰였다. 신선한 자연 바람을 일으키는 부채, 바깥의 불볕더위를 막고 바람을 불러들이는 발 등을 비롯해 평상, 돗자리, 목침과 퇴침, 죽부인 등이 모두 대나무로 만들어졌다.

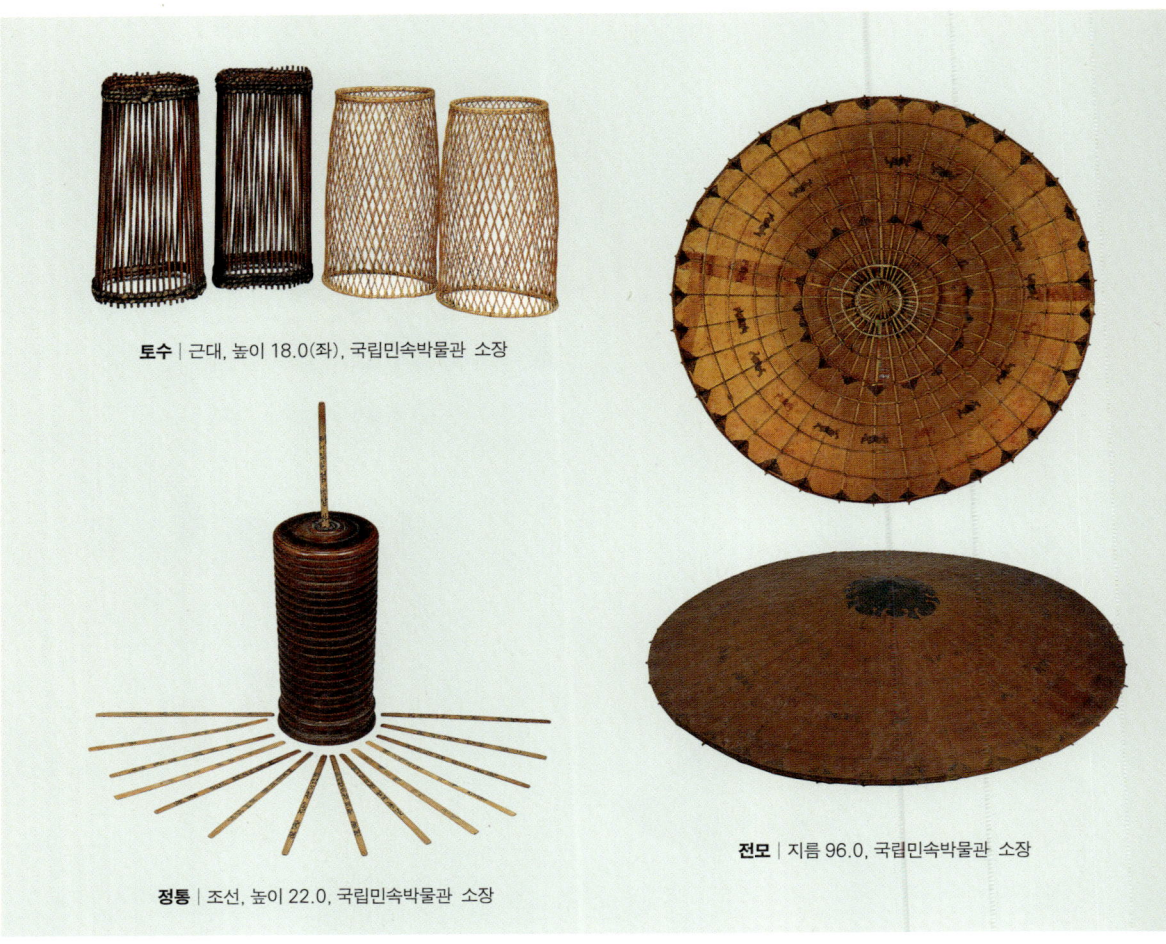

토수 | 근대, 높이 18.0(좌), 국립민속박물관 소장

정통 | 조선, 높이 22.0, 국립민속박물관 소장

전모 | 지름 96.0, 국립민속박물관 소장

  죽부인은 여름밤에 끼고 자면서 시원한 기분을 취하는 생활용구이다. 대오리를 쪼며서 사람의 키보다 좀 작게 원통형으로 얼기설기 엮어 품에 끼고 자는 것이다. 이것은 남성들이 끼고 자는 것이므로 그 물건을 인격화하여 '죽부인'이라 했다. 잠자리에서 품에 끼고 자던 죽부인은 부피가 안아서 반 아름이 되고 부인을 대신해서 함께 잔다. 그래서 아버지가 쓰던 죽부인은 아들에게 물리지 못하도록 되어 있다. 속이 비어 있어 공기가 잘 통하고, 또 대나무 표면에서 느껴지는 차가운 감촉을 이용해 만들었다.

  대금·생황과 같은 악기도 사랑방 주인의 애정을 받은 죽제품들이다.

  이처럼 옛사람들은 그렇게 닮기를 갈망했던 대나무를 형태와 문양으로 사랑방 가구와 문방구를 통해 구현했다.

  대나무는 군자의 품격과 절개의 상징으로 사랑방 가구나 문방구에 애호됐지만,

파랭이 │ 근대, 높이 15.0, 국립민속박물관 소장

죽각도장 │ 조선, 높이 5.0, 국립민속박물관 소장

죽문·죽제 안경집 │ 조선, 길이 19.0(좌), 국립민속박물관 소장

생활용품의 문양에서도 많이 다루어졌다. 대나무는 강하면서도 강하지 않고, 연하면서도 연하지 않아 사람이 사용하기에 적당하다. 휘어서 만들면 광주리와 상자가 되고, 가늘게 쪼개어 엮으면 문에 쓰는 발이 된다. 잘라서 짜면 마루에 사용하는 자리가 되고, 잘라서 깎으면 옷상자, 도시락, 용수, 축종, 대그릇, 조리 따위가 된다.

민속공예품에 표현된 대나무는 절개나 지조의 상징보다는 목숨을 상징하는 바위와 함께 등장해 축수(祝壽)를 의미하거나 벽사(辟邪)를 뜻한다. 대나무 숲에 있는 호랑이 그림도 벽사의 의미를 담고 있다.

〈담문록(談聞錄)〉에 의하면 서방 산중에 인간에게 병을 주는 키가 큰 산귀(山鬼)가 살았는데, 대나무를 잘라 불 속에 던져서 나는 큰 소리로 그 귀신을 쫓아 버렸다는 것이다. 따라서 큰 소리로 포효하는 호랑이 모습과 대나무 그림은 병귀(病鬼)를 쫓아내는 힘을 가졌다고 여겼다.

또한 대나무는 부정과 타협하지 않는 정직의 상징으로 인식되어 왔다. '대쪽 같은 사람' '심지가 대쪽 같다' 라는 말은 불의나 부정과는 일체 타협하지 않고 지조를 굳게 지키는 사람을 의미한다. 따라서 선비들이 문방사우나 생활용품을 장식하는 문양으로서 대나무 문양을 빠트리지 않았던 것이다.

| 이종철 |

4. 생활 속의 대나무

셋 | 한·일 | 생활용품으로 본 대나무

생활용품에도 대나무는 살아 있다

대나무는 우리 생활과 밀접한 관계를 맺고 있다. 일찍이 당나라 시인 백거이(白居易)는 〈양죽기(養竹記)〉에서 대나무가 여문〔固〕 것은 수덕(樹德)이요, 바른〔直〕 것은 입신(立身)이요, 속이 비어〔空〕 있는 것은 체도(體道)라 했고, 곧게 자라는 것을 입지(立志)라 했다. 그것은 사람들이 갖춰야 할 덕목을 예부터 대나무에서 찾았기 때문이다. 그러나 대나무를 잘라서 가공하면 각종 생활의 필수용품이 되고, 남녀의 구분 없이 사용하는 애완품이 되어 새로운 생명을 이어갔다. 흉년에는 대체 식량으로 죽실을 주고 병이 들면 죽잎이나 죽순 등의 약재를 제공해 주었다.

　대나무는 정서적 상징성 못지않게 실용성으로도 많은 이익을 주었던 식물이다. 조선시대에는 서울에 경공장을 두고 지방에는 외공장을 두어 각종 죽제품을 공급했다. 그래서 강희안(姜希顔)은 〈화목구품(花木九品)〉에서 대나무를 제1 등급을 매겨 우리나라 식물 가운데 특이한 역할을 하고 있었음을 확인해 주었다.

죽부인(竹婦人)

여름의 더위를 식히는 도구로서 대줄기를 엮어 만든 대나무 인형인 죽부인은 중국 육조(六朝)시대 남방인 영남 지방에서 쓰기 시작한 납량도구로 송나라 때 죽부인이란

왼쪽부터 대나무 창고(민속촌), 대나무로 만든 옷장, 상가의 죽대

시적인 이름을 얻었다. 또한 남방에서는 대나무 죽부인에 가죽을 입힌 피죽부인(皮竹夫人)이 있었다는 기록이 있다.

일본에는 죽부인에 관한 옛 기록은 없고, 근대에 들어 그들의 단시(短詩)인 가와야나(川柳)에 자주 등장하고 있다.

모양은 남녀가 다같이 사용할 수 있게 대나무를 얇게 쪼개 엮어 만든, 속이 빈 원추형이다. 대나무는 생태적으로 한랭 식물이면서 탄력이 좋은 재질이기 때문에 25~30센티미터의 굵기와 1~1.5미터 길이로 속이 비게 만들어 사람이 기대거나 안고 자게 되면 시원한 촉감으로 땀을 식히게 된다. 뿐만 아니라 얼기설기 만들어 통풍이 잘 되게 한 과학적인 여름용품이다. 이외도 여름용품으로 옷 속에 입는 등걸이, 팔목에 걸치는 토시·베개 등이 있다.

니르바나의 안내자, 죽비

선가(禪家)에서 수행자들을 지도하는 데 사용되는 도구다. 죽비(竹篦)는 죽비자(子)라고도 하며 3~4센티 굵기의 대나무를 40~50센티의 길이로 잘라 3분의 2 정도 홈을 파내고 3분의 1은 손잡이가 되게 한 것이 보통 죽비의 모습이다. 때로는 장군죽비라는 것이 있어 보통 죽비보다 큰 것으로 1~2미터가 되기도 한다.

죽비는 불가의 여러 가지 의식이나 행사에 사용되고 있으며, 한 손으로 손잡이를 잡고 자신의 손바닥을 쳐서 쪼개진 대나무와 대나무 조각이 부딪쳐 나는 소리로 대중이나 개인이 경각심을 갖게 하는 경종의 신호음으로 사용하는 것이 보통이다. 예를 들면 선방의 입선(入禪)이나 방선(放禪)의 신호로 또는 공양 때 대중의 행동 통일의 신호로 사용한다. 장군죽비의 용도는 좀 더 엄숙하게 사용된다. 많은 대중이 함께 모여 참선할 때 경책사(擎策師)가 어깨에 메고 돌면서 졸거나 잡념에 싸여 자세가 흐트러진 사람의 어깨를 내리친다. 함께 입선한 스님들을 한사람도 낙오자 없이 니르바나의 세계로 이끌어가야 하는 것이 경책사의 임무이다. 장군죽비를 맞을 때는 아프기도 하지만 그 소리 또한 선방의 적막함을 깨우치게 하는 천둥 소리 같다고 한다.

대나무로 만든 각종 주방용품

대나무는 생태적으로 불성의 세계를 가장 많이 갖고 있다. 따라서 죽비의 소리로써 다시 한 번 깨달음의 역할을 다하는 안내자가 되는 것이다.

각종 주방용품

각종 소쿠리·제반·선반 등 수없이 많은 용도로 죽제품이 사용된다. 그것은 가공이 용이하기도 하지만, 우리가 잘 모르는 특수한 비밀이 숨어 있다. 바로 대나무가 방부 작용과 살균 작용을 한다는 것이다. 예부터 떡을 만들 때 댓잎으로 싼다든가 동치미 항아리에 댓잎을 띄운다든지 또는 죽염을 만들 때 대나무가 빠질 수 없는 것이 숨겨진 지혜였던 것이다.

보물로 거듭난 합죽선(合竹扇)

부채를 하나로 접었다 폈다할 수 있도록 만든 것을 합죽선(合竹扇)이라고 한다. 일반적으로 접부채(摺扇)라는 것이 있어 단죽을 이용하는데 반해, 합죽선은 겉대를 합해 만든 것으로 부챗살에 한지 또는 비단을 붙여 만든 것이다. 접부채에서 더 정교하면서도 고급스럽게 만든 것이 합죽선이다. 일반적으로 접부채의 기원은 고려에 두는 설과 일본에 두는 설 두 가지가 있다.

고려설의 기원은 조선 헌종 때 나온 저자 미상의 《재물보(才物譜)》에 「접선은 시출고려(始出高麗)」라고 한 데서 고려시대 발명품이라고 본다. 청나라의 석학인 조익(趙翼, 1727~1814)도 접선은 고려로부터 들여온 공물을 황제가 신기하게 생각하여 영락연간(永樂年間)에 모작해 그 위에 경구를 써서 신하들에게 나누어 주었다는 기록을 남기고 있다. 그러나 일본 기원설은 연암 박지원(朴趾源)의 《열하일기(熱河日記)》에 좀 더 구체적으로 나와 있어 더 신빙성이 있다. 연암은 「우리나라의 기물로서 일본의 것을 모방한 것이 많은데 접는 부채도 고려는 일본에서 배웠고, 중국은 고

대나무로 만든 다양한 모양의 부채들

려에서 배워갔다.」고 기술하고 있다.

　합죽선은 단순히 더위를 이겨내는 피서도구에서 벗어나 남녀 공히 사치성 물품으로 애용되어 사회적인 물의를 빚기도 했다. 조선 초기에 이미 세종에 의해 금장식이나 은장식을 못 하도록 금령을 내렸다는 기록이 있고, 성종 때의 합죽선의 가격이 면포 8, 9동 값에 해당했다는 기록을 보면 접선은 신분 상승의 증표가 되었다. 뿐만 아니라 합죽선의 수요가 폭발적으로 늘어나 대밭을 가진 백성들에게 공출을 강요하는 폐단을 낳기도 했다.

　임진왜란을 기점으로 후기 조선사회에 들어서면서 합죽선은 점점 대형화되고 다양한 형태로 발전한 것으로 보인다. 영조 때는 1척이 넘는 승두선(僧頭扇)이란 명칭의 호화판 부채가 생겨나기도 했다. 시간이 흐를수록 수요가 증가하고 부챗살이 많이 늘어나 재료가 많이 드는 더 고급스러운 합죽선이 나타나면서 대나무 집산지에는 대밭이 고갈되는 현상까지 일어나게 되었다. 이에 조정에서는 합죽선의 살은 20개, 크기는 6, 7촌을 넘지 못하게 했고 1795년부터는 시중에서 거래되는 상품까지 조사하여 위반자는 엄벌로 다스렸다. 물론 크기나 합죽한 것 또는 옻칠 등 사치스러운 것까지 조사 대상이 되었다. 1805년 당시 전라감사 심상규(沈象奎)는 그보다 더 짧은 5, 6촌 정도의 소선을 제작·사용했는데 심선(沈扇)이라는 명칭이 붙은 작은 부채가 한때 유행했다.

그러나 합죽선이 사대부의 기호품으로 유행하게 되자 그 사치스러운 제작기법은 걷잡을 수가 없게 된 듯하다. 조선 말기에는 부챗살이 50개가 되고 크기는 1자가 넘는 오십별 죽선(五十別竹扇)이 등장하고, 공납에 충당되어 특수층의 기호품으로 전용되었다. 따라서 그 폐해 또한 고스란히 백성들의 몫으로 돌아갔다.

접부채는 소선(素扇), 반죽선(斑竹扇), 내각선(內角扇), 외각선(外角扇), 화각선(花角扇), 승두선, 유지선(油脂扇) 등으로 불리는 초호화판 부채가 되었다. 낙죽장(烙竹匠)의 손길로 섬세한 조각을 한다거나 물소 뿔로 장식하는 것은 당연하며, 명성 높은 화가들의 사군자화나 산수화 그림이라도 한 폭 선면에 그려진다면 그 값은 금전으로는 계산할 수 없는 보물이 되었다. 따라서 이름난 화가들의 선면화라는 새 장르가 생기게 되었고 지금까지 많은 유물로 남은 것도 그런 연유에서다.

애기구덕

제주도는 여성들이 아기를 낳고 3일이 지나면 일터로 나가지 않을 수 없을 정도로 환경이 척박하다. 그래서 대나무를 얇게 쪼개어 직사각형으로 엮고 밑바닥 쪽은 삼동나무로 둥그스름하게 만든다. 벽은 아이가 떨어지지 않을 만큼 질긴 끈으로 높게 엮어 보릿대와 요를 깔아 아이를 눕혀 키우는 바구니를 만든다. 이 바구니를 애기구덕이라고 한다.

아버지상에 짚는 대지팡이, 죽장

부상(父喪)에는 상죽장(喪竹杖)을 쓰고 모상(母喪)에는 버드나무나 오동나무 상장(喪杖)을 쓴다. 이는 여러 의미가 있으나 하늘은 둥글고 땅은 네모나다〔天圓地方〕는 사상에서 나온 것이다. 아버지는 둥근 하늘을 뜻하고 어머니는 모난 땅을 뜻하는 것에서 둥근 대나무는 아버지상에, 어머니상을 당해서는 버드나무나 오동나무를 네모나게 깎아 짚고 곡(哭)을 하는 것이다. 부모상을 당해 애통한 마음을 가눌 길이 없어 음식도 먹지 못하고 지팡이에 의지해 통곡한다고 해서 곡상봉(哭喪棒)이라고도 한다.

부상에 죽장을 쓰는 것은 대나무가 곧고 단단한 것이 한 치의 흐트러짐이 없는 엄격한 아버지의 이미지를 의미하는 것이다. 버드나무나 오동나무는 대나무에 비해 어머니같이 부드럽고 자애로우며 운치가 있는 나무라고 보면 어머니상을 당해 의지할 곡상봉 재질로는 제격일 수밖에 없다. 다시 말해 상장에서도 엄부자친(嚴父慈親)의 전통적인 부모와의 정리를 가름하는 잣대로 볼 수 있다.

이 외에도 죽장은 여러 용도로 쓰인다. 그 생태에 힘입어 늙은 승려나 정처 없이 떠도는 과객 등 기력이 달리는 사람들이 애용하는 지팡이의 재제가 되기도 한다. 잘 여물고 단단하면서 가벼운 대를 어디에서나 쉽게 구할 수 있기 때문이다. 뿌리 부분까지 뽑아 다듬으면 장두(杖頭) 부분이 일품으로 멋스럽게 바뀌어 선가 고승들의 선장(禪杖)으로도 손색이 없는 재목인 것이다.

김삿갓으로 유명한 김병연(金炳淵, 1807~1863)은 대나무로 만든 삿갓을 쓰고 죽장을 집고 평생 살다간 대표적인 인물이다. 죽장은 단순히 지팡이로서의 역할만이 아니라 김삿갓처럼 떠돌아다니던 사람들의 호신용으로도 사용되었다.

멸치 잡는 죽방렴

경남 남해군은 다른 지역에 비해 유난히 방풍림이 많다. 방풍림의 역사는 정확하지 않으나, 이곳의 방풍림은 수령 500년 이상 된 고목이 있는 것으로 보아 고려 때부터 생겼을 것이라는 설과 300년 전쯤 집중적으로 조성되었다는 설이 맞서고 있다. 방풍림의 원래 이름은 방조어유림(防潮魚游林)이다. 고기떼를 부르고 바람을 막는다는 뜻이다. 나무가 물고기를 부

육조작죽도(六組斫竹圖) | 양해(梁楷), 송(宋), 도쿄 국립박물관 소장 | 이 그림은 불교선종의 육조 혜능이 대나무를 자르는 정경을 나타낸 것이다. 그림 중앙에 육조가 한 고목 아래에서 한 손에 칼을 들고, 한 손에는 대나무 줄기를 쥐고 고죽(枯竹)을 다듬고 있는 중이다. 필치는 힘이 있고 예리하며, 리드미컬하다. 또한 매우 간결하고 세련되게 육조의 생동감 있는 자태를 윤곽으로 간단히 묘사했으며, 기세가 비범하다.

르는 역할까지 했다는 이야기가 된다. 물고기는 녹색을 좋아하는 성질이 있고 연안의 그늘은 수온이 일정해서 고기떼가 쉬기 좋아 한다는 것이다.

그런데 남해군의 창선도에 가면 방풍림도 많지만 죽방렴(竹防簾)으로 고기를

죽방렴 | 경남 남해군의 죽방렴은 전국에서 몇 안 되는 원시 어업으로, 죽방렴으로 잡은 멸치는 최고가로 친다.

잡는 것을 볼 수 있다. 전국에서 몇 안 되는 원시 어업인 죽방렴은 들물 날물 차가 크고 물살이 세며 수심이 얕은 뻘밭에 참나무 막대기를 박아 대나무와 그물을 진(陣)으로 쳐 물결을 따라 들어온 고기가 빠져 나가지 못하게 만든 미로이다. 물고기들은 물살에 따라 연못처럼 잔잔한 V자 안으로 들어와 놀다 결국 V자 정점에 설치된 임통에 빠져드는 원리다. 죽방렴 주인은 수시로 임통을 열어보고 들어앉은 놈을 건져내기만 하면 된다. 힘 하나 안 들이고 물고기를 잡을 뿐 아니라 물고기의 비늘 하나 다치지 않는 탓에 최상품 값을 받을 수 있다. 조선시대엔 홍어, 문어까지 잡혔으나 요즘은 예전 같지 않다고 한다.

현재 창선도와 남해읍을 잇는 창선교 주변에는 20여 개의 죽방렴이 설치되어 있는데 주로 멸치잡이에 쓰인다. 이렇게 해서 잡은 멸치는 곧장 가마솥에 넣어 살짝 삶아 해풍에 말리면 그 유명한 남해 '죽방멸치'가 되는 것이다. 요즈음 이 죽방멸치는 서민들이 넘볼 수 없는 최고가의 멸치가 되었다. 맛도 좋지만 생산량 또한 급격히 줄어들었기 때문이다.

이 죽방렴은 담정(潭庭) 김려(金鑢, 1716~1821)가 남긴 《우해이어보(牛海異魚譜)》에 자세한 내용이 담겨 있다. 《우해이어보》는 그가 남해의 인근인 우해(鎭海)로 귀양갔을 때 완성한 탐구서이다. 1814년에 완성된 정약전(丁若銓)의 《자산어보(玆山魚譜)》보다 11년이나 앞서 발표한 것으로 보면 우리나라 최초의 어보인 셈이다. 《자산어보》가 서남해안을 중심으로, 《우해이어보》는 남해안을 중심으로 한 탐구서가 되는 것이다. 따라서 이 두 저서를 통해 우리는 비로소 조선 후기 어민들의 생활의 편린이나마 엿볼 수 있다.

죽방렴은 당시 어뢰(魚牢)라고도 불렸는데, 이는 고기감옥이라는 뜻이다. 수백 년 동안 이어져 오는 전통적인 죽방렴을 통해서도 대나무와 사람과의 밀접한 관계를 확인할 수 있다.

일본 | 전구의 눈이 된 대나무 마디

토마스 에디슨은 1880년 1,200시간 이상 인공 광선을 발산하는 백열전구를 개발하는 데 성공했다. 일본산 마다케(眞竹)로 만든 필라멘트의 내구력이었다. 에디슨의 말대로 99퍼센트의 땀과 1퍼센트의 영감이 결합한 산물이다. 그보다 3년 앞서서 영국의 조지프 스완(Joseph swan)은 솜을 소재로 한 카본 파이버를 이용 13.5시간 필라멘트의 백열 상태를 유지한 적이 있다. 탄소는 모든 원소 가운데서 융해점이 가장 높은 물질이다. 그것을 필라멘트로 삼아 진공관에 넣으면 타는 시간이 길어질 거라는 것을 모두 알고 있었다.

에디슨은 조수의 턱수염을 뽑아서 실험하는 등, 이것저것 1,600종류나 되는 소재를 바꿔 실험했지만 번번이 실패했다. 그러다가 무명실 한 가닥이 45시간이나 타지 않고 버틴다는 것을 14개월 만에 알아냈다. 에디슨은 그래도 만족할 수 없어서 1880년 연구원 하나를 우수한 대나무가 많다는 일본으로 보냈다. 밤을 대낮처럼 밝혀 줄 인류 최초의 전등을 만드는 일에 일본산 대나무가 큰 몫을 해낼지도 모른다는 소리에 수상이었던 이토 히로부미(伊藤博文)는 정부차원의 지원을 약속했다. 교토 시장은 양질의 죽순 산지인 야와타(八幡)의 오토코야마(男山)의 마다케를 추천했다.

몸에서 밝은 빛을 발산하는 가구야히메를 대밭에서 찾아낸 설화(117쪽 참조)가 그들을 자극했는지도 모른다. 가구야히메가 앉아 있던 방석 같은 마다케 류의 굵은 마디 부분으로 만든 탄화소재로 1884년 마침내 2,450시간의 빛을 유지하는 필라멘트가 만들어진 것이다. 텅스텐 필라멘트가 나올 때까지 그것은 전구의 눈이 되었다.

그 후 10년간 일본은 마다케 대나무 탄화 소재를 전 세계에 수출했으며, 연구실에서 에디슨의 발명을 도운 후지오카 이치스케(藤岡市助)는 도시바 전기회사를 창립(1890)했고, 이와다레 구니히코(岩垂邦彦)는 NEC(일본전기회사, 1899)의 창업주가 되었다. 이에 일본은 1980년 야와타 역전에 에디슨의 업적을 기리고 전기의 평화적 이용을 기념하는 동상을 세웠다. 그리고 다음과 같은 비명을 새겨 넣었다.

「1880년 에디슨의 천재성은 야와타의 오토코야마에서 대나무의 우수한 품질과 결합해 인류의 공동재산인 전기 불을 만들었다. 야와타 시민인 우리는 우리 고장이 인류의 복지에 공헌한 역사를 자랑하며 평화로운 도시 가꾸기에 진력한다.」

| 박석기·편집부 |

4. 생활 속의 대나무

넷 | 한국 | 악기로 본 대나무

신의 소리를 전하는 대나무 악기

우리 동양 음악은 대나무가 빠지면 불가능한 음악이라 할 수 있다. 특히 연주음악은 단주나 합주에서 관악기의 대부분이 대나무로 구성될 수밖에 없기 때문이다. 그 소리 또한 섬세해서 신라의 '만파식적(萬波息笛)'은 나라의 재앙을 물리치고, 적군을 물리치는 신묘한 소리를 냈다.

선석사(禪石寺)의 쌍곡죽(雙谷竹)과 중국의 소상반죽(瀟湘斑竹)으로 만든 악기의 소리는 천상의 음악이라 했다. 악기 종류도 다양하다. 대금·중금·소금·단소·통소·소·적·향피리·당피리·세피리 등 여러 종류가 있다. 중국에서는 기원 전 3000년에 이미 대나무 악기가 사용되었으며, 우리나라는 삼국시대 초기에 전해진 것으로 보고 있다.

우리나라 국악기 가운데 대나무로 만든 악기를 죽부(竹部)라고 하는데, 대금·중금·소금·단소·통소 등이 여기에 속한다. 대통에 구멍을 뚫고 옆으로 불거나 길이로 불어서 소리가 나는 악기를 피리라고 하는데, 대나무로 손쉽게 만들 수 있어 일찍부터 그 제조 기술이 발달했다. 삼한시대에 이미 피리가 만들어져 방울·북·거문고와 함께 종교 의식 때 합주 악기로 쓰였다.

대금

대금(大笒)은 가야금·거문고와 함께 가장 많이 알려지고 연주되는 우리의 대표적인 악기이다. 소리가 맑고 아름다워 합주는 물론 독주 악기로 적합하다.

대금이라 불린 것은 《삼국사기》에 전하는 만파식적 전설에서 그 유래를 찾지만, 천재지변도 막고 사람의 마음도 움직였다는 그 악기가 정확히 대금인지 소금인지는 확실치 않다.

우리나라 음악을 대표하는 관악기로 악기를 가로로 비껴들고 한쪽 끝부분에 만들어진 취구(吹口)에 입술을 대고 입김을 불어넣기 때문에 가로로 부는 악기 중에 으뜸이고, 우리말로는 '젓대' 또는 '저'라고도 하며, 한자로는 '적(笛)'이라 부른다.

고구려의 고분 벽화나 통일신라시대의 유물에도 가로로 부는 악기의 모습이 보이며, 옛 문헌에는 횡적(橫笛)이란 악기가 고구려와 백제의 음악에 쓰였다고 하는데, 횡적과 대금이 동일한 악기인지는 확인할 길이 없으나 밀접한 관계가 있는 것은 분명하다.

선동취생도(仙童吹笙圖) | 김홍도(金弘道), 조선, 국립중앙박물관 소장 | 화면에 배경 없이 피리부는 선동(仙童)을 그렸다. 선동의 자세가 8폭병풍 〈신선도〉 중 〈선동취적도〉와 똑같으나 사슴은 생략했다.

중금과 소금

중금(中笒)은 대금보다 작고 취공 1개, 지공 6개, 몇 개의 칠성공이 있으나 청공(淸孔)이 없는 것이 대금과 다르다. 중금을 만드는 재료는 여러 해 묵은 황죽(黃竹)을 쓰고, 쌍골죽(雙骨竹)은 쓰지 않는다. 중금은 청공(淸孔)이 없으므로 대금보다 음색의 변화가 적으나 맑고 고운 소리가 난다. 원래는 노래와 춤의 반주에 사용된 것으로 보이나 지금은 쓰이지 않는다.

소금(小笒)은 대금·중금과 함께 신라 때부터 전하는 악기로 '대금'보다 작다는

무동(舞童) | 김홍도(金弘道), 조선, 국립중앙박물관 소장 | 음악과 춤이 어우러진 흥겨운 장면을 그린 이 그림에서는 삼현육각 장단에 맞추어 춤을 추는 무동의 춤사위와 휘날리는 옷자락에서 신명이 느껴진다. 악사들이나 무동 모두가 흥에 겨워 흠뻑 젖어들어 있는데 구경꾼이 없다는 것이 특이하다. 대금을 부는 악사의 어깨에서 팔에 이르는 선과 얼굴 표정에서 읽을 수 있듯이 악사들도 각기 음악에 흠뻑 젖어든 무아의 경지에서 음악을 연주하는 듯이 보인다.

뜻으로 '소금'이라 한다. 악기 모양은 대금과 비슷하고 손가락을 짚는 운지법 또한 비슷하지만 대금 소리보다는 전체적으로 한 옥타브 높은 소리가 난다. 서양 음악의 오케스트라 편성 때 가장 높은 소리를 내는 '피콜로'라는 악기에 비견된다.

바람을 불어넣는 취구 1개, 손가락을 짚어 음을 내는 지공 7개 등 모두 8개의 지공을 갖고 있다. 궁중음악의 연주에 주로 쓰이는데, 최근에는 창작 국악 연주에서 그 진가를 발휘하고 있다. 그러나 민속음악이나 줄풍류(현악 중심의 음악) 음악에서는

선인야적(仙人夜笛) | 김홍도(金弘道), 조선, 국립중앙박물관 소장 | 산수를 배경으로 하고 있으면서도 인물이 비교적 크기 부각된 그림으로 오른쪽 상단을 비운 변각 구도다. 약초를 캐러 산에 올라갔다가 잠깐 쉬는 듯한 모습으로 끈이 있는 바구니에는 영지(靈芝)가 보인다.

잘 쓰이지 않는다. 소금은 고려사 악지에는 7공으로 되어 있고 《악학궤범(樂學軌範)》에는 13공으로 되어 있으며, 1950년대에 와서 다시 8공으로 개량되어 정악에 널리 쓰이고 있다.

향피리, 당피리, 세피리

피리는 향(鄕)피리·당(唐)피리·세(細)피리의 3종이 있는데, 모두 8개의 지공을 가진 죽관(竹管)에 겹으로 된 서〔舌〕를 꽂아서 분다. 서는 흔히 대를 깎아서 만든다.

향피리는 흔히 피리라고 하는데, 향피리는 정악과 민속악을 달라해서 널리 쓰이고 있다. 악기의 크기는 작지만 (약 25~26센티) 음량은 비교적 클 뿐만 아니라, 셈여림의 표현도 자유롭게 할 수 있기 때문에 합주에서 서양의 바이올린처럼 주율선을 담당한다.

당피리는 글자 그대로 당나라 피리를 뜻하는데, 고려 때부터 사용됐다. 이미 고구려 때 들어와서 우리 악기화된 향피리와 구별하기 위해서 이런 이름을 붙이게 되었다. 향피리보다 굵으며, 소리는 생김새대로 다소 거칠고, 중국계 음악연주에 적합하도록 만들어졌다.

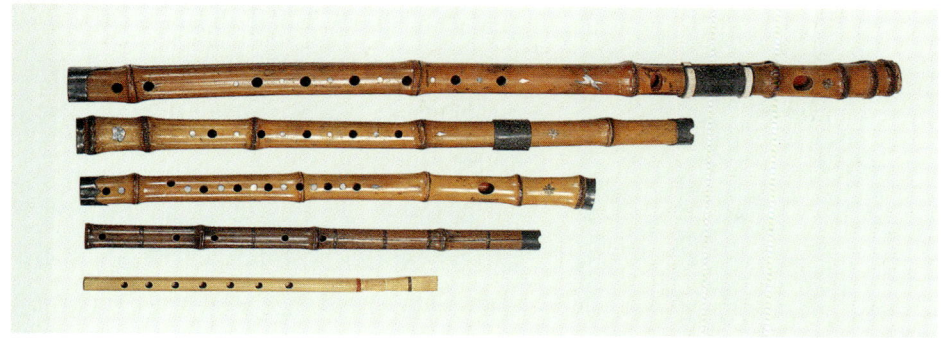

대나무로 만든 악기들

　세피리는 가느다란 피리라는 뜻을 가진 악기며, 실제로 가느다란 관대를 사용해서 만든다. 악기가 가는 만큼 음량도 적은데, 그렇기 때문에 작은 규모의 실내악이나 가곡·가사 등의 성악곡 반주에 편성된다. 악기가 작고 섬세하므로 연주 또한 대단한 기술이 필요하다. 그래서 가장 먼저 굵은 당피리를 배워 힘을 얻은 후에 향피리를 배우고, 마지막으로 세피리를 배우는 것이 효과적이다.

생황·해금

생황(笙簧)은 역사가 2500년 정도로 서양의 파이프오르간이나 하모니카보다 앞선다. 문헌에는 생(笙)으로도 기록되어 있다. 박통 속에 죽관을 나란히 꽂은 것인데, 박통 옆에 달린 취고로 입김을 넣거나 들이마셔서 소리를 내는 악기다. 죽관의 아래쪽 외면에 있는 구멍을 막으면 소리가 나고 열면 안 난다. 죽관 하단에 금속청이 달려 있어서 하모니카와 같은 원리로 숨을 내쉬고 들이마실 때 소리를 낸다. 국악기 중에서 유일하게 여러 음을 한꺼번에 내는 화음을 다룰 수 있다.

　17개의 대나무관을 공명시켜서 소리를 내며, 음색은 하모니카와 비슷하다. 원래 바가지를 이용해 만들었던 관계로 포부에 속했던 생황은 요즈음에 이르러 나무로 통을 짜고 거기에 죽관을 세우는데, 실제로 관의 아래에 붙어 있는 철제 혀(쇠청;대금의 청과 같은 역할로 소리의 떨림 역할을 함)가 진동해 나는 소리를 길이가 다른 여러 개의 관으로 공명시키는 구조를 지니고 있다.

　해금(奚琴)은 대나무로 만든 공명통 위에서 중앙까지 연결돼, 명주실로 만든 두 줄을 원산으로 고이고, 두 줄 사이에 말총 활대를 끼워 활털의 배와 등으로 줄에 마찰시켜 소리를 낸다.

　공명통에서 나는 특이한 음 빛깔로 인해 속칭 깡깡이라고 불리기도 한다. 유현과 중현 두 줄을 완전 5도 차이 나게 조율해 연주한다. 소리는 약하고 부드러우며, 약음

선인취소도(仙人吹簫圖) | 김홍도(金弘道), 조선, 국립중앙박물관 소장 | 전혀 배경이 없이 생황(笙簧)을 불고 있는 선동(仙童)의 모습은 그 자세가 〈선동취소도〉와 비슷하고 필치도 같아서 김홍도가 비슷한 시기에 그린 것으로 추측된다.

기를 쓴 바이올린 소리와 비슷하다. 해금은 팔음을 모두 구비한 유일한 악기이다. 고려시대에 송나라로부터 들어온 것긴데, 처음에는 당악과 향악에 사용됐다.

쌍골대의 경우는 일반적으로 살이 굵어 만들기가 어렵지만 내경이 고르기 때문에 음정을 맞추기에는 비교적 쉽고, 저음뿐만 아니라 고음에서도 대금 소리 특유의 장쾌한 소리를 낸다. 쌍골대는 일종의 병죽이며, 돌연변이로 재료를 구하기가 매우 어려운 편이다. 그러나 연주용 악기로서는 역시 쌍골대가 최고이나 재료가 없어 구하기가 힘들다. 문묘 제례악과 대취타(大吹打)를 제외하고는 대부분의 정악(正樂) 민속악에 널리 쓰이고 중금 소금과 함께 신라의 삼죽(三竹)으로 불렸다.

당적·퉁소·단소

당적(唐笛)은 좀 작지만 지공(指孔)이 6개여서 중금과 비슷하다. 취공 1개, 지공 6개, 모두 7공이다. 고려 때부터 사용된 이 악기는 정악에 널리 쓰이고 있다.

고려 때부터 사용된 퉁소(洞簫)는 현재 두 가지로 구분되는데, 하나는 정약용(正藥用) 퉁소이고, 다른 하나는 민속악에 사용되는 '퉁애'라 불리는 퉁소이다. 《악학궤범》에 「퉁소에 갈대청을 붙여 소리를 맑게 한다.」는 기록이 있는 것으로 미루어 보아 퉁애는 조선 왕조에 들어와서 청공을 첨가, 개량한 것임을 알 수 있다.

단소(短簫)는 퉁소보다 작고 지공이 뒤에 1개, 앞에 4개가 있다. 단소는 양금(洋琴)과 함께 《악학궤범》에 언급되어 있지 않은 것으로 보아 조선 왕조 후기에 생긴 듯하며, 〈영산회상(靈山會相)〉과 〈자진한닢〉 같은 관현합주(管絃合奏)에 사용되고 관현합주 외에 생황과의 이중주나 양금·해금과의 삼중주 또는 독주에도 애용된다.

약·적·지·소

약(籥)은 지공이 3개밖에 없다. 3개의 지공으로 12율을 내기 때문에 연주법이 까다롭다. 고대의 약은 갈대로 만들었다고 전하나 지금은 대로 만든다. 그 모양은 크기와 굵기가 적과 비슷하다. 고려 때부터 사용된 이 악기는 지금도 문묘제례악의 연주와 일무(佾舞)의 무구(舞具)로 쓰이고 있다.

적(篴)은 고려 때부터 사용되었는데, 지금도 문묘제례악에 쓰인다. 적은 원래 4구멍이었는데, 중국 후한(後漢)시대 경방(京房)이 1구멍을 더해 5음을 갖추었고, 중국 송나라에 이르러 다시 개량되어 앞에 5구멍, 뒤에 1구멍을 더해 6구멍이 되었다. 1114년(예종 11) 송나라에서 적이 들어와 아악의 등가(登歌)와 헌가(軒架)에 쓰였다. U자 모양의 취구와 앞에 5개, 뒤에 1개의 지공(指孔)이 있고, 아래 끝 양쪽에 2개의 허공(虛孔)이 있다. 오늘날에는 문묘제례악에만 쓰이며 통소와 혼용하기도 한다.

지(篪)는 당적과 함께 횡적에 속하는 죽관 악기이다. 취공(吹孔)에다 따로 취구(吹口)를 박고, 접(接)한 부분을 공기가 새지 않게 밀로 때웠다. 《스서(隋書)》의 〈동이전(東夷傳)〉에 의하면, 백제악(百濟樂)에 벌써 지가 있었고, 지금도 문묘제례악에 쓰인다.

소(簫)는 16개 음을 내는 16개의 죽관(竹管)을 나무틀에 꽂아서 끝을 밀로 막아 만든다. 이 대나무관의 길이는 양쪽 끝이 길고 가운데로 올수록 짧다. 그렇지만 겉으로 나온 관의 길이는 연주하기에 편리하도록 일정한 길이로 배열했다. 모양이 봉황(鳳凰)의 날개 같아서 일명 '봉소(鳳簫)'라고도 한다.

이 소의 대나무관은 바닷가에서 나는 단단한 해죽으로 만드는데, 이 악기의 주법과 모양은 남태평양의 '팬플룻(panflute)'을 연상시킨다. 따라서 부는 방법도 양손으로 틀 좌우를 잡고 단소를 불듯이 아랫입술을 취구에 대고 연주하는데, 연속적인 음이나 고음은 잘 내지 못하는 특성이 있다.

고구려 고분 벽화에서 이 소의 그림을 찾아볼 수 있지만, 고려 때부터 사용되어 온 악기로 알려져 있으며, 현재는 문묘제례악에 쓰이고 있다.

│편집부│

4. 생활 속의 대나무

다섯 | 한·중·일 | 설화, 속신, 속설을 통해 본 대나무

우리 임금님 귀는 당나귀 귀

한국

미추왕 죽엽군

신라 14대 유례왕(儒禮王, 재위 284~298) 때의 일이다. 297년 이서국(伊西國) 사람들이 서울 금성을 공격해 왔다. 신라는 방어했으나 힘이 달렸다. 이때 문득 대나무 잎을 귀에 꽂은 정체 모를 군사들이 나타나 전세를 돌려 적을 퇴각시켰다. 적이 물러간 뒤 죽엽군의 흔적은 간 곳 없이 사라졌고, 뒤에 보니 미추왕릉 앞에 대나무 잎이 잔뜩 쌓여 있을 뿐이었다. 그제야 선왕의 음공(陰功)임을 알고 미추왕릉을 죽현릉(竹現陵)이라 불렀다.

　　신라 36대 혜공왕(惠恭王, 재위 765~780) 15년 4월 어느 날 김유신의 무덤에서 갑자기 회오리바람이 일어나 죽현릉 쪽으로 불어가고 있었다. 얼마 뒤 무덤이 진동하며 호소하는 소리가 들려왔다. 「신은 삼국을 통일하고 죽어서도 나라를 지키려는 마음이 변함 없는데, 지난 경술년 신의 자손이 죄 없이 죽임을 당하였으니 이는 군신이 저의 공렬(功烈, 드높고 큰 공적)을 잊음이라. 다시는 나라를 위해 애쓰지 않겠습

니다.」라고 항의했다. 이에 미추왕이 대의가 더욱 중함을 들어 설득했으나 김유신은 다시 회오리바람이 되어 무덤으로 돌아갔다는 이야기다.

《삼국유사》 기이편에 등장하는 대나무의 상징성이 돋보이는 호국설화의 전형적인 작품이다.

선석사의 쌍곡죽

경상북도 성주군 월항면 서진산(棲鎭山) 기슭에는 신라의 32대 효소왕(孝昭王, 재위 692~702) 원년에 의상대사가 창건한 선석사(禪石寺)란 절이 있다. 절 주변에 세종대왕 왕자의 태실이 있어서 수호사찰로 지정된 어필각이 있다. 그 어필각에서 멀지 않은 곳에 쌍곡죽(雙谷竹)이라는 대나무 숲이 있다. 바람이 불 때면 이 대나무 숲에서는 참으로 아름다운 소리가 들렸다. 바로 댓바람 소리의 전형이라 할 수 있다. 뿐만 아니라 이 대나무로 피리를 만들어 불면 그 소리의 맑고 깨끗함이란 여타 피리와는 비교할 수가 없었다. 그래서 이 피리를 교방적(敎坊笛)이라 불렀다고 한다.

천도와 대나무 | 누구의 축수(祝壽)를 기원하기 위함인가! 축(祝)을 기원하는 대나무와 먹으면 천년을 산다는 전설상의 천도(天桃)가 누군가의 탄생을 축하하기 위해 선물로 바쳐지는 것 같다. (가회박물관 제공)

죽통미녀

삼국 통일의 주역이었던 김유신이 서주(西州)에서 서울로 돌아오던 길에 나무 밑에서 쉬고 있는 범상치 않아 보이는 나그네를 만났다. 김유신은 옆에서 자는 척하면서 그를 살펴보았다. 나그네는 다른 행인이 없음을 확인하더니 품 속에서 대나무 통을 꺼내 흔들었다. 그러자 그 속에서 두 미녀가 나왔고 그들은 서로 이야기를 나누었다. 이야기를 마치자 미녀들은 다시 통 속으로 들어갔다.

김유신은 신기한 생각이 들어 나그네와 함께 서울로 올라온 뒤 술자리를 마련했

봉황도(민화) | 봉황은 오동나무에 깃들고, 대나무 열매와 이슬을 먹고 산다.

는데, 두 미녀도 함께 참석했다. 나그네는 자신이 서해에 살고 있으며 동해로 장가를 들어 지금 부모를 뵈러 간다고 소개했다. 그때 갑자기 풍우가 일어나고 천지가 캄캄해지더니 나그네가 자취를 감추었다.

이는 조선 후기의 문신, 권문해(權文海, 1534~1591)가 엮은 《대동운부군옥(大東韻府群玉)》권 9에 실려 전하는 이야기다. 이 이야기는 지금은 전하지 않으나 고려시대의 학자 박인량(朴寅亮, ?~1096)이 쓴 우리나라 최초의 설화집인 《수이전(殊異傳)》이란 책에서 차용한 것이라고 한다. 《수이전》의 저자는 최치원(崔致遠) 또는 김척명(金陟明)이라는 설도 있다.

임금님의 귀는 당나귀 귀

신라 48대 경문왕(景文王, 재위 861~875)은 왕위 찬탈을 좇고 골육상잔의 혼란기에 왕위에 오른 사람이다. 기울어 가는 국운을 덕으로써 다스리며, 살벌했던 혼란기를 수습하고 나라를 바로잡기 위해 노력했던 마지막 왕이라고 볼 수 있다. 일연은 《삼국유사》를 통해 그에 관해 신이한 이야기를 남겼다.

「그가 왕위에 오르자 귀가 갑자기 커져 당나귀 귀처럼 되었다. 그 사실에 대해 왕후와 궁인들은 몰랐으나 오직 두건을 만드는 복두장(幞頭匠)이만 알았다. 복두장이는 평생 그 비밀을 지켰다. 그러다 그가 죽음이 임박하자 아무도 없는 도림사(道林寺)의 대나무 숲에 들어가 "우리 임금님 귀는 당나귀 귀 같다네." 하고 외쳤다. 그 후 바람이 불면 "우리 임금님 귀는 당나귀 귀 같다네." 하는 소리가 들렸다.」

왕의 귀가 커졌다는 것은 백성의 소리와 현인들의 소리를 들어서 기울어 가는 나라를 바로 세우려는 왕의 의지를 상징적으로 표현한 것이다. 또한 복두장이가 대나무 밭에서 왕의 비밀을 소리 높여 외친 것은 하늘과 땅의 매개물인 대나무를 통해 처절한 왕의 염원을 천하에 알리려는 행동이었다. 그는 왕후도 총신들도 모르는 경문왕의 속내를 가장 잘 아는 충복이었던 것이다.

죽취일

대나무는 지조를 지키고 성질이 너무 곧기 때문에 함부로 옮겨 심으면 자라지 않는 것으로 되어 있다. 그러나 5월 13일에 옮기면 잘 자란다는 속설이 있다. 이날만은 술에 취해 정신이 없어 옮겨지는 줄도 모르고 지조를 잃어버리고 아무 데서나 잘 자란다고 해서 죽취일(竹醉日)이라고 한다. 이밖에도 죽미일(竹迷日), 용생일(龍生日), 종죽이행일(種竹移行日) 등의 명칭이 있으나 다 같이 옮겨 심는다는 뜻이다.

《동문선(東文選)》에 보면 고려 명종 때 이인로(李仁老, 1152~1220)가 지은 「대나무는 제 홀로 잔뜩 취해서 / 멍하니 어딜 가는 줄도 모르는구나 / 강과 산 장소는 비록 달라졌지만(此君獨酩酊 兀兀忘所如 江山雖有異)」이라는 〈죽취일 이죽(竹醉日移竹)〉이란 시가 있다. 이것을 보면 죽취일에 대한 속설은 이미 고려시대부터 있어 왔음을 알 수 있다.

조선 후기의 유만공(柳晚恭, 1793~1869)이 지은 《세시풍요(歲時風謠)》에도 「오월에 드니 석류꽃은 핏빛을 머금고 / 대나무 생일은 열 사흘 날에 들었구나 / 숲 동산에서 청매술을 마음껏 마시면서 / 꽃과 더불어 즐거워하고 대와 함께 취하려네(五月榴花血色含 竹君生日屬旬三 林園滿作靑梅酒 花興同醺竹如酣).」라고 했다. 유만공은 전통 풍습에 깊은 관심을 가지고 시로써 이를 서술했다. 이로 미루어 보면 고려조부터 조선조에 이르기까지 죽취일 행사는 그만큼 깊게 뿌리를 내려 왔던 것이다.

중국

맹종의 읍죽

중국 고금의 효행자 24인을 수록한 《이십사효(二十四孝)》에 맹종(孟宗)이란 사람의 효행 이야기가 나온다. 그는 한나라 말기 삼국시대 강하(江夏) 사람으로 오랫동안 병상에 누워 있는 어머니를 지극 정성으로 보살폈다. 어머니가 죽순을 먹고 싶다고 해서 대밭을 찾아갔으나 때가 겨울인지라 죽순이 있을 리 없었다. 이에 안타까운 심정을 펑펑 흐르는 눈물에 쏟아놓을 수밖에 없었다. 그때 그의 눈물이 떨어진 곳에서 죽순이 쑥쑥 돋아나기 시작했다. 눈물을 먹고 자란, 이른바 '읍죽'이 솟아난 것이다. 이리하여 죽순을 얻은 맹종은 어머니의 소원을 풀어 드렸다.

우리나라에서도 죽순이 효행의 매개물이 된 이야기는 상주·완주·강화도 등 지역과 관계 없이 두루 등장하고 있다. 심지어 고려 말 명현긴 이제현(李齊賢, 1287~1367)은 〈맹종도순(孟宗冬筍)〉이란 시를 지어 효의 정성이 하늘과 땅을 감응시킬 수 있음을 후인들에게 각인시키고 있다.

소상반죽

중국의 요(堯)임금은 그 자리를 아들 주(朱)에게 물려 주지 않고 두 딸인 아황(娥皇)과 여영(女英)을 시집 보낸 순(舜)에게 임금 자리를 넘겨 준다. 이미 28년 동안 요모조모로 순을 관찰함으로써 그가 높은 덕망으로 나라를 다스릴 재목으로 보았던 것이다. 순임금 역시 자신의 혈육이 아닌 부하 중 치산치수로 명망이 높았던 우(禹)에게 자리를 넘겨 준다. 이 사람이 바로 하(夏)나라의 시조이다.

순은 왕위를 물려 주고 전국 순행길에 나섰다가 광서성의 창오(蒼梧) 땅에서 요임금의 아들 주의 화살에 맞아 죽는다. 이 비보에 놀란 아황과 여영 두 왕비는 서로 붙들고 통곡하다가 소수(瀟水)와 상강(湘江)이 마주치는 소상강(瀟湘江)에 몸을 던졌다.

그런데 두 왕비가 흘린 눈물방울이 떨어졌던 대나무 잎에는 이때부터 붉은 반점(斑竹)이 생겨났다. 여인들의 비통한 눈물이 식물의 DNA마저 바꿔 놓았으며, 이 '소상반죽(瀟湘斑竹)'은 절개를 상징하는 대명사가 되었다.

죽림칠현

'죽림칠현(竹林七賢)'이 등장한 시기는 《삼국지》의 말미에 등장하는 조조(曹操)의 위(魏)나라에서 사마의(司馬懿)의 진(晋)나라로 옮겨가는 격동기였다. 끝없는 전쟁으로 인한 혼란의 와중에서 적응하지 못한 지식인들이 현실 도피처로 죽림을 택한 것이다. 그 중에서도 이름 있는 선비 완적(阮籍, 210~263), 혜강(嵇康, 223~262), 산도(山濤, 205~283), 유령(劉伶, 생몰 미상), 완함(阮咸, 생몰 미상), 향수(向秀, 생몰 미상), 왕융(王戎, 234~305) 등 일곱 사람을 가리킨다. 이들은 속세를 등지고 새롭게 등장한 진 왕조의 권력에서도 완전히 벗어났고, 오로지 학문과 풍류로써 청담

(淸談)을 즐기며 평생을 죽림에서 벗어난 일이 없다고 한다.

죽림칠현의 면면들의 삶에는 그 후 여러 설이 있으나, 육조시대를 거쳐 중국의 청빈한 선비들에게는 죽림 그 자체를 이상향으로 인식하게 되었다. 뿐만 아니라 고려조에도 영향을 미쳐 죽고칠현(竹高七賢 또는 海東七賢)이 등장했는데, 그들의 모임을 '죽림고회(竹林高會)'라 했다고 《고려사》〈열전〉과 이인로의 《파한집(破閑集)》 등에 소개되어 있다. 역시 무인정권시대의 혼란기에 있었던 일이다.

삽죽쇄염과 파죽지세

후한 말 사마염(司馬炎)은 위·촉·오를 병합한 후, 265년 진(晉) 제국을 창건하고 다시 중국을 통일한 무제(武帝)가 되었다. 그는 후궁 5,000명을 두고 동오(東吳)를 합병시키면서 궁녀 5,000명을 다시 더해 무려 만 명의 후궁을 두게 되었다고 한다. 매일 밤 어디로 가야 할지 모르게 되자 양 서너 마리가 이끄는 수레를 타고 육궁(六宮)을 돌다가 수레가 멈추는 곳의 여자를 택했다. 그러자 궁인들은 양이 좋아하는 대나무 잎에 소금물을 발라 문 앞에 둠으로써 양의 발걸음을 멈추게 했다고 한다.

진 무제가 삼국을 통일하기 이전 서촉(西蜀)을 무터트리고 마지막 오(吳)나라 손호(孫晧)를 치기 위해 진남대장군 두예(杜預)에게 출병을 명했다. 이에 280년 2월 오나라의 주요한 거점의 하나인 무창(武昌)을 점령하고 수도인 건업(建業)을 공략하기 위한 마지막 작전회의를 하게 되었다. 그런데 양자강은 남쪽이라 때마침 봄장마가 질 때이고 전염병이 창궐할 수도 있는 계절임을 들어 안전한 가을을 택해 다시 공격하자는 참모들의 의견이 나왔다.

그러나 두예는 단호하게 말하기를 "그것은 모르는 말이오, 지금 우리 군사들의 사기는 파죽지세(破竹之勢, 대나무를 쪼개는 기세)요. 대나무는 처음 두세 마디만 힘써 조개면 그 뒤는 칼날이 닿기만 해도 쉽게 쪼개지는데 어찌 다음날

주죽봉황도(朱竹鳳凰圖) | 임이(任頤), 청(淸), 창서우(常熟) 시박물관 소장 | 주죽(朱竹)과 봉황은 모두 허구의 것이므로 민간에서는 경사의 징조이다. 이 그림은 흰 봉황이 태연한 자태로 오동나무에 깃들어 있고 주위에 붉은 대나무 수간이 있어 흰 봉황과 대비를 이뤄 생생히 빛나고 있으며, 화면에서 장식적인 의미가 극히 풍부하다.

을 기약 하리오." 하고 휘하 군사를 몰아 동오의 수도를 단숨에 점령했다. 이로써 지루했던 삼국쟁패의 시대를 마감하고 삼국통일의 위업으로 진제국(晉帝國) 154년의 기틀을 만들게 된 것이다.

두예는 훗날《춘추석례(春秋釋例)》《좌전집해(左傳集解)》등의 저서를 남기는 등 학문의 길을 걸었던 사람이다. 그의 안목은 일찍이 대나무의 속성을 통찰함으로써 역사의 길라잡이로 삼았던 것이다.

소동파의 주죽도

당송(唐宋) 8대가의 한 사람인 동파거사(東坡居士) 소식(蘇軾)은 시서화에 뛰어난 인물로서 정치가로서도 명망을 얻은 인물이다. 그는 특히 대나무를 사랑하여〈어잠승록균헌시(於潛僧綠筠軒詩)〉를 통해「고기가 없어도 식사는 할 수 있지만/ 대나무가 없으면 살 수가 없다네(可使食無肉 不可居無竹).」로 시작되는 빼어난 시를 남기기도 했다. 물론 그가 그리는 묵죽(墨竹) 또한 명품이었다고 한다.

하루는 찾아온 사람의 간절한 요청으로 묵죽 한 점을 그리려다가 검은 먹이 없어서 붉은 인주를 풀어 원하는 그림을 그려 주었다. 상대방은 당연히 묵죽을 그려 주려니 생각했다가 붉은 대나무 그림을 받자 의아해하며 세상에 붉은 대나무가 어디 있느냐고 항의했다. 소동파는 웃으면서 그러면 검은 대나무를 보았느냐고 되묻는 것이었다. 손님은 하는 수 없이 붉은 대나무 그림을 받아 집에 걸게 되었다. 그로부터 그 집안에는 이상하게도 좋은 일만 잇달아 일어나기 시작해 크게 성공했다고 한다. 그 이야기를 전해 들은 사람들이 붉은 대나무 그림을 받기 위해 소동파의 집으로 몰려들었던 것은 당연한 일이다. 그리하여 마침내 혈죽도가 탄생했으며, 오늘에 이르기까지 묵죽과 함께 혈죽의 전통이 이어져 오고 있다.

일본

샘물을 파놓은 대지팡이

이요(伊予)의 다가이에 있는 세이린지(西林寺)에는 고보 다이시(弘法大師)의 지팡이로 팠다는 깊은 소(沼)가 있다. 이 마을에는 원래 물이 없었는데, 대사가 와서 대나무 지팡이를 땅에 꽂아 세우니 그 다음부터 물이 고여 소가 될 만큼 청정한 샘물이 솟

일본 구주 지역 정원 대나무문 | 세계적으로 일본은 '대나무 나라' '대나무 국민' '대나무 울타리'로 부를 만큼 대나무가 흔하고 대나무 산업이 발전한 나라다.

났다고 한다. 하지만 지금은 그것이 대나무였는지는 확인할 길이 없다.

이도(伊都) 군의 노무라에도 고보 대사가 대 지팡이로 땅을 찌르니 물이 솟아났으며, 폭 5척쯤 되는 샘물이 25칸 높은 데서 흘러내렸다고 한다. 넓은 들의 논물을 대기에 넉넉한 수량이다.

츠에가야부(杖が藪)라는 마을에도 대사가 지팡이로 판 가지수(액막이 물)가 나오는 우물이 있다. 지팡이를 던진 채 놓아 두었더니 그 지팡이에서 싹이 트고 자라서 대나무 숲이 되었고, 그때부터 마을 이름을 츠에가야부(지팡이가 대숲이 된 마을)라고 부른다. 한편 여자 사냥에 나선 모노쿠사다로(物くさ太郎)처럼 다로들의 손에 들린 대나무 지팡이는 무기이면서 남성적인 힘을 나타낸다.

에치고(越後)의 전설, 대통과 생 머리

고시라카와(後白河) 천황의 셋째 아들 운죠공(雲上公)과 그 친척들은 천렵(川獵, 냇가에서 하는 고기잡이)을 너무 좋아했다. 매일 미오모테 강(三面川)에 배를 띄우고 고기를 잡으면서 술판을 벌이고 노는 것이 일과였다. 술판이 무르익을 무렵 바다 멀리서 항해하는 배가 나타나면 무턱대고 대로 만든 부채를 꺼내 들었다. 부채를 밑에서 부치면 배가 뒤집히고, 부채를 돌리면 배도 덩달아 빙그르르 돌았다. 뒤로 부치면 오던 배들이 역방향으로 밀려 나갔다.

그것을 보고 운죠공은 신이 나서 날씨만 좋으면 항상 강구에 나가 그 같은 장난질을 쳤다. 그러자 백성들의 원성이 날로 높아갔다. 친척들과 가신들의 만류에도 그는 들은 척 만 척이었다. 어느 날 고기잡이에 정신이 팔린 운죠공을 자객이 나타나 고기잡이 창대로 찔러 죽여 강에다 버렸다.

강 하류로 떠내려가는 운죠공의 시체를 근처 마을 사람들이 건져 화장을 하는데 목부터 머리는 아무리 태워도 타지 않았다. 뿐만 아니라 불 속에서 튀어오르면서 깔깔대며 웃는가 하면 눈을 부라리기도 했다. 노려보는 눈길에 시선이 마주친 사람들은 온몸에 소름이 돋고 털이 곤두섰다. 사람들은 무서워 고약한 냄새가 나는 화장실 바닥의 나무판이나 이 세상의 온갖 더러운 나무들까지 모아 불꽃을 높여도 아무 소용이 없었다. 결국 마지막으로 산 속 깊은 곳에서 도를 닦는 스님을 찾아갔다. 자초지정을 들은 스님은 쿠소우즈(臭水, 지금의 석유)를 대나무 통에 넣어 화장장 주변에 뿌리고 염불을 외우며 불을 붙였다. 마침내 살아 튀어오르던 운죠공의 머리는 한 줌의 재로 바뀌게 되었다.

|박석기·편집부|

4. 생활 속의 대나무

여섯 | 한·중 | 신이, 무속으로 본 대나무

풀도 아니고 나무도 아닌 것이

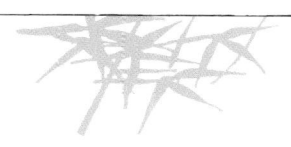

5방목귀

한국이나 중국은 묵은해를 보내고 새해를 맞이하는 풍습이 큰 틀에서는 비슷하나 세밀히 들여다보면 각기 특성이 있다. 조선 초기 섣달 그믐날이면 집집마다 푸른 대나무잎, 엄나무 가지, 익모초 줄기와 동쪽으로 뻗은 복숭아나무 가지를 한데 묶어 빗자루를 만들었다. 사람들은 그 빗자루를 들고 징과 꽹과리를 울리며 문간마다 쓸고 다니는 풍습이 있었는데, 성현은 《용재총화》를 통해 그것을 방목귀(放牧鬼)라 했다.

청정한 대나무는 사람이 갖추어야 할 네 가지 덕목이요, 엄나무는 귀신도 무서워하는 날카로운 가시나무다. 익모초는 사람도 먹기 어려운 쓰디쓴 식물이요, 귀신들의 매개물인 복숭아나무를 하나로 묶은 빗자루의 효능은 무서울 수밖에 없었다. 그래서 묵은해의 삿된 흔적들을 쓸어내고 악귀의 침입을 물리치기를 원했고, 자신은 대나무의 덕목을 닮으려고 새롭게 마음을 다잡았던 것이다. 이처럼 새해를 맞는 풍습은 나라마다 지역마다 다양하게 이루어져 왔다.

신중탱화(부분) | 1852, 울진 불영사 소장 | 대나무로 만든 생황을 불고 있다. (가회박물관 제공)

신대

우리나라의 무가(巫家)에서는 신과의 매개물로 대나무를 많이 이용한다. 대나무가 없는 지방에서는 복숭아나무를 이용하는 경우도 있다. 특히 대나무는 하늘 높이 곧게 자랄 뿐 아니라 사시사철 변하지 않는 속성이 있어 인간과 신의 통로로서 가장 적합한 식물이기 때문이다.

　세습무(世襲巫)의 제의장(祭儀場)에는 대나무로 신대(神竿, 十王竿, 天王竿, 魂竿이라고도 함)를 세운다. 지방마다 약간의 차이는 있으나 북쪽 지방을 제외하고 대개는 통대나무를 잘라 꼭대기의 잔가지를 그대로 두고 오방색 천 조각을 매달아 바람에 휘날리게 하여 신의 길목임을 알린다.

　그것은 사람들을 많이 끌어모을 수 있는 대나무의 생태적인 신성성이 신체(身

體)로 바뀌는 조화의 순간이다. 그래서 우리나라는 일찍부터 대나무로 만파식적의 기적을 만들었고, 복두장이의 비밀을 만천하에 전했던 것이다.

죽신의 전설

아주 오랜 옛날 부류(浮流)국 (현재의 중국 영안(永安))에 '연공(衍公)'이라는 기인이 있었는데 그는 대나무를 사랑하여 종일토록 대나무밭에서 노닐었으며 대나무를 동반자로 삼았다. 어느 해 큰 가뭄이 들어 강이 말라붙고 만물이 시들어갔으며, 사람들은 모두 일손을 놓아야 했다. 연공은 눈에 보이고 마음만 조급해지니 백성들을 위해 좋은 일을 좀 하고자 결심했다. 그는 대나무 한 그루를 뽑아 법력을 써서 큰 돌을 없애고 연강(燕江)에 석벽 하나를 세울 준비를 했는데, 저수지를 만들어 가뭄에 대처하기 위함이었다. 이 일은 곧 천신(天神)의 귀에 들어가 노여움을 타게 되었다. 하늘에서는 이를 조정에 대항하여 하극상의 난을 일으키는 거라 여겼고, 그래서 인간세상에 군사를 내려보내 잘 새워진 석벽을 무너뜨려 버렸다. 연공은 성공을 눈앞에 두고 실패하자 연강에 한을 품었다.

연공은 하느님에게 머리를 숙이지 않고 도리어 오만한 천제에게 교훈 하나를 남기기로 결심했다. 어느 날 새벽, 연공은 대나무로 활과 화살을 만들고 화살 하나를 재어 하늘을 향해 쏘았다. 대나무 화살은 바람을 가르고 전기를 품고는 곧장 옥황상제의 금란전(金鑾展)을 맞추었다. 이날 옥황상제는 때마침 늦잠을 자 아직 조정에는 들지 않았었다. 대나무 화살은 곧장 옥황상제가 앉는 용의(龍椅)의 등에 맞았다. 옥황상제는 궁전에 들어 의자의 등에 화살이 꽂혀 있는 것을 보고 대경실색하며 당황하여 이게 어찌된 일인지 주위의 신하에게 물었다. 태백금성은 화살을 뽑아 들고 말하길 "이는 대나무 화살로 예장(豫章, 현재의 강서(江西))의 것이 아니고 민월(閩越, 현재의 복건(福建))의 것이옵니다. 금으로 화살 촉을 만들고, 은으로 화살 꼬리를 만든 것은 사현(沙縣)의 것이 아니고, 부유(浮流)의 것이옵니다." 했다. 옥황상제는 하늘의 군사와 장군을 불러 부유국에서 화살을 날린 사람을 잡아오라고 명령을 내렸다. 천군(天君)은 부유국에 도착해 대나무 밭 깊은 곳으로 들어가 연공을 잡았다. 언뜻 보니 대나무밭에는 다섯 곳에 아름다운 수염이 있고 머리카락을 휘날리며 손에는 대나무 피리를 든 사람이 있었다. 천군이 대나무를 잘라내자 그 장발의 기인은 잡을 수가 없었다. 하는 수 없이 원망하며 천후의 명령에 돌아갈 수밖에 없었다..

옥황상제는 실패했다는 소식을 듣고 탄식하며 말하길 "대나무밭에 평범치 않은 사람이 나타났다는데 바로 그가 대나무신[竹神]이 아니겠는가!" 했다. 결국 용옥(龍

玉)에게 명령하여 비를 내리게 하니 영안의 가뭄이 해결됐다. 비가 한 차례 내리자 죽순이 하나 하나 솟아났고, 대나무밭 또한 울창해졌다.

이로써 영안(永安)사람들은 곤궁에 처한 영안을 도와준 기인을 기념해 '죽신공(竹神公)'이라 이름하여 존경하며 절을 올린다.

폭죽

중국의 폭죽은 유명하다. 한 해가 바뀌는 세모나 정초에는 마을마다 거리마다 온통 폭죽 소리로 요란하다. 그것은 새로운 한 해를 평안하게 살 수 있도록 악귀와 사기를 쫓아내는 행사다.「폭죽 소리에 묵은 해가 걷힌다(爆竹一聲除舊).」는 세시(歲時)의 말이 생기기도 했다. 대나무는 속이 비어 있고, 마디가 맺혀 있어 불기를 만나면 공기가 팽창하여 폭발하게 되는 원리를 이용한 것이다.

옛날 전장에서는 화약을 이용해 폭탄을 만들어 사용했는데, 그 정도의 폭음이면 악귀가 도망가지 않을 수 없었을 것이다. 폭죽은 모든 액(厄)을 물리쳐 인간에게 평안을 보장하는 신호탄이었던 것이다.

평안을 상징하는 다른 속설도 있다. 당나라의 명장이었던 이정(李靖)은 대나무를 좋아했던 사람이다. 그가 위국공(衛國公)에 봉해졌을 때 당시 산서성(山西省) 북부에 있던 동자사(童子寺)란 절 마당에서 엄청나게 큰 대나무를 보았는데, 이를 잠시도 잊을 수가 없었다. 그는 주지가 매일같이 보내오는 대나무의 안부를 듣고서야 안심하고 정무를 보았을 정도라고 한다. 그로부터 대나무에는 벽사로서의 강령과 일상의 평안을 함께 뜻하는 덕목이 더해지게 되었다.

|편집부|

4. 생활 속의 대나무

일곱 | 한·중·일

대나무와 한·중·일 통과의례 비교

남도에서는 산월(産月)이 가까워진 며느리의 시아버지가 벼슬이나 덕망이 높은 명가를 찾아가 그 집 울안에 자라는 대나무 가지를 베는데, 이를 걸죽(乞竹)이라 했다. 그 대가지로 태어날 아기의 탯줄 자르는 죽도(竹刀)를 만들면 그 명가의 주력(呪力)이 전도되어 아기가 출세한다고 믿었다. 그래서 명가들에서는 명운(名運)이 새 나간다 하여 아는 사이 아니고는 걸죽을 거절했고, 그로 인해 야밤에 대나무를 훔치는 일이 종종 생기기까지 했다.

미국 여류작가 펄벅 여사의 《대지》에 주인공의 아내가 밭에서 일하다가 진통이 시작되자 갈대를 잘라 들고 집으로 가 아기를 낳고 탯줄 자르는 대목이 나온다. 여사가 1960년에 한국을 방문했을 때 어떤 사람이 그녀에게 중국에서는 모두가 갈대로 탯줄을 자르냐고 물어보았다. 그녀는 중상류층에서는 대나무로 칼을 만들어 자르고, 명가에서는 이 대칼을 죽은 후까지 영전에 모시는 것을 보았다고 했다.

일본 정사(正史)인 《일본서기(日本書紀)》에 다케야(竹屋)라는 지명 풀이가 나오는데, 탯줄 자르고 난 대칼을 버린 데서 대가 자라 숲을 이루었다 해서 얻은 지명이라 했다. 이로써 대칼로 탯줄 자르는 것은 한·중·일의 공통 산속(産俗)임을 알 수 있다.

묵죽도(墨竹圖) | 유덕장(柳德章), 조선, 고려대학교 박물관 소장 | 가운데 줄기가 부러진 왕죽(王竹) 두 그루를 그린 이 그림은 마디마디에서 나온 잔 줄기와 잎이 성글고 고절(高節)한 느낌을 주고 있다.

일본의 일부 지방에서 산모가 진통하는 산실 앞에서 안산(安産)과 촉산(促産)을 위해 대나무를 치는 민속이 채집되고 있는데, 한국이나 중국에 없는 산속(産俗)이다. 일본 문학의 기원으로 지목되고 있는 대나무 아가씨 이야기에서 비롯된 것이 아닌가 추정된다.

대나무로 생업을 잇는 한 할아버지가 어느 날 대밭에서 황금빛이 나는 대나무를 보고 이를 잘랐더니 3치 가량의 아름다운 아가씨가 대 속에서 나왔다. 석 달 만에 성인이 되었는데 가구야 아가씨로 이름을 지었다. 그런데 임금의 구혼을 받고 살다가 팔월 보름날 자기의 고향이라면서 달나라로 승천했다는 이야기다. 곧 대나무에서 귀한 아기가 탄생한 데서 대나무를 치는 산속이 형성됐음 직하다.

대나무에서 아기가 탄생했다는 이야기는 우리나라에는 없지만 중국에는 많다. 동진(東晉)의 상거(常璩)가 지은 《화양국지(華陽國志)》에 보면 「한 여인이 물가에서 빨래를 하는데 커다란 대나무 막대가 흘러들어 가랑이 틈에 머물러 떠내려가지 않았다. 그 속에서 아기 울음소리가 나 집에 들고 가 쪼개어 보았더니 사내아기가 나왔다. 그 아기는 어려서부터 무재(武才)를 보이더니 장수로 자라 오랑캐를 두찌르는 큰 공을 세웠다. 그 파죽(破竹)을 버렸더니 싹이 돋아 대나무 들판을 이루었는데, 그것이 왕사(王祠)죽림으로 현존하고 있다.」고 했다. 촉나라였던 사천성에도 반죽(班

대나무 울타리 | 일본 구주 지역 동네 어귀 대나무 울타리   **상여** | 대나무는 사람과 한평생을 함께한다.

竹)에서 태어난 미녀가 5명의 귀공자로부터 구혼을 받는다는 설화가 있다.

　이렇게 태어나 돌이 지날 때까지 아기가 자라는 방문이나 들창에 댓잎을 따다 발랐는데, 이는 높았던 유아 사망에 대비한 주술적 행위로 대나무가 건실하고 늘 푸르기에 병마와 대결시키는 힘을 얻기 위함이었을 것이다. 일본에도 아기가 자라는 방문에 대나무 가지를 꽂는 지방민속이 있다.

　법도 있는 집안이나 엄한 가문에서는 아이가 서당에 다닐 나이를 감안, 뒤란에 맷대라 하여 회초리감으로 가는 대를 심는 관행이 있었다. 편죽(鞭竹)이라 하여 산죽(山竹)을 개량한 것으로 이를 잘라 한 묶음 서당 훈장에게 전달했던 것이다. 훈장은 아이들 편달할 때 아무 매나 들고 종아리를 친 것이 아니라, 그 가문에서 꺾어 받친 편죽을 골라 치곤 했으니 교육효과도 컸을 것이다. 편죽을 기를 수 없는 집안에서는 산죽을 대신 잘라 바쳤다.

　중국이나 일본 문헌에 편죽이라는 대나무 종류가 나오는 것으로 미루어 교육용 회초리로 대나무가 활용되었던 것은 세 나라가 같았다고 볼 수 있다.

　편죽으로 종아리를 치는 이유는 버릇을 바로잡는 뜻만이 아닌 성장을 재촉하는 저의도 내포되어 있다. 대나무는 여느 다른 나무에 비해 성장속도가 빨라 24시간에 54센티나 자라는데, 1시간에 2센티씩이나 자라는 셈이요, 사람들도 그 성장속도를 감지하고 초달(楚撻) 치는 데 부가가치를 창출한 것이었을 게다.

　이렇게 자라 시집 가고 장가 갈 때 청죽(靑竹)을 둘로 쪼개어 그 틈에 사주단자를 끼우고 청실홍실로 곱게 매어 보낸다. 혼인날 말 타고 드는 신랑을 맞는 신부집 문 기둥에 댓잎이 파랗게 살아 있는 청죽 장대를 세워 호사다마(好事多魔)라 경사에 따르게 되어 있는 액을 이로써 쫓았다. 혼례가 치러지는 초례상에는 반드시 항아리에 대나무가 꽂혀 있어야 하는데, 대나무의 척사(斥邪) 작용과 상록으로 불변한 절개와 금슬의 소원이 복합된 대나무일 것이다.

한국인은 이렇듯 대 속에서 여생을 산다. 댓가지로 엮은 울타리 틈 죽비(竹扉)를 열고 집 안에 들면 대갈퀴와 대빗자루로 깨끗이 쓴 마당에는 대로 엮은 턱가리에서 병아리들이 삐악거리고, 집 둘레 흙벽에는 대로 엮은 삼태기, 소쿠리, 채관, 키가 옹기종기 걸려 있다. 댓살로 짠 문짝을 열고 방 안에 들면 대발이 늘여져 있고, 방바닥에는 대자리가, 아랫목에는 대나무 횃대에 이불이 걸려 있고, 윗목에는 대나무 두 개로 걸친 대시렁에 대로 엮은 크고 작은 고리짝이 얹혀 있다.

대줄기로 엮은 토시와 등걸이에 삼베 옷 걸쳐 입고 바람을 들여 더위를 식히고, 밤에 상전은 납량도구인 죽부인(竹夫人)을, 마님은 죽노(竹奴)를 끌어안고 죽침(竹枕)을 베고 잠에 든다.

이렇게 살다가 죽으면 상주들은 대지팡이 짚고 상여 뒤를 다르고, 그 죽장은 망인과의 교감 수단으로 제상 곁에 반드시 그 상죽장(喪竹杖)을 갖춰야 했다.

또한 평생 품고 살았다 하여 죽부인을 아들이 물려 써서는 안 되고, 역시 제상 곁에 모시고 제사를 지내는 조상들은 정신민족이었다. 곧 죽부인은 중국에서 시작되어 일본까지 전수되었지만 죽부인을 유교사상 차원까지 승화시킨 것은 한국에서뿐이다.

| 이규태 |

《대나무 수액》
봄철 죽순이 완전히 올라오고 난 뒤 대나무를 자르면 그 잘려진 단면으로부터 투명한 물이 흘러나온다. 이 물이 대나무 수액이며 옛날부터 '약수' 또는 하늘이 내려 준 물 즉, '신수'라 하여 귀히 여겼다. 대나무 수액에는 대나무의 생육에 필요한 무기물, 아미노산, 당류 등 각종 영양소가 다량 함유되어 있어 식용음료로 가치가 있으며, 마음을 진정시키고 몸속의 각종 노폐물을 씻어 내는 데 효과가 있다고 한다.

4. 생활 속의 대나무

여덟 | 한·중

약용과 식용으로서의 대나무

품종에 따라 약용의 기능이 다르다

대나무의 종류는 우리가 생각하는 것보다 훨씬 많다. 그러나 약용으로 사용할 수 있는 것은 몇 가지 되지 않는다. 그 중에서 약용으로 쓸 수 있는 것은 근죽(箽竹)·담죽(淡竹)·고죽(苦竹)으로 알려졌다.

조선 중기 이수광(李睟光, 1563~1628)은 그 사실을 확인하는 뜻으로《지봉유설(芝峰類說)》에서「근죽은 속칭 왕대(王竹)이며, 담죽은 솜대(綿竹)이고, 고죽은 오죽(烏竹)이다.」라고 정리하여 약용으로 쓰이는 대나무를 설명했던 것이다. 허준(許浚)의《동의보감(東醫寶鑑)》, 서유구(徐有榘)의《임원경제지(林園經濟志)》, 유희(柳僖)의《물명고(物名考)》등 여러 문헌에서도 같은 내용으로 기술되었음을 확인할 수 있다. 나아가 약용으로 제일 많이 쓰이는 근죽은 다름 아닌 왕대이다.

《본초강목(本草綱目)》에 의하면 약재로서의 대나무는 근죽을 첫째로 치고, 다음이 담죽, 고죽 순으로 친다. 또한 껍질이 얇은 감죽(甘竹)이 있는데, 그 잎이 가장 좋은 약재가 된다. 그러나 허준은《동의보감》을 통해「감죽은 근죽과 비슷하지만 (잎이) 무성하니, 즉 담죽이다.」라고 했다. 그렇다면 약용으로서는《본초강목》에서 지적

했듯이 중국이나 한국은 모두 근죽의 약효를 제일로 치고, 고죽을 다음의 자리에 두었다는 것을 알 수 있다. 한편으로는 담죽이 가장 좋고, 감죽이 그 다음이라는 주장도 있다.

죽엽의 효능

근죽엽은 차로 끓여 먹기도 하지만, 여러 가지 질병에 효능이 있는 것으로 본다. 신열이 몹시 나고 가슴이 답답한 병인 풍사번열(風邪煩熱)을 제거해 주며, 숨이 차는 증상인 천촉(喘促)으로 기가 위로 솟구치는 것을 그치게 한다. 따라서 달리고 난 후에 상기(上氣)되고 열이 나 냉수를 마시는 경우 죽엽과 귤피를 사용하기도 하고, 황달이 나는 경우에 죽엽을 밀·석고와 같이 사용하기도 한다.

《본초강목》에서도 같은 병의 치료에 쓰이고 급성 악창(惡瘡)에 효능이 있으며, 풍으로 인해 일어나는 경련과 구토(嘔吐)에도 효능이 있다고 했다.《동의보감》에도 분명히 근죽엽의 효능에 번열을 제거하고 소갈(消渴)을 그치게 하고 단석독(丹石毒)을 풀어 준다고 했으며, 풍치(風痓, 목덜미와 등이 뻣뻣해지고 정신이 혼미한 증상), 토혈(吐血), 열독풍(熱毒風), 악창을 다스리며 작은 벌레들을 죽인다고 했다.

담죽엽(淡竹葉, 솜대잎) 또한 근죽엽과 비슷한 효과가 있는 것으로 알려져 있다. 담죽엽은《본초강목》에서 맵고 차가운 기운이 있다고 보아 토혈과 열독풍을 다스리며 소갈을 그치게 하고 단석독을 풀어 준다고 했다. 그리고 담(痰)을 없애고 열광번민(熱狂煩悶)과 중풍으로 말을 하지 못하는 병을 치료하고, 심경(心

기석수황도(奇石修篁圖) | 하창(夏昶), 명(明), 타이페이 고궁박물원 소장 | 예전부터 사대부들이 즐겨 그린 대나무는 서늘한 성질과 뭉친 것을 풀어 주는 기운이 있어 번열을 내려 주고 맑은 정신을 유지하는 효능이 있다.

經)의 열을 내려 주며, 원기(元氣)를 북돋아 주고 비장을 완만하게 풀어 준다고 했다. 외용으로 진하게 달여 잇몸출혈에 양치하거나 탈항(脫肛)이 되었을 때 항문을 씻는 것으로 치료 효과가 있다고 했다.

오죽의 잎인 고죽엽은 《본초강목》《동의보감》《임원경제지》에 의하면 쓰고 차가운 기운이 있어 구창(口瘡)·목통(目痛)을 치료하며 눈을 밝게 하고 구규(九竅, 사람의 몸에 있는 아홉 구멍 : 눈·코·귀의 여섯 구멍과 입·항문·요도의 세 구멍을 말함)를 부드럽게 한다고 했다. 그리고 불면증을 치료하며 소갈증을 그치게 하고 주독을 풀어 주며 번열을 없애고 땀을 나게 한다. 또한 중풍으로 인한 벙어리를 치료한다. 살충 작용이 있으며 태워서 분말로 만든 다음 돼지 쓸개에 개어 소아의 두창(頭瘡)·이창(耳瘡)·옴이 올랐을 때 바르고, 계란흰자에 개어 바르면 모든 악창에 효과를 본다고 했다.

죽근의 효능

《본초강목》에 왕대의 뿌리인 근죽근은 「탕으로 만들어 먹으면 기운을 북돋고 갈증을 그치게 하고 보허(補虛)하며 기를 아래로 내리게 한다. 또한 독을 없애는 작용이 있다.」고 했다.

솜대의 뿌리인 담죽근은 번열을 제거하며, 단석으로 인한 발열과 갈증을 풀어 주는 데 삶은 즙을 복용한다. 또한 담(痰)을 제거하고 풍열(風熱)을 없애며, 아이들의 경기를 치료한다. 뿌리에 잎을 넣어 탕을 끓여 먹으면 부인병에 효과가 있다고 한다.

고죽근은 심폐와 오장의 열기와 독기를 내리는 데 사용되었다고 한다. 감죽근은 산후의 번열을 없애는 데 사용했다. 약효가 썩 많다고 한다.

죽력의 효능과 제조 방법

죽력(竹瀝)은 대나무의 진액을 일컫는데, 그것을 만들고 보관하는 방법이《동의보감》에 자세히 나와 있다. 「푸르고 큰 대나무를 2자 정도로 자른 다음 두 쪽으로 쪼갠다. 이것을 우물물에 하룻밤 담가 두었다가 벽돌 2장을 적당한 간격으로 벌려 놓고 그 위에 쪼갠 대나무를 걸쳐 놓되 양쪽 끝이 1~2촌 정도 나가게 놓는다. 아래에서 센 불로 대나무를 달구면서 대나무의 양쪽 끝으로 나오는 진을 그릇에 받는다. 이것을 무명천에 걸러서 찌꺼기를 버리고 사기병에 넣어 둔다. 여름철에는 얼음 속에 넣어 죽력이 상하지 않게 하고 겨울철에는 따뜻한 곳에 두어 얼어 상하지 않게 해야 한다.」고

죽순 | 죽순은 약간 차가운 성질이 있고, 혈과 기를 냉하게 한다.

했다. 이런 재료를 얻기 위해서는 근죽·담죽·고죽만을 사용하는데, 이것이야말로 대나무의 가장 순수한 정기라고 할 수 있다. 그러므로 약효가 좋을 수밖에 없을 것이고, 다른 첨가제와 함께 조제하면 더욱 효능을 본다고 《동의보감》이나 《본초강목》에서 밝히고 있다.

《동의보감》에서는 죽력의 효능에 대해 갑자기 온 중풍(中風)을 다스리고, 중풍으로 인한 실어증(失語症)과 고열로 인한 혼미를 치료하며, 이 외에도 파상풍과 산후 발열, 갓난아기의 경기(驚氣)에도 효험이 있다고 한다.

죽순의 특징과 효능

우후죽순(雨後竹筍)이라는 말과 같이 비 온 뒤에 죽순이 죽죽 자라는 모습은 경이롭다. 땅을 뚫고 솟아 나오는 죽순의 성장 속도가 매우 빠른데, 담양에서 공식적으로 가장 빨리 자란 죽순은 하루에 122센티로 알려져 있다. 대나무는 잎에서 영양분을 만들면 모두 뿌리줄기로 내려보내 저장해 두었다가 4년이 지난 후 죽순을 한번에 올려보내는 힘을 발휘한다.

《동의보감》에서는 죽순에 대하여 「소갈(消渴)을 그치게 하고 수도(水道)를 잘 나가게 하며 번열을 제거하고 기운을 북돋아 준다. 남쪽으로 자란 대나무에서 나오는

데 냉기가 동(動)하므로 많이 먹어서는 안 된다. 소담이수(消痰利水)하며 위(胃)를 상쾌하게 하는데 찌거나 삶아서 먹는다. 죽순의 종류는 매우 많으며 맛이 좋고 시원하여 사람들이 즐겨 먹는다. 그러나 성질이 차서 소화가 잘 안 되고 비위(脾胃)에 도움이 되지 않으므로 적게 먹어야 한다.」고 설명하고 있다.

죽여의 효능

대나무 속껍질인 죽여를 피로한 남성, 임신한 여성, 월수(月水)가 불순한 여성, 열병으로 말 못 하는 유아, 잇몸 출혈, 병장기나 바위 같은 것에 치여 얻은 타박상 등에 많은 효험이 있다고 《동의보감》에 기록되어 있다. 물론 여러 가지 조제 과정이 있겠지만 대나무의 속껍질이 주재료이다.

죽실의 효능

대나무에 열매가 맺는 이유에 대해 여러 가지 이설이 있다. 하지만 개화하고 결실하면 대나무는 말라죽는데, 이것만은 공통이다. 대나무 열매를 죽육(竹肉)·죽실(竹實)이라 하는데, 《본초강목》에 의하면 「신명(神明)을 통하고 몸을 가볍게 하며 기운을 북돋아 주며, 모양이 밀과 같아 밥을 지어 먹을 수 있다.」고 했다.

《동의보감》에서도 「죽실은 대나무가 무성하고 밀집되어 있는 곳에서 나오는데 크기가 계란 정도이며 죽엽이 층층이 싸고 있다. 신명(神明)을 통하고 가슴을 시원하게 하고 몸을 가볍게 하며 기운을 북돋아 준다.」고 했다. 이로 미루어 보면 죽실은 죽미(竹米)라고도 하는데, 한국이나 중국에서는 같은 기능을 한다고 본다.

이수광은 《지봉유설》을 통해 「이정형(李廷馨)의 《동각잡기(東閣雜記)》에 태종조(太宗朝) 때 강원도 강릉 대령산(大嶺山)의 대나무가 열매를 맺었는데, 밀〔眞麥〕과 같으며 차지기는 율무〔薏苡〕 같고 맛은 수수〔唐黍〕 같은데, 마을 사람들이 따다가 술과 밥을 만들어 먹었다.」는 기록을 인용했다. 또한 「근래 남쪽 지방과 지리산에 대나무가 열매를 많이 맺어 사람들이 역시 밥을 지어 먹었고, 대나무가 열매를 맺고 죽었기 때문에 남쪽 지역에는 큰 대나무가 없다.」고 한 것으로 보아 우리나라에서도 예전부터 죽실을 식용으로 했음을 알 수 있다.

| 김종덕 |

4. 생활 속의 대나무

아홉 | 한국 | 민요로 본 대나무

단산 봉황이 죽실을 물고 오동 속에서 넘노는 듯

소나무와 더불어 의로운 대나무

만고풍상이 몰아치고 눈비 가득해도 사시장철 푸름을 간직한 채 하늘을 찌를 듯 꼿꼿하게 서 있는 것이 대나무다. 장부의 기개를 상징하는 대나무는 고고함을 상징하는 소나무와 함께 예부터 민중에게 존경의 대상이 되었고 이러한 존경심은 노래로 표출되었다. 소나무와 대나무 즉 '송죽(松竹)'은 사시사철 푸른 까닭에 지조를 상징한다는 점에서 닮아 있지만 소나무가 사방으로 퍼져 나가는 것과는 달리 대나무는 퍼짐이 없이 곧게 자라 기개를 상징한다는 점에서 소나무와는 격이 다른 대접을 받아왔다. 그렇지만 민요 속에서는 죽마지우처럼 소나무와 대나무는 늘 붙어 다닌다.

　　진국 명산 만장봉이/ 바람 분다고 쓰러를 지며/ 송죽 같은 굳은 절개/
　　매 맞는다고 훼절을 할까

　남도의 대표적인 민요 〈육자배기〉는 특유의 계면가락과 구성진 성음이 사람의 심금을 울리는, 그래서 많은 민중으로부터 사랑을 받고 또 널리 불리는 민요다. 그 〈육자배기〉의 대표적인 구절이 바로 이 '진국명산'으로 시작하는 노래로 송죽의 절개는 만고에 훼절됨이 없음을 단호하게 전달하고 있다.

> 모진 바람 눈서리에 거침없는 저 송죽아/ 눈송이는 은빛인데 너는 어이
> 푸르더냐 너는 어이 푸르더냐/ 가세 가세 어서 가세 사철노래 찾아가세

송죽의 절개는 현대에 새롭게 만들어지는 민요에서도 그대로 반영된다. 비교적 근자에 만들어진 남도민요 〈신(新)사철가〉에서도 대나무의 위용은 예부터 연연히 이어져 온 의로운 모습 그것을 대변하고 있다.

일편단심 곧은 절개, 애절한 대나무

남성들에게 대나무가 기개와 절개로 각인되듯 여성들에게도 예외는 아니었다. 일부종사의 도덕률을 최고지선으로 교육받았던 여성들은 대나무를 보며 정조를 다짐하고 일편단심을 맹세했다. 기방의 기생이든 여염집의 여인이든 혹은 양반집의 규수이든 이별의 정한과 애연한 마음을 송죽의 지조에 비유하며 노래하곤 했다.

> 남산 송죽에 홀로앉아 우는 저 뻐꾹새야/ 님 죽은 혼령이어든 너 아니
> 불쌍탄말가/ 참아가지로/ 님의 생각 간절하여서 나 못살리로다.

평안도의 대표적인 노래가 〈수심가〉이다. 전라도 일대의 〈육자배기〉와 함께 민요의 백미로 일컬어지는 〈수심가〉는 그 뛰어난 예술성 때문에 국가에서 중요무형문화재(제29호)로 보호받고 있는 민요이기도 하다. 수심가는 소외와 한의 정서가 서도지방 특유의 강한 선율로 표출된 노래로 대동강 물을 마시지 않은 사람이 부르면 싱거워 도저히 들을 수 없을 정도로 색깔이 독특한 평안도 사람만이 능숙하게 부를 수 있는 민요로 알려져 있다. 이 〈수심가〉는 전반적으로 애상조를 띠는데 여기에 등장하는 대나무 역시 그러한 애절한 분위기를 대변해 주는 소품으로 등장함을 알 수 있다. 대나무 위에 앉아 있는 뻐꾹새를 환생한 임으로 여기고 그를 슬퍼하는 정절한 여성의 애잔한 마음이 드러나 있다.

> 어지러운 사바세계 의지할 곳 바이 없어/ 모든 미련 다 떨치고 산간벽절
> 찾아가니/ 송죽바람 쓸쓸한데 두견조차 슬피 울어/ 귀촉도 불여귀야/
> 너도 울고 나도 울어/ 심야삼경 깊은 밤을 같이 울어 세워볼까

원래는 강원도 정선 지방에서 불리는 〈엮음 아라리〉에서 발전한 서울제 〈정선아리랑〉의 가사 한 구절이다. '김옥심'이라는 전설적인 명창이 부르면서 널리 알려진

묵죽도(墨竹圖) | 송민고(宋民古), 조선, 국립중앙박물관 소장 | 정치가 혼란해지자 과거를 포기하고 평생 은거하여 살았다는 송민고의 삶이 반영된 듯 의로우면서도 외롭게 느껴진다.

이 〈정선아리랑〉은 빠르게 읊조리듯 촘촘히 엮어나가다가 중간부분에서 한없이 느려지면서 후렴 '아리랑 아리랑 아라리요' 하는 대목으로 넘어가는 구조를 가지는데, 이러한 구조를 가진 민요로는 평안도 지방의 〈엮음 수심가〉와 함께 유일하다. 밀고 당기는 다이내믹한 구성에 강원도 지방 특유의 소리조인 '메나리'의 흘러내리는 음이 조화를 이룬 이 민요가 가진 멋은 그 어떤 기술로도 흉내 낼 수 없는 예술미의 극치라고 할 수 있을 것이다. 임을 이별한 여인 혹은 혼란스런 세상을 미련 없이 떠나온 선비가 자신의 처지를 한탄하며 부르는 이 노래 속에서 대나무는 그 여인 혹은 선비의 휑한 마음을 대변하는 소품으로 등장하고 있음을 알 수 있다.

민중의 평생의 벗

이처럼 대나무는 소나무와 어우러져 민중의 애환을 표출하는 수단이 되었는데 아마도 이 산하 지천으로 흔하게 널린 것이 '송죽'이기 때문이리라. 하지만 소나무에 비해 대나무의 쓰임새는 악기부터 죽제품에 이르기까지 용도도 다양하고 또한 많은 먹거리까지 제공했기 때문에 민중으로부터 소나무와는 다른 융숭한 대접을 받았다. 이러한 정서는 민요에 그대로 표출되어 있다.

> 남산 밑에 남도령아 이 산의 초목은 다 비어도/ 오죽대 한 쌍만 비지를 마소/ 올 키우고 명년 키우고 이삼 년만 키워 놓으면/ 낙수청대를 휘어 갖고 태산 앞에 물들걸랑/ 낚어보세 낚어보세 처자 하나를 낚어보세/ 잘 낚으면 이사(利事)로세 못 낚으면 상사(喪事)로다/ 이사 상사 꽃을 맺어 해가 떨어지도록 놀다 가세

〈오죽대타령〉 혹은 〈오죽대한쌍〉이라는 이름으로 전하는 이 민요는 전남 구례,

담양, 화순 등지에서 전해 오는 민요인데, 다 자란 대나무로 낚싯대를 만들어 사랑하는 사람을 낚아보자는 민중의 솔직한 마음을 표현한 노래다. 산천의 나무는 다 베어내도 오죽대는 베지 말라는 구절에서 민중이 대나무의 쓰임새를 중요하게 여기고 있음을 읽을 수 있다.

　대나무는 민중의 지조, 순결 혹은 청렴함의 대명사이기도 하지만 또 어떤 면에서는 연정의 마음을 표현하거나 신세를 한탄하는 대상이 되기도 하는데, 이〈오죽대타령〉은 그러한 민중의 솔직한 감정이 적나라하게 드러나 있다. 선율은 다르지만 가사가 거의 흡사한 민요가 서울·경기 지역에서도 전하고 있다.

　　　남산 밑의 남도령아 온갖 화초를 다 베어도/ 금사오죽은 버히ス 마라/
　　　올 자라 내년 자라 삼사오륙 년 넌짓 자라/ 낚시나 장대를 베어다 놓고/
　　　낚으면 능사요 못 낚으면 상사라/ 상사 능사로 매듭을 지어/ 그 매듭 풀
　　　리도록 에헤라 잘살아 볼까/ 이리렁성 저리렁성 흐트러진 근심/ 만화방
　　　창에 에헤라 궁글려라

　서울·경기 지방에서 불리는 대표적인 민요로 비교적 오랜 역사를 가진 것으로 알려진 〈방아타령〉은 세마치장단으로 부르는 선소리다. 전문소리꾼에 의해 불리기 때문에 남도 지방의 〈오죽대타령〉보다는 정제되고 세련된, 격이 높은 소리로 평가받지만 가사가 전달하는 바가 무엇인지를 쉽게 이해할 수 없을 만큼 불명확한, 민중의 솔직한 감정이 의도적으로 배제되고 있는 것 같은 아쉬움을 준다.

　　　요 내 가슴엔 수심도 많고/ 칭이야 칭칭 나네/ 대밭에는 마디도 많다/
　　　칭이야 칭칭 나네

　경상도 지방의 민요인 〈칭이야 칭칭〉 혹은 〈쾌지나 칭칭나네〉에서도 대나무를 노래한 구절이 보이는데 걱정근심과 호응을 이뤄 고난한 삶을 은유적으로 암시하고 있다.

　대나무와 관련된 민요 가운데에는 대나무 열매의 씨로 알려진 죽실(竹實) 그리고 죽순(竹筍)과 관련된 민요가 상당수 전해 온다. 죽실과 관련된 민요는 「단산봉황은 죽실을 물고 벽오동 속으로 날아든다.」라는 구절에 한해 발견된다. 봉황은 아무리 배가 고파도 죽어 있는 것 혹은 조(粟) 따위는 먹지 않은 것으로 알려진 길조로 청렴한 성품의 소유자에 비견되곤 한다. 봉황은 성군이 나타나 나라가 태평할 때 날아오는 새로 알려져 있으며 국태민안을 상징하는 대표적인 동물이다. 이러한 연유로 '죽실'이란 가사는 〈춘향가〉·〈심청가〉·〈흥보가〉와 같은 판소리를 비롯해 산타령·민요

등 다양한 영역에 등장하고 있으며, 특히 판소리의 경우 플롯 구성상 사랑 대목이나 희망 등 극적 반전을 암시하는 대목에서 불리며 민요 역시 신나고 흥겨운 민요에 등장한다.

> 사랑 사랑 내 사랑이야 어허 둥둥 내 사랑이지 / 만첩청산 늙은 범이 살찐 암캐를 물어다 놓고/이는 다 덥쑥 빠져 먹들 못 하고 으르릉 어흥 넘노는 듯/단산(丹山) 봉황이 죽실을 물고/오동 속에 넘노는 듯/북해 흑룡이 여의주를 물고 채운간(彩雲間)에 넘노는 듯/구곡(釣曲) 청학이 난초를 물고 송백간에 넘노는 듯/ 내 사랑 내 알뜰 내 간간이지야/어허 둥둥 네가 내 사랑이지야

이도령이 춘향을 만나 사랑을 나누는 진양조 장단에 맞춰 브르는〈사랑가〉대목이다.〈춘향가〉는 권선징악의 결말을 취하는 전형적인 고전멜로물로〈심청가〉와 더불어 한국인들에게는 가장 많은 사랑을 받는 소리이기도 하다. 사랑―고난―극복―행복한 결말로 이뤄진〈춘향가〉의 '사랑' 편에 등장하는 '죽실'은 평온하고 태평스런 시절을 상징적으로 보는 역할을 하고 있다.

> 흥보가 보고서 좋아라 얼씨구나 저 제비야/ 당상 당하 비거비래 편편히 노는 거동/ 무엇을 같다고 이르랴/ 북해 흑룡이 여의주를 물고 채운간 에가 넘노는 듯/ 단산 봉황이 죽실 물고 오동 속에서 넘노는 듯/ 유곡 청학이 난초를 물고 송백간에 넘노는 듯/ 흥보 보고 고이 여겨 찬찬히 살펴보니/ 절골양각(折骨兩脚)이 완연 오색당사로 감은 흔적/ 가리롱 아리롱하니 어찌 아니가 내 제비랴/

부러진 다리를 고쳐 준 흥보에게 은혜를 갚기 위해 보은표 박씨를 물고 조선 땅을 찾는 제비의 여정을 노래한〈흥보가〉의 '제비노정기' 부분에 등장하는 죽실 역시〈춘향가〉의 사랑가 대목과 크게 다르지 않다. 이처럼 죽실은 평화, 행복 혹은 기쁨의 결말을 암시하는 복선을 깔고 있다고 해도 과언은 아니다.

> 단산봉황(丹山鳳凰)은 죽실을 물고/ 벽오동 속으로 넘나든다/ 에 에헤 헤어야 얼럴럴거리고 방아로다

조선 말 대원군이 경복궁을 중수할 때부터 불린 것으로 알려진 노동요로 대표적인 서울 민요인〈경복궁타령〉은 자진타령 장단에 부르는 매우 흥겨운 노래다. 고되고 힘든 노동을 흥으로 다룰 줄 아는 민중의 슬기가 엿보이는 노래이기도 하다.

> 에헤 에 어디이지 허어허 에헤야 에허 에허 이허루 산이로구나. 에헤/
> 단산 봉황은 죽실을 물고 벽오동 속으로 넘나든다/ 경상도 태백산은 상
> 주 낙동강이 둘러 있고/ 전라도 지리산은 하동이라 섬진강수로만 다 둘
> 러 있다 에헤

앞산타령은 서울·경기 지역의 대표적인 입창, 즉 선소리인 〈산타령〉의 하나로 우리나라의 경치 좋은 산과 강을 읊은 것으로 놀량─앞산타령─뒷산타령─자진산타령─개구리타령 순으로 진행된다. 이 앞산타령에 등장하는 죽실 역시 산천 경개의 평화로움을 은유적으로 보여 주는 역할을 하고 있다.

죽실이 나라의 태평, 가족의 행복, 연인간의 사랑 등 긍정적인 소재로 민요에 차용되고 있다면 죽순(竹筍)은 이와는 달리 슬픔, 탄식 등의 감정이입이 되어 민요에 차용되고 있다. 대나무 위에서 자라면서 봉황이라는 길조의 먹이가 되는 죽실과는 달리 거친 땅에서 솟아 나오는 특성 때문이었을까. 죽순과 관련된 민요는 대부분이 신세타령이고 한탄조의 노래 일색이다.

야속한 어머니, 죽순 나물 들고 가소

죽순을 주제로 노래한 민요를 통상적으로 〈죽순타령〉이라고 하는데, 이 〈죽순타령〉은 전문소리꾼들이 부르는 정제된 민요가 아니기 때문에 특별한 장단이 있거나 정형화된 선율이 있거나 하지는 않다. 하지만 가사 내용만큼은 대개 서사적이고 현실적인 내용으로 구성되어 있다.

죽순은 먹을 것이 넘쳐나고 사는 것이 여유로운 요즘엔 웰빙 음식 혹은 영양보조제 등으로 각광을 받고 있지만 먹을 것이 귀하던 시절엔 민중의 한 끼를 해결해 주는 최고의 고영양식 대용품이었다.

> 우리 엄마 날설적에 죽신 나물 자셨던가/ 그 대 커서 왕대 되고 왕대 끝
> 에 학이 앉아/학은 점점 젊어 오고 나는 나는 늙어지오/

경남 지역에서 전해 오는 신세타령의 일종인 〈사친가(思親歌)〉의 한 구절이다. 그 내용을 풀어보면 다음과 같다. 「우리 어머니 날 밸 적에 죽순 나물을 먹었는가/ 그 죽순이 자라 큰 대나무가 되고 대나무 끝에 학이 앉아/ 학은 점점 젊어지고 나는 나는 늙는구나」. 비온 뒤 훌쩍 자라는 죽순과도 같이 세월이 빨리 흘러가 버림을 한탄하는 신세타령이다.

죽순에 빗댄 이와 같은 류의 신세타령은 남도 지방에서 자주 목격된다.

> 우리 어마니 날 날 적에 죽순 나물을 원하드니/그 죽순이 점점 자라 왕대 끝에 학이 앉아/학은 점점 젊어지고 우러마니는 백발이 되었네/우리 엄마 날 날 적에 죽순 나물을 먹었던가/모디 모디 고생이요 모디 모디 걱정이네/

역시 경남과 전남 지역에서 불리는 신세타령인 〈죽순나물타령〉으로 내용은 〈사친가〉와 비슷하지만 어머니의 늙음을 한탄하고 고생살 많은 자신의 처지를 비관하고 있다는 점에서 사뭇 가슴 뭉클해진다. 자조적이면서도 체념적인 인생관이 엿보이는 전형적인 신세한탄조의 민요이다.

> 동지 동지 동짓달에 한짝 부모 병이 들어/죽신 노물 원허길래 왕대밭에 뛰어들어/죽신 한 타래 끙꺼다가 속잎 잦해 겉잎 잦해/팔딱팔딱 끓는 물에 아리살짝 들쳐갖고/은장도 드는 칼에 옹질종질 썰어갖고/오물쪼물 무쳐 갖고 새별 같은 놋접시에/문을 열고 들어가니 가그 없네 가고 없네/한짝 부모 가고 없네 울 어머니 가고 없네/죽신 노물 원허더니 울 어머니 가고 없네/일어나소 일어나소 울어머니 일어나소/저승질이 질(길) 같으면 오고 가고 내 못 헐께/저승문이 문 같으면 열고 닫고 내 못 헐께/울어머니 거동 보소 제비같이 머리 빗고/불티같이 나려가네 나비같이 나려가네/

전남 화순·보성 지역에서 불리는 신세타령의 일종인 〈효도가〉이다.

동짓달에 어머니가 병이 들어 죽순 나물이 먹고 싶다 하기에 대밭으로 달려가 죽순 한 타래를 꺾어다가 속잎 겉잎 다 제치고 끓는 물에 살짝 대쳐 칼로 썰어 잘 무쳐서 접시에 담아 문을 열고 들어가니 어머니는 이미 돌아가시고 그 혼령이 저승을 가고 있다는 서사적인 내용인데, 한겨울에 따기 힘든 죽순이 먹고 싶다는 어머니의 소원을 들어 드리기 위해 대를 캐서 정성스레 무쳐 어머니의 소원을 풀어 주고자 하는 효심이 잘 드러나 있는 매우 아름다운 민요다. 이는 중국의 맹종죽(孟宗竹) 전설이 이미 우리나라의 기층민에까지 전파되었음을 알 수 있는 대목이다.

대나무와 그 순은 영양가가 높은 음식이 되어 기층민의 주린 배를 채워 줬음을 알 수 있다. 그런가 하면 서민들의 하찮은 노랫가락 속에서일지라도 대나무의 상징성은 어김없이 작용하고 있음을 엿볼 수 있는 대목들이다.

|김문성|

4. 생활 속의 대나무

열 | 한·중

우리와 함께 살아온 대나무

한국

속은 비었지만 언제나 든든한 대나무

우리나라에서 남쪽 지역에 해당되는 전라남북도나 경상남북도에는 마을마다 대나무가 우거진 곳이 무척 많다. 그것은 아마도 예나 지금이나 달라진 것이 없다고 보여진다. 왜냐 하면 옛사람들이 남긴 글에 수없이 대나무 이야기가 등장해 온갖 일화와 상찬의 글이 넘쳐나고 있기 때문이다.

대나무는 우리 사람과 함께 살아온 가장 친근한 식물 중의 하나이다. 대숲이 있는 주변에는 물이 마르지 않아 농사짓기가 적당하고, 대나무를 잘라 여러 가지 죽세품을 만들어 실생활에 사용하기도 하고, 또 그것을 팔아 살림에 보태기도 한다. 그래서 죽림은 대개 마을 가까이에 있거나 사람의 주거환경과 함께 어우러지는 것이 보통이다. 대나무가 있으면 마을이 있고, 마을이 있으면 으레 대나무가 자라는 것이다.

우거진 대나무 숲으로 둘러싸인 마을이나 집들은 아늑하게 느껴지고 언제나 풍요롭게 보여지며 그곳에 사는 사람들의 품격마저 높은 것으로 생각된다. 그것은 전통적인 사군자로서의 상징성을 의식해서만이 아니다. 그것은 바람을 막아 주고 함부로 짐승들이 마을로 드나들지 못하게 하는 역할도 한다. 대나무가 촘촘히 박혀 생장하는 그 속성을 사람은 이렇게 활용해 온 것이다. 그리고 군락을 이루어 자라기 때문에 뿌리가 서로 얽히고 설켜 워낙 조밀하게 짜여 퍼지기 때문에 지진과 홍수 같은 자연재해에도 쉽게 무너지지 않는다.

그런가 하면 어느 선가(禪家)의 말처럼 대나무 숲을 지나는 바람 소리에 귀를 기울이면 자신도 모르게 빠져들어 모든 망상과 집착과 번뇌를 잊게 되기도 하고, 귀신마저도 대나무를 싫어해서 함부로 범접하지 못한다는 속설도 있다.

대나무의 이슬을 머금은 죽로차

우리네 선비들은 예로부터 차를 좋아해 집 주변에 대나무를 많이 심었다고 한다.

대숲에서 대이슬을 먹고 자란 차를 죽로차(竹露茶)라고 하는데, 특히 지리산 화갱동에 있는 죽로차는 천하의 명차(名茶)로 우리나라의 대표 다인(茶人) 정다산(丁茶山)과 초의(草衣) 등 여러 대가가 이를 찬양해 왔다.

이능화의《조선불교통사(朝鮮佛敎通史)》에 보면 김해 백월산의 즉로차가 가락국 김수로 왕의 왕비인 허 왕후가 인도에서 가져온 차씨에서 비롯되었다는 전설이 실려 있다.「김해의 백월산에는 죽로차가 있었는데, 세상에서는 가야의 수로왕비 허씨(허황옥(許黃玉), 원래 인도의 아유타국(阿踰陀國)의 공주)가 인도에서 A.D 48년에 가져온 차씨를 심어서 된 것(金海白月山有竹露茶世傳首露王妃許氏自印度持來之茶種).」이라고 전하고 있다.

이렇게 오랜 역사를 가진 죽로차는 절반은 그늘이 지고, 절반은 햇빛이 드는 반음반양의 대나무 숲에 차나무를 심어 새순이 나올 때 댓잎에서 떨어지는 이슬을 머금어 푸른색이 돌 때 채취하여 만든 것이다. 이 또한 대나무가 사람에게 베푸는 끝없는 덕목 가운데 하나임이 분명하다.

이처럼 대나무는 대자연의 극히 일부이지만 인간에게 물리적으로나 정신적으로 셀 수 없이 많은 것을 베풀고 있다.

정몽주와 대나무

선죽교 : 고려 말 한미한 사족 출신인 정몽주(鄭夢周)는 1360년(공민왕 9) 문과 삼장(三場)에 연이어 장원으로 등과하여 두각을 나타내기 시작했다. 1364년에는 이성계(李成桂)를 따라 삼선(三善) 삼개(三介)가 이끄는 왜구토벌에 종군하고 부모상을 당해서는 당시의 사회풍조와는 달리 예를 다해 시묘살이를 하는 등 지극한 효성을 다했다. 그는 1367년 성균관 박사에 임명되었을 때 이미 성리학 강론에 막힘이 없었다. 당

정몽주의 묘

충렬서원

시 유종(儒宗)으로 추앙받던 이색(李穡)은 정몽주가 이치를 논한 것은 모두 사리에 맞지 않는 것이 없다고 하여 우리나라 성리학의 시조로 평가했다. 1375년(우왕 1) 성균관 대사성으로 전임되어 남들이 꺼리는 명나라와 일본 사신으로 가기를 자청하여 난제들을 명쾌하게 해결하는 외교적인 능력을 발휘하기도 했다. 그 당시 두 나라와의 외교관계는 사신들을 투옥하거나 귀양을 보내는 등 험악한 국제관계가 진행되고 있을 때였다.

정몽주는 1389년 정도전(鄭道傳), 조준(趙浚), 이성계 등과 같이 공양왕을 옹립하여 개혁에 동참한다. 그러나 고려 왕조를 부정하는 역성혁명에 반대하면서 오히려 그들을 제거하려는 계획에 앞장서게 된다. 마침 이성계가 낙마하여 요양하고 있을 때 문병을 핑계로 동태를 파악하기 위해 갔다가 돌아오는 길에 선죽교(善竹橋) 다리 위에서 이방원(李芳遠)의 문객 조영규(趙英珪)에 의해 철퇴로 척살되고 만다. 고려의 재건을 위해 앞장섰던 그의 위대한 사상과 정치적인 능력이 망국의 운명과 함께 사라지는 순간이었다. 그가 흘린 좌절의 핏자국은 오랫동안 사라지지 않고 지금도 선죽교 다리 위에 희미하게나마 남아 있다. 원래의 선지교(善地橋)란 다리 이름이 절의의 상징인 선죽교(善竹橋)로 바뀐 것은 자연스러운 일이다.

죽전동 : 죽전리(竹田里)는 용인군 수지읍 풍덕천 동쪽에 위치한 곳으로 이곳의 지명 유래는 정몽주와 깊은 관계가 있다. 선생이 1392년 선죽교에서 살해되자 개성 근처 풍덕이란 곳에 모셨다가 19년 뒤인 1411년(태종 11) 고향인 경상도 영천으로 이장하기 위해 영구행렬이 풍덕천에 이르렀다. 이때 갑자기 돌풍이 일어나 상여의 영정이 날아올라 떨어지지 않고 계속 밀려가고 있었다. 사람들이 놀라고 당황하여 그 영정을 허겁지겁 따라가 보니 용인군 모현면 능원리 지금의 선생 묘소 자리에 떨어져 있

죽전휴게소

선죽교

었다. 신기하게 생각한 사람들은 선생의 뜻이라 생각하고 그곳에 묘역을 조성했던 것이다.

상여가 지나갔던 이곳은 충신의 절의와 덕망을 기리기 위해 죽절(竹節)이라 했다가 훗날 죽전으로 바뀐 것이다. 1576(선조 9)년 선비들이 이곳에 선생을 기려 죽전서원(竹田書院)을 세웠으나 임진왜란 때 소실되었고 1608(선조 41)년 묘소가 있는 능원리에 다시 세워 충렬서원(忠烈書院)이라 했다. 선생은 어머니가 태몽으로 난초 분을 받아 태어나서 아명은 몽란(夢蘭)이었다. 사후에 자신의 의지와 관계없이 대나무의 이미지와 함께 한 것은 그의 인품이 그만큼 귀할 뿐만 아니라 절의 또한 천추의 귀감이 되었음을 뜻한다.

독립운동의 뜻을 모은 죽마계

항일독립운동을 목적으로 1940년 3월 일본 유학생 14명이 죽마계(竹馬契)라는 명칭으로 조직한 비밀결사가 있었다. 니혼 대학(日本大學)의 안병익(安秉翊), 메이지 대학(明治大學)의 김사복(金思宓), 주오 대학(中央大學)의 이창덕(李昌德) 등이 일본 유학생 중심의 비밀결사조직의 필요성을 절감했던 것이다. 일제에 항거하여 민족의 독립을 쟁취하기 위해 같은 유학생 이봉하(李鳳夏), 김덕순(金德順), 이해룡(李海龍), 안종식(安鍾植), 구철회(具喆會)를 포함한 14명이 모여 전통 향촌계의 형식을 빌어서 죽마계라고 했다. 그것은 일제 감시의 눈을 피하려는 위장이기도 하지만, 구성원간의 결속과 조직의 비밀을 유지하여 독립운동의 목적을 성취한다는 뜻으로 향촌계의 전통적인 명칭인 죽마계라는 비밀결사가 된 것이다.

처음 계의 장은 최고 연장자이면서 조직 활동에 경험이 있던 김덕순이 맡아 장래의 활동무대가 서울이 되어야 한다는 취지 아래 본부를 서울에 두기로 했다. 서울 책임자를 안병익, 도쿄 지부를 이해룡, 이창덕으로 했다. 회원은 연회비를 2원씩 갹출하여 매학기 1회의 야유회를 통해 단결과 친목을 도모하기로 했으며, 년 1회 명사초청좌담회 개최를 통해 많은 동지를 규합하기로 하는 등의 내규를 정했다. 뿐만 아니라 같은 해 7월 18일 서울에서 제1회 총회를 열어 김사필을 계장으로 하고 이창덕, 이해룡을 도쿄 지부위원에 안병익, 안종식을 서울본부위원으로 하는 조직 개편을 했다.

이듬해 4월 조직을 강화하기 위해 연구부와 사무부를 두어 조직 강화와 자금 조달 등 활동을 본격적으로 착수했으나, 일제의 촉수에 의해 불온단체 구성이라는 죄명으로 조직원 전원이 체포·구금됨으로써 전통적인 향촌계의 위장으로 시작된 죽마계의 독립운동은 구체적인 활동이 시작되기도 전에 막을 내렸다.

명계로 인도하는 장의기구, 죽산마

옛날 왕이나 왕비가 죽어 장례를 치를 때 죽산마(竹散馬)라는 장의기구가 등장한다. 죽산마는 신라 때 이미 대나무로 만들어졌다고 한다. 신라의 고분인 천마총에서 나온 유물 가운데 말의 안장 밑에 까는 대오리로 만든 장니(障泥)가 발견되었다. 장의기구에 이렇게 대나무가 사용된 것은 역시 대나무가 지닌 신비한 주력(呪力)을 신앙했기 때문일 것이다.

임금의 장례를 국장(國葬) 또는 인산(因山)이라고 하는데 죽산마와 죽안마(竹鞍馬)는 그때 행렬의 대여(大轝) 앞에 배치되는 장의물(葬儀物)의 하나다. 죽산마는 굵은 대를 넓게 쪼개어 말의 뼈대를 만들고 잘게 쪼갠 대나무를 얼기설기 엮어 머리와 네 다리 등 몸통을 만들어 종이를 발라 잿빛 칠을 한 다음, 이목구비를 갖추고 갈기와 꼬리까지 실제 말총을 쓰기도 하여 가능한 실물과 같은 네 마리의 죽산마를 만든다. 두 마리는 백색을, 나머지는 붉은 색으로 칠한다. 그러고는 수레 위에 우물정(井)자의 각목을 대고 말이 넘어지지 않게 말발굽을 고정시켜서 사람이 끌고 간다.

죽안마는 죽산마에 안장을 얹은 것으로 말 네 필이 끈다고 해서 죽사마(竹駟馬)

왕실 장례 행렬에 쓰이던 죽산마·죽안마

라고 부르기도 한다. 만드는 방법은 죽산마와 같다. 행렬에서는 죽산마 바로 뒤에 가며, 붉은 말이 앞에서 가고 흰 말이 뒤에서 간다.

모든 장례절차가 끝나면 고인의 유물과 함께 죽산마도 불태워 버리는데 이는 명계(冥界)로 이어지는 여정을 죽산마에게 안내를 맡기는 의식인지도 모른다.

수복강령의 안내자, 죽간자

붉은 칠을 한 길이 2, 3미터가 되는 대나무 자루 위에 가느다란 대 100개를 꽂고 붉은 실로 묶은 다음 대 끝 3센티 아래로부터 금박한 종이에 수정 구슬을 달아서 장식한 것을 죽간자(竹竿子)라 한다. 죽간자는 당악정재(唐樂呈才)가 진행될 때 선두에서 무동이나 무희가 들고 춤꾼들을 인도하는 구실을 하는 의물(儀物)의 하나이다. 당악정재란 신라 이후 당나라로부터 전래되어 온 음악이 고려를 거쳐 궁중연희에 활용되던 음악과 춤을 말한다. 이는 신라로부터 고려를 거치면서 수백 년 동안 당, 송대의 영향으로 난삽해지게 된 것을 조선조에 들어 세종의 명에 의해 박연(朴堧, 1378~1458)이 우리 실정에 맞게 정리하여 아악(雅樂)이라 했다. 그러나 한쪽에서는 여전히 당악이라 부르기도 했다.

그런데 정재 때 행하는 여러 춤의 형식에 고려 때 최충헌(崔忠獻, 1149~1219)이 만들었다는 헌선도(獻仙桃), 고려 성종 때 만들었다는 수연장(壽延長), 왕의 덕으로 연꽃의 정이 나타나서 춤을 춘다는 연화대(蓮花臺) 또는 연화무(舞) 등 여러 가지 춤사위가 있었다. 이들은 다 같이 연희하면서 국왕이나 세력가들의 복락과 수명장수를 기원하기 위해 노래하고 춤추는 궁중의식의 하나였다. 이때 등장하는 무희들의 수는 적게는 8명, 많게는 30명의 무희가 동원되고 그 앞에는 반드시 두 사람이 죽간자를 받들어 들고 양쪽에서 인도하며 들어오고 퇴장하는 것이다. 이때 등장하는 죽간자는 역시 신대가 되는 것이며, 신의 강림을 위해 통로를 만드는 것이라고 볼 수 있다. 궁중행사의 하나인 당악정재는 왕을 위해 노래하고 춤추는 것이며 신의 힘을 빌어 왕의 강령과 권위를 지키려는 의식이기 때문이다.

한·중·일의 죽마놀이

남자아이들이 대나무 가지나 긴 막대기, 마당비를 두 다리사이에 끼고 걷거나 달리며 노는 놀이를 말한다. 혼자서 또는 여럿이서 줄을 지어 나란히 달리며 즐기는 놀이다.

이 죽마놀이는 우리나라를 포함해서 중국, 일본의 어린이들이 다 같이 즐기는 놀이로서 오랜 옛날부터 전승되어 왔던 것으로 보인다. 중국의 《잠확유서(潛確類書)》에 의하면 당나라 때 덕연(德延)이란 사람이 어린이들을 위해 고안했다는 기록이 있다. 우리나라의 박태순(朴泰淳, 1653~1704)의《동계집(東溪集)》과 김영작(金永爵, 1802~1868)의《소정문고(邵亭文稿)》, 일본의《센카쿠루이쇼(雜言奉和)》에도 같은 기록이 나와 있는 것을 보면 그 전통이 동양권의 오래된 놀이임을 짐작할 수 있다.

죽마지우(竹馬之友) 또는 죽마고우(故友)등의 고사성어도 이 놀이에서 나온 말이다. 어릴 때 서로가 격의나 사심이 없이 서로 위해 주며 경쟁하고 즐기며 함께 놀던 옛 친구를 말하는 것으로 이보다 더 적절한 어휘는 없을 것이다. 사실 어렸을 때 함께 뛰어 놀때의 죽마란 대나무가 아니라도 좋은 것이다. 대나무가 아닌 미류나무 막대기 하나 꺾어 타고 달리면 이 역시 죽마가 되는 것이다. 막대의 크기도 중요하지 않은 것이 가랑이 속으로 빠져 나온 길이가 두 손으로 잡을 수 있고 뒤쪽으로 비스듬히 땅에 끌려 먼지를 일으키면 더욱 속도감 있는 죽마가 되는 것이다. 대나무 잔가지에 잎이 달려 땅을 긁어 소리가 요란하고 먼지가 더 많이 피어오르면 대장 말이 되고 장군 말이 되는 것이다.

죽마는 여러 가지 종류가 있다. 목마인 경우는 본인의 키만큼 긴 대나무 막대기 아랫부분에 직각으로 짧은 막대기를 단단히 붙들어 매어 두 개를 만들어 양발을 올려 놓고 두 손으로 막대를 잡고 걷거나 뛰어갈 수 있는 것을 말한다. 이 죽마는 만드는 것도 정교한 기술이 필요하거니와 타는 아이들의 운동 신경도 고도로 발달하지 않고서는 불가능하기 때문에 고기능 죽마였다. 그러나 좀 더 높은 곳에서 내려다보려는 인간의 욕망 때문에 장대의 길이와 지지대의 높이를 조금이라도 더 높이 만들려고 했던 것이다.

중국

대죽 변 한자 580자의 의미

우리 인간과 대나무는 무한대의 관계를 유지하고 있다. 특히 동양권에서의 생활문화에 없어서는 안 될 중요한 식물 중 하나다. 각종 생활도구나 건축물, 무기, 악기와 같은 문화기기의 제재로서 또는 생태적 특성으로 인해 고대사회로부터 정서적인 면에 이르기까지 다양하면서도 깊은 영향력을 행사하고 있다.

그 실례로 오랜 옛날부터 사람이 대나무에 의지해 살아왔다는 것이《한문사전》의 한자를 보아도 짐작할 수 있다.

중국의 대나무 관련 사이트(www.emamboo.cn)의 한 자료에 따르면 竹(죽)자의 부호는 5, 6천 년 앙소문화(仰韶文化, 중국 황화강 유역 신석기 시대의 문화)의 도자기상에서 처음 나타나며, 그 후 竹 부수의 갑골문자가 형성되어 청대 강희연간에 이르기까지 竹 부수를 가진 문자는 960개까지 발전했다고 전한다.

竹 + 爪 = 笊
竹 + 間 = 簡

　　우리나라에서 가장 많이 통용되고 있는 3만 1천자의 한자를 수용한《에센스 漢字辭典 : 민중서림판)》을 기준으로 보면 죽자와 죽변(竹邊)을 가진 한자 수는 580자이다. 이 수치는 전체 수록 한자의 약 0.019퍼센트에 지나지 않지만 글자 내용의 의미로 보면 대나무를 이용한 생활도구의 이름이거나 대나무 종류명이 대부분이다. 그 중에는 드물게도 籙(록), 篆(전), 箋(전)자의 의미가 약간 다를 뿐이다. 籙자는 '비기록' 또는 '미래 기록'이라는 뜻이 있다. 篆자는 '전자 전'이라 하여 고대 한자의 한 서체의 명칭을 뜻하고, 箋자는 '부전 전'이라 하여 글의 뜻을 해석하거나 읽는 사람인 본인의 생각을 잊어버리지 않기 위해 메모해 첨부하는 종이쪽지를 말한다. 이들 또한 죽간(竹簡)이란 고대 책자로 거슬러 올라가면 대나무의 직접적 용도에서 크게 벗어나지 않는다.
　　그러나 죽변으로는 획수가 가장 많아 마지막에 나오는 한자인 籲(유)자는 대나무와는 전혀 다른 뜻을 가지고 있다. 자의(字意)는 '부를 유' 또는 '부를 약'의 음을 가지고 있으며 죽변으로 형성된 한자이긴 하나 대나무와 직접적으로 관계가 없는 듯한 유일한 글자라고 할 수 있다. 2차 내용은 '신을 불러 기원하거나 호소한다는 뜻'을 가지고 있으며 龥(약)자와 같은 글자라고 되어 있다. 자의는 단순히 '부를 유, 고를 유'라는 뜻이 있을 뿐이다. 그러나 같은 유자이긴 하지만 죽변을 머리에 얹음으로써 신과의 관계가 비로소 이루어진다.
　　이런 측면에서 보면 이 한자마저도 대나무와 관계가 전혀 없는 것은 아니다. 대나무와 신의 관계는 이미 우리나라 문헌에도 많이 나타나 있어 그 관계를 충분히 짐작할 수 있다.
　　성현의《용재총화》에 섣달그믐날 귀신을 쫓는 도구로 빗자루를 만들었다는 기록이 나와 있다. 이를 방목귀(放牧鬼)라 하여 대나무는 저승에 속하면서도 현실계에 관여하는 망자의 신적 존재를 상징한다는 것이다. 무속에서는 대나무를 신대로 사용한다. 대나무는 곧 신이 강림하는 통로이자 신체(神體)였던 것이다.

한자사전의 죽변 마지막에 나오는 '유' 자마저 대나무의 상징체계 속에 포함된다면 죽변의 한자 580자 전체가 대나무에서 한 치도 벗어날 수 없는 것이다. │편집부│

《영덕 대게의 유래》

영덕에서 전해지고 있는 대게 유래에 대하여는 크게 두 가지 견해로 구분되어 있다. 그 하나는 고려 태조(왕건) 23년(서기 1940년)에 지금의 영해 지역(당시의 예주)을 처음 순시할 때 임금님의 주안상에 특별한 음식으로 올린 것과 그 이후 예주부사가 대게잡이로 알려져 온 이곳 마을을 초두 순시한 것을 바탕으로 마을 이름이 지어진 것으로 기인한다.

다른 하나는 조선조 초기에 지방특산품을 중웅에 조공하여 임금님의 수랏상에 대게를 올려 맛보게 하였으나 당시 대게를 먹는 임금의 자태가 근엄하지 못하고 임금의 얼굴에 대게살이 묻어 있는 모습을 신하들이 보기에 너무도 흉측하여 한동안 수랏상에 대게를 올리지 않았다고 한다. 그러나 대게의 특별한 맛이 생각난 임금이 신하에게 다시 대게를 찾아오라고 명하여 임금의 명을 받은 신하가 게를 찾기 위해 궁궐 밖으로 나와 한참을 헤매던 끝에 지금의 동해 영덕군 축산면 죽도에서 한 어부가 잡은 게를 찾게 되었다.

그때 어부에게 그 이름이 무엇인지 물었으나 어부가 대답하지 못하여 크고 이상한 벌레라는 뜻으로 언기라고 이름지었다. 죽침 언기어 또는 대나무의 곧은 줄기와 같고 다리의 마디가 여섯 마디라는 뜻으로 죽육촌어라고 부르자는 의견이 있었지만 결국은 죽해(竹蟹)라고 이름지었다 한다. 그 뜻은 대나무 섬을 지나오면서 잡아온 게의 다리가 대나무 마디와 같이 길쭉하다는 의미이다.

하여튼 구설로 전해지고 있지만 게가 크다는 뜻이 아니라 몸통에서 뻗어나간 다리 모양이 대나무처럼 마디가 있으며 길쭉하고 곧다고 하여 붙여진 이름이라고 전해 오고 있다.

4. 생활 속의 대나무

열하나 | 한·중·일

관련어와 속담 풀이

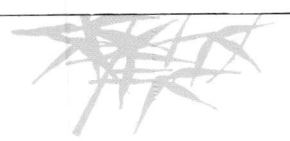

대나무 관련어 풀이

동양 삼국에 고루 분포하고 있는 것이 대나무다. 진죽·담죽·맹종죽처럼 한·중·일에 공통하는 것 이외에 일본에는 업평죽(業平竹), 포대죽(布袋竹), 스즈다케 등 독립 자생종도 있다. 그래서 물통과 화로, 죽창과 화살, 지팡이와 삿갓, 큰 바구니에서 대통까지 생활에 밀착한 대나무는 일본 속담의 단골이다. 그런가 하면 글자로는 그 의미를 확실하게 알 수 없는 의칭 또한 많다.

한청(汗靑)

고대에 죽간(竹簡) 위에 글씨를 쓸 때 먼저 불로 푸른 대나무를 그을려 수분을 완전히 증발시킨다. 그때 대나무가 피피 소리를 내며 수분이 밖으로 흘러나오는 것을 두고 청죽(靑竹)이 땀을 흘리는 것과 같다 해서 붙인 말이다. 이것을 살청(殺靑)이라고도 한다. 그렇게 한 이유는 글을 쓰기 편하게 하고 벌레 먹는 것을 방지하기 위해서였다고 한다. 거기서부터 한청, 살청이라고 하면 저술의 과정이나 그 완성을 말한다.

격죽(擊竹)

깨달음을 가리킨다. 향엄(香嚴) 선사가 위산영우(潙山靈祐)에게 의탁했으나 진전이 없었다. 그는 충국사(忠國寺)로 옮겨 땔나무를 하다가 마침 발 아래 흩어져 있는 부서진 기왓장을 주워 대나무를 치니 소리가 크게 났다. 향엄은 그 소리에 아연 깨우침을 얻게 되었다는 고사에서 나온 말이다.

옥판(玉版)

특히 중국 강남에서는 죽순 말린 것을 옥판(玉版)이라고 하여 별미로 쳤다. 한편 죽순(竹筍)은 담박한 음식으로 애용되었는데,《본초(本草)》에서는「남쪽 사람들은 마른 것을 옥판순(玉板筍)이라 한다.」고도 했다.

이 외에도 대나무와 자연 현상물들과 합쳐 붙여진 이칭들이 많다. 밝은 달빛이 눈 쌓인 대나무를 비추었을 때의 정경을 설월죽(雪月竹), 바람에 일렁이는 대숲을 풍죽(風竹)으로 부르기도 한다. 그런가 하면 노죽(露竹)·우죽(雨竹)·추순(抽筍)·치죽(穉竹)·노죽(老竹)·고죽(枯竹)·절죽(折竹)·고죽(孤竹) 등이 있는데, 보이는 현상을 직설적이거나 은유적으로 지칭한 명칭들이다.

대나무와 속담

한국

· 국상(國喪)에 죽산마 지키듯 한다 : 무엇인지도 모르고 남이 시키는 대로 멀거니 지켜보기만 한다는 말.
· 군불 장대가 키만 크다 : 어떤 용도에 사용할 물건이 너무 커서 균형이 맞지 않아 도저히 사용할 수 없는 경우를 뜻하는 말.
· 대 끝에서도 3년이다 : 역경에 처해서도 참고 견디라고 가르치는 말.
· 대나무 진을 먹은 뱀 같다 : 뱀이 대나무 진을 먹으면 죽기 때문에 이미 운명이 결정되었다는 말.
· 대못박이 : 대로 만든 못은 뚫을 수 없으므로 너무 어리석고 용렬하여 교육할 수 없는 사람을 두고 이르는 말.
· 대밭에서 쉴 때는 모자를 죽순 위에 걸어놓지 말라 : 죽순의 빠른 생장속도를 빗대는 말.
· 대장대로 하늘 재기 : 우물 안 개구리처럼 좁은 시야를 말한다. 도저히 이룰 수 없는

물건을 이용해 어떤 목적을 달성하려는 무모한 행동을 일컫는 말.
- 대통 맞은 벙어리 같다 : 너무나 뜻밖의 화를 당해 정신이 아찔하다는 말 또는 정신이 나갈 정도로 얻어맞았다는 말.
- 댓구멍으로 하늘을 본다 : 시각이 좁음을 일컬을 때 쓰는 말.
- 왕대밭에 왕대 난다 : 원인에 따라 결과가 생긴다는 말.

중국

- 간두지세(竿頭之勢) : 몹시 위태로운 형세를 이르는 말.
- 명수죽백(明垂竹帛) : 이름이 청사에 길이 빛남을 뜻하는 말.
- 백척간두(百尺竿頭) : 위태로움과 어려움이 더할 수 없는 지경을 이르는 말.
- 서가종죽(西家種竹)에 동가치세(東家治世) : 죽근은 동쪽으로 잘 뻗어난다고 한다. 그러니 서쪽 집에서 대나무를 심으면 동쪽 집에서는 땅만 마련해 주면 대나무밭은 저절로 생긴다는 말.
- 세여파죽(勢如破竹) : 기세가 맹렬하여 대항할 만한 적이 없음을 이르는 말.
- 송죽지절(松竹之節) : 소나무같이 꿋꿋하고 대나무같이 곧은 절개를 이르는 말.
- 우후죽순(雨後竹筍) : 비가 온 후에 죽순이 계속 나오듯이, 여기저기에서 같은 것이 계속 많이 생기는 것을 비유한 말.
- 일간명월(一竿明月) : 한 가닥 낚싯대를 드리우고 달빛을 즐기며 한가로운 생활.
- 정송오죽(淨松汚竹) : 깨끗한 땅에는 소나무를 심고, 지저분한 땅에는 대나무를 심음.
- 정송오죽(正松五竹) : 소나무는 정월에 옮겨 심어야 하고 대나무는 오월에 옮겨 심어야 잘 산다는 말.
- 조반석죽(朝飯夕竹) : 아침에는 밥, 저녁에는 죽을 먹는 구차한 생활을 이르는 말.
- 죽두목설(竹頭木屑) : 대나무 끄트러기나 나무 부스러기 같은 하찮은 폐물;하찮은 폐물도 이용할 정도로 살림살이가 알뜰하다.
- 죽마고우(竹馬故友) : 죽마를 같이 타고 놀던 오래된 친구를 이르는 말.
- 죽마구의(竹馬舊誼) : 어릴 때부터 같이 놀며 자란 벗 사이의 정의를 이르는 말.
- 죽순 맛을 알면 상장(喪杖)도 먹는다 : 죽순대는 일명 식용죽이라고도 하는데, 그 맛이 너무 좋아서 맛을 한번 알게 되면 상장(喪杖)도 부수어 먹는다는 말.
- 죽장망혜(竹杖芒鞋) : 대나무 지팡이와 짚신을 뜻하는 것으로, 가벼운 옷차림을 말함.
- 파죽지세(破竹之勢) : 대나무를 쪼개는 기세라는 뜻으로, 대나무를 쪼갤 때 처음

두세 마디만 쪼개면 그 다음부터는 칼날이 닿기만 해도 저절로 쪼개지는 것처럼 맹렬한 기세를 말함.

일본

- 나무에 대나무를 접붙이다 : 전혀 걸맞지 않음을 비유하는 말.
- 남쪽은 대나무 숲 옆집은 원님(도노사마) : 서민이 살집이 못 된다. 남쪽의 대나무 숲은 하루 내내 햇빛이 들지 않을 것이고, 원님 옆집에서는 큰 기침 한 번 할 수 없을 테니 입지 조건이 나쁜 터를 말한다.
- 대나무 숲의 화재 : 대나무에 불이 붙으면 마디가 톡톡 소리를 내며 타듯이, 화를 내어 버럭버럭 소리치거나 하고 싶은 말을 톡톡 해버린다는 말.
- 대바구니로 물긷는다 : 아무리 노력해도 쓸모 없는 일. 최근에는 그런 바구니가 자취를 감춰서 '자루로 물긷기'라는 말이 쓰인다.
- 대통으로 하늘 보기 : 헤이안 시대의 불교 설화 〈일본 영이기〉에 나오며, 〈중국 사기〉에서 따온 말 같기도 하다. 우리나라에서 쓰는 뜻과 같다.
- 등잔 심지로 죽순을 캐지 : 수고한 보람이 없다 또한 도저히 불가능하다는 말로, 아이 못 낳은 여자는 죽어서 지옥에 들어가 등잔 심지로 대 뿌리를 캐게 된다는 옛 믿음이 배경에 깔려 있다.
- 지진이 나면 대숲으로 도망쳐라 : 지진이 났을 때 가까운 대숲으로 피(신)하는 것이 제일 안전하다는 경험에서 나온 속담이다. 그것은 대나무 뿌리가 서로 조밀하게 엉켜 있기 때문이다.

대나무로 만든 필통

| 박석기·편집부 |

《사사가자리(笹飾り : 대나무 장식)》

일반적으로 행해지는 행사, 단자쿠, 후키나가시(吹き流し : 바람에 나부끼게 만든 긴 헝겊) 등을 장식한다. 네부타나가시 : 동일본 각 지역에서는 칠석에 사사가자리 외에 남녀 인형과 양초 등을 태운 배를 냇물에 띄워 보내고 물로 씻는 풍습이 있었다. 이를 네부타나가시 또는 네무리나가시라고 한다. 여기에는 네무리(잠)을 쫓는 의미도 있다고 한다.

5 오늘날의 대나무

하나 | 한국 | 현대시로 본 대나무의 상징성
대나무 피리가 만들어내는 투명한 공간

둘 | 한·중·일 | 대나무의 품종과 분포 현황
동양인의 마음에는 대나무가 푸르다

셋 | 한·중·일 | 대나무를 주제로 한 축제와 관광산업
푸름의 바다에서 만나는 건강 체험

넷 | 한·중·일 | 상품으로 본 대나무
과학적으로 증명된 웰빙 산업의 첨단소재

다섯 | 한국 | 문화재로 본 대나무
반드시 보존되어야 할 우리의 문화유산

여섯 | 한국 | 역사로 본 대나무
민충정공의 혈죽

일곱 | 한·중
대나무의 다양한 모습

여덟 | 한·중·일
대나무의 미래는 청정하다

5. 오늘날의 대나무

하나 | 한국 | 현대시로 본 대나무의 상징성

대나무 피리가 만들어내는 투명한 공간

강인한 정신과 깨우침

대나무는 사시사철 푸른 잎새와 곧은 속성 때문에 문인들에게 사군자의 하나로 칭송받아왔다. 이는 외부의 어떤 상황이나 현실에도 굽히지 않고 그 단단함과 굳건함을 지켜 가는 강인한 지조와 절개를 상징한다. 이러한 이미지는 우리의 전통시가뿐 아니라, 현대시에 있어서도 계승·변용되고 있다. 대상 자체가 가진 강인함뿐만이 아니라, '속의 텅 빔'과 그것이 만들어내는 소리 등에 집중할 경우 그 변용의 여지는 좀 더 다양하게 마련된다.

> 대바람 소리/ 들리더니/ 소소한 대바람 소리/ 창을 흔들더니/ 소설 지낸 하늘을/ 눈 머금은 구름이 가고 오는지/ 미닫이에 가끔/ 그늘이 진다.// 대바람 타고/ 들려오는/ 머언 거문고 소리
>
> — 신석정, 〈대바람 소리〉

신석정의 시 속에 나타난 대나무는 우리 전통시가에서 나타나는 대나무의 이미지를 계승하고 있는 대표적인 경우다. 이 시에서 대나무는 화자를 일종의 각성 상태

에 이르게 만드는 역할을 하면서 화자를 일깨우고 있다. 안과 밖으로 분리된 공간에서 화자는 겉으로는 무료한 듯해도 내면에는 갈등을 품고 있다. 그들이 지고 안과 밖의 대립이 있는 상황이다. 그런 그에게 바깥에서 들려오는 대바람 소리, 곧 꼿꼿한 대나무의 잎새 소리는 '창을 흔들' 정도로 크게 들려온다. 대바람이 불더니 그것을 타고 들어오는 거문고 소리가 들려온다. 결국 시인에게 있어 대바람 소리는 현재의 처지에서 비굴해지지 않고 높은 기개로써 현실 상황을 뛰어넘게 하는 역할을 하고 있는 것이다. 이는 우리의 전통 시가에서 칭송해 마지않았던 절개 있고 굳은 기개를 가진 선비의 정신을 계승하여 표현한 것이라 할 수 있다.

대숲의 상상력과 신화화

전통적인 의미에서의 대나무는 어떤 외적 상황이나 여건에 흔들리지 않는 곧은 지조와 절개의 상징이었다. 그러나 후대로 가면서 시인들은 각자의 개성에 따라 전통적인 이미지와 상징성을 변용시킨다.

> 대숲에는/ 무엇이 들어앉았는가// 천년 묵은 이무기 양주가// 의좋게 방석을 틀고 마주 앉았는가//머리 푼 귀혼이/ 입술에 피를 묻히고// 흐트러진 매무새를/ 고치며 앉았는가.// 돌미륵이 발이 저려서/ 가끔 자리를 바꾸며/ 서성대고 있는가.// 바삭 바삭/ 버석 버석// 쑥!/ 아니, 엉금엉금 두꺼비/ 네가 그 큰 눈망울 굴리며/ 음 잔등을 긁고 있었구나
>
> — 구상, 〈대숲〉

백자청화국죽문각병(白磁青畫菊竹文角甁)
조선, 국립중앙박물관 소장

이 시에서는 대숲이 만들어내는 소리를 '바삭 바삭/ 버석 버석' 등과 같은 의성어로 부각시키면서 그 감각적인 면모를 보여 주고 있다. 이 시에서 대숲에서 불어오는 바람은 다분히 무서운 상상을 불러일으킨다. 물기 없이 푸른 대나무들이 늘어선 대숲에선 바람이 한번 불기만 하면 우수수 댓잎들이 서걱거리며 소리를 낸다. '천 년 묵은 이무기 양주'가, '머리 푼 귀혼'이 그리고 '돌미륵'은 하나같이 대숲에서 연상되는 푸르스름한 기운을 띤다. 그들은 화자의 상상 속에서 똬리를 틀어앉았고, 입술에 피를 묻히고 매무새를 고쳐 앉으며, 다리를 바꿔 앉는 등 현실에서는 일어날 리 없는 행동을 한다. 그것 역시 '나'와 분리된 '대숲'이라는 화자의 상상 영역이 만들어낸 신비한 공간에서만 가능한 것이다.

구체적인 현실의 감각화

> 대숲 바람 속에는 대숲 바람 소리만 흐르는 게 아니라요/ 서느러운 모시 옷 물맛 나는 한 사발의 냉수물에 어리는/ 우리들의 맑디맑은 사랑,// 봉당 밑에 깔리는 대숲 바람 소리 속에는/ 대숲 바람 소리만 고여 흐르는 게 아니라요/ 대패랭이 끝에 까부는 오백 년 한숨, 삿갓머리에 후둑이는/ 밤쏘낙 빗물 소리…// 머리에 흰 수건 쓰고 죽창을 깎던, 간 큰 아이들, 황토현을 넘어가던/ 징소리 꽹과리 소리들…// 남도의 마을마다 질펀히 깔리는 대숲 바람 소리 속에는/ 흰 연기 자욱한 모닥불 끄으름내, 몽당빗자루도 개터럭도 보리숭년도 땡볕도/얼개빗도 쇠그릇도 문등이 장타령도/ 타는 내음…// 아 창호지 문발 틈으로 스미는 남도의 대숲 바람 소리 속에는/ 눈 그쳐 뜨는 새벽별의 푸른 숨소리, 청청한 대숲파리의 맑은 숨소리
>
> — 송수권, 〈대숲 바람 소리〉

송수권의 〈대숲 바람 소리〉는 정겨운 우리 시의 운율을 살리는 가운데 대나무를 우리 고향의 향토적이고 정겨운 삶의 모습을 드러내는 소재로 사용하고 있다. 여기에서 대나무는 막연한 이미지 혹은 소리로서만 존재하는 것이 아니라 구체적이고 감각적인 삶의 여러 무늬를 드러내는 주요 동기이자 내용이 된다.

그러므로 대숲에는 '대패랭이 끝에 까부는 오백 년 한숨'뿐 아니라, 우리들의 맑고 투명한 사랑과 대잎파리의 맑은 숨소리가 살아 있다. 이 맑음 속에는 차가운 물의 서느러운 느낌이, 청청하고 맑은 기운이 날것 그대로 살아 숨쉰다. 우리가 살아온 구체적인 삶의 소리, 즉 징소리, 꽹과리 소리, 장타령이 그대로 살아 있고, 모닥불 그을음내와 몽당빗자루, 개터럭 등이 타는 내음이 날것 그대로 살아 생동하는 것이다. 이 시에서 대나무는 그 서걱거리는 대숲으로 구체화되었으며, 이 서걱거리는 대숲은 생동하는 삶의 구체적이고도 감각적인 모습을 드러내는 소재로 사용되었다고 할 수 있다.

투명한 빈틈과 대나무 피리 소리

김승희의 〈만파식적 — 남편에게〉에서 대나무는 '이음과 이음 사이의 투명한 빈자리'로서의 상징성이 두드러진다.

오로회첩(五老會帖) | 조희룡(趙熙龍), 조선, 서울대학교박물관 소장 | 함풍 신유(咸豊 辛酉, 1861년), 유최진(柳最鎭, 1791~1869), 이기복(李基福, 1791~?), 김익용(金益鏞), 조희룡(趙熙龍, 1793~1869), 이팔원(李八元) 등 5인이 모인 것을 기념하여 혜산 유숙(蕙山 留宿, 1823~1873)이 그린 소집도(小集圖)이다. (화첩 전체는 27면) 가운데 두루마리를 펼치고 〈난초〉를 그리는 이가 조희룡이다. 이기복 79세, 김익용 76세, 조희룡 73세, 유최진 69세, 이팔원 64세 등 다섯 노인이 모인 철종(哲宗) 12년인 1861년에 그려졌다.

두 개의 대나무가 묶이어 있다./ 서로간에 기댐이 없기에/ 이음과 이음 사이엔/ 투명한 빈자리가 생기지./ 그 빈자리에서만/ 불멸의 금빛 음악이 태어난다.// 그 음악이 없다면/ 결혼이란 악천후,/ 영원한 원생동물처럼/ 서로 돌기를 벋쳐/ 자기의 근심으로/ 서로 목을 조르는 것// 더불어 살면서도/ 아닌 것같이/ 우리 사이엔 투명한 빈자리가 놓이고/ 풍금의 내부처럼 그 사이로는/ 바람이 흐르고/ 별들이 나부껴./ 그대여, 그 신비로운 대나무 피리의 전설을 들은 적이 있는가?

— 김승희, 〈만파식적-남편에게〉

김승희는 묶여 있는 두 대나무의 거리를 부부 사이의 거리로, 좀 더 나아가서는 사람과 사람, 사람과 사물의 관계로 치환시키고 있다. 그런데 이 관계는 서로의 존재 자체를 위협할 만큼 독점적이고 끈질기다. 이에 시인은 대나무 자체가 아니라, 두 대나무의 사이에 놓인 적절한 '거리, 빈 공간, 틈'을 노래한다. 대나무 속의 '틈'은 너무 가까워서 서로에게 무거운 짐이 되는 관계를 아름답고 조화로운 관계로 만들어 준다. '투명한 빈자리'이자, '풍금의 내부처럼 그 사이로는 바람이 흐르고 별들이 나부끼는' 것이다. 이것이 바로 대나무 피리가 그 텅 빈 공간을 통해 맑은 소리를 만들어내는 과정이다.

    이 시에서 대나무 피리가 만들어내는 '거리'는 결혼·가족이란 관계 속에서 아내가 남편에게 하는 하나의 당부이며 전언이다. 이에 전통적인 의미에서 대나무가 환기하던 남성적인 이미지, 즉 강인한 정신, 이성, 선비로서의 이미지는 거두어진다. 이 시에서 대나무는 김승희의 시작(詩作)을 통해 지속적으로 보여 왔던 페미니즘적 문제의식을 개인적 상징으로 효과적으로 드러내 주고 있는 것이다.

| 김현자 |

5. 오늘날의 대나무

둘 | 한·중·일 | 대나무의 품종과 분포 현황

동양인의 마음에는 대나무가 푸르다

한국

2003년 산림청 자료에 따르면 전국 산림면적, 즉 침엽수림과 활엽수림, 혼효림, 죽림 그리고 무림립목지를 포함한 총 6,406,332헥타르 중 대나무가 차지하는 면적은 6,099헥타르로 0.10퍼센트를 차지하고 있다. 전체 지역별로는 전남이 2,973헥타르로 48.75퍼센트, 경남이 1,996헥타르로 32.73퍼센트, 전북 684헥타르로 11.21퍼센트, 충남이 255헥타르로 4.18퍼센트 순이다. 이에 반해 서울, 대구, 인천, 대전, 경기도, 강원도, 제주도에는 전혀 나타나 있지 않다.

　죽림벌채에 대한 허가와 신고제도가 폐지되고 나서 해마다 죽림면적은 줄어들고 있으며, 2002년에는 2000년(7,596헥타르)에 비해 1,500헥타르가 줄어들었다. 현재 우리나라는 첫째 식생활 변화에 따른 죽순 소비의 급격한 감소, 둘째 산업화의 진전에 따른 플라스틱, 철제와 같은 각종 대체품의 등장, 셋째 벌채와 가공에 따른 노동력의 고령화 그리고 인건비 상승, 넷째 중국·동남아 산 값싼 죽세공품의 대량 유입 등으로 국산 대나무의 용도가 점점 줄어들고 있어 대나무 관련 산업은 심각한 위기에 빠져 있다.

대나무 숲(죽녹원) | 많은 영화와 광고 촬영지로도 유명한 대나무 숲으로 많은 관광객이 수시로 찾아들고 있다.

그래도 전남의 비율이 높은 것은 대나무의 명산지로 너무나도 잘 알려진 담양이 있고, 최근 많은 대나무 관련 행사와 상품이 개발·출시되고 있기 때문으로 분석되고 있다. 또한 대나무가 자라는 환경적 요인으로 인해 대도시와 중부 이상에는 거의 자생하지 않고 남부 지방에 주로 자생하는 것을 알 수 있다. 우리나라의 대표적인 죽종은 왕대·솜대 및 죽순대이다.

중국

인구 약 12억 3,900만 명(세계 1위), 면적 960만 평방미터(한반도의 약 43.6배), 온대와 아열대성 기후에 속하는 중국은 세계에서 죽류 자원이 가장 풍부한 국가로 대나무 종류, 죽림면적과 축적량을 고루 갖추어 '대나무의 왕국(kingdom of bamboo)'이라 불리고 있다. 《중국 죽류 식물지》에는 39속 500여 종이 기재되어 있으며 죽림면적은 379만 헥타르로 전체 산림면적의 약 3퍼센트를 차지하고 있다. 그 중 맹종죽이 260만 헥타르로 축적량은 약 50억 본이고, 그 외 잡죽이 119만 헥타르로 축적량이 38억 본에 달한다. 매년 약 1.5퍼센트씩 죽림면적이 늘어나고 있는데 주로 강서성, 호남성, 복건성, 절강성이 중국 전체 죽림면적의 70퍼센트를 차지하고 있다.

오늘날 중국에는 수많은 종류의 대나무가 있다. 변종·변형까지 합하면 60속 500여 종이 자라고 있어 종류면에서 전 세계의 3분의 1을 초과하고 있다

중국에서 재배 면적이 제일 많은 것은 맹종죽(孟宗竹, 毛竹)으로서 전체 면적의 70퍼센트를 점하고 있는데, 양자강 유역에서 황하의 남단 일대에 걸쳐 재배되고 있다. 남경(南京)의 막간산(莫干山)에 있는 맹종죽은 하나의 군락이 70,000헥타르나 된다고 한다. 맹종죽 다음으로 많은 것은 왕대〔苦竹〕와 솜대〔淡竹〕의 순이라고 한다.

또 중국의 열대권에서는 'bamboo' 류가 재배 또는 자생하고 있다. 거룡죽(巨龍竹)은 세계에서 가장 높게 올라가는 품종으로 높이는 20~30미터이고 직경은 30센티나 되며 둘레가 1미터를 넘는다. '세계 취죽(翠竹)의 왕'이란 명칭을 얻고 있다.

현재 재배 또는 자생하고 있는 대나무 중에서 주요한 품종은 다음과 같다.

모죽(毛竹)·자죽(紫竹)·금양옥죽(金鑲玉竹)·다간죽(茶杆竹)·불두죽(佛肚竹)·거룡죽(巨龍竹)·방죽(方竹)·전죽(箭竹)·향죽(香竹)·단지죽(單枝竹)·차통죽(車筒竹)·황죽(黃竹)·이죽(梨竹)·반죽(斑竹)·구갑죽(龜甲竹) 등이 있다.

일본

일본의 최근 죽림면적의 추이를 살펴보면 1986년 14만 7,000헥타르, 1990년 15만 1,000헥타르, 2000년 15만 6,000헥타르로 점차 늘어나고 있는 반면, 죽재 생산량은 1998년 236만 7,000속, 2000년 200만 8,000속, 2002년 147만 7,000속으로 점차 줄고 있다. 죽재의 주요 생산지는 가고시마(38만 1,000속), 오이타 (27만 4,000속), 야마구찌(13만 5,000속), 그 뒤를 쿠마모토, 후쿠오카가 잇는다. 죽림면적은 전체 삼림면적 2천 511만 7,000헥타르의 0.6퍼센트이며 그 대부분이 사유림이다.

맹종죽 생산량 1위는 가고시마 현이며 왕대는 오이타 현이 1위로 2개 현이 전 생산량의 약 4할을 점유하고 있다. 죽재의 생산액은 전체 비식용특용임산물(옻, 밀납, 오동재, 목탄 등)의 3~4할을 차지하며 서일본을 중심으로 한 지역의 중요한 자원이다. 생산량은 최근 20년간 35퍼센트 감소, 현재 대나무 산업 분야에서는 생산자의 고령화, 후계자 부족 등으로, 재배의욕 저하, 수요 감소, 수요 편중, 유통구조의 복잡과 제품 수입의 증가 등 수많은 문제를 안고 있다.

대나무는 전 세계에 분포하고 종류는 47속 1,250여 종에 이른다. 한국·중국·일본 외에도 대부분이 동남아에 분포하고 있으며, 인도 300만 헥타르, 미얀마 150만 헥타르, 대만 17만 헥타르이다. 종류로는 일본이 662종으로 인도 136종, 필리핀 30종,

인도네시아 31종, 미얀마 42종, 말레이시아 31종, 대만 130종, 중국 60종, 아프리카 11종, 남아프리카 179종에 비해 단연 많은 품종이 자라고 있다.

일본에서의 대나무의 종류는 우리나라의 종류와 같은 것이 많다. 그러나 일본은 아열대 지방에까지 뻗쳐 있어 우리나라보다 그 종류가 훨씬 많다. 일본에는 식물 분류상 10속 64종 23변종이 있으며, 사사(ささ, 笹)라고 불리는 소형 대나무가 약 6속 640종이 자생하고 있다고 한다.

일본에서 가장 많이 재배되고 있는 품종은 마다케(まだけ, 苦竹)이다. 한때는 80퍼센트까지 점하고 있었던 때가 있었으나 개화로 고사한 것이 많아 오늘날에는 맹종죽(孟宗竹)과 비슷한 수준이 되었다고 한다. 하치쿠(はちく, 淡竹)는 북부의 높은 산이 많은 지방에서 재배되고 있다.

일본에서 재배 또는 자생하고 있는 대나무 가운데 중요한 것은 다음과 같다.

맹종죽(孟宗竹, モウソウチク), 진죽·고죽(眞竹·苦竹, マタケ), 담죽(淡竹, ハチク), 희담죽(姬淡竹, ヒメハチク), 음양죽(陰陽竹, インヨチク), 육중죽(陸中竹, リクチユウダケ), 야차죽(夜叉竹, ヤシャダケ), 사방죽(四方竹, シホウチク), 당죽(唐竹, トウチク), 여죽(女竹, メダケ), 한산죽(寒山竹, カンザンチク), 시죽(矢竹, ヤワケ), 한죽(寒竹, カンチワ), 자죽(刺竹, シチク), 봉래죽(蓬萊竹, ホウライチク), 태산죽(泰山竹, タイサンチク) 등이 있다.

| 편집부 |

《중국의 '모소' 대나무》

모소는 중국과 극동에서 자라는 대나무로, 제아무리 좋은 환경에서도 심은 지 5년이 되도록 전혀 자라지 않는다. 그러다가 마치 마술에 걸린 듯 갑자기 하루에 80센티씩 자라기 시작해서 6주 내에 완전히 자라 30여 미터에 이른다. 하지만 그것은 마술이 아니다. 모소가 그토록 급성장하는 것은 처음 5년 동안 자란 수 마일 길이의 뿌리 덕택이다.

5. 오늘날의 대나무

셋 | 한·중·일 | 대나무를 주제로 한 축제와 관광산업

푸름의 바다에서 만나는 건강 체험

한국의 축제

우리나라에서는 고려 초부터 매년 음력 5월 13일을 죽취일(竹醉日) 또는 죽술일(竹述日)로 정하고, 전 주민이 동원되어 마을 주변이나 야산 등에 대나무를 심었다. 심는 작업이 끝나면 죽엽주 등을 마시면서 마을 주민의 단결과 친목을 도모하는 화전놀이에서 유래가 계속되어 오던 중 1920년대 초에 끊겼다고 한다.

그러다가 담양군청이 1999년부터 군내에서 실시하던 각종 행사(군민의 날 행사, 농업제 등)를 통폐합하여 군민의 날(매년 5월 3일)을 전후로 대 심는 날(죽취일)의 의미를 되살리는 축제를 모색했다. 그리하여 대나무를 통한 지역 주민의 단결과 화합을 이루기 위해 대나무와 선비정신을 테마로 한 죽향축제를 개최했다. 지방자치 3기 출범 이후 대나무 축제로서의 친근함과 전국적인 인지도가 높게 나타나자 '대나무 축제'로 명칭을 변경해 지금까지 개최하고 있다.

이로써 담양하면 대나무라는 브랜드화에 성공하여 대나무를 활용한 담양의 이미지, 특산품 등을 전국에 널리 알리는 계기를 마련했으며, 대나무 관련 산업(바이오산업) 등 육성 방안을 마련했다. 또한 대나무를 통한 지역경제를 활성화했으며, 외국

대나무 뗏목타기와 소망등 달기 | 2005년에 열린 담양 대나무 축제 행사 중 하나인 대나무 뗏목타기(좌)와 개인의 소망을 적은 대나무 등을 달아 축제의 밤을 밝히고 있는 모습(우).

의 대나무 악기 초청 공연 등을 마련하는 등 활발한 문화 교류를 해오고 있다.

2005년에는 4월 30일부터 5일까지 5일간에 걸쳐 '자연과 인간의 푸른 만남!'이란 슬로건 아래 '녹색 웰빙의 맛과 멋의 체험'을 주제로 하여 제7회 대나무 축제가 열렸다. 이 행사에는 죽제품 경진대회 우수상 시상, 전통 대통술 담그기, 대나무 뗏목타기, 대나무 연날리기, 대나무 솟대 만들기, 대나무 피리 경연대회, 대나무 그림 전시회, 대나무 죽세공예품 전시회 등의 행사가 진행되었다. 이로써 축제가 활성화된 이래, 군민 단합과 대나무의 이미지를 활용한 체험 프로그램 발굴과 문화관광상품 개발로 관광소득 증대와 지역경제를 활성화하는 데 좋은 성과를 얻었다. 국내외에서 90여만 명의 관광객들이 다녀가면서 100여억 원이 넘는 지역경제 유발효과를 가져왔다.

중국의 축제

중국 개혁개방 이후 대나무 문화사업은 빠른 속도로 발전하고 있다. 대나무 자원의 생태 보호를 위해 사천(四川) 장녕(長寧), 강서(江西) 함녕(咸寧), 귀주(貴州) 삼수(森水) 등 10개 지역을 대나무의 고향으로 명명할 정도이며, 문화관광을 위허 독특한 죽문화예술제(竹文化藝術節)가 형성되었다.

성도죽문화제(城都竹文化節) | 〈삼국연의(三國演義)〉의 내용을 대발에 그린 그림을 전시해 놓은 대나무 조형예술길을 많은 사람이 거닐고 있다.

    죽문화예술제는 1996년 강서(江西) 길안(吉安)에서 제1회가 개최되었고, 1999년 호남(湖南) 일양(溢陽)에서 제2회가 개최되었으며, 2001년에는 사천성(四川省) 장녕(長寧)에서 제3회가 열렸다. 이 축제에는 음악, 무용, 텔레비전 특집 프로그램, 예술작품 등 풍부하고 다채로운 행사가 열리는데, 성도(城都)시창작 무용 〈대나무비가 쏴쏴(竹雨沙沙)〉의 경우, 2000년에 사천(四川)무용대회 금상을 차지한 바 있다.

    2004년 7월 17일에는 제11회 성도죽문화제(城都竹文化節)가 성도 망강(望江) 공원에서 열렸다. 망강 공원은 당대(唐代) 저명한 여류시인 벽도(薛濤)를 기념해서 만든 명승지 중 하나인데, 중국 전통 대나무 문화를 계승하는 공원으로 해마다 죽문화제가 열리고 있다. 또한 중국 최대 죽류(竹類)공원으로 명죽(名竹)인 휘취(薈萃)를 비롯해 총 150여 종의 대나무가 있다.

    이번 죽문화제는 '대나무 감상', '대나무 취미', '대나무의 운율', '대나무의 맛'의 이 네 가지 주제로 진행됐는데, 중국 대나무 문화의 넓고도 깊음을 충분히 음미할 수 있었다. 또한 중국 전통문화 및 신화·전설을 요지로〈삼국연의(三國演義)〉,〈서유기(西遊記)〉,〈삼십육계(三十六計)〉등 죽렴화(竹簾畵, 대발에 그린 그림)를 전시해 놓은 300여 미터의 대나무 조형예술길과 악기, 장기, 책, 그림의 거대한 대나무 부채 등 20여 곳의 대형 죽제공예품과 대나무 조형예술을 감상할 수 있었다.

이밖에 베이징 자죽원의 죽문화제, 촉남죽해죽문화연구회 등 전극적으로 다양한 행사가 해마다 개최되고 있다.

일본의 축제

대나무에는 생명력이 있고 신령이 머문다는 신앙을 갖추고 있으므로, 악귀를 쫓는 일본의 축제, 행사에 늘 등장한다. 대표적인 것이 교토의 죽벌회식(竹伐會式), 아키타(秋田)의 대나무 싸움과 전국에서 벌어지는 7월 7일 칠석놀이다.

아키타(秋田) 현에서 2월 15일에 벌어지는 다케우치(대나무 치기)에서는 푸른 대를 손에 쥔 남자들이 수와신사 앞에 모여 남군과 북군으로 나뉘어 다 치한다. 밤의 정적 속에서 신호와 함께 3,000개나 되는 푸른 대나무로 서로를 격렬하게 공격, 세 번의 승부를 가린다. 북군이 이기면 풍작, 남군이 이기면 쌀 가격이 오른다고 하는 이야기가 전해 온다.

나가사키(長崎) 현 미나미 마쓰우라(南松浦) 군 도미에 마찌(富江町) 구로세고(黑瀨鄕)의 오니비타키(鬼火焚)는 정월 3일 헤고바라이라고 말하고 젊은이들이 산에서 나뭇가지를 꺾어다가 4~5일 이틀에 걸쳐서 밤에 이 집 저 집을 돌아다니면서 '도깨비눈'이라고 하는 돈을 걷는다. 그것으로 대와 새끼를 사고 소나무의 심목(心木)에 대나무 가지와 꺾어온 나뭇가지를 엮는다. 이것을 도깨비의 뼈다라고 하는데, 높이 8진(尋, 약 36미터), 둘레 6진(약 27미터)이다. 그것을 두 개 만들어 양쪽에 마주보게 세워 놓고 7일 새벽녘에 불을 붙여 어느 쪽이 먼저 넘어지는가로 승부를 정한다. 이 불로 구운 떡을 오니노 메모찌라고 하는데 귀목병(鬼目餠)이라 하여 이것을 먹으면 일 년이 무사하다고 한다. 태우고 남은 재는 마귀를 쫓는 데 쓰고, 대는 벼락을 피할 수 있다고 한다.

사가(佐賀) 현 오기(小城) 군에도 6일에 오니비고야(鬼火小屋)을 만들고 어린이들이 그 속에 들어가 하룻밤 지내는데 7일 새벽에 오니비타키를 시작한다. 역시 타다 남은 대나무의 구부러진 것을 오이노 데마개(귀신의 팔이 굽음)이라고 하고 문간에 세우는 풍습이 있다. 그 대를 태우는 불을 나누어서 밥을 하는 데 그것을 다키하지메(たきはじめ)라고 한다.

또한 나가사키에서는 매년 10월 14~15일 다켄게이(竹ん芸)의 행사가 열린다. 이것은 200년 전통을 가진 나가사키의 대표적인 민속 행사로 1973년 나가사키 시가 정한 무형문화재로 등록되었으며, 2003년 1월 일본의 무형민속문화재로 선정되었다. 중국의 광대놀이의 영향을 받은 다켄게이의 분위기 조성을 위해 전통악기인 카라

부에(플루트)와 시메다이코(작은 북), 샤미센 등이 동원된다. 다켄게이는 음악에 홀린 두 마리의 여우가 10미터 높이의 대나무 장대에 위에 올라가서 안전망 없이 고난도 춤을 추는 연기로 신성한 동물을 상징하는 여우의 역할을 맡은 젊은이들은 흰색 마스크를 쓴다. 장대는 암컷 장대, 수컷 장대로 나뉘는데 수컷 장대는 디딤목이 15개, 암컷 장대는 5개가 있다. 이 여우춤의 하이라이트는 장대 위에서 다이노지(물구나무 서듯 큰 대자로 뻗는 것)를 하고, 턱걸이를 하는 등의 재주를 부리다가 흔들리는 대를 타고 암컷 장대와 수컷 장대를 옮겨 탄다. 두 마리의 흰 여우가 된 연기자들이 떡, 수건, 닭을 관객에게 던져 준다. 여우는 자기가 좋아하는 것을 사람들과 나눔으로써 신의 행운을 인간에게 나누어주는 제스처를 상징한다. 해마다 다켄게이는 양일 간, 낮과 밤에 걸쳐 5번 진행되는데, 특히 저녁에 행해지는 다켄게이는 환상적이라고 한다.

센다이 칠석제(七夕祭) | 오늘날까지도 그 화려함이 전해 오는 센다이 시의 명물 축제이다.

미야기(宮城) 현의 센다이 타나바타(仙台七夕)는 약 200만 명 이상의 관광객이 모여드는 센다이의 칠석제이다. 매년 8월 6일~8일까지 거행되는 센다이 시의 명물 축제로 센다이 시를 아름답게 장식하는 대형 대나무 장식물을 둘러볼 수 있다. 또한 탕자쿠(短冊)라는 작은 종이에 소망을 적어 대나무 가지에 붙여 그것이 이루어지기를 기원한다.

이시카와(石川) 현에는 다케와리(竹割り) 축제라 하여 아주 추운 2월, 흰옷을 입은 젊은이들이 길이 2미터의 청죽을 마구 쳐서 가늘게 쪼갠 다음 굵은 밧줄을 둘러치고 오곡 풍작을 기원한다.

이렇게 일본에서는 대나무를 주제로 한 축제가 지방마다 유사하거나 다른 형태로 오늘날까지 민속 축제 행사로 다채롭게 전해 오고 있다.

오늘날의 대나무

죽물박물관과 그 내부 | 대나무 축제를 맞이하여 많은 인파가 대나무 관련 제품과 죽세공예를 관람하기 위해 모였다.

한국의 대나무 관광지

담양 죽세공예진흥단지

전라남도 담양군 담양읍에 위치한 이곳은 우리의 전통문화 계승과 죽세공예의 진흥을 위한 결정적 계기를 마련했으며, 도시 근교의 이점을 살린 관광 자원으로 조성되었다.

　죽세공예진흥단지는 죽제품에 대한 생산과 기술정보의 교환, 죽세공예의 전수 등을 목적으로 건립된 곳이다. 전국 유일의 죽세품 주산지로서 보존·전시·판매 등 종합기능을 수행할 공간을 갖추어 2004년에 개관했다. 부지 15,000평에 건평은 922평이며, 주요 시설로는 죽물박물관, 죽종장, 인간문화재 전수관, 판매장이 운영되며, 본관 앞에는 아담한 분수대가 자리잡고 있다. 또한 이곳에서는 무인 안내 정보시스템이 구축되어 있어 담양의 가사문학관이라 할 수 있는 소쇄원, 면앙정, 송강정과 관방제림, 추월산, 담양호, 금성산성 등 주변의 문화재와 휴식 관광지를 알아볼 수 있다.

　담양읍 서부 우회도로변에 위치한 죽세공예진흥단지 안에 자리한 죽물박물관은 2004년 3월 12일 문을 열었다. 지난 1981년 현재 위치보다 더 읍내 쪽인 담양읍 담주리에 건립되었으나, 2004년 담양군이 죽세공예진흥단지를 따로 조성함에 따라 단지 안에 연면적 400평 규모의 새 건물을 지어 이를 옮겨 온 것이다.

2층의 건물에 전시·판매·휴식공간도 함께 갖춘 이곳은 대나무의 역사, 죽세공예의 역사를 한눈에 볼 수 있으며, 전시 소장품은 고죽제품 177점, 신죽제품 1,313점, 외국 죽제품 179점 등 총 1,669점이 전시되고 있다.

1층 제1전시실은 죽물전시실로 대나무에 관한 모든 지식을 얻을 수 있다. 2층에는 죽물생활실, 기획전시실이 있는데 죽물생활실은 말 그대로 생활도구로 쓰이는 죽물공예품이 즐비하며, 기획전시실은 담양군이 지난 1982년부터 시행해 온 죽제품경진대회 역대 수상자들의 작품을 전시하고 있다.

죽녹원(竹綠苑)은 전국에서 가보고 싶은 곳 3위로 떠오르면서 관광객들이 줄을 잇고 있으며, 영화와 드라마 촬영 등 체류형 관광자원으로 각광을 받고 있다.

이곳은 대나무 고장에 걸맞게 담양군이 의욕과 열의를 갖고 지난해 조성한 대나무 숲이다. 하늘을 찌를 듯 솟아 있는 50,000여 평의 대나무 숲에는 즉림욕을 즐길 수 있는 산책로와 쉼터 등이 잘 꾸며져 있고, 귀여운 팬더곰과 우마차 즈형물 등도 설치되어 있다. 드라마 〈다모〉〈여름향기〉〈죽귀〉, 영화 〈청풍명월〉〈흑수선〉 그리고 유명 이동통신과 자동차 광고도 이곳 대나무 숲에서 만들어졌다.

중국의 대나무 관광지

베이징(北京)시 자죽원(紫竹院)

베이징 시 북서쪽 모퉁이, 베이징 동물원의 서쪽에 위치해 있다. 이곳은 옛날 고량하(高梁河)의 발원지로서 원(元)대의 수리과학자 곽수경(郭守敬)이 베이징의 물 부족 문제를 해결하기 위해 상류에다 인공하(人工河)를 파서 옥천산(玉泉山)의 물을 끌어다 호수를 만들었다. 명(明)대에 호수의 북안(北岸)에 만수산(萬壽山)의 하원인 자죽원(紫竹院)을 축조하고, 청(淸)대에 또 자죽원의 서쪽에다 행궁(行宮)을 세워 제왕이나 황제의 친척들이 배를 타고 이화원(頤和園)으로 가는 도중에 휴식터로 삼았다. 현재 그 건물들은 모두 사라지고 없다. 1952년 베이징 시정부는 이 황폐해진 땅 위에 공원을 건설하고 3개의 크고 작은 호수를 팠으며 호수 주변에 대나무를 비롯한 꽃나무를 많이 심었다. 공원은 부지가 14헥타르, 그 중 수역 면적이 11헥타르에 달한다. 최근 연간 남방 각지로부터 대량의 자죽(紫竹)·석죽(石竹)·청죽(靑竹)·반죽(斑竹) 등 대나무를 옮겨 심음으로써 명실상부한 대나무 공원이 되었다.

자죽원

우이산의 대나무 숲

촉남죽해

광저우 우이산의 대나무 뗏목 유람

우이산(武夷山)은 외국인들에게 거의 알려져 있지 않지만, 중국에서는 이름난 명소 중 하나다. 우이산은 주자(朱子)가 우이정사(精舍)에 은거하여 학문을 연구, 제자를 양성했던 곳으로 천유봉과 구이구곡, 수렴동은 그 경치가 장관이다. 우이산은 중국 동남쪽에서 경치가 으뜸이라 꼽혀 왔는데 36개의 봉우리와 기괴한 암석, 다양한 구름 모양으로 유명하며, 대나무로 만든 뗏목을 타고 내려오는 유람이 있어 직접 체험해 볼 수도 있다. 상류인 구곡에서 물길을 따라 일곡에 이르는 무이구곡 관람은 굵은 대나무를 엮은 것을 잇대어 만든 뗏목을 타고 이루어진다. 앞뒤 뱃사공이 삼대를 저어 가는 경험은 이색적이다.

    우이산은 2000년 개봉된 영화 〈와호장룡〉 촬영지로도 유명하다. 〈와호장룡〉 영화의 주요 촬영지였던 또 다른 장소인 사천성 구채구가 있는데, 주인공인 저우룬파와 장츠이가 싸우는 대나무 숲이 바로 이곳 구채구에 있다. 경공을 통해 흔들리는 대나무 가지에서도 자유자재로 몸을 움직이며 싸우는 모습으로 관객의 탄성을 냈던 그곳은 구채구의 여러 호수 중 하나인 죽해에서 촬영된 것이다.

중국 최대의 죽림 공원 촉남죽해

촉남죽해(蜀南竹海) 풍경구는 장녕(長寧), 강안(江安) 두 현을 끼고 있다. 지형이 좁고 긴데 20여 개의 고봉과 500여 개의 산마루가 있고, 그곳 어디를 가나 참대 숲을 볼 수 있다. 산에 높이 올라 내려다보면 망망한 참대 숲이 바다처럼 설레는 듯하여 매우 장관이다. 죽해(竹海) 공룡, 석림(石林), 현관(懸棺)은 천남사절(川南四絶)이다. 죽해 경관은 사계절이 다르다. 죽순이 땅을 뚫고 올라오는 봄엔 꽃이 피고 새가 우짖고 여름이면 푸른 참대 숲이 하늘을 가리고, 단풍 붉은 가을에는 검푸르며, 은백색의 겨울에는 비취가 옥을 떠받친 듯하다.

죽해는 웅장하고 험준하며 아늑하고 수려함으로 소문이 났다. 이곳엔 명소 124곳이 있는데, 그 중 천황사(天皇寺), 천보채(天寶寨), 선우동(仙寓洞), 청용호(靑龍湖), 칠채비폭(七彩飛瀑), 고대 전쟁터, 관운정(觀云亭), 비취장랑(翡翠長廊), 차화산(茶花山), 화계 13교(花溪13橋)는 죽해의 10대 명소이다. 춘추전국시대부터 명·청(明淸) 시대까지 사람들의 입에 많이 오르내리던 전쟁 사례를 바위에 조각한 '36계(三十六計)'가 죽해 천보채의 높이 1,000여 미터 되는 벼랑에 새겨져 있다. 36계에서 한 계는 한 폭의 그림으로 되어 있는데, 길이가 1킬로미터로 장관이다.

울창한 죽해의 사계절은 실로 매혹적이다. 죽해의 참대결이 공예, 대나무 뿌리 조각은 세계적으로 소문났다. 촉남죽해는 이미 관광레저 명승지로 알려져 관광객들의 발길이 끊이지 않는다.

교토 부립식물원 대나무

일본의 대나무 관광지

죽림과 다케카키(竹垣)

세계적으로 일본은 '대나무 나라' '대나무 국민' '대나무 울타리'로 부를 만큼 대나무가 흔하고 대나무 산업이 번창한 나라이다. 일본에는 죠몬 시대부터 대나무를 일상이나 제사도구로 널리 사용해 왔다는 기록이 있다. 일본 문화는 대나무에서 탄생되었다고 할 만큼 대나무와 깊은 관련이 있다.

일본에는 600여 종의 대나무가 있는데, 죽림(竹林)면적이 2차대전 전에는 16만 헥타르에 이르렀지만 전후 주택건설 용지로 인해 12만 헥타르로 줄었다. 죽림은 현재 관상용을 넘어서 공해 대처, 환경보호, 방재, 녹화용으로 널리 이용되고 있다.

관광자원으로 유명한 죽림은 교토의 '사가노(嵯峨野) 죽림'을 첫 번째로 꼽는다. 정원이나 빌딩 안에도 관상용으로 대나무를 심는 것 또한 일본의 풍경을 연출하는 조경의 첫 번째 조건이다. 다케카키(竹垣)는 일본의 전통적인 미와 실용가치를 과시하고 있다. 절이나 가옥 주위에 쌓은 담은 일본적인 미(美)를 풍기는 것으로 외국인의 주목을 끌고 있다.

벳푸 시 죽세공전통산업회관

벳푸(別府)의 전통공예인 죽세공에 관한 자료를 전시한 박물관으로 죽세공의 역사, 기법, 인간과 죽공예의 관계를 종합적으로 소개하고 있다. 인간문화재의 작품도 많이 전시되어 있으며, 자료실에서는 대나무에 관한 문헌이나 서적을 자유롭게 열람할 수 있다. 체험코너도 있어 사전에 예약하면 간단한 죽제품을 만드는 체험을 할 수 있다.

유명한 죽림공원으로는 교토 시의 라쿠세이(洛西) 죽림공원, 시즈오카의 후지죽류(富士竹類) 식물원, 다케하라 시의 Bamboo Joy Hiland, 돗토리 현의 후나오카마치(船岡町) 죽림공원 등이 있으며, 벳부 시의 죽박물관과 죽세공전통산업회관은 일본 죽산업계의 현 상품과 전통죽공예품을 한눈에 볼 수 있다. |편집부|

《드레곤보트 축제 기간(5월 5일) ― 대만》

드레곤보트 축제 기간 중에 열리는 보트경주는 기원전 277년 음력 5월 5일 물에 투신해 죽은 애국시인 굴원(屈原)을 구하려던 노력을 기념하기 위해 열린다. 사람들은 그를 구할 수 없었기에 대나무 속에 밥을 집어넣어서 물속으로 던졌다. 왜냐하면 물고기가 영웅시인의 시신 대신 밥을 먹도록 하기 위해서다.

이것은 현재의 쫑즈를 먹는 관습으로 변화했는데, 쌀경단 속에 돼지고기나 콩고물로 채우고 대나무 잎으로 싼 음식을 말한다. 고대로부터 중국인들은 5월은 위험을 내포한 불길한 달로 믿어왔기 때문에 위생적인 생활이 강조되었고, 음식에 조금의 약을 첨가했으며 향이 나는 나뭇가지를 문 위에 걸어 두었고, 또 아름답게 수를 놓은 부적 또는 향이 나는 약을 넣은 주머니를 어린아이들의 옷에 달아 주었다.

5. 오늘날의 대나무

넷 | 한·중·일 | 상품으로 본 대나무

과학적으로 증명된 웰빙 산업의 첨단소재

한국

21세기 귀중한 자원으로서의 대나무

1970년대 이후부터는 플라스틱 제품의 대량 생산과 값싼 중국산 죽제품의 유입으로 담양 죽제품의 효용가치가 크게 떨어져, 이제는 옛 명목이나 간신히 유지하는 초라한 장으로 변해 가고 있다. 따라서 담양군은 이러한 죽제품의 활성화를 위해 죽초액과 대숯을 이용한 친환경 자재 개발, 댓잎차의 유럽 수출, 죽초액을 이용한 오폐수 처리의 악취 제거 공법의 특허획득, 대나무 하이테크 바이오 비닐 개발을 통한 농부병 예방 등에 힘써 환경보존과 친환경 유기농 분야에 획기적인 변화를 꾀하고 있다.

또한 담양군 무정면에 소재한 성화바이오축산은 죽초액포크를 생산·프랜차이즈 점에 공급해 연간 45억 원의 소득을 올리고 있다. 또한 지질대사와 지방간, 동맥경화, 여드름의 치료와 예방에 탁월한 효과가 있는 것으로 밝혀진 죽력(竹瀝) 생산, 죽초액을 이용한 친환경 대나무 바이오 농법으로 생산된 담양군의 대표 브랜드 쌀 '대숲 굿모닝 쌀'을 시판하고 있다.

죽초액을 이용해 만든 비누와 세계 각국의 바이어들로부터 많은 관심을 끈 헤어핀, 핸드폰 고리, 목걸이 등의 악세서리들.

　이와 더불어 인체·식물 등 생리활동에 직접적으로 영향을 미치는 필수원소인 산화철, 마그네슘, 규소, 칼륨 등을 적정량 혼합한데다 천연알미늄 실리게이트와 담양산 대나무 숯 그리고 죽초액을 다공질 실리카에 함유시켜 만든 기능성 투명필름 '대나무 하이테크 바이오 필름'도 생산하고 있다.

　분체, 티백기계 등의 기계설비로 1일 1톤의 대나무 관련 식품을 생산하게 될 (주)대나무건강나라는 담양군이 지난 1994년 10월부터 전남대 농대 정희종 교수팀에게 대나무잎을 이용한 식품의 제조방법을 용역 의뢰해 댓잎차, 댓잎음료, 댓잎분말 등 6개 품목을 개발, 2000년 8월 특허를 출원하게 됐으며, 담양대학 산업디자인과 교수팀이 식품용기, 포장디자인을 개발·상표 등록을 마쳤다.

　2005년 5월 서울 코엑스에서 개최된 '티월드 전시회'에 출품해 참가자들로부터 호평을 받은 댓잎차는 (주)대나무건강나라의 주요 생산 품목으로 해열, 해갈, 해독, 숙취 그리고 중풍예방·치료 등에 탁월한 효능이 있는 것으로 인지되었으며, 대나무의 고장인 담양 지역에서는 예로부터 민간요법으로 널리 활용돼 왔다.

　이렇게 식품·농업 분야에서의 활용뿐 아니라 대나무를 소재로 한 목걸이와 귀고리, 팔찌, 대나무 섬유를 이용한 대나무 양말 등도 인기가 높다. 특히 2003년 10월 10일부터 13일까지 4일간 프랑스에서 70여 개국 297개 업체가 참가한 가운데 개최된 세계 악세사리 패션전시회인 〈2003 파리 Premiere Classe〉에서 담양산 대나무를 소

대나무 섬유로 만든 양말, 요리의 재료가 되는 통조림, 비누, 치약 등 다양한 대나무 관련 상품들이 생산되어 예나 지금이나 변함없이 우리를 돕고 있다.

재로 한 대나무 악세사리를 선보여 세계인들부터 눈길을 모았다.

패션전시회에는 주로 대나무 뿌리를 이용한 목걸이를 비롯해 귀고리와 팔찌, 바지, 헤어핀, 벨트, 비녀 등 50여 종의 제품을 출품하여 세계 각국의 바이어들로부터 60여 차례 제품에 대한 상담 문의와 함께 일본과 미국, 스페인, 프랑스, 터키 등 8개국으로부터 4천 8백여만 원에 해당되는 제품 주문을 받았다.

또한 웰빙 산업의 흐름에 따라 '새집 증후군'의 방지를 위한 친환경적 바닥재인 대나무 온돌마루가 눈길을 모으고 있다. 대나무 온돌마루는 대나무 원목을 사용한 독특한 제품으로 실내에 음이온 방출을 증가시켜 공기의 먼지나 세균을 제거한다. 여름에는 시원하고 겨울에 따뜻하며 습기에 강하고 참나무보다 내구성이 2배 이상 좋다는 게 제조업체의 말이다.

이밖에 LG생활건강의 죽염비누, 죽염치약을 비롯하여 죽염폼클렌징, 죽염간장, 죽염된장, 죽염맛김 등 미용·생활용품에서부터 의류, 식품에 이르기까지 다양하게 생산되어 그 죽염의 효력을 과거뿐 아니라 현재까지도 누리고 있다.

대나무로 만든 여러 종류의 술과 지방간·동맥경화·여드름 치료에 탁월한 죽력 등 실로 그 상품이 다양하다.

중국

전 세계에 수출되는 우수한 목질재료

중국에서는 1980년대부터 대나무를 원료로 한 목질재료를 생산하기 시작했다. 현재까지 20여 년에 불과하지만 여러 가지 제품이 개발되어 트럭, 버스, 화물열차 등의 상판재나 거푸집용으로 사용되는 대나무 합판, 가구나 내장용의 대나무 집성재, 대나무 합판, 대나무 마루판 등이 있다. 특히 대나무 합판이나 마루판은 전 세계에 수출될 정도로 품질이 우수하며 지속적인 성장세에 있다. 대나무를 원료로 한 목질재료 제조업체는 수백 개사에 이르며 연간 100만 입방미터(임업연구원 임산공학부 목재가공과 박상범 박사의 통계)의 대나무 이용제품이 생산되고 있다. 특히 대나무 매트 생산공장은 절강, 복건성을 중심으로 수백 개에 달하는데, 그 중 절강성에 50여 개가 있다.

최근 대나무숯이 한국·일본에서의 인기에 편승하여 생산량이 점차 늘어나고 있으며, 연료용뿐 아니라 물숯, 밥숯, 목욕숯, 베개, 매트 등 다양한 상품이 생산되고 있다.

학술적인 뒷받침으로 개발되는 신소재

중국의 죽림·죽재 이용에 관련된 연구를 수행하는 기관은 중국임업과학원 목재공업연구소, 아열대임업과학연구소 죽자연구실, 농업부 임업국의 죽자연구개발센터, 운남성건축설계원, 남경임업대학 죽류연구소, 죽재공정연구센터, 절강임학원 죽자연구소 등을 들 수 있다.

중국의 죽엽청주(竹葉靑酒)

전문 학술잡지로서 《죽류연구》《죽자연구휘간》《죽류문적》 등 3종이 있고, 학술단체로서는 죽자협회와 중국임학회에 속하는 죽자연구회가 있다. 죽재에 대한 기초연구로는 죽재의 조직구조, 죽재의 물성과 강도, 죽재의 성분분석과 추출성분 그리고 pH에 관한 연구가 추진되고 있으며, 가공기술연구로는 화이바보드, 파티클보드, 배향성 파티클보드, 합판 등의 연구와 더불어 목재나 무기질 재료와의 복합재료 제조법 등이 연구되고 있다.

복합재료 가운데는 목재와의 복합재로서 죽재를 표면재로 복합한 집성재, LVL, OSB가 있으며 무기재료와의 복합재로는 죽-시멘트보드, 죽-석고보드가 있다. UN 회원국 27개국으로 이루어진 국제 대나무·등나무협회(INBAR, International Network for Bamboo and Rattan)의 본부가 중국 베이징에 있어 대나무 연구의 중심 역할을 다하고 있다.

일본

식용·약용으로서의 대나무 상품

일본에서는 죽순을 봄철 식탁의 왕좌로 여길 만큼 즐겨 먹는다. 죽순에는 탄수화물, 단백질, 지방이 양배추만큼 다양하게 함유되어 있어, 일본에서는 생식, 통조림, 건조, 볶음채 그리고 죽순밥을 만들어 먹는다.

옛날부터 대나무는 약용으로도 많이 활용되어 왔다. 한방약재로서 댓잎은 폐렴이나 기관지염에 효과가 있고, 죽근은 소독, 갈증 해소에도 효과가 있다고 믿는다. 니

이가타(新潟) 현에서는 사사단고(笹団子)라 하여 쑥을 반죽해 섞은 떡에 단팥을 넣어 작은 대나무(조릿대) 잎으로 싼 과자를 만들어 먹는다. 옛날이는 5월 단오 때 각 가정에서 만들었지만, 지금은 상점에서 구입할 수 있다. 현재 일본에서는 대나무 잎의 엑기스나 분말이 시판되고 있는데, 당뇨에도 효과가 좋아 인기를 모으고 있다.

일본 동북 지방에서는 강장과 혈압 안정, 천식, 감기 등에 효과가 있다고 죽엽을 달여 먹는다. 그리고 댓잎은 방부작용과 청정제로서 식품포장에 이용되고 있으며, 가공되어 사탕, 식품으로 널리 애용되고 있다.

대나무의 현대적인 생활용품

경제적으로 많이 부유해진 오늘날에도 대나무 제품의 애용은 변함이 없으며, 지금까지 애용되는 죽제품은 무수히 많다. 또한 실용품, 장식품의 수요가 늘어나고 있다.

일본에서는 다기(茶器)류로 사용되는 차통, 차탁(茶托), 차작(茶勺) 등 거의 대나무 제품이다. 검도용 죽도, 궁도용 궁, 화살도 대나무로 만든다. 궁의 소비량은 연 100만 개에 달하고 있다. 악기에도 생(笙), 피리, 능관(能管) 등이 거의 죽제품이며, 미술공예품에도 대나무를 활용하여 섬세한 일본적 미를 표현하고 있다.

붓은 물론, 철도의 가선수리용에도 죽제 사다리를 사용하고 있다. 죽제 사다리의 연간 소비량은 수천 대에 이른다. 또한 어묵의 꼬챙이, 등긁이 등도 죽제품이다.

우리나라에서 전수되어간 일본의 쥘부채는 약 1000년의 역사를 자랑하고 있는데, 현대에도 선전용, 장식품으로 죽제 쥘부채가 교토에서만 연간 700만 개나 소비되고 있다. 일용품으로서 죽렴, 용기, 꽃꽂이 용기, 낚싯대, 완구, 가구류, 식기, 조명기구에 이르기까지 대나무의 용도는 그 범위가 넓다. 죽제 위생 젓가락만 해도 연간 생산량이 3억 개나 된다.

죽지와 에너지용 활성탄

대나무의 나라 일본에서는 대나무를 원료로 죽지와 레용을 대량 생산·개발하고 있다. 옛날 중국에서는 종이가 없었을 때 문자를 적는 데 죽간을 사용했다. 대나무에서 죽지(竹紙)를 만든 것은 중국의 서진(西晉)시대(265~289년)이다.

일본에서 죽지를 개발·생산해 낸 것은 의외로 역사가 짧다. 1930년대로 추정되는데, 대나무를 원료로 펄프를 만들고 양질의 종이를 대량 생산하게 되었다.

대나무 활성탄, 죽탄의 에너지 이용, 100년 전 세계 발명왕 에디슨이 일본의 대나무를 탄소로 하여 백열전등을 발명한 에피소드는 유명하다. 일본산의 대나무가 활성탄 재료로서는 제일 좋다는 평이 있다. 전후(戰後) 수돗물 정화나 유독가스의 제거 방법으로 활성탄이 이용되어 소비량이 급격하게 증가했다. 일본에서는 목탄보다 죽탄을 일상적으로 생산하여 활용하고 있다. 죽탄을 죽림에 뿌려 죽림의 증산 효과를 올리고 있으며, 양계장에도 죽탄을 악취 제거, 공해 방지 등에 쓰고 있다.

죽제품 이용의 새로운 돌파구

죽재는 일용품이나 완구, 악기, 각종 농·어업용 자재, 주거공간을 연출하는 건축재료, 또 다도, 꽃꽂이 등에 널리 이용되어 왔다. 교토, 오이타, 가고시마 등에서 다양한 죽제품이 생산되지만 산업적 규모라 할 만한 것은 별로 없다.

한때 가고시마에서 마루판이 생산되기도 했으나 중국 제품에 밀려 최근에는 죽탄(대나무숯), 죽초액을 제조해 이용하려는 움직임이 전국적으로 확산되고 있다. 일본 과학자의 연구에 따르면 죽탄은 목탄보다 열량이 월등히 높아 전통 도자기 공예제작에서 청죽탄을 사용한다. 죽탄을 비롯한 대나무의 개발은 일본에서 왕성히 진행되고 있다. 통계를 보면 1998년 995톤에 불과하던 죽탄이 2002년에는 1,790톤으로 늘었으며, 죽초액도 355킬로리터에서 528킬로리터로 증산되었다. 죽탄은 현재 토양개량재 등으로 사용되고 있으나 그 수요처가 한계에 달한 것으로 이용 가능한 분야의 개척이 필요하다.

| 김문학·편집부 |

《복조리마을》

안성 죽산면 칠장리 신대마을은 25가구 중 20가구가 복조리 만드는 '복조리마을'이다. 마을 앞산의 이름을 따서 '칠현산 복조리'라는 상표명도 붙였다. 한 해 생산량만 20만 개에 달한다. 간단해 보이는 복조리지만 신대마을 이장 박성수 복조리 마을에 따르면 "1, 2년은 꾸준히 배워야 제대로 된 복조리를 만들 수 있다"고 한다. 집 안에 걸어 놓으면 일년 내내 복을 받고 재물이 불어난다고 한다.

5. 오늘날의 대나무

다섯 | 한국 | 문화재로 본 대나무

반드시 보존되어야 할 우리의 문화유산

차디찬 대나무에 따뜻한 정감을 불어넣는 달인의 손

고대로부터 오늘날에 이르기까지 신분과 관계없이 실생활에 필요한 생활도구로서의 대나무 기물(器物)을 제작하는 사람을 일컬어 죽세공이라 불러왔다. 물론 대나무를 이용한 죽세공예 분야는 실로 다양하다. 그중에서도 보통 솜씨로서는 흉내 낼 수 없는 어려운 분야가 있다. 오랜 세월을 두고 숙련된 기능을 익혀 달인의 경지에 이르러 독보적인 최고 기능의 보유자에게는 인간문화재라는 국가지정 중요무형문화재에 등록된다. 그 다음이 지방무형문화재로 지정하여 그 기능의 맥이 끊어지지 않게 국가에서 보호하고 있다. 왜냐 하면 그들이 아니면 반드시 보존되어야 할 민족의 중요한 문화유산이 소멸되기 때문이다.

우리나라의 죽공예는 전통적으로 죽림이 많은 전남 담양 지역에 집중되어 있고, 그 기능도 발달되어 왔다. 따라서 죽공예 기능장들 또한 집중적으로 그곳에서 나올 수밖에 없었.

전남 무형문화재 제15호로 지정된 참빗장(眞梳匠) 고행주(高行柱), 전남 무형문화재 제23호 죽렴장(竹簾匠) 박성춘(朴成春), 중요무형문화재 제53호 채상장(彩

廂匠) 서한규(徐漢圭)가 있고, 중요무형문화재 제31호로 지정된 국양문(鞠良文) 낙죽장(烙竹匠) 또한 담양 출신이다.

참빗장 : 머리를 빗는 빗 중 빗살이 굵은 것은 소(梳)라 한다. 가는 빗살은 비(秕)라 하고, 빗살이 가늘고 촘촘한 것은 참빗이라 한다. 머리를 정갈하게 다듬는 마무리 빗은 면비(面梳)라 한다. 이 밖에도 대소(大梳), 밀소(密梳), 써울치, 음양소(陰陽梳), 호소(胡梳) 등이 있다. 이처럼 다양한 빗의 종류 중에서, 매우 흥미로운 명칭은 음양소로 여성의 음모를 다듬는 데 쓰이는 빗이다.

참빗은 간단해 보이지만 공정이 무척 많고 손이 많이 가는 작업이다. 촘촘히 살을 붙이는 빗살매기 작업과 두툼한 대나무 살 끝을 머리카락이 잘 들어갈 수 있도록 45도 각도로 날카롭게 만드는 일은 잔손이 많이 간다.

참빗을 만드는 대는 보통 가장 좋은 3년생 왕대를 사용한다. 너무 강하지도 무르지도 않은 게 참빗 만들기에 좋다. 등대로는 오죽이나 자개를 사용하기도 하고 대나무에 문양을 새겨 넣기도 한다. 빗살은 보통 100개 정도를 붙이는데 고급 참빗의 경우에는 130개 정도를 붙이기도 한다.

일제시대 때는 담양에 참빗 조합이라는 게 있을 정도로 참빗이 인기가 많았다. 담양 5일장(2·7일)이 설 때마다 한 번에 1만~1만 5천 개까지 팔려 나갔다. 북한을 거쳐 만주나 몽고까지도 빗을 만들어보냈다. 호소(胡梳)라고 해서 만주에 많은 말의 털을 빗기는 데 사용되기도 했다.

죽렴장 : 죽렴은 일명 대발이라고도 한다. 대나무를 가늘게 쪼개어 실로 엮어서 만드는데, 주로 여름에 방문이나 창가에 드리워 햇빛을 가리는 용도로 쓰인다.

죽렴을 만드는 대나무는 주로 담양이나 곡성 지역에서 자라는 분죽이나 왕죽으로, 2~3년 자란 나무가 가장 알맞다. 특히 왕죽은 작업하기 쉬우며 때깔이 좋다. 채취는 물기가 빠지는 10월 중순~1월 중순에 하는 것이 좋다.

대발을 만들려면 절단, 쪽살내기, 마디 훑음질, 잔살내기, 주름질, 엮음질의 과정을 거쳐야 한다. 그늘에서 말린 대를 일정한 길이로 잘라 껍질을 얇게 벗겨야 되는데, 언뜻 봐서는 지극히 단순해 보이지만 이 일이 가장 중요하고 힘든 과정이다. 껍질이 벗겨진 대통은 2등분하고, 쪼개진 대는 다시 1센티 간격으로 쪼개서 쪽을 낸다. 그런 다음 또다시 1밀리 정도로 가느다랗게 대살을 만들어야 한다. 대살이 사람 손으로는 더 이상 쪼갤 수 없을 만큼 가늘어지면 조렴틀의 구멍으로 통과시켜 표면이 매끄럽도록 다시 한 번 손질을 해야만 한다. 이렇게 만들어진 가는 대살을 발틀에 하나씩 걸어

참빗장(고행주)

죽렴장(박성춘)

채상장(서한규)

낙죽장(국양문)

가며 실로 엮으면 그제야 대발이 나오는 것이다.

죽렴의 원래 제작지는 담양 대덕면 용산리였다고 하며, 죽렴장으로 김병권(1857~1900), 창평면 장화리의 이달수(1891~1961), 광덕리의 조병권, 오철수, 봉산면 주곡리 송산 마을의 김두옥(1905~1982), 박상언(1917~1987) 등이 유명하였다. 현재 기능보유자는 박성춘이다.

채상장 : 채상은 대나무를 종이처럼 얇고 가늘게 다스려서 거기에 청(青), 홍(紅) 등 각색 물감으로 염색하여 무늬를 넣어 겉을 짜거나, 아니면 겉대와 속대의 색상이 다름을 이용해 염색을 하지 않고 그대로 짜서 무늬가 은은히 비치게 하여 만든 상자나 바구니를 말한다.

채상(彩箱)의 역사가 오래이나 어느 때부터 사용되어 온 것인지는 정확하지 않다. 다만 서유구의 《임원십육지(林園十六志)》나 정약용(丁若鏞)의 《목민심서(牧民心書)》에 담양 지방의 채상(彩箱) 또는 채상(綵箱)이 국내에 이름 있다고 하여 주목하고 있으므로 대나무의 주생산지인 영호 양남에서 전승되어 왔던 죽세공 가운데서도 비단결같이 곱고 보기에 아름다울 뿐만 아니라 쓰임새가 긴한 죽세공의 한 부문으로 생각된다.

용도는 고대 이래로 궁중과 귀족계층의 여성가구로서 애용되었고, 귀하게 여겨졌던 고급공예품의 하나였다. 조선 후기에는 양반 사대부뿐만 아니라 서민층에서도 혼수품으로 유행했으며, 주로 옷·장신구·침선구·귀중품을 담는 용기로 사용되었다.

낙죽장 : 낙죽이란 것도 있다. 불에 달군 인두로 그림이나 글씨를 대나무의 표피에 새기는 것을 낙화(烙畵)라고 하며, 이를 대나무에 새긴다 하여 낙죽이라 한다. 바로 그 기능의 달인에게 주는 칭호를 낙죽장이라 한다.

낙죽장 인간문화재 국양문은 7세 때인 어린 나이부터 조부와 부친에게서 기능을 전수받았고 낙죽의 1인자였던 김일배로부터 또 다시 사사하여 현재까지 60여 년간 한결같이 외길을 걸어 온 장인이다. 그러나 우리나라의 낙죽 역사는 그리 오래되지 않았던 것 같다. 조선조 후기 순조(純祖) 때에 이르러 박창규(朴昌珪, 1783~?)에 의해 시작되어 오늘날까지 전승되어 온 것으로 보는 것이 통설로 되어 있다.

낙죽의 기능은 매우 까다롭다. 그리고 싶은 그림이나 글씨를 새기는 데, 그 종류에 따라 인두의 온도를 적정하게 맞추는 것이 무척 어렵기 때문이다.

손놀림의 능숙함, 기법의 예술성과 안목은 말할 것도 없고 그에 따른 온도의 적정선을 유지하는 것이 중요한 포인트이다. 선이나 가지를 그릴 때 한 번 댄 인두를 잠시 멈추었다가 다시 대면 온도가 맞지 않아 모양이 전혀 다르게 나타난다. 뿐단 아니라 정신적인 경지와 오랜 숙련으로 다듬어진 고도의 솜씨가 아니면 불에 달군 인두를 자유자재로 다룰 수 없다. 바로 여기에 낙죽장의 예술적 경지가 담겨 있다.

낙죽은 죽공예품 어느 것에도 아로새겨 형태의 아름다움에 또 다른 기품과 예술성을 가미하는 작업이다. 낙죽의 범위는 대자리, 화살대, 침통, 대발(竹簾) 각종 부채, 칼자루, 대필통, 침통, 참빗 심지어 대장롱, 지통, 연상, 병풍, 현관 등에도 낙화를 새겨 넣는다. 이처럼 낙죽의 용처는 기물의 종류와 형태를 가리지 않고 애용되어 왔고 쓰임새 또한 끝이 없다.

낙화의 내용도 같은 합죽선이라 할지라도 속살락과 변락(邊烙)에 그리는 것이 서로 다르다. 속살락의 문양으로는 국화문을 쓰는데, 홀국화, 겹국화, 운문(雲紋), 세운문, 수복문, 매화문을 비롯해 여러 길상문이 등장한다. 변락도 크게 다르지 않으나 연죽이나 참빗의 문양과 같이 산수, 송학, 매조(梅鳥) 등 회화성 문양까지 다양하게 낙죽하나 대개 우리의 전통 문양에서 크게 벗어나지는 않는다.

어쩌면 낙죽화는 대나무의 질감에 따뜻한 사람의 정감을 불어넣어 더욱 가깝게 하려는 선인들의 섬세한 지혜였다고 보여진다. 그것은 명리를 떠나 승화된 삶을 살아가려는 장인의 의지로 차디찬 대나무의 표피에 아름다운 산수화를, 매조나 송학의 생명력을 불어넣기 위해 뜨거운 불길을 빌려 한 획 한 획 그렸던 것인지도 모른다.

| 편집부 |

5. 오늘날의 대나무

여섯 | 한국 | 역사로 본 대나무

민충정공의 혈죽

《대한매일신보》와 양기훈의 〈혈죽도〉

「충정공 민영환 어른께서 자결하신 옛터. 상소 실패, 회나무골 이인식 씨 사랑방에 피신하여 우리 겨레에게 자주독립정신을 고취하는 유언을 남기시고 스스로 목숨을 끊으신 그 옛터가 이곳이다.」

이 글은 종로구 공평동 유서 깊은 태화관 자리 옆(현 한미은행 종로지점 빌딩 앞)에 세워져 있는 민충정공 기념비의 비문 내용이다. 원래 이곳은 민충정공의 본가가 있던 곳이다. 1986년 민충정공 문중과 YMCA가 공동으로 건립한 것이다. 이 기념비의 주인공 민충정공은 1905년 11월 17일 을사조약의 체결로 국권이 완전히 일본에 박탈당하자 고종황제에게 조약의 부당성을 들어 파기할 것을 상소로 호소하다가 소용이 없게 되자 비문에서처럼 유언을 남기고 같은 달 30일 자결, 순국했다.

민충정공 본가의 영연실(靈筵室)에는 그렇게 자결한 민충정공의 피묻은 군복과 군도 등을 함께 보관하고 있었다. 그런데 반 년 뒤 상석이 마련된 마룻장 틈에서 신기하게도 푸른 대나무 네 그루가 솟아올랐다. 이 신기한 대나무의 자생은 단순한 에피소드로 치부될 수 있었지만, 당시 신문들이 기사를 통해 이 신기한 사연을 적나라하

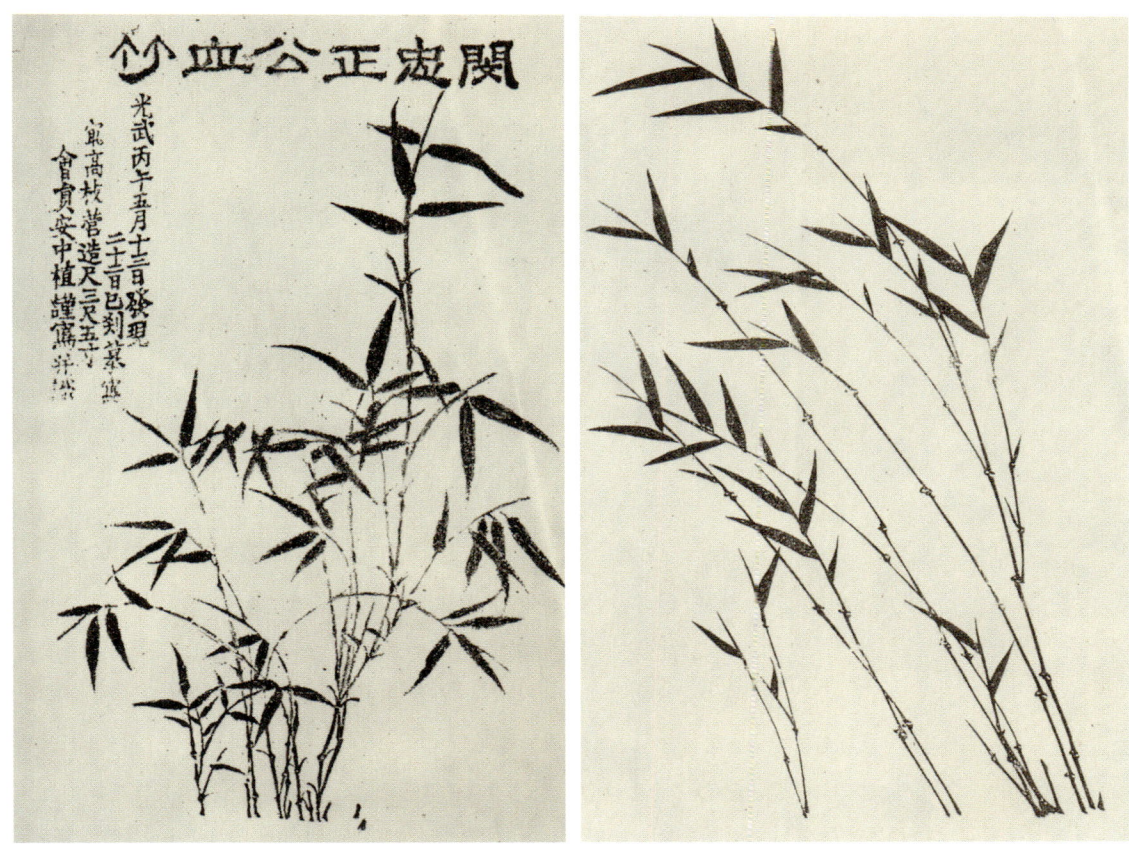

안중식의 혈죽도(좌)와 양기훈의 혈죽도(우) | 민충정공 분향소 마룻바닥에 솟아오른 혈죽을 안중식과 양기훈이 실사한 그림.

게 확인시켜 줌으로써 명백한 사실이 되었다.

이 대나무를 유족이 처음 발견한 것은 1906년 7월 4일이었고, 다음 날인 5일자 《대한매일신보》 잡보(雜報)난에 1단 기사로 〈녹죽자생(綠竹自生)〉이란 제목으로 보도되었다. 다음 6일자 기사에는 〈관죽자설(觀竹者說)〉이란 속기사로 실었고, 12일자에는 총 4면인 신문의 한 면 전체(제4면)를 파격적으로 할애하여 특집기사로 다루었다.

이때는 당시 저명한 화가였던 석연 양기훈(石然 楊基薰, 1843~?)이 현장을 방문하여 직접 보고 그린 〈혈죽도〉를 기사와 함께 특보로 실음으로 해서 전국 독자들의 심금을 울렸다. 이 특집기사와 함께 게재된 〈혈죽도〉의 설명문에는 「우죽(右竹, 左竹의 오기)을 본 사원(本社員)이 한국 명화(가) 양기훈 씨에게(서) 일(一) 부화본(副畵本, 여러 장 그린 것 중의 한 장)을 청득하여 본보 난 내에 인재(印載)하야 광포(廣幅)하노니 (충정공의) 충절을 애모하시는 첨군자(僉君者, 독자들)는 차(此)를 애상

오늘날의 대나무 273

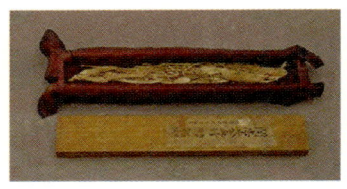
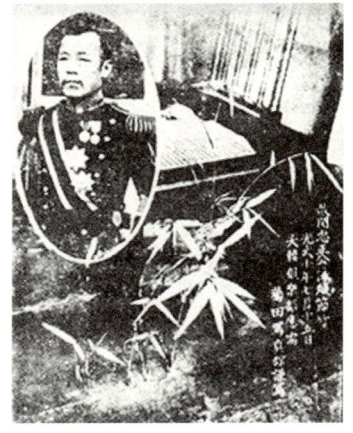

고려대학교 박물관에서 소장하고 있는 당시의
혈죽 실물과 혈죽의 현장을 찬양한 사진

할지로다.」라고 하여 나라를 빼앗긴 백성들의 마음을 더욱 아프게 했다.

사실 그 당시의 살벌한 공포 분위기에서 민충정공의 순국자결과 혈죽도를 전면에 걸쳐 특집으로 다룬 것은 신문사의 운명과 구성원들의 목숨까지 담보하지 않고는 할 수 없는 용기와 기개였다. 을사조약이 체결되고 3일 뒤인 11월 20일 장지연(張志淵, 1864~1921)이 〈시일야방성대곡(是日也放聲大哭)〉이란 논설을 실어 온 겨레를 통곡케 했던 《황성신문》마저 혈죽도 기사를 실을 수 없었던 것을 보면 짐작이 가는 일이다.

《대한자강회월보》와 안중식의 〈혈죽도〉

1907년 간행된 《대한자강회월보(大韓自强會月報)》 8월호에도 심전 안중식(心田 安中植, 1861~1919)의 〈혈죽도〉가 실렸다. 안중식 또한 혈죽이 자생한 현장을 찾아 먹붓으로 실사했던 것이다. 안중식의 〈혈죽도〉는 네 뿌리에서 솟은 크고 작은 대나무 줄기들과 잎사귀들의 생명감이 충만하고 구도가 자연스러워 양기훈의 그림과는 현저히 다르게 현실감이 느껴지는 그림으로 수작이었다. 게다가 이 그림에는 위쪽의 여백에 '민충정공 혈죽(閔忠正公血竹)'이란 경건하게 쓴 예서체의 화제가 분명하게 들어 있다. 그리고 화면 왼쪽 상단에 다음과 같은 글이 곁들여 있다.

「광무(光武) 병오(丙午, 1906년) 5월 13일(양력 7월 4일) 활현, 22일 사각(巳刻, 오전 9시~11시) 모사(模寫), 가장 크게 자란 줄기의 높이는 3척 5촌. 대한자강회 회원 안중식 근사, 병(幷, 및) 식(識, 적다).」

안중식은 일찍이 고종황제의 어진과 황태자 순종의 초상화를 그렸던 어진화가로 나약한 문사가 아니었다. 점점 노골화되는 일제 침략에 맞서 장지연과 윤치호 등이 1906년 4월에 결성했던 애국 계몽 사회단체인 대한자강회의 회원으로 활동했던 화가였다. 당연히 순국 자결한 민충정공의 영연실에서 절의의 표상인 대나무가 자생했다는 소식을 듣고 어떻게 외면할 수 있었겠는가! 그는 1915년에 그린 〈백악춘효(白岳春曉)〉의 백악을 배경으로 한 경복궁 그림에서도 망국의 혼이 그대로 배어난다. 굳게 닫힌 광화문과 그 앞의 넓은 광장에 사람 그림자 하나 없는 화면 처리를 함으로써 어디선가 소리 없이 통곡하고 있을 백성들의 아픔을 뼛속 깊이 느껴지게 하는 그림을 그린 화가였다.

이 〈혈죽도〉의 실체는 그림뿐이 아니라 한 영업사진
관 사진사가 1906년 7월 15일 직접 현장을 찍은 사진까
지 남아 있다. 그러니 어찌 지어낸 이야기라 할 수 있겠는
가. 더구나 민충정공 후손들이 채집하여 보관하고 있던
당시의 혈죽 줄기와 잎을 고려대 박물관에 기증함으로써
오늘날까지 전해지고 있다.

실제 전하는 〈혈죽도〉

2004년에는 한 개인 소장자가 구한말 화가 홍순승(洪淳
昇, 1875~?)이 그린 것으로 추정되는 민충정공 〈혈죽
도〉를 공개했다(2004년 1월 13일자 연합뉴스 보도 참
조). 이 소장자는 1976년 대전의 한 고서수집가로부터 이
그림을 구입한 것으로 알려졌다.

앞에서 말한 양기훈과 안중식이 그린 그림은 현재 전
하지 않고 《대한매일신보》와 《대한자강회월보》에 사진으
로 실려 있을 뿐이지만 실제 작품으로 공개된 것은 이번
이 처음이다.

이 〈혈죽도〉는 가로 34센티 세로 113센티의 비단 위
에 그려진 것으로, 음각으로 '홍순승인(洪淳昇印)'과 양
각으로 '만취화인(晚翠畵人)'을 새긴 낙관이 두 개 찍혀
있다. 만취는 홍순승의 호로 추정된다. 홍순승에 대해서
는 알려진 것이 없으나 1918년 창립되어 1936년까지 존
속했던 우리나라 최초의 근대적 미술단체인 '서화협회'
의 회원 명단에 같은 이름이 들어 있다.

그림의 윗부분에는 화제(제목) 대신 '찬(贊)'이 들
어 있다. 혈죽이 발견된 경위와 민충정공을 칭송하는 내
용으로 되어 있는데, 일부를 번역하면 「소멸되지 않는 것
은 충의이고/ 흩어지지 않는 것은 정기인데/ 그 기운이 하
나로 뭉쳐/ 대나무가 자랐다네/…… 장차 그 장렬한 절의
힘입어/ 기울어진 국운이 부지될 거네/ 이를 그림으로 그
려 전하거니/ 꽃다운 이름 만고에 빛나리라.」(민족문화

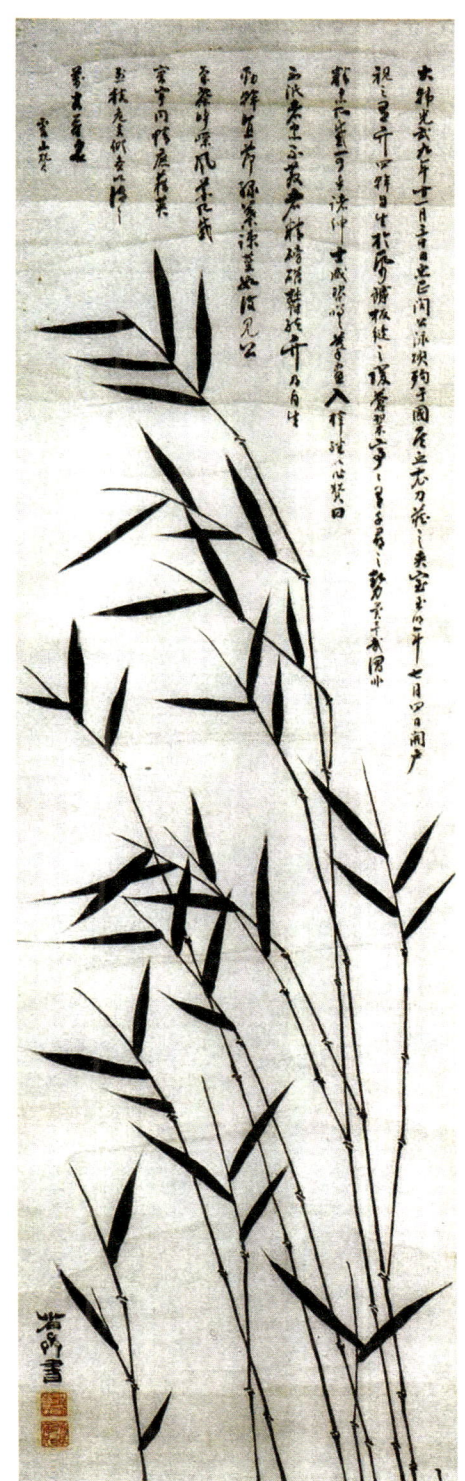

최근에 발견된 혈죽도 | 진위 여부에 대한 연구가 더 필요하다.

추진회 송기채 번역)로 되어 있다.

글 마지막에는 하산찬(霞山贊), 즉 '하산이 찬을 지었다'고 기록되었다. 하산이 누구인가는 아직 밝혀지지 않았다. 다만 당시 하산이라는 호를 쓴 사람이 지금까지 알려진 것으로는 문인 조화옥, 한성판윤을 지낸 남정철, 의금부도사를 지낸 이홍렬 세 사람이라는 추측만 가능할 뿐이다.

홍순승의 낙관이 찍혀 있으나 그 위에는 '성재서(省齋書)'라고 적혀 있다. 즉, 홍순승이 그림을 그리고 하산이 찬을 짓고 성재가 글씨를 쓴 것으로 풀이된다. 당시의 상황으로 봐서 독립운동가 이시영 선생의 호가 성재라는 사실에서 이시영이 쓴 글로 생각해 볼 수 있으나, 성재가 바로 이시영 선생인지는 필적 비교 등 추후 연구를 통해 규명돼야 할 것이다. 또한 그림 하나에 세 사람이 등장하는 것도 이례적이다.

최근에 발견된 이 〈혈죽도〉는 진위 여부를 떠나 현재까지 보존되지 못한 양기훈과 안중식의 〈혈죽도〉와 더불어 민영환의 애국 충절이 기적적으로 대나무로 자생하여 당시 나라 잃은 슬픔에 목이 메이고 창자가 끊어지는 아픔을 느꼈을 민중에게 크나큰 힘이 되고 실낱 같은 희망이 된 것은 사실이다.

오늘날 우리나라 역사가 어처구니 없이 중국 역사로 편입되고, 엄연한 대한민국의 영토임이 분명한 독도가 망측하게도 일본 땅이 되는 갖가지 억지와 오류 속에서 민충정공의 기적이 다시금 되살아나 우리의 이웃이 그릇된 역사의식을 반성하고 한·중·일 삼국의 정당한 화합이 이루어지길 기대해 본다.

|이구열|

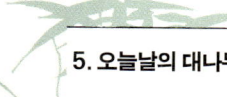

5. 오늘날의 대나무

일곱 | 한·중

대나무의 다양한 모습

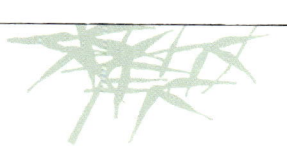

한국

대한민국 검찰의 새로운 로고 — 정의, 진실, 인권, 공정, 청렴의 상징

최근에 한국 대검찰청은 무궁화 한가운데 '검찰'이란 글자로 되어 있는 현 심벌마크를 대나무 문양으로 바꾸기로 했다.

엄정한 법 집행을 뜻하는 '칼'을 형상화한 새로운 심벌마크를 제정했다고 2004년 9월 2일 발표했다. 권위적이고 딱딱한 이미지를 벗고 국민에게 친근감을 주기 위해 여러 시안 중 택일한 것이 대나무를 상징으로 한 CI이다. 검찰의 상징인 정의·진실·인권·공정·청렴을 뜻하는 다섯 개의 직선을 세로로 세운 형태인데, 직선은 대나무의 올곧은 이미지를, 서로 배치한 것은 검찰의 중립성과 독립성을 강조한 것이다.

새 5000원권에 심어진 대나무

한국은행은 위조방지 기능을 대폭 보강한 새 5000원권 지폐의 시제품을 완성, 한국조폐공사를 통해 2005년 11월 7일 경산조폐창에서 새 5000원권의 인쇄를 개시했다

대나무가 그려진 새 오천 원권

따라서 2006년 1월 중으로 새 지폐를 사용할 수 있게 됐다.

새 5000원권의 인물 초상은 현재의 5000원권과 같이 율곡 이이의 초상 그대로이며, 앞면의 보조 소재는 창호무늬 바탕에 율곡의 탄생지인 오죽헌과 그곳에서 자라는 대나무가 그려졌다. 뒷면 소재는 조각보 무늬를 바탕으로 신사임당의 작품으로 전해지는 8폭 〈초충도병풍〉 가운데 수박 그림과 맨드라미 그림이 도안화됐다.

새 5000원권에는 보는 각도에 따라 우리나라 지도와 태극 문양, 액면 숫자, 4괘 등의 무늬가 번갈아 나타나는 홀로그램이 부착되고 빛의 반사에 따라 색상이 달라지는 특수잉크가 사용돼 액면숫자 '5000'의 색이 황금색에서 녹색으로 연속적으로 바뀐다. 또 볼록 인쇄 기법을 활용한 요판잠상, 숨은그림, 미세문자, 돌출은화, 앞뒷판 맞춤그림 등 모두 20여 가지의 위·변조 방지 기능이 도입됐다.

분재의 소재로서의 대나무

대나무는 자생 지역이 중부 이남으로, 예부터 이 지역에서는 갖가지 죽세공예품과 돗자리, 할죽 등 우리 생활도구로 만들어져 소중하게 이용되어 왔다. 그러나 최근 들어 플라스틱 제품이 쏟아져 그 이용도가 급격히 떨어졌고, 그로 인해 해마다 쓸모 없이 버려지는 대밭이 늘어나고 있다. 그런데 이 대밭을 농가 소득원으로 이용할 방법을 찾던 함평군 농업기술센터의 한 지도사에 의해 착안, 개발된 것이 대나무 분재이다.

보통 대나무는 10~30미터까지 자란다. 이 같은 대나무를 1~1.5미터 정도로 키를 줄인 대나무 분재는 서울 지역 소비자들로부터 인기가 있다. 원예적 가치가 높고 관상용 의미도 많은 대나무 분재는 정원과 실내 장식용으로 많이 활용되고 있다.

분재로 가꿔지는 대나무는 주로 왕대(남부 지방에 자라는 큰 대나무)인데, 죽순대나 오죽도 가능하다. 가꾸는 방법은 봄철에 죽순이 올라올 때 예리한 칼로 죽순 껍질을 계속 벗겨 준다. 그러면 키가 크지 않는다. 이는 햇볕에 의해 키가 커지는 지베렐린이란 물질이 체내에서 소멸하기 때문인데, 마디가 촘촘해지고 키가 1~1.5미터 정도에서 멈추게 한다. 그리고 마디마디에서 가지가 나와 잎이 피면 뿌리돌림(뿌리 자름)을 한다. 이를 다음해에 파내어 화분에 올린다. 또한 분재용 대밭은 간벌을 하여 햇볕이 잘 들게 미리 기반을 닦아 두어야 한다.

중국

길함과 행운을 가져다주는 개운죽

개운죽(開運竹)은 실내 관상용 식물로 아열대, 동남아 지역에서 생산되는데 그 역사는 오래된 것으로 보인다. 오래 전부터 중국인들은 개운죽을 길하고 행운을 가져다주는 것으로 생각했고, 그 독특한 관상 가치가 높아 그 기법과 전통이 이어져 내려오고 있다. 대만·한국·일본 등의 지역에서는 '만년청'이라 불리며, 중국에서는 '부귀죽(富貴竹)'이라고도 불린다.

개운죽

이는 사람들에게 행운을 비롯, 부귀·평안을 가져다주고, 그 푸른빛을 오래 간직하여 사악함을 물리치고, 질병에 걸리지 않게 해주고, 흉조를 길조로 바꾸는 기능을 한다고 전해진다. 또한 집에서 키우면 실내 공기를 정화하고, 유독물질(예:전자파)을 분해할 수 있다. 그 생물학적 특성이 강해 쉽게 기를 수 있고, 맑은 물에서는 바로 뿌리를 내린다.

개운죽은 또한 부귀죽라고 불리는데, 대나무를 잘라서 조합한 '부귀탑'으로 매우 정교하게 만들어진다. 연화산(蓮花山)의 한 화훼업자의 소개에 따르면, 한 그루의 작은 개운죽에는 대나무 300여 가지가 필요하다고 한다. 그는 예전에 18층짜리 개운죽을 만든 적이 있는데, 모두 1,000여 개의 대나무 가지를 썼다고 한다. 18은 '要發(야오파;돈을 벌기를 원한다)'와 같은 음을 나타내므로(1이 '야오', 8이 '파'인데, 중국에서는 '부'와 관계된 글자와 발음이 같은 숫자를 좋아한다.) 판매 가격이 보통 개운죽보다 몇 배는 더 비싸다.

개운죽은 생김새가 중국의 고대 탑과 비슷하기 때문에 광동 사람들은 그것에 '길하고 부귀하다'는 의미를 부여한 것이다. 광동 사람들은 또 전체가 짙푸른 대나무의 상단에 금빛이 반짝이는 여의패(如意牌, 길함을 상징, 모든 것이 생각대로 이루어지길 기원하는 것)와 붉은 봉투들을 걸고, 새봄과 함께 복락을 기원하기도 한다.

현대판 바벨탑

예부터 인간은 높은 것을 좋아하는 속성이 있었다. 성경《구약》창세기 11장에 보면 노아의 홍수 뒤에 시날(바빌로니아) 땅에 바벨탑을 쌓는 이야기가 나온다. 하늘에 올라가 전지전능한 하나님과 직접 말을 터놓고 싶었을지 모른다. 그러나 탑을 쌓던 사람들이 쓰는 말뜻이 서로 달라 의사소통이 불가능해지면서 탑은 무너지고 말았다. 중세 이후 화가들이 그린 바벨탑을 보면 마치 땅을 비집고 올라 올 때의 죽순 모습과 비슷하

타이페이 101건물

다. 동양 문화권에서는 대나무를 하늘에 사는 신과 땅 위에 사는 인간을 연결한 통로로 생각했는데 그런 동양인의 전통적인 발상을 현대 건축에 응용한 건물이 나타났다.

'타이페이 101'이라는 대나무를 상징화한 초고층 빌딩이 타이완 타이페이 중심가에 그 장엄한 모습을 드러낸 것이다. 대만 출신의 세계적인 건축가 리쭈위엔(李祖原)이 설계한 이 건물은 508미터의 거대한 대나무가 하늘 높이 솟아오른 모양이다. 대나무 마디 하나에 8층씩 묶어서 8개 마디로 올렸는데 이 팔(八)은 발전을 의미하는 발(發)과 음이 같은 길수(吉數)다.

이 건물의 8층까지는 편의 시설과 상가 등이 들어서고 9층부터 84층까지는 1일 평균 2만 명이 상주할 사무실이다. 85층에서 89층까지는 전망대 등이 들어섰다. 놀라운 것은 5층에서 꼭대기 전망대까지 올라가는데 불과 37초밖에 걸리지 않는다. 신의 속도에 버금가는 24인승 엘리베이터 2대가 운영되고 있다. 뿐만 아니라 지진에도 견디는 뇌진설계로 건축된 최첨단 건축물이라고 한다. 수천 년 전 바빌로니아 사람들의 염원이 고대 신화의 한계를 뛰어넘어 대나무의 영성을 믿는 동아시아의 섬나라 타이완에서 마침내 꽃을 피운 것만 같다.

|편집부|

5. 오늘날의 대나무

여덟 | 한·중·일

대나무의 미래는 청정하다

한국 | 적극적인 건강생활 상품으로 육성

최근 전남 담양군은 대나무 생태공원 조성과 건강식품, 대나무 신산업을 개발하고 육성하여 지역 발전의 견인차로 삼을 예정이다.

담양군이 마련한 5대 전략은 1) 대나무 면적 확대 2) 대나무 생태공원 조성 3) 대나무 신산업 육성 4) 대나무 박람회, 학술세미나 등 개최 5) 대나무 관련 향토 지적재산권 조사 발굴 등이 그 골자이다.

이를 위해 군은 현재 850헥타르인 대나무 재배면적을 오는 2013년까지 3,000헥타르로 늘리고 우수품종 개량, 대량증식 방법 연구 등에 착수하기로 했다. 대나무를 경제수종으로 지정, 산림과 유휴농지 등에 조림이 가능하도록 할 계획이며, 대나무 묘목과 분재, 조경사 양성 등에도 적극 나설 계획이다.

2006년까지 대나무 바이오 숲 조성과 전국 최대 규모의 생태공원을 건립할 예정이다. 금성면 금성리 일대 28만 평에 들어설 대나무 생태공원은 죽림욕장과 대나무 체험장, 세계 대나무 비교 전시장 등이 조성될 예정이다. 그리고 최근 일어난 참살이 붐에 따라 건강식품으로 각광받고 있는 대나무의 고부가가치를 적극 활용, 신약과 산

담양군의 죽림

중국 계림 상비산 대나무

업용 신소재 개발에도 주력할 예정이다.

현재 담양군 대나무 신산업은 산업자원부의 지역혁신 기반 사업으로 선정돼, 앞으로 3년 동안 42억 원의 국비를 지원받아 연구개발과 마케팅에 투자될 계획으로 있어 한층 탄력을 받을 것으로 보인다.

중국 | 막대한 대나무 가공 산업 발전 잠재력

중국은 날로 악화되는 목재 공급과 수요의 격차를 줄이기 위해 15년 안에 120만 헥타르 면적의 대나무 생산단지를 건설, 체계화된 참대 연구개발 네트웍을 형성할 계획이다.

중국 국가임업국 식목조림사(司) 레이쟈푸(雷加富) 사장에 따르면 중국은 매년 상품용 목재 3,800만 평방미터가 부족한 실정이며, 부족량도 해마다 늘어 막대한 외화를 들여 대량의 목재를 수입하고 있다. 이로 인해 '제2의 목재자원' '녹색의 금광'으로 불리는 대나무 자원을 이용한 각종 목질재료 개발에 총력을 기울이고 있다.

2002년 하반기부터 중국 정부가 장강(長江) 상류의 산샤(三峽) 댐 이북, 황하(黃河) 중류의 샤우랑디(小浪底) 댐 이북의 13개 성·시·자치구에 벌목금지 등 전면적 보호조치를 실시키로 함으로써 오는 2010년에는 중국 전체로 생산·건설용 목재가 4,300만 평방미터나 부족할 것으로 예측된다.

대나무는 생장이 빠르고 생산량이 높으며 용도가 다양하기 때문에 자원절약을 위해 크게 도움이 될 수 있다. 따라서 중국 정부는 대나무의 재가공과 종합이용을 촉진해 자원 이용을 합리화, 대나무로 나무를 대체하는 산업을 진일보 발전시킬 계획이다.

대나무하면 떠오르는 중국의 상징 판다 | 판다는 대나무만을 먹고 사는 탓에 최근 중국의 대나무가 개화하여 말라죽어 중국 야생 판다들이 아사(餓死)의 위기에 처했다.

판다와 죽림, 생존에의 희망

중국의 국가 상징인 판다를 번식시키고 살리는 운동의 중심에는 죽림이 있었다. 죽림의 생명주기가 다하는 어느 날 판다는 죽어갈 것이다. 판다가 멸종할지 모른다는 위기감은 중국인들에게는 공포의 대상이다. 그래서 2005년 10월 24일부터 10일간 〈대나무 자원 관리훈련 국제 워크숍〉이 베이징에서 열렸다. 베이징에 본부를 둔 ICBR(국제 대나무 래텐 센터), FAO(국제식량기구), UNEF(국제 환경프로그램), IUFRO(삼림조사기구 국제연맹)이 공동 개최한 일종의 죽비(竹篦) 행사다. 이른바 지구의 재앙을 일깨워 주는 워크숍이라 할 수 있는 이 행사에는 여러 나라에서 온 대나무를 사랑하는 자원봉사자와 중국의 각 대학의 대학원생들이 참가했다.

 1945년 히로시마에 원자폭탄이 떨어졌던 폭심에서 제일 먼저 푸른빛을 되찾은 것은 대나무였다. 폐허가 된 땅에 조성된 대밭은 다른 수종보다 무려 35퍼센트나 더 많은 산소를 배출하는 것으로 알려졌다. 대밭은 에이커당 약 12톤의 이산화탄소를 정화하는 것으로 나타났다.

 20세기 경제 후발국들이 일제히 내건 패러다임은 공업화입국이다. 그것은 곧 푸른 환경의 파괴로 이어졌고 오존층이 얇아지면서 구멍이 뚫리고 황하나 갠지스 강이

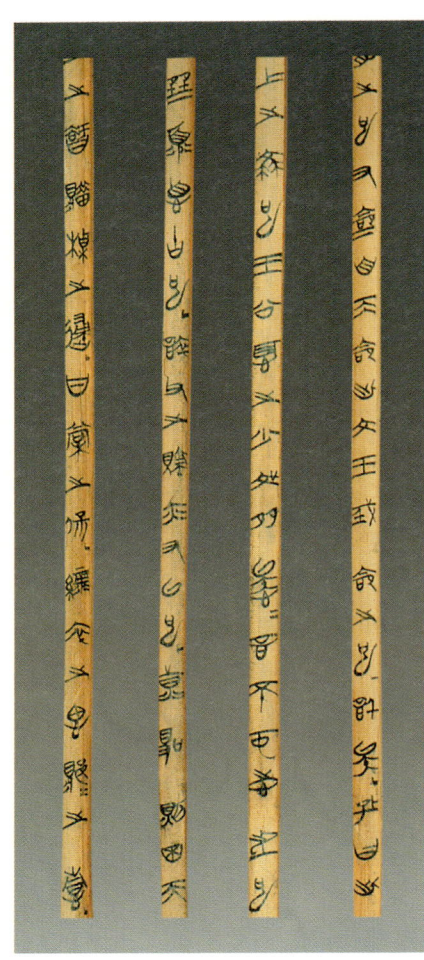

죽간(竹簡)

바닥을 드러내는 재앙이 일어나기 시작했다.

그러한 위기에서 깨끗한 물과 공기가 있는 자연환경, 숲을 다시 찾을 방법을 생각해 온 사람들의 눈에 들어온 것이 판다의 대나무 숲이다. 우선 대나무는 성장률이 빠르다. 시간당 2인치씩 자란다는가 하면 어떤 대는 하루에 50센티씩 자라는 것도 있다. 또한 대나무는 환경적응력이 우수하다. 품질개량도 어렵지 않고 계획재배가 가능하며 일 년이면 다 자라는 속성을 가졌으며 굳어지고 여물어지는 기간도 길어야 5~10년이면 완전한 대나무가 된다. 용도 또한 무한대에 이른다. 대는 연강철보다 강하고 단위 무게당 강성비율은 그래파이트(탄소로 구성된 광물)보다 높다는 것이다.

대나무는 가공 기술의 발달에 따라 식품, 탈염담수필터, 각종 의약재(사랑의 묘약 등), 제지원료, 항공기외피, 디젤유에 이르기까지 그 쓰임새가 5,000여 가지가 넘는다고 한다.

EBF(환경을 위한 대가꾸기 국제운동본부)에서는 '대나무와 사람과 환경'이라는 구호를 내걸고 있다. 해마다 중국의 황사로 인해 고통 받고 있는 주변국들의 걱정이 사라질 날이 오기를 바랄뿐이다.

1994년 상해박물관은 전국시대 초나라에서 만든 죽간(竹簡) 1,200여 점을 홍콩의 골동품상에서 사들였다.「사람이 있으면 나쁜 짓을 하고 어지러뜨리는 일(亂世)은 사람한테서 나온다.」이 말은 그 속에 들어 있는《항선(恒先)》이란 2,500년 전 죽책의 예언이다. 중국학계를 놀라게 한 이 고대사상가의 문명비평은 도가 계열의 주장에 맥이 닿는 비관론이다. 대나무에서 조금이라도 인류의 생명을 연장시키는 대안을 찾아보라는 죽간에 담긴 선현의 경종은 아닐까?

일본 | 활발한 연구활동으로 상품 개발

오이타 현에 일본 유일의 죽재에 관한 공적 연구기관인 죽공예훈련지원센터가 있다. 죽공목재학회에 죽질 시멘트보드, 죽질 화이버보드, 목탄-죽섬유혹합보드, 죽-목질보드, 죽목복합합판의 역학 성능, 죽재 소편을 이용한 면재료 개발, 죽제 차의 실용화, 페놀수지 주입에 의한 죽재의 강도적 성질, 방충성의 부여 등이 보고되어 있으며, 건축학회에 죽근(竹筋) 콘크리트, 새로운 죽재 접합법, 죽재의 접합벌에 관한 실험적 연구, 죽조골조의 내진 성능에 대한 논문이 발표되어 있다.

기타 전문지로는 죽자원 활용포럼의 《Bamboo Voice》, 죽문화진흥협회의 《竹과 Bamboo Journal》 등이 있다.

| 박석기·편집부 |

《대나무에 대한 선호도 및 인기도》
2004년 6월 한국갤럽이 조사한 〈한국인이 가장 좋아하는 40가지〉 특별 기획 여론조사에서 한국인이 가장 좋아하는 나무인 1위 소나무(43.8%)를 비롯 은행나무, 단풍나무(3.6%), 벚나무(3.4%), 느티나무(2.8%), 아카시아나무(2.8%), 향나무(2.8%)에 이어 선비의 기개를 상징하는 대나무(2.7%)가 8위를 차지했다.

부록

대나무 소재의 한·중·일 명시·명문
대나무와 관련된 한·중·일 지명
찾아보기
참고 문헌
집필진 약력

대나무 소재의 한·중·일 명시·명문

 한국

죽취일에 대를 옮겨 심으면서〔竹醉日 移竹〕| 이인로(李仁老)
예와 지금은 한 언덕의 담비요/ 하늘과 땅은 참으로 여관이로다./ 차군(此君, 대나무) 홀로 술에 취하여/ 뒤뚱뒤뚱 어디로 가는지 모르겠구나./ 강산은 비록 변했지마는/ 풍경은 본래 예와 다름없구나./ 다시 깨어날 필요도 없으니/ 창을 들고 슬 못 먹게 하는 유학자를 쫓으리./ 사마천도 먼 데서 놀았고/ 공자도 나그네 되었었네./ 신정에서 마주보고 울먹이니/ 그대들은 실로 아녀자 같구나./ 차군이 박처럼 매달려 있는 게 부끄러워 / 어디 가도 하늘이 막지 못하네./ 구태여 누각에 올라 읊조리겠는가!/ 실로 아름다우나 내 땅이 아닌 것을[1]

> 古今一丘貉 天地眞籧廬 此君獨酩酊 兀兀忘所如
> 江山雖有異 風景本無殊 不用更醒悟 操戈便逐儒
> 司馬嘗客遊 夫子亦旅寓 新亭相對泣 數子眞兒女
> 此君恥匏繫 所適天不阻 何必登樓吟 信美非吾土

죽부인전(竹夫人傳) | 이곡(李穀)
부인의 성은 죽(竹)이요, 이름은 빙(憑)이니, 위빈(渭濱) 사람 운(䉺)의 딸이다. 계보(系譜)는 창랑씨(蒼筤氏)에서 났는데, 그 선조는 음률을 알아 황제(皇帝)가 뽑아서 악(樂)을 맡아보게 하였으니, 우(虞)나라의 소(簫)도 그의 후손이다. 창랑(蒼筤)이 곤륜산(崑崙山) 남쪽으로부터 진방(震方)에 옮겨와 복희씨(伏羲氏) 때에 위씨(韋氏, 책의 가죽끈)와 함께 문적(文籍)을 주관하여 크게 공이 있어 자손이 대대로

다 사관(史官)의 업을 지켜왔다. 진(秦)나라가 포학한 때에 이사(李斯)의 계교를 써 책을 불사르고 선비를 묻어 죽이자, 창랑의 후손이 점점 한미했다. 한대(漢代)에 이르러 채륜(蔡倫)의 문객 저생(楮生, 종이)이란 자가 상당히 글을 배워 붓을 가지고 때로 죽씨(竹氏)와 함께 놀았다. 그러나 그 사람됨이 경박하며 참언(讒言)을 좋아하여 죽씨의 강직함을 보고 슬그머니 좀먹고 헐어 드디어 소임을 빼앗아 버렸다.

주(周)나라에는 간(竿)이 있었으니, 또한 죽씨의 후손이다. 태공망(太公望)과 더불어 위수(渭水) 가에서 낚시질할 때, 태공이 갈퀴(鉤)를 만드니, 간(竿)이 말하기를, "내가 들으니 큰 낚시는 갈퀴가 없다고 합니다. 낚시의 크고 작음이 곡(曲)·직(直)에 있으니, 곧은 것은 나라를 낚을 것이요, 굽은 것은 고기를 얻는 데에 지나지 않을 것입니다." 했다. 태공이 그 말을 따라 뒤에 과연 문왕(文王)의 스승이 되어 제(齊)나라에 봉함을 받았고, 간(竿)의 어짊을 천거하여 위수 가로써 식읍(食邑)을 삼게 하니, 이것이 죽씨가 위수 가에서 흥기(興起)한 유래이다. 지금도 자손이 아직 많으니, 임(箖)·어(箊)·군(箸)·정(筳) 등이 그것이요, 양주(楊洲)로 옮겨간 자는 조(條, 細竹)·탕(簜, 大竹)라 일컫고, 호중(胡中)으로 들어간 자는 봉(篷, 編竹)이라 일컫는다.

죽씨는 대개 문(文)·무(武) 두 줄기가 있어, 대대로 변(籩)·궤(簋), 생(笙)·우(竽)와 같은 예악(禮樂)에 이용되고, 활쏘고 고기잡는 작은 용도에 이르기까지 전적(典籍)에 실려 있음을 곳곳에서 볼 수 있다. 오직 감(笞)은 성질이 지극히 둔하여 속이 막혀 배우지 못하고 죽었고, 운(篔)은 은거(隱居)하여 벼슬하지 않았다. 한 아우가 있었으니 이름은 당(簹)으로 형과 이름을 가지런하여 가운데를 비우고 저를 곧게 하였는데, 왕자유(王子猷)와 친하게 지냈다. 왕자유가 말하기를, "하루도 이 군(君) 없이는 살 수 없다(一日不可無此君)." 하였으므로, 호를 '차군(此君)'이라 했다. 대저 왕자유는 벗 취하기를 단정한 사람으로 할 터이므로 그 사람됨을 알 만하다.

당(簹)이 익모(益母)의 딸과 결혼하여 한 딸을 낳으니, 부인이 바로 그이다. 처녀 때에 정숙한 자태가 있어 이웃에 사는 의남(宜男)이란 자가 음사(淫詞)를 지어 떠보았다. 부인이 노하여 말하기를, "남녀가 비록 다르지만 그 절개는 하나인데, 한 번 남에게 꺾이면 어찌 다시 세상에 서리요." 했다. 이에 의생(宜生)이 부끄러워 달아났으니, 어찌 소 끄는 무리가 엿볼 바이랴. 이미 자라나자 송대부(松大夫)가 예로써 청혼하니, 부모가 말하기를, "송공(松公)은 군자다운 사람이다. 그 평소의 조행(操行)이 우리 가문과 서로 짝이 된다." 하고 드디어 아내로 삼게 했다.

부인의 성질이 날로 더욱 굳고 두터워 혹 일에 임하여 분별할 때에는 민첩하고 빠름이 마치 칼날로 쪼개는 것 같아, 비록 매선(梅仙, 매화)의 신(信)이 있음과 이씨(李氏, 오얏)의 말없음으로써도 한 번도 일찍 돌아보지 않았으니, 하물며 귤로(橘老, 귤)와 행자(杏子, 살구)이랴. 혹 안개 낀 아침과 달 밝은 저녁을 만나 바람을 읊고 비를 휘파람을 불 때는 그 말쑥한 태도를 무엇으로 형용하기 어려워 호사자들이 슬그머니 그 얼굴을 그려 전하여 보배로 삼으니, 문여가(文與可, 北宋의 화가)와 소자첨(蘇子瞻, 남송의 문인화가) 같은 이가 더욱 그것을 좋아했다.

송공(松公)이 부인보다 나이 18세가 많았는데, 늦게 신선술(神仙術)을 배워 곡성산(穀城山)에 노닐다가 돌로 화하여 돌아오지 않았다. 부인이 홀로 살며 이따금 위풍(衛風:《詩經》〈國風〉淇奧편을 가리킴)을 노래하니 그 마음이 스스로 흔들흔들 하여 지탱할 수 없었으나 성품이 술마시기를 좋아했다. 역사에 그 해는 잊었는데 5월 13일[2)]에 청분산(青盆山)으로 집을 옮겨, 취하여 고갈(枯渴)의 병을 얻어 드디어 고치지 못했다. 병을 얻은 뒤로부터 사람을 의지하여 살았지만, 만년에 절개가 더욱 굳건하여 향리(鄉里)에서 일컬어졌다. 삼방절도사 유균(惟箘, 箭竹)이 부인과 동성(同姓)이라, 행장(行狀)으로써 조정(朝廷)에 아뢰니, 절부(節婦)의 직함을 주었다.

사씨(史氏)가 말하기를, "죽씨(竹氏)의 조상이 크게 상고의 세상에 공이 있었고, 그 후예들이 다 재능이 있고 절개가 있어 세상에 일컬어 졌으니, 부인의 어짐이 마땅하다. 아, 이미 군자를 짝하고 남의 의지함이 되고도 마침내 후사(後嗣)가 없었으니, 천도(天道)가 지각(知覺)이 없다고 함이 어찌 헛된 말이라 하겠는가."했다.

夫人姓竹 名憑 渭濱人箕之女也 系出於蒼箕氏 其先識音律 黃帝采
擢而典樂焉 虞之簫亦其後也 蒼箕自昆侖之陰徙震方 伏羲時 與韋
氏主文籍 大有功 子孫皆守業爲史官 秦之虐也 用李斯計 焚書坑儒
蒼箕之後寢微 至漢蔡倫家客楮生者頗學文 載筆時與竹氏游 然其
人輕薄 且好浸潤之讒疾竹氏剛直 陰毀而毀之 遂奪其任 周有竿亦
竹氏後 與太公望釣渭濱 太公作鉤 竿曰 吾聞大釣無鉤 釣之大小在
曲直 直者可以釣國 曲者不過得魚也 太公從之 後果爲文王師 封於
齊 擧竿賢 以渭濱爲食邑 此竹氏渭濱之所起也 今子孫尙多 若
萚箊䈂筵是已 徙楊州者稱篠簜 入胡中者稱蓬 竹氏大概有文武幹 世
爲籩篋 笙竽禮樂之用 以至射漁之微 載在典籍 班班可見 唯笞性至
鈍 心塞不學而終 至箕 隱而不仕 有一弟曰簹 與兄齊名 虛中直己

善王子猷 子猷曰 一日不可無此君 因號此君 夫子猷 端人也 取友必
端 則其人可知 娶益母女 生一女 夫人是也 總角有貞淑姿 隣有宜男
者 作淫詞挑之 夫人怒曰 男女雖殊 其抱節一也 一爲人所折 豈可復
立於世 宜生慙而去 豈牽牛子之輩所可覬覦也 旣長 松大夫以禮聘
之 父母曰 松公君子人也 其雅操與吾家相侔 遂妻之 夫人性ㅋ益堅
厚 或臨事分辨 捷疾若迎刃而解 雖以梅仙之有信 李氏之無言 曾且
不顧 而況橘老杏子乎 或値煙朝月夕 吟風嘯雨 蕭洒態度 無得而狀
好事者竊寫其眞 傳之爲寶 若文與可 蘇子瞻尤好焉 松公長夫人十
八歲 晩學仙 遊穀城山 石化不返 夫人獨居 往往歌衛風 其心搖搖
不能自持 然性好飮 史失其年 五月十三日 移家靑岔山 因醉得枯渴
之疾 遂不理 自得疾依人而居 晩節益堅 爲鄕里所推 三邦節度使惟
箘與夫人同姓 以行狀聞 贈節婦

史氏曰 竹氏之先 有大功于上世 其苗裔皆有材抗節 見稱於世 夫人
之賢宜矣 噫 旣配君子 爲人所倚 而卒無嗣 天道無知 豈虛語哉

죽림(竹林) | 나옹(懶翁) 혜근(惠勤)[3]

넓은 대밭이 난간 앞에 닿아 있어/ 사철 맑은 바람 거문고 소리 보내주네./ 차군(此君, 대)은 울창하여 하늘의 뜻을 통했으니/ 그림자 뜰을 쓸어도 먼지는 그대로네.

萬頃琅玕接檻前 淸風四節送琴絃 此君蔚密通霄志 影掃堦中塵自然

차군루기(此君樓記) | 이색(李穡)[4]

내 집이 진강(鎭江) 위에 있어 성흥산(聖興山)과 거리가 겨우 30리 정도였다. 산중을 왕래하여 보광장로 남산공(普光長老南山公)을 뵈었는데, 갈 때마다 누각 기문(記文)을 청하며 말하기를, "선대부(先大夫)를 모시고 있을 때에 일찍 글 한 편을 구하여 이 누각의 영광이 되기를 청하였더니, 공(公)도 기꺼이 허락하셨습니다. 그러나 세상일이 변하여 공은 마침내 세상을 떠나셨으니 이 누각의 불행을 슬퍼한 지 오래되었소. 그렇다면 우리 누각의 기문을 쓰는 것은 선공(先公)의 뜻이니 그대는 도리로 보아 사양하지 못할 것이오." 했다. 내가 바로 상중(喪中)에 있어 틈을 얻지 못하였었는데, 이제 복(服)을 벗고 과장(科場)에 나가 놀다가 돌아와서 그 집에 갔더니, 또 말하기를, "우리 누각이 완공된 지 벌써 12년[一紀]이 넘었는데, 이 누각에 오르내리는 사람으로 유자(儒者)는 몇 분이며 석자(釋者)는 몇 분이었는가. 그러나 지금 벽에는 글 한 자 붙은 것이 없으니, 어찌 그대가 장원(壯元)되기만을 기다린 것이 아니겠는가. 또 산중의 승경(勝景)은 하나뿐이 아니지만 누각의 승경(勝景)은 대나무에 있으므로 내가 '차군(此君)'이라 이름하였으니, 대개 차군의 뜻을 아는 이가 드무니 이 때문에 내가 유독 그대에게 바라는 것이오." 했다.

내가 차군과는 일찍이 사귀고 있었으므로 공이 비록 명하지 아니하여도 장황하게 기록할 것인데, 하물며 이와 같이 부지런히 청하니 어떠하겠는가? 비록 그러하나 나는 만생(晚生)이라 어찌 감히 말할 것이 있으리오. 대나무를 어진 사람과 같다고 한 말은 백낙천(白樂天, 당나라 문인)의 〈양죽기(養竹記)〉에서 자세히 말하였고, 장부(丈夫)와 같다는 설은 두목지(杜牧之, 당나라 杜牧의 자)의 〈죽부(竹賦)〉에 갖추어 있으며, 왕우칭(王禹偁, 송나라 王元之)은 〈죽루기(竹樓記)〉에서 다른 사물들과 잘 어울리는 형상—여름의 비, 겨울의 눈, 거문고 칠 때, 바둑 둘 때을 모두 말하였고, 채관부(蔡寬夫, 송나라 蔡居厚)는 《채관부시화(蔡寬夫詩話)》에서 사정(邪正)의 분별을 세웠으며, 문여가(文與可, 북송의 화가 文同)는 그 정을 얻어서 서화(書畵)에 맞추었고, 소자첨(蘇子瞻, 남송의 문인 蘇軾)은 이치에 밝아서 글로 표현했다. 진(晉) 나라의 칠현(七賢, 진나라 혜강(嵇康)·완적(阮籍)·산도(山濤)·향수(向秀)·유령(劉伶)·왕융(王戎)·완함(阮咸) 등 竹林七賢)과 당나라의 육일(六逸, 이백(李白)·공소보(孔巢父)·한준(韓準)·배정(裵玫)·장숙명(張叔明)·도면(陶沔) 등 죽계육일(竹溪六逸)도 다 차군에 힘입어 유명해진 것이다.

그 나머지 소인묵객(騷人墨客)들이 웅문걸구(雄文傑句)로 차군을 우익(羽翼)한 것이 어느 정도인지 그 수를 헤아릴 수 없을 정도이다. 내가 비록 뜻을 내어 그 곧고 굳은 절개를 말하려 하나 반드시 고루한 데 지나쳐서 소산(蕭散)한 무리에게 꾸지람을 당할 것이요, 달을 보내고 바람을 맞이하는 것을 말하려 하나 반드시 천박한 데 지나쳐서 독후(篤厚)한 사람에게 웃음을 당할 것이니, 어찌 허튼소리로써 옛사람 이기기를 구하리오. 나는 기문을 짓지 않음이 가할 것이다. 비록 그러하나 내가 단지 부러운 것은 명선 노사(名禪老師, 덕이 있어 이름 높은 중들)가 재(齋)를 파한 뒤에 정신을 풀고 마음을 펴서 이 누각 위에서 서로 거닐 적에 대숲으로부터 우수수 하고 들리는 소리가 있으면, 고요히 얽혔던 객진(客塵, 번뇌)이 사르르 얼음 녹듯 할 것이요,

공적(空寂)을 깨뜨리는 소리가 들려오면, 열뇌(熱惱, 고뇌)가 맑고 서늘한 심경으로 화할 것이니, 차군의 도움이 이미 많지 아니한가. 내가 여기에 대해서는 말이 없을 수 없다. 남산공(南山公)은 우리 선인(先人)의 늘그막의 방외(方外, 佛家)의 교우(交友)이다. 어떤 사람이 공(公)에 대해서 내게 묻기에, 나는 곧 대답하기를, "차군을 알면 남산을 알 것이다." 했다.

지정(至正) 계사년(1353) 6월 어느 날 한산(韓山) 이색(李穡) 적음.

予家鎭江上 距聖興山僅一舍 嘗往來山中 謁普光長老南山公 至則每以樓記爲請曰 先大夫綵侍之日 嘗求一言 爲斯樓榮 而公亦欣然許之 世故遷延 公竟仙去 慨斯樓之不幸者久矣 然則記吾樓者 先志也 子義不可辭 予方讀禮靡遑也 今年服闋 出游場屋 旣歸 又造其廬 則又語曰 自吾樓成 年已一紀餘矣 今陟降于斯樓者 儒幾耶 釋幾耶 而今壁上無一字 豈待子壯元耶 且山中之景不一 而樓之勝 於竹乎在焉 吾故以此君名之 知此君者蓋鮮 吾獨有望於子焉 余於此君 蓋嘗內交矣 公雖不之命 猶張之 況如是産哉 雖然 予晩生也 何敢有所說哉 似賢之說 樂天記之詳 丈夫之論 牧之賦之備 禹稱彛宜物之狀 寬夫立邪正之分 與可得其情而副之墨 子瞻明於理而著之文 至若晉之七賢 唐之六逸 又皆籍君而有名者也 其餘騷人墨客 雄文傑句 所以羽翼乎此君者 不知其幾也 余雖欲出意 以言乎貞心苦節 則必失之固而見誚於蕭散之輩 以言乎送月來風 則必失之淺而取笑於篤厚之人 又安得駕空之說 以求勝於故人哉 吾記不作可也 雖然 吾獨 夫名禪老師 定罷齋餘 怡神放慮 相與徜徉乎斯樓之上 有修修然自竹林來 靜縛客塵 渙然氷釋 必有破空寂於聲聞 化淸涼於熱惱者矣 此君之助 不旣多乎 予於是不可以無言矣 南山 吾先人晩歲方外之交也 人有問公於予者 予輒對之曰 知此君則知南山矣 至正癸巳夏六月有日 韓山李穡 記

죽창명 병서(竹窓銘 幷序) | 정도전(鄭道傳)[5]

삼봉은자(三峰隱者)가 이선생 언창(彦暢)을 보고 말하기를, "선생은 호를 '죽창(竹窓)'이라 한다니 과연 그렇습니까. 무릇 대나무는 그 속은 비고 그 마디는 곧고 그 빛은 차가운 겨울을 지나도 변하지 않습니다. 그런 까닭으로 군자(君子)가 숭상하여 지조를 격려하였고 《시경(詩經)》에서도 군자가 타고난 자질(資質)의 아름다움과 학문을 닦아 스스로 수양하여 정진함을 흥기(興起)하였으니, 그에 의탁한 의미가 매우 깊다고 하겠습니다. 옛 사람이 대나무에서 취해 본 것이 하나만이 아니니 감히 택한 바를 묻고자 합니다." 했다.

선생이 말하기를, "아닙니다. 그렇게까지 고상한 지론은 없습니다. 다만 대나무는 봄이면 새들이 깃드는 데 알맞아 그 울음소리가 드높게 들리고, 여름이면 바람이 불어 그 기운이 맑고 상쾌하며, 가을이나 겨울에는 눈과 달에 알맞습니다. 그 모습이 쇄락하여 아침 이슬·저녁연기·낮 그림자·밤 울림에 이르기까지 눈과 귀로 접하는 모든 것은 한 점도 진속(塵俗)의 누(累)가 없습니다. 나는 여기서 일찍 일어나 세수하고 죽창의 조촐한 궤안에 향을 피우고 글을 읽거나 혹은 거문고를 타기도 하고, 때로는 온갖 생각을 떨쳐버리고 묵묵히 앉아서 내 몸이 죽창에 있는 것조차 잊어버리기도 합니다." 했다.

아, 선생의 즐거움은 대나무에 있는 것이 아니라, 단지 마음으로부터 얻은 것을 대나무에다 의탁하였을 뿐이라 하겠다. 청컨대 이것으로 명(銘)한다.

> 활짝 열린 창가에/ 울창한 대나무가 있네./ 군자가 집을 지은 바이니/ 그 정절은 옥과 같네./ 좌우에 책을 놓아두고/ 아침저녁으로 펼쳐 보니,/ 외물(外物)에 쏠리지 않고/ 그 즐거움만 즐기네.

三峯隱者見彦暢父李先生問曰 子號竹窓 然乎 夫竹 其心虛其節直 其色經歲寒而不改 是以君子尙之 以勵其操 至於詩以興君子生質之美 學問自修之進 則其所托者深矣 古人之取於竹非一 敢問所安 先生曰未也 無甚高論 且竹 春宜鳥 其聲高亮 夏宜風 其氣淸爽 秋冬宜雪月 其容灑落 至於朝露夕煙 晝影夜響 凡所以接乎耳目者 無一點塵俗之累 予於是早起盥漱 坐竹窓淨凡焚香 或讀書或彈琴 有時撥置萬慮 默然危坐 不如吾身之寄於竹窓也 噫 先生之樂不在竹 但得之心而寓之於竹耳 請以是銘之

有闢其窓 有鬱者竹 君子攸宇 其貞如玉
左圖右書 閱此朝夕 不物於物 維樂其樂

상죽헌기(霜竹軒記) | 이숭인(李崇仁)[6]

이전에 조계종(曹溪宗)의 고승 은봉(隱峯)이 보국사(報國寺)에 머무른 일이 있다. 각림상인(覺林上人)이라는 제자가 있었는데 상인(上人, 스님)은 얼굴과 체격이 맑고 파리하며 정신은 얽매이지 않고 밝았다. 말을 하면 깨끗하고 산뜻하여 사람으로 하여금 듣고서 싫지 않게 하니, 맑고도 맑은 사람이라 하겠다. 내가 은봉을 찾으면 각림상인은 그의 곁에 있지 않을 때가 없었다. 이 때문에 나는 그와 사이가 좋았다.

한번 작별하고 10여 년을 지나는 동안에 은봉은 세상을 떠나고 상인은 멀리 여러 곳으로 여행을 떠났다. 내가 은봉을 생각하여도 볼 수 없는 노릇이니, 은봉의 제자인 각림상인과 같은 사람과 함께 노닐고자 하는 생각을 어찌 잠시인들 마음에서 잊을 수 있었겠는가. 금년 가을에 상인이 산에서 내려왔기에 내가 보고 기뻐하여 온종일을 머무르게 했다. 상인이 책 한 권을 꺼내 보이며 말하기를, "나는 나의 마루를 '상죽헌(霜竹軒)'이라고 이름 짓고 육우(六友) 김비판(金祕判)에게 부탁하여 큰 글씨로 써놓았는데, 장차 고귀한 사람들에게 시가(詩歌)를 요구하려고 합니다. 그대가 기문(記文)을 써주신다면 다행하겠습니다." 했다.

내가 상인과 잘 지낸 지 오래였다. 나는 초목(草木)에 비유하면 가죽나무나 갈참나무일 뿐이며, 장포나 땅버들일 뿐이다. 어찌 감히 상인의 마루어 기문을 쓰겠는가. 비록 그렇지만 상인이 이미 나를 하찮게 여기지 않으니 어찌 들은 바를 말하지 않을 수 있겠는가.

무릇 대나무는 하나의 식물일 뿐이다. 식물이 서리와 찬 이슬을 만나면 그 변함이 급격하다. 꺾어지고 부러지고 떨어져서 다시는 생기(生氣)가 없어진다. 그런데 대나무는 가지의 모습을 고치거나 잎을 바꾸는 일 없이 의젓이 홀로 빼어났다. 이런 까닭으로 옛날의 운치 있는 사람과 절개 높은 선비들은 거의 대부분 대나무를 사랑하여 심지어 '차군(此君, 대나무)'이라 지목하는 이까지 있었다. 아, 사람이 사물을 대할 때, 눈에는 보기 좋은 빛깔, 코에는 맡기 좋은 향기, 귀에는 듣기 좋은 성음(聲音), 입에는 맛 좋은 음식, 사지(四肢)를 편하게 해주는 것, 이런 것이 양심(良心)을 해치고 좀먹는 것이니 어찌 식물에 있어서 서리나 찬 이슬의 정도에 그칠 뿐이겠는가. 이것에서 피해를 모면하는 사람이 드물다.

각림상인은 불교에 귀의한 사람이다. 그 이른바 빛깔과 소리와 향기와 맛과 감촉과 법(法)에 일찍이 한 번도 생각을 움직이는 적이 없었다. 이제 그의 마루를 '상죽헌'이라고 한 것은 스스로 보는 것이 있어서만이 아니고, 대체로 비슷한 기운이 서로 찾는다는 것인가. 바람이 불거나 혹은 달 밝은 저녁 같은 때가 되면, 맑은 소리는 쓸쓸하고 파리한 그림자는 성긴데, 상인이 마루에 의지하여 앉아서 한산(寒山)의 행밀절고(行密節高)의 글귀[7]를 외우면서 저 요황(姚黃)이나 위자(魏紫)[8]가 한때의 부귀를 한껏 뽐내던 것을 본다면 어떠하겠는가. 더욱 상인(上人)의 표방(標榜)하는 격조를 볼 수 있을 것이다. 상인이 일찍이 절구 한 수(首)를 지어서 말하기를,

> 서리 맞은 대를 어여쁘게 여기니/ 절개를 지켜 마음은 항상 태연하도다./ 길이 허령함을 보전하여/ 세속의 밖에서 소요하리라.

했다. 그의 시(詩)를 보면 또한 그 사람을 충분히 알 수 있다고 하겠다.

昔者曹溪猊隱峯住錫報國寺 有弟子曰覺林上人 上人形貌淸臞 神精散朗 出辭氣灑然 令人聽之不厭 蓋淸乎淸者也 予訪隱峯上人 未嘗不在左右 予因與之善焉 一別歷十年 隱峯逝弄 上人遠游諸方矣 予思隱峯而不可得見 則思與隱峯之徒如上人者游 吾豈暫忘予懷也 今年秋 上人自山來 予見之喜 留之畢日 上人出示一卷曰 吾以霜竹署吾軒 而請六友金秘判作大字 將以求詠歌薦紳間 子幸記之 予與上人善者久 予比之草木 樗櫟而已矣 蒲柳而已矣 曷敢記吾上人之軒哉 雖然 上人旣不鄙余矣 焉得不以所聞告之也 夫竹一植物耳 植物之遭霜露 其爲變烈矣 摧折隕墜 無復生氣 盈兩間之間者皆是 而竹也不改柯易葉 挺然獨香焉 是以 古之韻人節士 率多愛之 至有以此君目之者焉 噫 人之爲物也 色之於目 臭之於鼻 聲音之於耳 滋味之於口 安佚之於四支 其所以將賊夫良心者 何趣植物之霜露哉 人於是乎知免者鮮矣 上人 佛者也 之其所謂色聲香味觸法 未嘗有一念之動焉 今夫霜竹其軒者 不惟有以自見也 蓋其氣類之桂求者歟 至若風或月之夕 淸韻蕭瑟 瘦影扶疏 上人倚軒而坐 誦寒山 行密節高之句 視彼姚紅魏紫逞富貴於一時者 爲如何哉 益有以見上人之標致也 上人嘗題一絶句云 自憐霜竹淸 守節心常泰 永言保虛靈 逍遙於物外 見其詩 亦足以知其人云

영죽운(詠竹韻) | 권근(權近)[9]

차군(대)을 마주하니 상군(湘君)[10]이 그리운데/ 핏방울 아롱져 반도 아직 안 가셨네./ 천년 눈서리 굳센 절개 품고/ 온 마루 밝은 바람 푸른 구름 떨치는구나.

此君相對憶湘君 血點爛斑半未分 千載雪霜懷勁節 一軒風日拂蒼雲

죽침. 운봉 김훈도 안성이 준 것이다〔竹枕 雲峯金訓導安成所贈〕| 김종직(金宗直)[11]

비단 무늬 짜 만들어 바람 쐬기 좋은데/ 차군(대)의 높은 절개 실로 엮었네./ 청노(靑奴, 竹夫人)는 밤마다 원한 품는다지만/ 한 몸에서 나눠졌으나 운명이 다르기 때문일세.

織作綾紋合枕風 此君高節況紃縫 青奴夜夜含寃道 一體雖分命不同

설죽(雪竹) | 김시습(金時習)[12]

설죽이 들쭉날쭉 일만 가지 눌렀는데/ 밤 사이 비와 섞여 대나무를 망쳤구나./ 내일 아침 개인 뒤에 다시 일어나겠지만/ 부러져 서로 부지함을 차마 볼 수 있겠나.

雪竹參差壓萬竿 夜來和雨敗琅玕 明朝霽後應還起 拗折相扶可忍看

성산(星山) 이자발(李子發)의 호는 휴수(休叟)인데, 신원량(申元亮)이 그린 대나무 그림에 화제를 청하여 지음. 10절〔星山李子發號休叟索題申元亮畵十竹 十節〕| 이황(李滉)[13]

눈과 달 속의 대〔雪月竹〕

옥가루 차갑게 누르는 듯/ 얼음 바퀴 멀리 비추는구나./ 굳은 절개 그 곧음을 알았으니/ 빈 마음 더욱 조촐함을 깨달았네.

玉屑寒堆壓 氷輪逈映徹 從知苦節堅 轉覺虛心潔

바람에 흔들리는 대〔風竹〕

바람 살랑 불면 완연히 웃는 듯 하다가/ 바람이 급해지면 불평스레 우는구나./ 영륜

(伶倫, 樂宮)이 채집함을 만나지 못하고/ 괜스레 큰 풍류 소리를 머금었네.

風微成莞笑 風緊不平鳴 未遇伶倫采 空含大樂聲

이슬에 젖은 대〔露竹〕

새벽에 일어나 긴 대를 보니/ 서늘한 이슬이 내려 물을 뿌린 듯하구나./ 맑은 운치는 온 숲에 으뜸이요/ 호방한 풍류는 뭇가지가 낮아지도다.

晨興看脩竹 涼露浩如瀉 淸致一林虛 風流衆枝亞

우중에 우는 대〔雨竹〕

창문 앞 떨기 대나무 둘러서서/ 차가운 비 내리자 우수수 우네./ 어슴푸레 초나라 손님 시름 겨워/ 소상강 포구로 드는 듯하구나.

窓前有叢筠 淅瀝鳴寒雨 怳然楚客愁 如入瀟湘浦

빼어나는 죽순〔抽筍〕

바람과 우레에 어지러이 순이 돋아/ 호랑이가 할퀴는 듯 용이 솟구치네./ 문 닫고도 자란 대나무 바라보이니/ 내 이제 두소릉(杜少陵, 杜甫)을[14] 배우리.

風雷亂抽筍 虎攫雜龍騰 門掩看成竹 吾今學少陵

어린 대〔穉竹〕

수많은 뿔이 겨우 소처럼 빠져 나오더니/ 어느덧 열 길 되어 칼처럼 빼어 솟았네./ 비와 이슬 자태를 지니더니/ 벌써 바람 서리 굳은 절개 나타나는구나.

千角纔牛沒 十尋俄劍拔 方持雨露姿 已見風霜節

늙은 대〔老竹〕

늙은 대 줄기에 어린 가지 있어/ 소소한 바람에 맑은 빛 간직했구나./ 푸른 이끼 깨어지는 게 무슨 방해가 되랴/ 마음에 넉넉한 서늘 바람 불어온다.

老竹有孫枝 蕭蕭還閱淸 何妨綠苔破 滿意涼吹生

마른 대〔枯竹〕
가지와 잎은 반이 말랐으나/ 곧은 절개는 다 죽지 않았구나./ 기름지게 잘 먹고 사는 아이에게 말하노니/ 초라한 선비라 가볍게 보지 말게나.

枝葉半成枯 氣節全不死 寄語膏粱兒 無輕憔悴士

꺾어진 대〔折竹〕
굳센 목덜미가 잘못하여 꺾였지만/ 곧은 마음이야 부서지지 않았으리./ 늠름히 서서 흔들리지 않고/ 견디며 나약한 자들을 격려하리.

强項誤遭挫 貞心非所破 凜然立不撓 猶堪激頹懦

외로운 대〔孤竹〕
어진이 있음 알고 어찌 돌아오지 않으랴/ 포악한 임금이 어디로 가는고./ 이제 다시 고죽(孤竹)이 되니/ 곡식이 있어도 내 먹을 것은 아니구나.[15]

聞善盍歸來 易暴將安適 從此更成孤 有粟非吾食

대〔竹〕| 이덕무(李德懋)[16]
바단 껍질 갓 벗은 대나무 가지가/ 댓돌에 해 뜨자 그림자 옮겨진다./ 만고에 눈보라 몇 번이나 겪었는가/ 차군(대)의 맑은 절개는 내가 잘 안다네.

錦繃初脫琅玕枝 墻上日高影轉移 萬古幾經風與雪 此君淸節我能知

소나무와 대나무의 대화〔松竹問答〕| 이식(李植)[17]
소나무가 대나무에게 묻기를,/ "눈보라 몰아쳐 산골에 가득해도/ 나는 강직하게 목을

들고서/ 부러지면 부러졌지 굽히지는 않는다."고 했다.//
대나무가 소나무에게 대답하기를,/ "고고할수록 부러지기 쉬운지라/ 나는 청춘의 푸름 고이 지킬 따름이니/ 머리 숙여 눈보라에 몸을 맡긴다."고 했다.

      松問竹 風雪滿山谷 吾能守强項 可折不可曲
      竹答松 高高易摧折 但守靑春色 低頭任風雪

혈죽(血竹)[18] | 황현(黃玹)[19]

민충정공 영환(閔忠正公泳煥, 1861~1905)이 순의(殉義)한 이듬해 4월에 대나무가 영연(靈筵:殯所)의 뒷마루에서 나왔으니, 대개 그가 자결한 칼과 혈의(血衣)를 소장한 곳이다. 모두 네 떨기 아홉 가지에 서른세 잎이 나왔다.

    대나무가 흙 아닌 공중에 뿌리 내렸으니/ 충의가 하늘에 근거했음을 알겠다./ 산하도 빛을 바꾸고 오랑캐는 눈을 부릅뜨니/ 성인이 소식 듣고 눈물을 비같이 흘렸다./ 네 떨기 아홉 줄기 푸른 잎이 들쭉날쭉/ 서른세 잎은 어찌 그리 아름다운가./ 옷 향내 사라지지 않고 칼은 녹슬지 않았으니/ 칼날 입에 물고 있던 때를 다시 보는 듯하다./ 목 찔러 보국(報國)하는 일 옛날에도 있었지만/ 그 열렬함이 공 같은 이 또 있을까?/ 의분에 끓는 몸은 찔러도 아프지 않아/ 연달아 세 번을 큰 흙손 휘두르듯 하였다./ 공의 정령이 대나무로 화하여 다시 오시니/ 천지가 놀람이 어찌 기괴한 일일까./ 한낮에 통곡 소리 끊이고 흰 병풍 걷어내니/ 거미줄 훨훨 날리고 먼지가 쌓였구나./ 푸른 잎이 줄기에 붙어 묶은 것 같아/ 백 번이나 눈 부비며 보아도 대나무가 분명하다./ 늦은 봄 깊숙한 곳에 비단포대기 같은 죽순 돋아나/ 싸늘한 기운이 찬 대나무를 흔든다./ 분명한 푸른 피 치솟아 마르지 않고/ 한 점 한 점 뿌려서 푸른 대나무 되었구나./ 죽어서도 칼 갈아 적 죽이는 장휴양(張睢陽)[20]이 되고/ 다시 살아나 오랑캐 치는 문문산(文文山)[21]이 되소서./ 공연히 대나무 되어 일을 성사하지 못하면/ 기 원한 천지간에 헛되이 남기리./

      閔忠正公泳煥殉義之明年四月 有竹生于靈筵之後軒 盖其自裁之刀
      及血衣所藏處也 凡四叢九幹 抽葉三十三
      竹根於空不根土 認是忠義根天故 山河改色夷虜瞠 聖人聞之淚如雨
      四叢九幹綠參差 三十三葉何猗猗 衣香未沫刀不銹 怳復重見含刃時

刎頸報國古多有 亦有烈烈如公否 全身義慣刺不痛 一連三割如鉅朽
精靈所化現再來 驚天動地何奇哉 畫哭聲斷素屛捲 蛛絲旐旎塵爲苔
靑蔥扶疎森似束 百回拭眼看是竹 殘春窅窱解錦繡 一氣淒凜畜寒玉
分明碧血噴未乾 點點灑作靑琅玕 爲厲殺賊張睢陽 復生剿胡文文山
空然化竹不濟事 此恨空留天地間

 중국

시경(詩經) 국풍(國風) 위(衛) 기욱(淇奧)
저 기수(淇水) 벼랑을 보니/ 푸른 대나무 야들야들하도다./ 문채나는 군자(君子)여/ 잘라놓은 듯 다듬어 놓은 듯/ 쪼아놓은 듯 갈아놓은 듯하도다./ 치밀하고 굳세며 빛나고 점잖으니/ 문채나는 군자(君子)여 끝내 잊을 수 없도다.

    瞻彼淇奧 綠竹猗猗 有匪君子 如切如磋 如琢如磨
    瑟兮僩兮 赫兮咺兮 有匪君子 終不可諼兮

시경(詩經) 국풍(國風) 위(衛) 죽간(竹竿)
길쭉길쭉한 낚시대로/ 기수(淇水)에서 낚시를 하는구나./ 어찌 이것을 생각지 않으리오마는/ 멀어서 이를 수가 없도다.

    籊籊竹竿 以釣于淇 豈不爾思 遠莫致之

황문(黃門) 노시어(盧侍御)가 대나무를 두고 지은 시에 화답함〔和黃門盧侍御詠竹〕| 장구령(張九齡)[22]
맑음은 궁궐에 드리고/ 성함은 이슬 젖은 가지를 막네./ 빛은 검은 달처럼 변함없고/ 소리는 은혜로운 바람처럼 분다./ 높은 절개는 사람들이 존중하고/ 텅 빈 마음은 세상이 아는 바라./ 봉황이 아름답게 먹으려고/ 오락가락하며 거동짓는구나.

淸切紫庭垂 葳蕤防露枝 色無玄月變 聲有惠風吹

高節人相重 虛心世所知 鳳凰佳可食 一去一來儀

대나무를 베며〔斫竹〕| 두목(杜牧)[23]

절이 폐하니 대나무 빛도 생기를 잃었는데/ 관가에서 어찌 너만 남겨두었던가./ 서리 맞은 뿌리는 점차 도끼에 찍혀도/ 바람결에 옥 같은 소리는 가을을 노래하네./ 강남에서 괴로이 시 읊는 나그네/ 어느 곳으로 애절한 마음 담아 보낼까.

寺廢竹色死 宦家寧爾留 霜根漸隨斧 風玉尙敲秋 江南苦吟客 何處送悠悠

밤에 내린 눈〔夜雪〕| 백거이(白居易)

이부자리 차갑다고 의아했더니/ 창밖이 훤해짐을 알겠구나./ 밤이 깊어 눈 많이 내렸으니/ 때때로 대나무 꺾어지는 소리가 들린다.

已訝衾枕冷 復見窓戶明 夜深知雪重 時聞折竹聲

양죽기(養竹記) | 백거이(白居易)

대나무는 현명한 사람과 비슷한데, 왜 그런가? 대나무 뿌리는 단단하니 단단함으로써 덕을 세우고 있다. 군자는 그 뿌리를 보면 곧 뽑히지 않는 훌륭한 덕을 세울 것을 생각하게 된다. 대나무의 성질은 곧으니 곧음으로써 자신의 몸을 세우고 있다. 군자는 그 성질을 보면 곧 중도(中道)에 서서 어느 편에도 의지하지 않는 마음을 생각하게 된다. 대나무 속은 비었으니 비어 있음으로써 도를 체득하고 있다. 군자는 그 빈 속을 보면 곧 응용하여 자기의 마음을 비우고 남을 받아들이는 방법을 생각하게 된다. 대나무 마디는 곧으니 곧음으로써 뜻을 세우고 있다. 군자는 그 마디를 보면 곧 자기 이름과 행실을 갈고 닦아서 순경(順境)에서나 역경(逆境)에서나 한결 같을 것을 생각하게 된다. 이러하기 때문에 군자들이 대나무를 많이 심어 뜰에 가득 차게 한다.

정원(貞元) 19년(803) 봄에 발췌(拔萃)로 급제(及第)하여 교서랑(校書郞)에 제수(除授)되었다. 처음 장안(長安)에 와서 임시로 거처할 곳을 구하다가 상락리(常樂里)의 작고하신 관국공(關相國)) 사저(私邸)의 동쪽 정자를 얻어 살게 되었다.

다음 날 정자의 동남쪽 모퉁이로 산책을 나갔다가 거기에 대나무 숲이 있는 것을 발견하였는데, 가지와 잎새가 말라죽어 소리와 빛의 볼품이 전혀 없었다. 관상국 댁의 늙은 하인에게 물어보니 대답하기를, "이것들은 관상국께서 손수 심었던 것입니다. 관상국께서 집을 내놓고 세상을 떠나 다른 사람이 빌려 살게 되었는데, 이때부터 광주리를 만드는 자들이 베어가기도 하고 빗자루를 만드는 자들이 잘라 가기도 하여, 형벌을 받듯 잘리고 난 나머지 대나무들은 한 길(여덟 자) 길이로 자란 것도 없고 그 수도 백이 되지 않습니다. 또 뭇 풀과 나무들이 그 속에 섞여 나서 무성히 황폐하여 대나무는 없어진 듯한 마음까지 갖게 하는 형편이 되었습니다." 했다.

나는 이것들이 일찍이 훌륭한 분의 손을 거쳤으나 천하고 속된 사람들의 눈에 띄어 이처럼 잘려지고 버려지게 되었지만 그 본성만은 그대로 보존되고 있음을 애석하게 여겼다. 이에 무성한 초목은 잘라내고 더러운 흙은 긁어내고 대나무 사이를 치워 주고 그 아래 흙을 북돋아 주었는데, 하루가 다가기 전에 일을 끝내었다. 이에 해가 뜨면 맑은 그늘이 생기고 바람이 불어오면 맑은 소리가 들리며, 그립고 기쁜 듯하여 마치 감정이 있어 은덕에 감사하는 것 같았다.

아! 대나무는 식물이니, 사람과 무슨 상관이 있겠는가? 대나무가 현명한 사람과 비슷하다고 해서 사람들은 그것을 애석하게 여겨 북돋아 심어 주었으니, 하물며 참으로 현명한 사람에 대해서야 어떠하겠는가? 그렇다면 대나무를 보통 풀과 나무에 비긴다면 마치 현명한 사람과 보통 사람들을 견주는 것이나 같다고 할 것이다. 아! 대나무는 스스로 기이함을 나타낼 수가 없는데도 오직 사람들이 그것을 기이하게 대해 주고, 현명한 사람도 스스로 기이함을 나타낼 수 없는데 오직 현명한 사람을 등용하는 사람이 그를 기이하게 대해 주어야 한다. 그러므로 〈양죽기〉를 지어 정자의 벽에 써 놓아 뒤에 여기에 살게 될 사람들에게 남겨 주고, 또 그렇게 함으로써 지금의 현명한 사람을 등용해야 할 사람들에게도 이 뜻이 알려지도록 하려는 것이라 한다.

竹似賢 何哉. 竹本固 固以樹德 君子見其本 則思善建不拔者 竹性直 直以立身 君子見其性 則思中立不倚者 竹心空 空以體道 君子見其心 則思應用虛受者 竹節貞 貞以立志 君子見其節 則思砥礪名行夷險一致者 夫如是故 君子人 多樹之 爲庭實焉 貞元十九年春 居易以拔萃選及第 授校書郞 始於長安 求假居處 得常樂里故關相國私第之東亭而處之 明日 履及于亭之東南隅 見叢竹於斯 枝葉殄瘁 無

聲無色 詢乎關氏之老 則曰此相國之手植者 自相國捐館 他人假居
繇是 筐篚者斬焉 篲箒者刈焉 刑餘之材 長無尋焉 數無百焉 又有
凡草木 雜生其中 菶尊薈蔚 有無竹之心焉 居易惜其嘗經長者之手
而見賤俗人之目 剸棄若是 本性猶存 乃刪薈 除糞壤 疏其間 封其
下 不終日而畢 於是日出 有清陰 風來有清聲 依依然欣欣然若有情
於感遇也 嗟乎 竹植物也 於人何有哉 以其有似於賢 而人猶愛惜之
封植之 況其眞賢者乎 然則竹之於草木 猶賢之於衆庶 嗚呼 竹不能
自異 惟人異之 賢不能自異 惟用賢者異之 故作養竹記 書于亭之壁
以貽其後之居斯者 亦欲以聞於今之用賢者云

고시십구수(古詩十九首) 여덟째 수 | 무명씨(無名氏)

아득히 외롭게 자란 대나무가/ 태산 언덕에 뿌리를 뻗었구나./ 그대와 나 새로 혼인하였으니/ 토사가 넝쿨에 엉킨 듯하구나./ ……

冉冉孤生竹 結根泰山阿 與君爲新婚 菟絲附女蘿 ……

오잠승의 녹균헌에서[於潛僧綠筠軒] | 소식(蘇軾)[24]

고기 없이 밥을 먹을 수도 있겠지만/ 사는 집에 대나무가 없어서는 안 되지./ 고기 없으면 사람을 마르게 하지만/ 대나무 없으면 사람을 속되게 하지./ 사람이 마른 것은 살찌울 수 있으나/ 선비가 속되면 고칠 수가 없다./ 옆 사람들 이 말 비웃으며/ 고상한 체하지만 도리어 바보라 한다./ 대나무 앞에 두고 배불리 먹는다면/ 이 세상 그 어찌 양주학(楊州鶴)이 있으랴.

可使食無肉 不可使居無竹 無肉令人瘦 無竹令人俗 人瘦尙可肥 士
俗不可醫旁人笑此言 似高還是癡 對此君仍大嚼 世間那有楊州鶴

죽엽주(竹葉酒) | 소식(蘇軾)

초(楚)나라 사람 한수(漢水)를 길어/ 고의성(古宜城)에서 술을 빚었는데./ 봄바람 불어 술 익는 것이/ 한수의 물 말끔한 것과 같구나./ 늙은이들 어디 있는가/ 큰 무덤도 이미 평평히 뭉개졌는데./ 오로지 대나무 잎만 남아/ 이곳에 천년 옛정 남겨 두었다.

> 楚人汲漢水 釀酒古宜城 春風吹酒熟 猶似漢江清
> 耆舊人何在 邱墳應已平 惟餘竹葉在 留此千古情

죽리관(竹里館) | 왕유(王維)

홀로 깊은 대숲 속에 앉아/ 거문고 타다 길게 휘파람을 분다./ 깊은 숲이라 사람들은 알지 못하는데/ 밝은 달만이 와서 비추는구나.

> 獨坐幽篁裏 彈琴復長嘯 深林人不知 明月來相照

황주죽루기(黃州竹樓記) | 왕원지(王元之)[25]

황강(黃岡) 지방에는 대나무가 많아 큰 것은 서까래 크기만 했다. 죽세공이 대나무를 쪼개고 그 마디를 긁어내어 기와 대신 이용하여 부근 집들이 모두 그러하니, 그것은 값이 싸고 일하는 품이 절약되기 때문이었다.

    자성(子城, 본성 옆 작은 성) 서북쪽 모퉁이에 성가퀴(성 위의 벽)가 허물어져 잡초가 우거진 채 황폐한 곳이 있었다. 거기에 두 칸짜리 작은 누대를 짓고 월파루(月波樓)와 통하게 했다. 멀리는 산 빛을 삼키고 있는 듯하고 평평히 강물을 손으로 퍼낼 수 있을 듯 하여, 그윽하고 고요하며 멀고 아득한 조망은 일일이 표현할 수가 없을 정도이다. 여름에는 소나기가 제격이어서 그 소리가 마치 폭포수 소리와 같고, 겨울이면 싸락눈이 제격이어서 마치 옥이 부서지는 소리가 난다. 거문고를 타기도 더없이 좋으니 그 가락이 맑고 부드럽고, 시를 읊기도 좋으니 시의 운치가 비할 바 없이 맑으며, 바둑 두기에도 좋으니 바둑돌 놓는 소리가 땅땅하게 울리고, 투호놀이 하기도 좋으니 화살소리가 쩡쩡하게 울린다. 이 모두가 죽루가 흥취를 돋우기 때문이다.

    공무(公務)가 끝나고 퇴청(退廳)한 뒤 여가에는 학창의(鶴氅衣, 학의 깃으로 만든 옷)를 걸치고 화양건(華陽巾, 도사들이 쓰는 두건)을 쓰고, 손에는 《주역(周易)》한 권을 들고 향을 태우며 조용히 앉아 세상의 근심을 녹여 버리니, 강산 저편으로는 곧 바람을 안은 돛단배와 모래톱의 물새 떼 그리고 연기처럼 피어오르는 구름과 대나무 숲만이 보일 뿐이다. 술기운이 가시고 차 끓이는 연기가 사라지는 것을 기다리며, 서산으로 지는 해를 보내고 동산에 떠오르는 흰 달을 맞이하니, 이 또한 귀양살이하는 곳의 뛰어난 경치이다. 저 제운루(齊雲樓)나 낙성루(落星樓)는 높기는 높고, 정간루(井幹樓)나 여초루(麗譙樓)는 화려하기는 화려하다. 그러나 기녀들을 모아 노래하고 춤추게 하였을 뿐이니, 이런 것은 시인들이 할 일이 아니므로 나는 취하지 않았다.

나는 죽세공이 말하는 것을 들으니, "대나무로 만든 기와는 겨우 10년 가지만 만약 겹으로 덮으면 20년은 갈 수 있습니다." 했다. 아! 나는 지도(至道) 을미년(995)에 한림(翰林)으로 있다 저주(滁州)로 나갔다가 병신년(996)여 광릉(廣陵)으로 옮기고, 정유년(997)에는 다시 서액(西掖, 中書省)으로 들어갔다가 무술년(998) 섣달 그믐날에 제안(齊安:黃岡)으로 좌천(左遷)하는 명령을 받고, 기해년(999) 윤3월에 황주(黃州)에 이르렀다. 이 4년 동안 바쁘게 뛰어다니다 보니 여가가 없었다. 내년이면 또 어디로 갈지 모르니 어찌 죽루의 지붕이 쉽게 썩는 것을 두려워하겠는가? 뒤에 오는 사람이 나와 뜻을 함께 하여 계속 지붕을 인다면 아마도 이 죽루가 썩지 않을 것이다.

함평(咸平:999) 2년 8월 보름날 씀.

黃岡之地多竹 大者如椽 竹工破之 刳去其節 用代陶瓦 比屋皆然 以其價廉而工省也 子城西北隅 雉堞圮毀 蓁莽荒穢 因作小樓二間 與月波樓通 遠吞山光 平挹江瀨. 幽闃遼夐 不可具狀 夏宜急雨 有瀑布聲 冬宜密雪 有碎玉聲 宜鼓琴 琴調和暢 宜詠詩 詩韻清絶 宜圍棋 子聲丁丁然 宜投壺 矢聲錚錚然 皆竹樓之所助也 公退之暇 披鶴氅衣 戴華陽巾 手執周易一卷 焚香默坐 消遣世慮 江山之外 第見風帆沙鳥 煙雲竹樹而已 待其酒力醒 茶煙歇 送夕陽 迎素月 亦謫居之勝概也 彼齊雲落星 高則高矣 井幹麗譙 華則華矣 止于貯妓女 藏歌舞 非騷人之事 吾所不取 吾聞竹工 云竹之爲瓦僅十稔 若重覆之 得二十稔 噫 吾以至道乙未歲 自翰林出滁上 丙申移廣陵 丁酉又入西掖 戊戌歲除日 有齊安之命 己亥閏三月到郡 四年之間 奔走不暇 未知明年 又在何處 豈懼竹樓之易朽乎 後之人與我同志 嗣而葺之 庶斯樓之不朽也 咸平二年八月十五日記

자연의 즐거움 | 임어당(林語堂)

참대는 선이 청초하고 가정적인 기품 때문에 진귀하게 여겨지며 그 줄기와 잎의 우미한 품격 때문에 사랑받고 있다. 그것은 우미할수록 식자의 가정에서 사랑받는다. 참대의 아름다움은 어느 편이냐 하면 상냥하게 웃는 아름다움이며 참대에서 받는 기쁨은 온화하고도 고요한 기쁨이다. 몸매가 가늘고 호리호리하며 가지가 드문드문 돋은 기품이 죽취(竹趣)의 최상으로 되어 있다. 그러므로 생죽(生竹)이나 화죽(畵竹)이나 두서너 포기의 참대는 한 무더기의 죽림 못지않게 귀여움을 받고 있다. 가지나 잎의 날씬한 기품이 사랑 받는 까닭으로 두서너 가지라도 그림이 될 수 있는 것이다. 그것은 매화 두서너 가지가 그림이 되는 것과 마찬가지다. 어찌된 까닭인지 참대의 날씬한 모습은 기이하고 가파른 바위와 아주 잘 어울린다. 그러므로 참대와 함께 한두 개의 바위가 그려지는 수가 많다. 이럴 때의 바위는 언제나 수수(瘦秀)한 미를 드러내고 있는 것이다.

> 人的愛竹 愛的是干叶的終弱 因此植于家中更多享受。它的美處是一種微笑般的美處 所給我們的樂趣是一種溫和的樂趣。竹以瘦細稀疏爲妙 因此種竹兩三株 和一片竹林同樣的可愛 不論在園中或畫上。因爲竹的可愛處在纖瘦 所爲畵在畵上時只須兩三枝 卽已足 正如畵梅花的只須畫一枝。纖瘦的竹枝最宜配怪石 所以畵竹時 旁邊恩畵上幾塊恩是皺瘦玲瓏的石實頭。

각주

1) 한(漢)나라 왕찬(王粲)이 난세를 만나 고향을 등지고 형주(荊州)로 가서 유표(劉表)에게 의탁하고 있을 때에 누(樓)에 올라 부(賦)를 지었는데, 「비록 실로 아름다우나 내 고장이 아니니 조금인들 머무르랴.」 하는 구절이 있다.
2) 5월 13일 : 이날에 대를 옮겨 심으면 무성하게 잘 자란다고 하여 죽취일(竹醉日)이라 한다.
3) 나옹화상 혜근(懶翁和尙 惠勤, 1320~1376) : 고려 말의 고승. 성은 아(牙)씨, 속명은 원혜(元惠). 호는 나옹(懶翁), 또는 강월헌(江月軒). 고려 말 보우(普愚)와 함께 조선시대 불교의 초석을 세운 위대한 고승으로 평가받고 있다. 저서로는 《나옹화상어록(懶翁和尙語錄)》 1권과 《가송(歌頌)》 1권이 전한다. 시호는 선각(禪覺).
4) 이색(李穡, 1328~1396) : 고려 말의 문신·학자. 본관은 한산(韓山). 자는 영숙(穎叔), 호는 목은(牧隱). 삼은(三隱) 중의 한 사람이다. 찬성사 곡(穀)의 아들로 이제현(李齊賢)의 문인이다. 저서에 《목은문고(牧隱文藁)》와 《목은시고(牧隱詩藁)》 등이 있다.
5) 정도전(鄭道傳, 1342~1398) : 고려 말에서 조선 초의 정치가요, 학자. 본관은 봉화(奉化). 자는 종지(宗之), 호는 삼봉(三峰). 저서는 경세(經世)와 역사, 병법(兵法), 의서(醫書) 등에 걸쳐 다양하게 남아 있으며, 시문(詩文)을 엮은 《삼봉집

《三峰集》)이 있다.
6) 이숭인(李崇仁, 1347~1392) : 고려 말의 학자이며 고려 삼은(三隱)의 한 사람. 자는 자안(子安), 호는 도은(陶隱). 본관은 성주(星州). 저서로 《도은시집》 5권이 있다.
7) 한산(寒山)의 행밀절고(行密節高)의 글귀 : 한산(寒山)은 당(唐)나라 때의 승려이며, 시(詩)를 잘 했다. 그는 대나무를 노래한 시에 「행실은 조밀하고 절조는 고상하다(行密節高).」라고 칭찬했다.
8) 요황(姚黃)이나 위자(魏紫) : 중국 낙양(洛陽)은 모란꽃으로 유명한 곳인데, 그 중에도 요씨(姚氏)의 집 황모란과 위씨(魏氏)의 집 자모란이 유명하다. 그래서 세상에서는 요황, 위자라고 한다.
9) 권근(權近, 1352~1409) : 고려 말 조선 초기의 문신 학자. 본관은 안동. 초명은 진(晉), 자는 가원(可遠), 호는 양촌(陽村). 보(溥)의 증손이다. 저서에는 《입학도설(入學圖說)》과 《오경천견록(五經淺見錄)》, 시문집으로 《양촌집(陽村集)》 40권을 남겼다.
10) 상군(湘君) : 순(舜) 임금의 두 왕비인 아황(娥皇)과 여영(女英)을 말함. 순 임금이 죽었을 때 아황·여영 두 비가 소상강(瀟湘工)가에서 슬피 울어 떨어진 눈물이 대나무에 배어 얼룩이 져서 반죽(斑竹)이 되었는데, 이를 '소상반죽(瀟湘斑竹)'이라 한다.
11) 김종직(金宗直, 1431~1492) : 조선 초기의 문신. 본관은 선산. 자는 계온(季昷), 호는 점필재(佔畢齋). 밀양 출신. 아버지는 사예 숙자(叔滋)이다. 저서로는 《점필재집(佔畢齋集)》 《청구풍아(靑丘風雅)》 《당후일기(堂後日記)》 등이 있다.
12) 김시습(金時習, 1435~1493) : 조선 초기의 학자이며 문인, 생육신의 한 사람. 본관은 강릉. 자는 열경(悅卿), 호는 매월당(梅月堂)·청한자(淸寒子)·동봉(東峰)·벽산청은(碧山淸隱)·췌세옹(贅世翁), 법호는 설잠(雪岑). 저서에 《금오신화(金鰲新話)》 《매월당집(梅月堂集)》 《십현담요해(十玄談要解)》 등이 있다.
13) 이황(李滉, 1501~1570) : 조선 중기의 문신 학자. 본관은 진보(眞寶). 자는 경호(景浩), 호는 퇴계(退溪)·퇴도(退陶)·도수(陶叟). 후대에 저서를 통합한 《퇴계전서(退溪全書)》가 있고, 기타 《도산십이곡(陶山十二曲)》 《퇴계필적(退溪筆迹)》 등 글씨가 남아 있다.
14) 두보(杜甫)의 시에 「셀 수도 없는 봄 죽순이 숲에 가득 돋았을 때, 싸리문 굳게 닫고 사람 소리를 끊었도다(無數春笋滿林生 柴門密掩斷人行).」라는 구절이 있다.
15) 중국 은(殷)나라 말기에 주(周)나라 무왕(武王)이 방탕한 주(紂)를 정벌하는 것에 불만을 품고 수양산(首陽山)에서 굶주려 죽은 고죽군(孤竹君)의 두 아들 백이(伯夷)·숙재(叔齋)의 고사를 인용했다.
16) 이덕무(李德懋, 1741~1793) : 조선 후기의 실학자. 본관은 전주(全州). 자는 무관(懋官), 호는 형암(炯庵)·아정(雅亭)·청장관(靑莊館)·영처(嬰處) 동방일사(東方一士). 저서로는 《관독일기(觀讀日記)》 《이목구심서(耳目口心書)》 《영처시고(嬰處詩稿)》 《영처문고(嬰處文稿)》 《사소절(士小節)》 《입연기(入燕記)》 등 16종이 있다.
17) 이식(李植, 1584~1647) : 조선 중기 문신. 자는 여고(汝固), 호는 택당(澤堂). 본관은 덕수(德水). 문장이 뛰어나 신흠(申欽)·이정구(李廷龜)·장유(張維)와 함께 한문 사대가 중의 한 사람으로, 문장은 한국의 정통적인 고문(古文)으로 높이 평가받았다. 저서로는 《택당집(澤堂集)》 《두시비해(杜詩批解)》 등이 있다. 시호는 문정(文靖).
18) 혈죽(血竹) : 1905년 11월 30일 충정공(忠正公) 민영환(閔泳煥)이 전동(典洞) 이완식(李完植)의 집에서 고종과 2천만 동포에게 보내는 유서(遺書)를 남기고 할복 자결을 결행했다. 순국한 지 8개월 뒤인 1906년 7월에 그의 집에서 푸른 대나무가 솟아올랐다고 전한다. 사람들은 그 청죽(靑竹)을 고려 말의 충신 정몽주가 순절한 가성 선죽교(善竹橋)의 의죽(義竹)에 얽힌 전설과 비교해서 혈죽(血竹)이라 불렀다. 이 시는 충정공의 기개를 노래한 작품인데, 《매천집(梅泉集)》 4권에 실려 있다. 박은식 선생은 그의 「혈죽기(血竹記)」에서 말하기를 「…아아! 이 대는 민 충정의 피이다. … 이것이 공의 피가 화한 것이 아니고야 어찌 대가 그 사이에서 날 수 있겠는가?」라고 했다.
19) 황현(黃玹, 1855~1910) : 한말의 순국지사, 시인 문장가. 본관은 장수(長水). 자는 운경(雲卿), 호는 매천(梅泉). 전라남도 광양 출신. 저서로는 《매천집(梅泉集)》 《매천시집(梅泉詩集)》 《매천야록(梅泉野錄)》 《오하기문(梧下記聞)》 《동비기략(東匪紀略)》 등이 있다.
20) 장수양(張睢陽) : 안록산(安祿山)의 난 때 수양성(睢陽城)을 지키다 죽은 장순(張巡)을 말한다. 회양 태수 허원(許遠)과 함께 성을 지키며 적장(敵將) 윤자기(尹子琦)와 싸워 몇 번이나 물리쳤으나 성이 함락되면서 죽임을 당하고 말았다.
21) 문문산(文文山) : 송(宋)나라 말의 충신 문천상(文天祥). 문산은 호이다.

22) 장구령(張九齡, 673~740) : 당(唐)나라 초기의 시인. 자는 자수(子壽), 광동성 곡강(曲江) 사람이다. 현종(玄宗)을 섬겨 재상에까지 올라서 명망이 높았다. 《장곡강집(張曲江集)》 20권이 있다.
23) 두목(杜牧, 803~853) : 당(唐)나라 말기의 시인. 자는 목지(牧之), 호는 번천(樊川). 26살 때 진사, 현량과에도 급제했다. 두보(杜甫)를 대두(大杜)라 함에 대하여, 두목은 소두(小杜)라 일컬었다. 시집은 《번천문집(樊川文集)》 20권, 《외집(外集)》 1권, 《별집(別集)》 1권이 있다.
24) 소식(蘇軾, 1036~1101) : 송(宋)나라의 시인, 당송팔대가(唐宋八大家)의 한 사람. 자는 자첨(子瞻), 호는 동파(東坡). 유(儒)·불(佛)·도(道)에 다 통달했고, 시는 음률(音律)이나 시구(詩句)에 구애받지 않아 자유분방하게 구사했다. 《동파문집(東坡文集)》이 있다. 시호는 문충(文忠).
25) 왕원지(王元之, 954~1001) : 송(宋)나라 때의 유명한 문인이며, 명신인 왕우칭(王禹偁)으로 원지는 그의 자이다. 제주(濟州) 거야(鉅野) 사람으로 진종(眞宗) 때 지제고(知制誥)를 맡았다.

일본

지금 새삼스레 무슨 볼일 있다고 세상에 나오는 것일까/ 죽순(竹の子)의 촘촘한 마디(節しげき)처럼 괴로운 일 많은 세상(憂き節しげきよ)임을 어린 너(작자의 子)라고 모르겠는가

  いまさらになに生ひいづらむ竹の子の 憂き節しげきよとは知らずや
       오시코치노 미츠네(凡河內躬恒), 《古今和歌集》 957

늙어 세상물정 어두우면 이런저런 말 듣는 일 많아지고(言の葉しげき)/ 잎이 무성한(葉しげき) 솜대 가지(節)마다 꾀꼬리가 앉아 울고 있듯이 괴로운 일(憂き節) 있을 때마다 울고 있다

  世にふれば言の葉しげき吳竹の 憂き節ごとに鶯ぞ鳴く
       작자 미상, 《古今和歌集》 958

나무도 아니고 풀도 아닌 대나무의 마디(竹のよ)처럼/ 이 내 신세 세상의 반편(よの端)이 되어 버릴 것만 같다

  木にもあらず草にもあらぬ竹のよの 端にわが身はなりぬべらなり
       작자 미상, 《古今和歌集》 959

가냘픈 대나무의 마디(竹のよ) 사이에 긴 밤(よ長) 첫서리 내리고(おき)/ 나는 밤에

도 일어나(おき) 앉아 임무의 중대함에 긴장을 풀지 않고 있다

なよ竹のよ長きうへに初霜のおきゐてものを思ふころかな

후지와라노 다다후사(藤原忠房),《古今和歌集》993

달밤에 희게 빛나 꽃과도 같은/ 대나무 잎에 내려 쌓인 그 눈은 누가 털어 낼까

月夜には花とぞ見ゆる竹の上に降りしく雪を誰か拂はむ

작자 미상,《寬平御時后宮歌合》149

궁궐 안 대나무 숲에서 꾀꼬리는 몹시도 울어대고 있지만/ 눈은 말없이 내리고 있구나

み園生の竹の林にうぐひすは しば鳴きにしを雪は降りつつ

작자 미상,《万葉集》4286

대나무와 관련된 한·중·일 지명

 한국

대나무와 관련된 지명을 가진 지역 중 전남 순창이 12개로 제일 많은 대나무 관련 지명을 갖고 있는데, 전체 지역순으로도 1위를 차지한 전남에서의 비율로 보면 12.2퍼센트를 차지하고 있다. 다음으로는 전북 고창이 11개, 전남 곡성이 9개, 전남 무안이 7개로 이들 지역이 대나무 관련 지명을 가장 많이 갖고 있다. 대도시의 경우 지역명 개편이 자주 이루어지는 탓인지 대체로 그 비율이 미미하며, 특히 서울은 대나무와 관련된 지명이 하나도 없다.

지명 중 죽전(竹田)이 60개 16.9퍼센트, 죽림(竹林)이 52개 14.6퍼센트로 전체의 31.5퍼센트를 차지한다. 그 뒤로는 죽동(竹洞) 36개, 죽산(竹山) 32개 순으로 뒤를 이어 많은 지명을 차지한다.

이러한 지명은 그 지형에 따라 이름을 조금씩 달리하는데, 죽계(竹溪)는 뒤에는 대나무밭이 있고, 앞으로는 내가 흐르는 마을을 이른다. 죽곡(竹谷)은 대나무가 많은 골짜기가 있는 마을에 붙였으며, 죽림(竹林)·죽동(竹洞)·죽촌(竹村)은 말 그대로 마을에 대나무가 많다고 하여 지어진 이름이다. 또한 죽현(竹峴)은 대나무를 가지고 죽세공을 하여 생계를 유지하는 마을이라 하여 지어진 이름이다.

│편집부│

지역별 분석 (16개 특별시, 광역시, 도/ 점유율 순)

점유순위	지역	지명수	점유율(100%)	점유순위	지역	지명수	점유율(100%)
1	전라남도	98	27.61	8	광주광역시	5	1.41
2	경상남도	71	20.00	8	울산광역시	5	1.41
3	경상북도	56	15.77	8	대구광역시	5	1.41

4	전라북도	43	12.11	9	대구광역시	4	1.13
5	충청남도	33	9.30	10	대전광역시	2	0.56
6	충청북도	11	3.10	11	인천광역시	1	0.28
6	경기도	11	3.10	11	제주도	1	0.28
7	강원도	9	2.53	12	서울특별시	0	0
	합계					355	100

지명별 통계 (유사지명 동, 리, 현, 동, 골 포함/ 7위까지만 선정)

점유순위	지명	지명수	점유율	점유순위	지역	지명수	점유율
1	죽전	60	16.90	4	죽산	32	9.01
2	죽림	52	14.64	5	죽촌	19	5.35
3	죽동	36	9.85	6	죽곡	16	4.50

죽간竹澗(전라북도 완주군 봉동읍 장구리)/죽계竹溪(충청남도 공주시 우성면 내산리) 외 3/죽곡竹谷(경기도 이천시 장호원읍 선읍리) 외 13/죽곡동竹谷(경상남도 함양군 함양읍 죽곡리)/죽곡리竹谷里(경상북도 칠곡군 왜관읍 마원리)/죽공(구름말)(경상남도 의령군 칠곡면 산북리)/죽관竹管(경상북도 성주군 월항면 용각리)/죽궁이(대전광역시 유성구 온천2동)/죽기竹基(강원도 삼척시 원덕면 오저리) 외 1/죽남竹南(경상남도 밀양시 산외면 다죽리)/죽남(당밑)(전라남도 장성군 북일면 오산리)/죽내竹內(경상북도 성주군 초전면 봉정리) 외 1/죽내리竹內里(충청남도 논산시 양촌면 거사리)/죽당竹堂(경상남도 함양군 안의면 당본리)/죽대竹垈(경기도 가평군 북면 백둔리)/죽도竹島(경상남도 통영시 한산면 매죽리)외 5/죽동竹東(경상북도 경주시 외동읍 죽동리)/죽동竹洞(강원도 삼척시 교동(江原道 三陟市 校洞)외 34/죽둔리竹屯里(경기도 가평군 북면 목동리)/죽등(대줄등)(전라남도 영암군 금정면 월평리)/죽련竹連(전라남도 신안군 도초면 죽련리)/죽리竹里(경상북도 안동시 남후면 고하리 외 7/죽리동(죽마을)竹里洞(경기도 화성시 우정면 한각리)/죽림竹林(경상남도 거제시 거제면 오수리)외 32/죽림竹林(충청남도 논산시 가야곡면 목곡리)/죽림(전라남도 함평군 월야면 예덕리)외 6/죽림(죽임)竹林(전라남도 함평군 손불면 죽암리)/죽림(중림)竹林(경상남도 김해시 장유면 관동리)/죽림동竹林洞(강원도 춘천시 죽림동)외 6/죽림동(전라남도 장성군 황룡면 옥정리)외 1/죽림동(대소

반)(전라북도 익산시 낭산면 석천리)/죽립(전라북도 고창군 성내면 월산리)/죽립동(전라북도 남원시 송동면 장국리)/죽마령(죽미령)(경기도 오산시 신장동)/죽막(경상북도 김천시 봉산면 광천리)/죽막동(전라북도 부안군 변산면 격포리)/죽만(경상남도 창녕군 유어면 대대리)/죽말(충청남도 부여군 세도면 귀덕리)/죽문竹門(경상북도 상주시 외남면 송지리)/죽미竹美(경상북도 봉화군 소천면 임기리)/죽바위(경기도 과천시 과천동)외 1/죽방竹坊(경상북도 영천시 금호읍 봉죽리)/죽방竹方(경상북도 성주군 월항면 수죽리)/죽방(경상북도 김천시 구성면 송죽리)/죽방곡竹房谷(강원도 삼척시 미로면 고천리)/죽벽(경상남도 진해시 웅동1동)/죽변동竹邊洞(경상북도 울진군 죽변면 죽변리)/죽본竹本(충청남도 논산시 연무읍 죽본리)/죽봉동(경상남도 진주시 정촌면 화개리)/죽부리(충청남도 예산군 덕산면 사천리)/죽분(전라남도 장성군 남면 분향리)/죽사竹寺(경기도 양평군 양평읍 도곡리)외 1/죽산竹山(경상남도 남해군 남해읍 남변리)외 11/죽산(경상남도 남해군 남해읍 차산리)외 5/죽산(대매)竹山(전라북도 익산시 낭산면 삼담리)/죽산1,2,3구竹山(전라북도 김제시 죽산면 죽산리)/죽산리(전라남도 무안군 운남면 동암리)/죽산포竹山浦(인천광역시 강화군 교동면 동산리)/죽서(늑도)竹嶼(경상남도 고성군 하일면 송천리)/죽선리(전라남도 완도군 약산면 장룡리)/죽성竹城(경상북도 고령군 쌍림면 고곡리)외 1/죽성(제주도 제주시 아라동)/죽순竹筍(전라북도 김제시 용지면 송산리)/죽순골(강원도 횡성군 청일면 갑천리)/죽시竹市(전라남도 고흥군 풍양면 야막리)/죽신촌(전라남도 영광군 군남면 포천리)/죽실(경상북도 포항시 남구 장기면 죽정리)/죽안竹岸(경상북도 예천군 유천면 죽안리)외 1/죽안(전라남도 여수시 삼일동)외 1/죽암竹岩(경상북도 울릉군 북면 천부리)외 2/죽암(대바위)(경상남도 마산시 회원구 내서읍 중리)/죽암리竹岩里(충청남도 공주시 정안면 대산리)/죽연竹淵(전라남도 구례군 문척면 죽마리)/죽엽竹葉(충청남도 서산시 대산읍 대죽리)외 1/죽엽(전라남도 진도군 진도읍 포산리)외 1/죽엽동(죽엽산)竹葉洞(경기도 포천시 내촌면 진목리)/죽엽리竹葉里(충청남도 연기군 전동면 노장리)/죽원竹院(전라북도 임실군 강진면 학석리)/죽월竹月(경상남도 밀양시 무안면 죽월리)/죽월촌(전라남도 함평군 엄다면 학야리)/죽일(강원도 강릉시 경포동)/죽장竹場(경상남도 함양군 함양읍 대덕리)/죽장竹杖(경상북도 구미시 선산읍 죽장리)/죽장리竹場里(전라북도 무주군 안성면 죽천리)/죽전竹田(강원도 삼척시 노곡면 상마읍리)외 28/죽전竹箭(경상남도 창녕군 영산면 죽사리)/죽전(경상남도 거창군 거창읍 중앙리)외 14/죽전곡竹田谷

(울산광역시 북구 효문동)/죽전동竹田洞(경상남도 고성군 개천면 용안리)외 2/죽전촌(경상남도 거제시 옥포8동)/죽절竹節(전라북도 완주군 소양면 죽절리)/죽절(전라북도 김제시 교동월촌동)/죽정竹亭(전라남도 구례군 용방면 죽정리)외 1/죽정(경상북도 김천시 조마면 신안리)외 1/죽정내竹亭川(충청북도 진천군 초평면 화산리)/죽정동(경상북도 경산시 와촌면 계전리)/죽진동竹津洞(경상북도 울진군 울진읍 연지리)/죽천竹川(경상남도 사천시 사남면 죽천리)외 4/죽천竹泉(전라남도 곡성군 죽곡면 당동리)/죽천(광주광역시 광산구 평동)외 1/죽천말(죽천)(충청북도 청주시 흥덕구 복대1동)/죽청竹淸(전라남도 순천시 서면 운평리)외 5/죽청(경상남도 함안군 칠원면 운서리)/죽청(대판이)竹靑(전라북도 익산시 낭산면 성남리)/죽촌竹村(경상남도 밀양시 단장면 고례리)외 9/죽촌(경상남도 통영시 용남면 장평리)외 6/죽촌(죽실)竹村(경상북도 청도군 화양읍 유등리)/죽촌마을(경상북도 영덕군 축산면 도곡리)/죽치竹峙(경상남도 하동군 적량면 관리)외 1/죽탄(전라남도 장성군 삼계면 상도리)/죽터(경상북도 봉화군 물야면 오전리)외 2/죽토竹吐(경상남도 거제시 연초면 죽토리)/죽파竹坡(경상북도 영양군 수비면 죽파리)/죽평竹坪(전라남도 순천시 승주군 서면 죽평리)/죽포竹苞(전라남도 보성군 율어면 고죽리)/죽포(전라남도 여수시 돌산읍 죽포리)/죽포동竹浦洞(강원도 양구군 동면 임당리)외 1/죽하(경상북도 포항시 남구 장기면 신창리)/죽하동(충청남도 보령시 청소면 진죽리)/죽항竹項(전라남도 신안군 흑산면 홍도리)/죽항(경상남도 진주시 사동면 무촌리)외 1/죽항도竹項島(전라남도 진도군 조도면 죽항도리)/죽현竹峴(전라북도 고창군 흥덕면 흥덕리)외 1/죽현(전라남도 여수시 율촌면 월산리)/죽현리竹峴日(충청남도 보령시 천북면 신죽리)/

 중국

福建省 霞浦縣 竹江/古田縣 鳳竹/鼎縣 蘆竹/順昌 紫竹/壽寧縣 竹管壠鄉/連城縣 竹葉山/南平市 延平區 筠竹/建昌市 竹洲/雲霄縣 竹塔/邵武市 大竹鄉/華安縣 竹仔嶺/永定縣 古竹鄉/永定 古竹圩/雲霄縣 竹港/德化縣 金竹坑/三明市 三元區 黃竹坑/同安縣 竹坝/永泰縣 愛竹口/羅源縣 飛竹鎮/連江縣 天竹/岡侯縣 竹岐鄉/松溪縣 竹賢/**浙江省** 麗水市 竹垟鄉 蓋竹村/杭州市 下城區 武林街道 竹

竿巷/紹興市 新昌縣 竹岸/嘉善縣 竹埂/金華市 竹馬鄕/ 金華市 白竹/紹興縣 竹田頭/松陽縣 竹溪/竹源鄕/江山市 竹子林/**雲南省** 楚雄市 竹園村/昌平縣 竹魯窪/瀾滄縣 竹塘鄕/**廣東省** 茂名市 佳宜縣 竹垌/廣州市 東山區 竹絲崗/江門市 蓬江區 竹排街/**四川省** 寧南縣 竹壽鎭/美姑縣 竹庫鄕/成都市 新都縣 竹友鄕/長寧縣 竹海鎭/**江西省** 玉山縣 竹笕/千豊縣 竹巖/吉安縣 金竹/吉安縣 竹垣/**江蘇省** 南京市 六合縣 竹程鄕/南京市 六合縣 竹鎭鎭/通州市 竹行鎭/**貴州省** 安順地區 息烽縣 竹花/玉屛縣 竹寨/貴陽市 花溪區 竹林寨/**河南省** 鄭州 榮陽市 竹川/**吉林省** 延邊自治州 和龍市 竹林/**黑龍江省** 佳木斯市 湯原縣 竹簾鄕/**上海市** 嘉定區 竹橋/**海南省** 三亞市 河西區 竹株村/**安徽省** 黃山市 歙縣 竹鋪鄕

 일본

오카야마(岡山)를 비롯한 47개 현(縣) 536개 중 교토가 56개(10.4퍼센트)로 제일 많았으며, 오이타(大分) 현 37개(6.9퍼센트), 아이치(愛知) 현 29개(5.4퍼센트), 도쿄도 니가타(新潟) 현이 각각 20개(3.7퍼센트), 후쿠오카(福岡) 후쿠이(福井) 현이 각각 19개(3.5퍼센트) 순으로 많았다.

각 지방별로는 주부 지방이 모두 135개 25.2퍼센트를 차지하고 있다. 다음으로는 대나무 관련 지명이 제일 많았던 교토부가 소재한 긴키(近畿) 지방 126개 23.5퍼센트, 규슈(九州) 지방 100개 18.7퍼센트, 간토(關東) 지방 66개 12.3퍼센트, 도호쿠(東北) 지방 40개 7.5퍼센트, 츄고쿠(中國) 지방 37개 6.9퍼센트, 시코쿠(四國) 지방 26개 4.9퍼센트, 홋카이도(北海島)와 오키나와가 각 2개씩으로 0.4퍼센트 순이다.

지명순으로는 竹原 21개, 竹田 15개, 竹島 12개, 竹內 9개순으로 많았다.

	지역	개수		지역	개수
도호쿠	福島 후쿠시마	11	긴키	京都 교토부	56
	山形 야마가타	7		兵庫 효고	17
	宮城 미야기	7		奈良 나라	14
	秋田 아키타	5		大阪 오사카부	14

	青森 아오모리	5		三重 미에	9	
	岩手 이와테	5		滋賀 시가	8	
간토	東京 도쿄도	20		和歌山 와카야마	8	
	茨城 이바라기	15	규슈	大分 오이타	37	
	千葉 치바	10		福岡 후쿠오카	19	
	神奈川 가나가와	10		熊本 구마모토	12	
	埼玉 사이타마	5		長崎 나가사키	9	
	栃木 도치기	5		佐賀 사가	8	
	群馬 군마	1		鹿兒島 카고시마	8	
주부	愛知 아이치	29		宮崎 미야자키	7	
	新潟 니이가타	20	시코쿠	高知 고치	14	
	福井 후쿠이	19		德島 도쿠시마	8	
	富山 도야마	15		香川 가가와	4	
	長野 나가노	13		愛媛 에히메	2	
	石川 이시카와	13	쥬코쿠	岡山 오카야마	13	
	岐阜 기후	11		廣島 히로시마	7	
	靜岡 시즈오카	8		島根 시마네	6	
	山梨 야마나시	7		鳥取 돗토리	6	
후쿠시마	北海島 홋카이도	2		山口 야마구치	5	
오키나와	沖繩 오키나와	2				
계					536	

도호쿠(東北) 지방

福島　竹貫町村(たけぬきだむら)/竹貫鄕(たけぬきごう)/竹內(たけうち)/竹內村(たけのうちむら)/竹柄(たけがら)/竹屋(たけや)/竹原村(たけはらむら)/竹田(たけだ)/竹之內(たけのうち)/竹之內村(たけのうちむら)/竹ノ內(たけのうち)

山形　竹內村(たけのうちむら)/竹森(たけのもり)/竹野浦村(たけのうらむ

	ら)/竹原(たけはら)/竹原田(たけはらだ)/竹田(たけだ)/竹井(たけい)
秋田	竹見村(たけみむら)/竹島荘(たけしまのしょう)/竹生(たこ)/竹原町(たけはらまち)/竹原町(たけわらまち)
青森	竹館村(たけだてむら)/竹鼻(たけはな)/竹鼻村(たけはなむら)/竹田町(たけだちょう)/竹田村(たけだむら)
宮城	竹谷(たけや)/竹島(たけしま)/竹林川(たけばやしがわ)/竹浜(たけのはま)/竹子澤(たけこざわ)/竹浦(たけのうら)/竹の花横穴墓(たけのはなよこあなぼ)
岩手	竹駒(たけこま)/竹駒郡(たけこまぐん)/竹駒神社(たけこまじんじゃ)/竹山町(たけやまちょう)/竹花前遺跡(たけはなまえいせき)

간토(關東) 지방

千葉	竹岡(たけおか)/竹內(たけのうち)/竹內神社(たけのうちじんじゃ)/竹袋(たけふくろ)/竹林(たけばやし)/竹原(たけわら)/竹町(たけちょう)/竹之內(たけのうち)/竹平(たけひら)/竹ヶ花(たけがはな)
東京	竹谷町(たけやちょう)/竹橋(たけばし)/竹橋御門(たけばしごもん)/竹丘(たけおか)/竹島町(たけしまちょう)/竹屋の渡し(たけやのわたし)/竹町(たけちょう)/竹町(たけまち)/竹町の渡し(たけちょうのわたし)/竹早町(たけはやちょう)/竹芝桟橋(たけしばさんばし)/竹芝町(たけしばまち)/竹川町(たけかわちょう)/竹塚(たけのずか)/竹平町(たけひらちょう)/竹下新田(たけしたしんでん)/竹河岸(たけがし)/竹下町(たけしたちょう)/竹ヶ谷(たけがやつ)/竹の塚(たけのずか)

茨城　竹岡郷(たけおかのごう)/竹島(たけしま)/竹瓦(たけがわら)/竹垣(たけがき)/竹園(たけぞの)/竹原(たけはら)/竹原崎郷(たけはらざきのごう)/竹原上郷村(たけはらかみごうむら)/竹原新田村(たけはらしんでんむら)/竹原中郷(たけはらなかごう)/竹原中郷新田村(たけはらなかごうしんでんむら)/竹原下郷(たけはらしもごう)/竹合(たけあい)/竹隈(たけくま)/竹の入町(たけのいりまち)

埼玉　多氣比賣神社(たきひめじんじゃ)/竹本(たけもと)/竹野(たけの)/竹之内(たけのうち)/竹澤(たけざわ)

神奈川　竹内(たけのうち)/竹鼻(たけはな)/竹山(たけやま)/竹松(たけまつ)/竹之内(たけのうち)/竹之下村(たけのしたむら)/竹之丸(たけのまる)/竹村町(たけむらちょう)/竹花町(たけのはなちょう)/竹ノ下町(たけのしたまち)

栃木　竹内(たけうち)/竹林(たけばやし)/竹野内村(たけのうちむら)/竹原(たけわら)/竹下(たけした)

群馬　竹入村(たけのいりむら)

주부(中部) 지방

愛知　竹(たけ)/竹谷(たけのや)/竹谷城(たけのやじょう)/竹廣(たけひろ)/竹橋町(たけはしちょう)/竹橋町(たけばしちょう)/竹島(たけしま)/竹尾町(たけおちょう)/竹生郷(たけおのごう)/竹屋町(たけやちょう)/竹屋町(たけやまち)/竹腰(たけのこし)/竹腰東町(たけのこしひがしまち)/竹腰本町(たけのこしほんまち)/竹腰北町(たけのこしきたまち)/竹腰西町(たけのこしにしまち)/竹腰中町(たけのこしなかまち)/竹原町(たけはらまち)/竹元町(たけもとちょう)/竹越(たけこし)/竹田(たけた)/竹田新田村(たけだしんでんむら)/竹田町(たけ

だまち)/竹之内村(たけのうちむら)/竹村郷(たけむらのごう)/竹澤連村(たけざわれむら)/竹ヶ島(たけがしま)/竹ノ輪(たけのわ)

新潟　筍山(たけのこやま)/竹島(たけじま)/竹尾(たけお)/竹尾卸新町(たけおおろししんまち)/竹鼻(たけがはな)/竹森(たけもり)/竹野町(たけのまち)/竹俣(たけのまた)/竹俣万代(たけまたばんだい)/竹俣新田(たけのまたしんでん)/竹屋(たけや)/竹田(たけだ)/竹田新田(たけだしんでん)/竹町(たけちょう)/竹町(たけまち)/竹直(たけなお)/竹澤(たけざわ)/竹花(たけがはな)/竹ヶ花(たけがにな)/竹ノ俣(たけのまた)

長野　竹房(たけぶさ)/竹山同心町(たけやまどうしんまち)/竹山町(たけやまちょう)/竹生村(たけぶむら)/竹淵(たけぶち)/竹原(たけはら)/竹場村(たけばむら)/竹田(たけだ)/竹田村(たけたむら)/竹佐(たけさ)/竹澤(たけざわ)/竹くら(たけくら)/竹ノ上(たけのうえ)

福井　竹奈路(たけなろ)/竹林(たけばやし)/竹生(たこ)/竹生山(たこうやま)/竹生川(たこうがわ)/竹松(たけまつ)/竹宇村(たけもりむら)/竹原(たけわら)/竹長(たけなが)/竹田口町(たけだぐちちょう)/竹田吉谷村(たけだよしたにむら)/竹田部里(たけだべのり)/竹田山口村(たけだやまぐちむら)/竹田川(たけだがわ)/竹田村(たけだむら)/竹田郷(たけだのごう)/竹波(たけなみ)/竹鼻(たけだはな)/竹ヶ花町(たけがはなちょう)

靜岡　竹間(たけま)/竹瀬村(たけせむら)/竹原(たけはら)/竹之下(たけのした)/竹倉(たけくら)/竹下(たけした)/竹の内(たけのうち)/竹の台(たけのだい)

石川　竹橋(たけのはし)/竹島(たけしま)/竹島町(たけしままち)/竹島地方(たけしまじがた)/竹松(たけまつ)/竹又(たけまた)/竹原村(たけは

らむら)/竹田町(たけだまち)/竹町(たけちょう)/竹町(たけまち)/竹太(たけだ)/竹澤(たけざわ)/竹の泊(たけのとまり)

岐阜　竹島町(たけじまちょう)/竹鼻(たけはな)/竹鼻町錦町(たけはなちょうにしきまち)/竹鼻町西野町(たけはなちょうにしのまち)/竹鼻町神樂(たけはなちょうかぐら)/竹鼻町丸の内(たけはなちょうまるのうち)/竹原(たけはら)/竹原川(たけはらがわ)/竹原通(たけはらどうり)/竹折(たけおり)/竹早町(たけはやまち)

富山　竹(たけ)/竹内(たけうち)/竹内(たけのうち)/竹内島村(たけんちまむら)/竹内四ヶ村(たけのうちしかむら)/竹林(たけばやし)/竹林新(たけばやししん)/竹北新(たけきたしん)/竹鼻(たけはな)/竹鼻新(たけはなしん)/竹山新(たけやましん)/竹束中里(たけつかなかり)/竹原中里(たけはらなかり)/竹正(たけまさ)/竹ノ内(たけのうち)

山梨　竹居(たけい)/竹付里(たけつきのり)/竹森(たけもり)/竹野原村(たけのはらむら)/竹原田(たけはらだ)/竹日向(たけひなた)/竹田宮地之郷(たけたみやじのごう)

긴키(近畿) 지방

京都　竹久僧(たけきゅそう)/竹藤(たけふじ)/竹鼻(たけはな)/竹鼻堂ノ前町(たけはなどうのまえちょう)/竹鼻木ノ本町(たけはなきのもとちょう)/竹鼻四丁野町(たけはなしちょうのちょう)/竹鼻西ノ口町(たけはなにしのぐちちょう)/竹鼻扇町(たけはなおうぎちょう)/竹鼻外田町(たけはなそとだちょう)/竹鼻立原町(たけはなたてはらちょう)/竹鼻走り谷(たけはなはしりだに)/竹鼻竹ノ街道町(たけのはなたけのかいどうちょう)/竹鼻地藏寺南町(たけはなじぞうじみなみちょう)/竹鼻忠兵衛谷(たけはなちゅべえだに)/竹鼻花打谷(たけはなひうちだに)/竹鼻サイカシ町(たけはなさいかしちょう)/竹野郡

(たけのぐん)/竹野川(たけのがわ)/竹野村(たけのむら)/竹屋(たけや)/竹屋町(たけやちょう)/竹屋町通(たけやまちどおり)/竹屋之町(たけやのちょう)/竹原里(たけはらがり)/竹園町(たけぞのちょう)/竹田(たけだ)/竹殿(たけどの)/竹田距川町(たけだねばりがわちょう)/竹田藁屋町(たけだわらやちょう)/竹田橋泓ノ川町(たけだふけのかわちょう)/竹田久保町(たけだくぼちょう)/竹田内畑町(たけだうちはたちょう)/竹田段川原町(たけだだんがわらちょう)/竹田三ッ杭町(たけだみっつぐいちょう)/竹田小屋ノ内町(たけだこやのうちちょう)/竹田松林町(たけだまつばやしちょう)/竹田狩賀町(たけだかるがちょう)/竹田流池町(たけだりゅうちちょう)/竹田田中宮町(たけだたなかみやちょう)/竹田田中殿町(たけだたなかでんちょう)/竹田淨菩提院町(たけだじょぼだいいんちょう)/竹田醍醐田町(たけだだいごでんちょう)/竹田中島町(たけだなかじまちょう)/竹田中川原町(たけだなかがわらちょう)/竹田眞幡木町(たけだまはたぎちょう)/竹田青池町(たけだあおいけちょう)/竹田七瀬川町(たけだななせがわちょう)/竹田桶ノ井町(たけだおけのいちょう)/竹田向代町(たけだむかいだいちょう)/竹田向代町川町(たけだむかいだいちょうかわまち)/竹井(たけい)/竹中(たけなか)/竹之辻子町(たけのずしちょう)/竹村町(たけむらちょう)/竹ヶ鼻(たけがはな)/竹の台(たけのだい)

大阪　竹見台(たけみだい)/竹谷町(たけたにちょう)/竹橋町(たけはしちょう)/竹島(たけしま)/竹門江(たけまえ)/竹城台(たけしろだい)/竹屋町(たけやまち)/竹町(たけまち)/竹之内街道(たけのうちかいどう)/竹之内峠(たけのうちとうげ)/竹村荘(たけむらのしょう)/竹割町(たけわりちょう)/竹渕(たこち)/竹の内町(たけのうちちょう)

兵庫　竹谷(たけだに)/竹谷(たけや)/竹廣(たけひろ)/竹野(たけの)/竹野川(たけのがわ)/竹屋(たけや)/竹屋町(たけやちょう)/竹原(たけはら)/竹原野(たけはらの)/竹園町(たけぞのちょう)/竹原村(たけわら

むら)/竹田(たけだ)/竹田城(たけだじょう)/竹田温泉(たけだおんせん)/竹田町(たけだまち)/竹ノ内(たけのうち)/竹の台(たけのだい)

三重　竹成(たけなり)/竹神社(たけじんじゃ)/竹野(たかの)/竹永村(たけながむら)/竹原(たけはら)/竹原郷(たけはらのごう)/竹荘神領(たけのしょうのしんりょう)/竹川(たけがわ)/竹ヶ鼻(たけがはな)

滋賀　竹(たけ)/竹久(たけひさ)/竹生(たけじょう)/竹原(たけはら)/竹原谷(たけはらだに)/竹町(たけちょう)/竹ヶ鼻(たけがはな)/竹ヶ鼻町(たけがはなちょう)

和歌山　竹房(たけぶさ)/竹房古墳群(たけぶさこふんぐん)/竹屋町(たけやちょう)/竹屋町(たけやまち)/竹又村(たけのまたむら)/竹原(たけはら)/竹垣内(たけがいと)/竹ノ平(たけのたいら)

奈良　竹内(たけのうち)/竹内街道(たけのうちかいどう)/竹内古墳群(たけのうちこふんぐん)/竹内峠(たけのうちとうげ)/竹内遺跡(たけのうちいせき)/竹荘(たけのしょう)/竹田(たけだ)/竹田南方(たけだみなみかた)/竹田小路荘(たけだしょうじのしょう)/竹田原(たけだのはら)/竹之内(たけのうち)/竹筒(たけとう)/竹花町(たけはなちょう)/竹花出屋敷(たけはなでやしき)

규슈(九州) 지방

大分　竹久(たけひさ)/竹崎城(たけざきじょう)/竹内村(たけのうちむら)/竹島(たけしま)/竹尾村(たけおむら)/竹本越(たけもとごえ)/竹峯村(たけみねむら)/竹部村(たけべむら)/竹上村(たけのうえむら)/竹矢(たけや)/竹野浦(たけのうら)/竹野浦河内(たけのうらごうち)/竹越峠(たけのことうげ)/竹田(たけだ)/竹田(たけた)/竹田橋(たけだばし)/竹田別符(たけだべふ)/竹田盆地(たけだぼんち)/竹田市(たけた

し)/竹田新町(たけだしんまち)/竹田津(たけたづ)/竹田津川(たけだづがわ)/竹田津浦(たけだづうら)/竹田村(たけだむら)/竹町(たけまち)/竹中(たけなか)/竹中渡し(たけなかのわたし)/竹中名(たけなかみょう)/竹中村(たけのなかむら)/竹之下村(たけのしたむら)/竹下(たけした)/竹下村(たけしたむら)/竹脇(たけのわき)/竹脇村(たけわきむら)/竹ヶ島(たけがしま)/竹の下(たけのした)/竹のはな(たけのはな)

福岡　竹丘町(たけおかまち)/竹末(たけすえ)/竹飯(たけい)/竹竝(たけなみ)/竹松村(たけまつむら)/竹野(たけの)/竹野郡(たけのぐん)/竹若(たけわか)/竹原(たけわら)/竹原古墳(たけはらこふん)/竹田(たけだ)/竹井(たけのい)/竹井城(たけいじょう)/竹井組(たけいぐみ)/竹重村(たけしげむら)/竹下(たけした)/竹下町(たけしたちょう)/竹下町(たけしたまち)/竹ノ尾城(たけのおじょう)

長崎　竹邊町(たけべちょう)/竹敷(たけしき)/竹敷港(たけしきこう)/竹松(たけまつ)/竹松本町(たけまつほんまち)/竹留(たける)/竹の久保(たけのくぼ)/竹ノ島(たけのしま)/竹の浦(たけのうら)

熊本　竹宮東外村(たけみやひがしほかむら)/竹宮本村(たけみやほんむら)/竹宮西外村(たけみやにしほかむら)/竹宮新外村(たけみやしんほかむら)/竹宮外村(たけみやほかむら)/竹宮下村(たけみやしもむら)/竹崎(たけざき)/竹迫村(たけのさこむら)/竹部(たけべ)/竹原(たけばる)/竹原町(たけはらまち)/竹脇村(たけわきむら)

佐賀　竹(たけ)/竹古場(たけのこば)/竹崎(たけざき)/竹崎島(たけざきじま)/竹崎温泉(たけざきおんせん)/竹木場(たけこば)/竹有(たけあり)/竹村郷(たけむらごう)

鹿兒島　竹島(たけしま)/竹山(たけやま)/竹山神社(たけやまじんじゃ)/竹屋

　　　　神社(たけやじんじゃ)/竹原町(たけはらまち)/竹田神社(たけだじんじゃ)/竹之山(たけのやま)/竹下(たけした)

宮崎　　竹崎別符(たけざきのべっぷ)/竹島(たけしま)/竹島町(たけしまちょう)/竹浜遺跡(たけはまいせき)/竹原(たけわら)/竹原谷村(たけはらだにむら)/竹田(たけだ)

시코쿠(四國) 지방

愛媛　　竹鼻村(たけのはなまち)/竹原(たけわら)

高知　　竹尻村(たけしりむら)/竹谷村(たけたにむら)/竹谷ノ村(たけたにのむら)/竹島(たけしま)/竹島町(たけしまちょう)/竹邊村(たけべむら)/竹屋敷(たけやしき)/竹屋敷村(たけやしきむら)/竹ノ谷(たけのたに)/竹ノ瀬村(たけのせむら)/竹の藪(たけのやぶ)/竹の後遺跡(たけのうしろいせき)/竹ノハナノ村(たけのはなのむう)

香川　　竹居觀音岬(たけいかんのんみさき)/竹本川(たけもとがわ)/竹田(たけだ)/竹浦鼻(たけうらばな)

德島　　竹島村(たけしまむら)/竹瀬(たけのせ)/竹須賀(たけずか)/竹原本郷(たけはらほんごう)/竹原五箇莊(たけはらごかのしょう)/竹原莊(たけはらのしょう)/竹ヶ谷(たけがたに)/竹ヶ島(たけがしま)

츄고쿠(中國) 지방

島根　　竹(たけ)/竹崎(たけざき)/竹島(たけしま)/竹尾村(たけおむら)/竹迫町(たけざこちょう)/竹が曾根(たけがそね)

岡山　　竹(たけ)/竹部(たけべ)/竹山城(たけやまじょう)/竹原(たけはら)/竹原(たけばら)/竹元寺(たけもとじ)/竹莊(たけのしょう)/竹莊盆地

(たけのしょうぼんち)/竹田(たけだ)/竹田遺跡(たけだいせき)/竹井村(たけいむら)/竹枝(たけえだ)/竹村(たけむら)

廣島　竹森(たけもり)/竹尋村(たけひろむら)/竹屋(たけや)/竹屋町(たけやちょう)/竹原(たけはら)/竹仁村(たけにむら)/竹地谷(たけちだに)

鳥取　竹内(たけうち)/竹内(たけのうち)/竹内村(たけうちむら)/竹生(たけなり)/竹田(たけだ)/竹田庄(たけだのしょう)

山口　竹崎(たけざき)/竹島(たけしま)/竹島古墳(たけしまこふん)/竹安(たけやす)/竹ノ子島(たけのこじま)

北海島　竹原(たけはら)/竹浦(たけうら)

沖繩　竹富(たけとみ)/竹富島(たけとみじま)

찾아보기

가구야히메(かぐやひめ, 竹姬) 14, 29, 117, 118, 190
가나자와 쇼사브로(金澤庄三郎) 14, 63
가노 단유(狩野探幽) 142
가노 모토노부(狩野元信) 142
가노 산라쿠(狩野山樂) 143
가노 산세쓰(狩野山雪) 142
가노 쇼에이(狩野松榮) 143
가노 에이토쿠(狩野永德) 142
가노파 141
가오(可翁) 139
가와타케(川竹) 107, 108
간두지세(竿頭之勢) 238
간미즈하치만구(岩淸水八幡宮) 30
감죽(甘竹) 40
〈감통(感通)〉 50
갓대 41
강세황(姜世晃) 28, 128
강희안(姜希顔) 183
《개자원화전》 156
《겐지모노가타리(源氏物語)》 120, 140
〈겐지모노가타리병풍(源氏物語屛風)〉 141
〈겐지모노가타리 에마키(源氏物語繪卷)〉 166
격죽(擊竹) 237
계씨(季氏) 126
《경덕전등록》 60, 84
경덕진(景德鎭) 154
〈경복궁타령〉 224
개운죽(開運竹) 279
게이아미(芸阿弥) 139, 140
고극공(高克恭) 98, 133, 138
《古今和歌集》 310
《고려사》 203
《고센슈(後撰集)》 105, 108

〈고시십구수(古詩十九首)〉 304
고인(故人) 45
고절군(孤節君) 20
고절청풍(孤節淸風) 94
고죽(苦竹) 39, 215
《고지키(古事記)》 166
고행주(高行柱) 268
곡상봉(哭喪棒) 187
관도승(管道昇) 97
〈관자허전(管子虛傳)〉 116
〈관죽자설(觀竹者說)〉 273
《寬平御時后宮歌合》 310
〈관폭도〉 140
교방적(敎坊笛) 199
교쿠엔 본포(玉畹德濟) 139
교토 부립식물원 259
구갑죽(龜甲竹) 41
구레타케(吳竹) 107, 108
구상 243
구양순(歐陽詢) 78
구영(仇英) 113
구요(供養) 29
구칠회(具㗔會) 230
구카이(空海) 8
구케이 유케이(愚溪右慧) 139
〈국순전(麴醇傳)〉 115
국양문(鞠良文) 269, 270
〈군호도(群虎圖)〉 143
〈궁도에서의 선(禪)〉 69
권근(權近) 297, 309
권문해(權文海) 53, 200
〈권학시(勸學詩)〉 58
귀창세(歸昌世) 133
글로컬리즘(Glocalism) 8

《금강경(金剛經)》620
《금광명경(金光明經 捨身品)》81, 143
〈금기서화도〉141, 142
기노 쓰라유키(紀貫之) 108
〈기석수황도(奇石修篁圖)〉216
기오(淇奧) 96
기온 난카이(祇園南海) 145
〈기위도(淇渭圖)〉134
김덕순(金德順) 230, 231
김려(金濾) 189
김매순(金邁淳) 45
김병연(金炳淵) 188
김부식(金富軾) 91
김사복(金思宓) 230
김상용(金尙容) 111
김상헌(金尙憲) 114
김승희 245
김시습(金時習) 22, 54, 297, 309
김안로(金安老) 114
김유신(金庾信) 48, 198, 199
김육(金堉) 175
김정희(金正喜) 114
김종직(金宗直) 297, 309
김진우(金振宇) 7
김척명(金陟明) 200
김홍도(金弘道) 192, 193, 194, 196
〈꺾인 대(折竹)〉55, 299
나도규(羅燾圭) 116
나옹-(懶翁) 혜근(惠勤) 291, 309
나요타케(弱竹) 104, 107
낙산사(洛山寺) 72, 83
〈나전흑칠비녀집(螺鈿黑漆簪箱)〉171, 172
낙죽장(烙竹匠) 269, 270
〈난정곡수도병풍〉142
〈난죽도병풍〉146
〈난죽석도(蘭竹石圖)〉139
〈난혜동방도(蘭蕙同芳圖)〉139
〈남극노인도〉133
〈남린(南隣)〉140
《남방초목상(南方草木狀)》39
남죽(楠竹) 40
남효온(南孝溫) 114
내각선(內角扇) 187

네부타나가시 239
노리아키라(章明) 108
노아미(能阿彌) 65
노죽(露竹) 13
〈녹균헌(綠筠軒)〉97
〈녹죽자생(綠竹自生)〉273
〈능허정(凌虛亭)〉114
《논어》126, 140
농염첩엽법(濃淡疊葉法) 128
〈다마무시노즈시(玉虫廚子)〉81
다마아라레(彈あられ一) 26
다와라야소타츠(俵屋宗達) 9
다이라 가네모리(平兼盛) 107
다재이세(多材利世) 25
다카다마(竹玉) 104
다카하시 소헤이(高橋草坪) 144
다케(竹) 14, 24, 38, 63
다케구요(竹供養) 29
〈다케누키고로(竹拔き五郎)〉146
《다케도리모노가타리(竹取物語)》30, 120, 166
다케야(竹屋) 211
다케와리(竹割り) 255
다케우치 254
다케카키(竹垣) 259, 260
다켄게이(竹ん芸) 254
단소(短簫) 196
〈담문록(談聞錄)〉181
담양 251, 260, 281
담양 죽세공예진흥단지 256
담죽(淡竹) 40
당(唐)피리 194, 195
당금아기 9, 10, 17
당인(唐寅) 133
당적(唐笛) 196
〈대[竹]〉299
대개지(戴凱之) 39
대금(大笒) 192
대나무 뗏목 유람 257, 258
〈대나무를 베며[斫竹]〉302
〈대바람 소리〉242
대소(大梳) 269
〈대숲 바람 소리〉244
〈대숲〉243

덕연(德延) 232
뎃슈 도쿠사이(鐵舟德濟) 139
도리이 기요마스(鳥居淸倍) 146
〈동구관에 묵다(宿洞口館)〉101
〈동이전(東夷傳)〉197
〈두채취죽문완(豆彩翠竹文碗)〉154
《대동운부군옥(大東韻府群玉)》53, 200
《대지》211
《대한매일신보》272, 275
《대한자강회월보(大韓自强會月報)》274, 275
《동각잡기(東閣雜記)》219
《동계집(東溪集)》233
《동국정운(東國正韻)》37
《동문선(東文選)》91, 201
《동의보감(東醫寶鑑)》215, 216, 217, 218, 219
두근(杜菫) 22
두목(杜牧) 131, 302, 310
두보(杜甫) 22, 140, 309
두예(杜預) 204
드레곤 보트축제 260
등파(藤婆) 110
《로쿠죠에이소슈이(六帖詠草拾遺)》107
리쭈위엔(李祖原) 280
린파(琳派) 146
마다케(眞竹) 29, 190, 250
마루야마 오쿄(円山應擧) 142, 146
〈마른 대(枯竹)〉55, 299
《만요슈(万葉集)》104, 105, 310
〈만죽도(萬竹圖)〉102
만파식적(萬波息笛) 16, 37, 48, 72, 191
〈만파식적-남편에게〉245
〈매죽난구사보(梅竹蘭菊四譜)〉145
〈매죽도(梅竹圖)〉110
〈매화시에 화운하다(和秦太虛梅花)〉101
맹옥간(孟玉澗) 100
맹종(孟宗) 12, 15, 29, 59, 163, 201, 202
〈맹종(孟宗)〉142
〈맹종도순(孟宗冬筍)〉201
맹종죽(孟宗竹) 40, 43
명수죽백(明垂竹帛) 238
모모다 야에코(百田彌榮子) 80
'모소' 대나무 250
〈모시(毛詩) 서(序)〉98

〈모영전(毛穎傳)〉115
모죽(毛竹) 40
《목민심서(牧民心書)》270
《목은집(牧隱集)》161
묘족(苗族) 78
〈무동(舞童)〉193
무원형(武元衡) 102
〈무후고와도(武侯高臥圖)〉134, 135
《묵자(墨子)》73
〈묵죽(墨竹)〉7, 26, 128
〈묵죽도(墨竹圖)〉13, 49, 53, 76, 89, 125, 132, 133, 136, 222
〈묵죽도6곡병〉18
〈묵죽화책〉126
〈묵채한강독조도병(墨彩寒江獨釣圖甁)〉156
〈문자도〉163
문동(文同) 97, 132, 138
문문산(文文山) 310
문여가(文與可) 97
문징명(文徵明) 133
《물명고(物名考)》43, 215
미루야마 오쿄(円山應擧) 142
민영익(閔泳翊) 76
민영환(閔泳煥) 15, 92
민충정공 혈죽(閔忠正公血竹) 272
밀소(密梳) 269
박성춘(朴成春) 268, 270
박연(朴堧) 232
박인량(朴寅亮) 200
박지원(朴趾源) 185
박창규 270
박태순(朴泰淳) 233
반죽(斑竹) 40
반죽선(斑竹扇) 187
반첩여(班婕妤) 111
〈밤에 내린 눈[夜雪]〉302
〈방아타령〉223
방목귀(放牧鬼) 52, 235
방옹광(放翁狂) 22, 54
백거이(白居易) 6, 58, 84, 133, 302
백낙천(白樂天) 131
〈백악춘효(白岳春曉)〉274
〈백옥투각노리개(白玉透刻佩飾)〉173

〈백의관음도(白衣觀音圖)〉 68, 139
〈백자동호죽문호(白磁銅畵竹文壺)〉 149
〈백자유리홍송죽매파초문병(白磁釉裏紅松竹梅芭蕉文甁)〉 154, 155
〈백자청화국죽문각병(白磁靑畵菊竹文角甁)〉 243
〈백자청화양각매죽문각병(白磁靑畵陽刻梅竹文角甁)〉 150
〈백자청화죽문시명연적(白磁靑畵竹文時銘硯滴)〉 150
〈백지철회인물도침(白地鐵繪人物圖枕)〉 155
백척간두(百尺竿頭) 238
뱀부(bamboo) 14
《Bamboo Voice》 285
〈범신중을 따라 대나무를 찾아 나서다(從范信中覓竹)〉 102
벳푸 시 죽세공전통산업회관 260
《본초(本草)》 237
《본초강목(本草綱目)》 215, 216, 217, 218, 219
〈봉소시녀도(捧簫侍女圖)〉 131
〈봉황도〉 162
〈분죽(盆竹)〉 94
변경소(邊景昭) 133
변문진(辺文進) 36
보타락가산(補陀洛迦山) 76
봉소(鳳簫) 197
부귀죽(富貴竹) 279
비수(斐綬) 133
비장방(費長房) 12, 45, 73
빙기진(憑起震) 133
뿌이(布依) 족 79
사가노(嵯峨野) 죽림 260
사간(斯干) 98
〈사계화목도병풍(四季花木圖屛風)〉 141
〈사계화조도후스마(四季花鳥圖襖)〉 142
〈사계화조화(四季花鳥畵)〉 142
사군자(四君子) 6, 45, 56
사마염(司馬炎) 203
사사(笹) 24, 38
사사가자리(笹飾り) 239
사사단고(笹団子) 266
〈사수재에게 죽궤를 보내주며(送竹几與謝秀才)〉 110

〈사신사호도(捨身飼虎圖)〉 138, 143
사이구 내시(齋宮內侍) 108
사이쵸(最澄) 64
〈사친가(思親歌)〉 225, 226
사카사마타케(逆樣竹) 11, 12, 64
사카우에 아키카누(坂上明兼) 107
사필경아식(四筆驚鴉式) 126
산도(山濤) 202, 292
〈산 집의 가을이 저물 때(山居秋暝)〉 99
〈산타령〉 225
〈삼국명신서찬(三國名臣序贊)〉 98
《삼교수신대전(三敎搜神大全)》 79
《삼국사기》 50, 71, 192
《삼국유사》 16, 37, 48, 50, 70, 71, 72, 76, 83, 199, 200
〈삼우백금도(三友百禽圖)〉 36
〈삼익재도(三益齋圖)〉 139, 140, 141
삼죽(三竹) 196
삼청우(三淸友) 45
삼필개자식(三筆介字式) 126
〈삽금대(鈒金帶)〉 175
삽죽쇄염 203
상강반죽 60
상건(常建) 101
상죽장(喪竹杖) 187, 214
〈상죽헌기(霜竹軒記)〉 295
생황(笙簧) 195
〈선동취생도(仙童吹笙圖)〉 192
〈선인야적(仙人夜笛)〉 194
〈선인취소도(仙人吹簫圖)〉 196
《선화화보(宣和畵譜)》 132
《세시풍요(歲時風謠)》 201
《센자이슈(千載集)》 107
서거정(徐居正) 91, 110
서견(徐甄) 93
서유구(徐有榘) 215
서한규(徐漢圭) 269, 270
석연 양기훈(石然 楊基薰) 273
선죽교 15, 228, 229
〈설리삼우도(雪裏三友圖)〉 141
〈설암상(雪庵像)〉 84
〈설어도(雪漁圖)〉 61
〈설정수금도병풍(雪汀水禽圖屛風)〉 142

설월죽(雪月竹) 13
〈설죽(雪竹)〉 11, 13, 297
〈설죽도(雪竹圖)〉 90, 141
설중고죽(雪中苦竹) 93, 94
성도죽문화제(城都竹文化節) 253
〈성산(星山) 이자발(李子發)의 호는 휴수(休叟)인데, 신원량(申元亮)이 그린 대나무 그림에 화제를 청하여 지음. 10절〔星山李子發號休叟索題申元亮畵十竹 十節〕〉 297
성현(成俔) 52, 207, 235
세(細)피리 195
세여파죽(勢如破竹) 238
세한고절(歲寒苦節) 88, 94
세한삼우(歲寒三友) 6, 19, 24, 45, 56, 96
〈세한삼우도(歲寒三友圖)〉 124, 126, 141
센다이 타나바타(仙台七夕) 255
셋손(雪村) 142
셋슈(雪舟) 140, 141
소(簫) 197
소금(小笒) 192
〈소나무와 대나무의 대화〔松竹問答〕〉 299
소동파(蘇東坡) 7, 56, 110
소릉광 54
소상반죽(瀟湘斑竹) 191, 202
소선(素扇) 187
소식(蘇軾) 97, 132, 138, 204, 304, 310
〈소아(小雅)〉 98
《속박물지(續博物志)》 74
솔대 40, 43, 215, 217
송극(宋克) 102
송민고(宋民古) 222
송상래(宋祥來) 18
송설당(松雪堂) 94, 95
송수권 244
송죽매 97
송죽지절(松竹之節) 238
쇼쿠시 나이신노(式子內親王) 105
〈송죽매도병풍〉 146
수문(秀文) 126
수카라맛다바(sukaramaddava) 82
수황수석도(修篁樹石圖) 44
〈수색만광도(水色巒光圖)〉 140
〈수심가〉 221

〈수이전(殊異傳)〉 53, 200
《수죽사녀도(修竹仕女圖)》 113
《순보(筍譜)》 39
슈분(周文) 140
《슈이슈(拾遺集)》 107, 108
승두선(僧頭扇) 186, 187
《시경》 57, 96, 98, 131, 301
시광 54
시주광(詩酒狂) 22, 54
〈시문신월도(柴門新月圖)〉 140
〈시신문게도(施身聞偈圖)〉 138
〈시일야방성대곡(是日也放聲大哭)〉 274
시키소카시타에와카칸(四季草花下繪和歌卷)
〈竹圖〉 9
신궁(神弓) 69
신대 207
신란(親鸞) 11, 12, 64
〈신(新)사철가〉 221
신석정 242
〈신선도〉 163
〈신원량(申元亮)의 화십죽(畵十竹)〉 55
신위(申緯) 13, 127
《신이경(神異經)》 78
신이대 41
《신코킨슈(新古今集)》 106
심상규(沈象奎) 186
심죽(心竹) 69
심중성죽(心中成竹) 133
〈심청가〉 223, 224
〈십장생도〉 162
쌍곡죽(雙谷竹) 51, 191, 199
〈쌍학도〉 133
써울치 269
아사쿠라(朝倉) 166
아와이하라(粟飯原) 166
《악학궤범(樂學軌範)》 194, 196
《악학습령(樂學拾零)》 95
안중식(安中植) 274
아황(娥皇) 15, 60, 202
안병익(安秉翊) 230, 231
안종식(安鍾植) 230, 231
앙소문화(仰韶文化) 233
야나기사와 기엔(柳澤淇園) 144

야마모토 바이츠(山本梅逸) 146
〈야부송(冶父頌)〉 62
야오족(瑤族) 79
〈양왕토원부(梁王兎園賦)〉 98
약(篛) 197
양유정(楊維楨) 115
〈양죽기(養竹記)〉 6, 58, 183, 292, 302
양해(梁楷) 188
어잠승록균헌시(於潛僧綠筠軒詩)〉 204, 304
업평죽(業平竹) 41
에가라츠(繪唐津) 157
에비스(十日講) 28
《에센스 漢字辭典》 234
《연감유함(淵鑑類函)》 71
여기(呂紀) 133
여본중(呂本中) 111
여영(女英) 15, 60, 202
여왕원기합작난죽파석도(與王原祁合作蘭竹石圖) 57
《연감유함(淵鑑類函)》 74
연죽(煙竹) 13
〈연희식(延喜式)〉 166
염불선(念佛禪) 11
염불정지(念佛停止) 64
〈열전(列傳)〉 45, 203
《열하일기(熱河日記)》 185
영덕 대게 235
〈영산회상(靈山會相)〉 196
〈영죽(詠竹)〉 91, 99
〈영죽운(詠竹韻)〉 297
영향죽(影向竹) 64
〈엮음 수심가〉 222
〈엮음 아라리〉 221
《예문유취(藝文類聚)》 78
《예기(禮記)》 9, 58
오가타 겐잔(尾形乾山) 159
오가타 고린(尾形光琳) 144, 146
〈오경명(痞瘚銘)〉 102
오로회첩(五老會帖) 245
〈오방낭자(五方囊子)〉 173, 174
5방목귀 207
오비니고야(鬼火小屋) 254
오비니타키(鬼火焚) 254

오우(五友) 45
〈오우가(五友歌)〉 24, 94
오자와 로안(小澤蘆庵) 107
〈오죽계당도(梧竹溪堂圖)〉 59
오절군(五節君) 55
오죽(烏竹) 40
〈오죽대타령〉 222, 223
〈오죽대한쌍〉 222
오진(吳鎭) 132, 138
오창석(吳昌碩) 134
〈오채송죽매병(五彩松竹梅瓶)〉 158, 159
〈오채욱일죽문접시(五彩旭日竹文皿)〉 159, 160
〈오채죽작문수주(五彩竹雀文水注)〉 156
〈오채죽호도팔각발(五彩竹虎圖八角鉢)〉 158
〈오채죽호도평발(五彩竹虎圖平鉢)〉 158
〈오채화조문화분(五彩花鳥文花盆)〉 154, 156
오청(五淸) 45
오토모 야카모치(大伴家持) 105
〈옥관자(玉貫子)〉 175
옥신(auxin) 42
옥충주자(玉蟲廚子) 138, 143
옥판(玉版) 237
《와카집(和歌集)》 108
〈완역재(翫易齋)〉 110
완적(阮籍) 6, 202, 292
완함(阮咸) 202, 292
왕대 39, 43
왕불(王紱) 133, 134
왕원지(王元之) 131, 305, 310
왕유(王維) 62, 99, 305
왕융(王戎) 202, 292
왕휘지(王徽之) 8, 45, 56, 96
외각선(外角扇) 187
〈외론 대(孤竹)〉 55, 299
요대수(廖大綬) 84
요사부손(与謝蕪村) 144
용생일(龍生日) 21, 74, 201
용손(龍孫) 10, 12, 43, 74
용천요(龍泉窯) 153
〈용호도(龍虎圖)〉 143
〈용호도병풍(龍虎圖屛風)〉 143
《용재총화(慵齋叢話)》 52, 207, 234
〈우다나(Udana)〉 82

〈우죽도(雨竹圖)〉 98
〈우죽풍죽도 병풍〉 142, 146
《우지슈이 모노가타리(宇治拾遺物語)》 167
《우해이어보(牛海異魚譜)》 189
〈위풍〉 57, 96, 301
〈유소백산록(遊小白山錄)〉 52
〈유장전(柳莊傳)〉 98
《유원총보(類苑叢寶)》 175
우에카미(上神) 166
우죽(雨竹) 13
우지정(禹之鼎) 16, 134
우키요에(浮世繪) 142, 146
우후죽순(雨後竹筍) 10, 11, 42, 238
운죠공 205, 206
원결(元結) 102
원굉(袁宏) 98
원굉도(袁宏道) 97
원융회통(圓融會通) 17
원천석(元天錫) 94
월명사 도솔가(月明師兜率歌) 50
유덕장(柳德章) 11, 127
유령(劉伶) 6, 202, 292
유례왕(儒禮王) 18, 71, 198
유만공(柳晚恭) 201
유우석(劉禹錫) 60
유지선(油脂扇) 187
유황좌소도(幽篁坐嘯圖) 16
유효선(劉孝先) 99
유희(柳僖) 43, 215
〈육자배기〉 220, 221
〈육조작죽도(六組斫圖)〉 188
윤선도(尹善道) 23, 94
〈은대삼작노리개〉 173
〈은제화형뒤꽂이(銀製花形簪)〉 172
을사보호조약(乙巳保護條約) 92
음양소(陰陽梳) 269
응소 74
의죽(義竹) 15
이간(李衎) 39, 44, 138
이곡(李穀) 115, 288
이규보(李奎報) 111
이능화 228
이대 40

이덕무(李德懋) 116, 299, 309
이백(李白) 45
이봉하(李鳳夏) 230
이상(李箱) 8
이색(李穡) 45, 112, 291, 309
이수광(李晬光) 215, 219
이숭인(李崇仁) 295, 309
이식(李植) 110, 114, 299, 309
《이십사효(二十四孝)》 201
이아(二雅) 45
이언창(李彦暢) 88, 91
이인로 21, 110, 201, 203, 288
이정(李霆) 49, 53, 125, 126, 127, 210
이정형(李廷馨) 219
이제현(李齊賢) 201
이족(彝族) 80
이창덕(李昌德) 230, 231
이첨(李詹) 111
이치고이치에(一期一會) 25
이케노 타이가(池大雅) 144
이해룡(李海龍) 230, 231
이현(李賢) 131
이황(李滉) 52, 54, 297, 309
익자삼우(益者三友) 126, 140
일간명월(一竿明月) 238
일년삼수(一年三秀) 45
《일본서기(日本書紀)》 211
임어당(林語堂) 25, 307
《임원경제지(林園經濟志)》 215, 217
《임원십육지(林園十六志)》 270
임이(任頤) 135, 203
임춘(林椿) 115
임희지(林熙之) 29
《자산어보(玆山魚譜)》 189
자죽원(紫竹院) 257
〈자진한닢〉 196
《잠확유서(潛確類書)》 232
〈장난삼아 속구를 잡아 지음(戲拈俚句)〉 114
장구령(張九齡) 301, 310
장군죽비 184
장니 52, 231
장뢰(張耒) 115
〈장생문안경집(長生紋眼鏡집)〉 173, 174

장유(張維) 114
장지연(張志淵) 274
장휴양(張睢陽) 310
《재물보(才物譜)》185
적(篴) 197
전기(錢起) 101
전욱(顓頊) 78
절우사(節友社) 54
접부채(摺扇) 185
접여(接輿) 22, 54
정도전(鄭道傳) 88, 91, 293, 309
정몽주(鄭夢周) 15, 228, 229
〈정선아리랑〉 221, 222
정섭(鄭燮) 134, 136
정송오죽(淨松汚竹) 238
정송오죽(正松五竹) 238
정수강(丁壽崗) 114
정약용(丁若鏞) 270
정약전(丁若銓) 189
정지상(鄭知常) 91
정학교(丁學敎) 68
〈제죽도(題竹圖)〉 22
조길(趙佶) 132
조릿대 40
조맹부(趙孟頫) 97
조반석죽(朝飯夕竹) 238
〈조보지가 소장한 문여가의 대나무 그림에 쓴 세 수(書晁補之所藏與可畫竹三首)〉 97
《조선불교통사(朝鮮佛敎通史)》228
조익(趙翼) 129
조준(趙浚) 93
조지 다두이트(G. Dadot) 84
조희룡(趙熙龍) 128, 245
《좌전집해(左傳集解)》204
죠세쓰(如拙) 140
주단(朱端) 133
주세붕(周世鵬) 52
《주역》110
주죽(朱竹) 97
〈주죽봉황도(朱竹鳳凰圖)〉 135, 203
주첨기(朱瞻基) 134, 135
〈죽계독역도(竹溪讀易圖)〉 134
죽간(竹簡) 284

죽간(竹竿) 96, 301
죽간자(竹竿子) 232
죽계육일(竹溪六逸) 131
죽고칠현(竹高七賢) 203
《竹과Bamboo Journal》285
죽궤(竹几) 109, 110
〈죽금도(竹禽圖)〉 132
주희(朱熹) 110
죽노(竹奴) 110, 214
죽녹원 257
죽두목설(竹頭木屑) 238
죽렴 269《죽류문적》265
죽렴장(竹簾匠) 268
죽로차(竹露茶) 228
《죽류연구》265
〈죽리관(竹里館)〉 62, 99, 305
〈죽림(竹林)〉 291
죽림고회(竹林高會) 203
〈죽림모옥(竹林茅屋)〉 144
죽림칠현(竹林七賢) 6, 142, 202
죽마(竹馬)놀이 233
죽마계(竹馬契) 230, 231
죽마고우(竹馬故友) 233
죽마구의(竹馬舊誼) 238
죽마지우(竹馬之友) 233
〈죽매도 병풍〉 144, 146
〈죽매택사문(竹梅澤瀉文) 차 항아리〉 157, 158
죽물박물관 256
죽미일(竹迷日) 201
《죽보(竹譜)》39, 74
《죽보상록(竹譜詳錄)》39
죽방렴(竹防簾) 188
죽부(竹婦) 110
죽부(竹部) 191
〈죽부인〉 111
〈죽부인전〉 115, 116, 283
죽부인(竹婦人) 109, 111, 115, 180, 183, 214
죽비(竹篦) 184
죽비자(竹篦子) 184
죽사마(竹駟馬) 231
죽산마 52, 231, 232
〈죽석도(竹石圖)〉 97, 68, 126, 133
죽수행(竹修行) 64

〈죽순나물타령〉 226
죽순대 39
〈죽순타령〉 225
죽안마(竹鞍馬) 232
죽엽군(竹葉軍) 37, 16, 18, 70, 198
〈죽엽주(竹葉酒)〉 304
죽의 장막(bammboo curtain) 6
《죽자연구휘간》 265
〈죽작도(竹雀圖)〉 139
죽장망혜(竹杖芒鞋) 7, 238
〈죽재독서도(竹齋讀書圖)〉 140
죽조(竹祖) 10, 74
〈죽존자전(竹尊者傳)〉 25, 75, 116
죽죽(竹竹) 19, 20, 53, 54
죽지(竹紙) 266
〈죽창명 병서(竹窓銘 幷序)〉 88, 91, 293
〈죽창야우(竹窓夜雨)〉 107
죽취일(竹醉日) 20, 29, 73, 201, 251, 309
〈죽취일 이죽(竹醉日移竹)〉 21, 201, 288
〈죽침. 운봉 김훈도 안성이 준 것이다(竹枕 雲峯 金訓導安成所贈)〉 297
〈죽학쌍청도(竹鶴雙淸圖)〉 133
죽해(竹蟹) 225
죽현능(竹峴陵) 18, 71, 198
죽협슬(竹夾膝) 109
〈죽호도(竹虎圖)〉 130
죽희(竹姬) 110
중금(中笭) 192
《중국 죽류 식물지》 248
《중국신화의 구조》 80
《중국의 신비사상과 근대회화》 84
지(筬) 197
지베렐라 후지쿠로이(Gibberella fujikuroi) 42
지베렐린(gibberellin) 42, 278
《지봉유설(芝峰類說)》 215, 219
지팡이 세우기 전설(杖立傳說) 11, 12
지한(智閑)선사 84
진각국사(眞覺國師) 13, 25
진관(秦觀) 101
《진서(晋書)》 45, 74
차군(此君) 43, 45, 96, 292, 295
〈차군루기(此君樓記)〉 45, 291
차샤쿠(茶杓) 26

찬영(贊寧) 39
참빗장(眞梳匠) 268
채거후(蔡居厚) 131
채상장(彩廂匠) 268, 270
〈채죽도〉 140, 144
천원지방(天圓地方) 9, 174, 187
천태죽(天台竹) 64
첩분자식(疊分字式) 125
〈철회설세문수발(鐵繪雪笹文手鉢)〉 159, 160
청노(靑奴) 110, 112
〈청양현에 묵다(宿靑陽縣)〉 102
〈청자상감모화초문매병(靑磁象嵌牟羽草文梅甁)〉 149
〈청자순형병(靑磁筍刑甁)〉 153
〈청자죽순형주자(靑磁竹筍形注子)〉 151
〈청죽도(靑竹圖)〉 129
〈청죽함로(靑竹含露)〉 28
〈청화백자죽문윤화발(靑畵白磁竹文輪花鉢)〉 158
〈초당에서 3수를 읊음(草堂三詠)〉 111
촉남죽해(蜀南竹海) 258
〈총죽도(叢竹圖)〉 134
최충헌(崔忠獻) 232
최치원(崔致遠) 71, 91
《춘추석례(春秋釋例)》 204
〈춘향가〉 223, 224
〈춘화삼희(春花三喜)〉 100
츄와 상인(中和上人) 140
츠바키 진잔(椿椿山) 146
츠키오카 요시토시(月岡芳年) 119
〈칠석도(七夕の圖)〉 119
칠현산 복조리 268
〈칭이야 칭칭〉 223
카노 쇼에이(狩野松榮) 100
〈켄본쇼가몬(見聞諸家紋)〉 167
〈쾌지나 칭칭나네〉 223
《쿄교신쇼(敎行信證)》 64
《쿤상라마의 가르침》 85
〈타이페이 101〉 280
《탄니쇼(歎異抄)》 64
탈아입구(脫亞入歐) 30
토가족(土家族) 79
토마스 에디슨 30, 190

투모초(妬母草) 45
통소(洞簫) 196
티 스쿠프 25
티 위스크 25
〈파란죽문비녀(琺瑯竹簪)〉 171
〈파산사의 뒤의 선원에 적다(題破山寺後禪院)〉 101
파죽지세(破竹之勢) 203
《파한집(破閑集)》 203
《팔리경전(Pali經典)》 82
《팔종화보(八種畫譜)》 145
펄벅 211
포절군(抱節君) 20, 45
〈포절군전(抱節君傳)〉 116
폭죽 14, 210
〈표점도(瓢鮎圖)〉 140
〈표호도(豹虎圖)〉 143
《풍속통의(風俗通義)》 74
풍죽(風竹) 13, 102
〈풍죽도(風竹圖)〉 126, 127
하감광(賀監狂) 22, 54
하규(夏珪) 59
하시모토 가호(橋本雅邦) 144
하창(夏昶) 216
〈한가로운 가운데 우연히 읊음(閑中偶吟)〉 114
한유(韓愈) 115
한청(汗靑) 236
합죽선(合竹扇) 185
《항선(恒先)》 284
해금(奚琴) 195
해애(海崖) 124
해장죽(海藏竹) 41
향(鄕)피리 194, 195
향수(向秀) 202, 292
허련(許鍊) 89
허준(許浚) 215
헤겔 69
〈혀 잘린 참새〉 167
혈죽(血竹) 15, 19, 23
〈혈죽(血竹)〉 94, 300
〈혈죽도〉 273, 274, 275, 276
혜강(嵇康) 202, 292
혜심(彗諶) 75

혜함(嵇含) 39
혜해(慧海) 선사(禪師) 60
〈호도(虎圖)〉 106
호소(胡梳) 269
혼아미 코에츠(本阿弥光悅) 9
홍경래(洪景來) 69
홍경래의 난 95
홍만종(洪萬宗) 93
홍순승(洪淳昇) 275
〈홍지분채취죽문명(紅地粉彩翠竹文皿)〉 156
화각선(花角扇) 187
〈화기수운(和箕叟韻)〉 54
화룡(化龍) 12, 45, 72
〈화묵구품(花木九品)〉 183
《화양국지》 212
《화용월령(花庸月令)》 20
〈황문(黃門) 노시어(盧侍御)가 대나무를 두고 지은 시에 화답함(和黃門盧侍御詠竹)〉 301
《황성신문》 274
황정견(黃庭堅) 109, 132
〈황주죽루기(黃州竹樓記)〉 305
황철(黃鐵) 175
황현(黃玹) 94, 300, 310
〈효도가〉 226
〈효최국보체(效崔國輔體)〉 171
후데스카(筆塚) 29
후루타 오리베(古田織部) 26
후지 죽류식물원(富士竹類植物園) 29
후지와라 고레히라(藤原伊衡) 105
후키나가시(吹き流し) 239
흉중성죽(胸中成竹) 132
〈흥보가〉 223, 224
히메지(姬路) 29

참고문헌

대나무의 어원과 관련어 풀이
한국정신문화연구원,〈대나무〉《한국민족문화대백과사전》
岩波 ことわざ辭典, 2000年版
世界のことわざ事典, 東京堂出版, 1987
최영전,《한국민속식물》, 아카데미서적, 1992.
임경빈,《나무백과(1)》, 일지사, 1991.
이유미,《우리 나무 백 가지》, 현암사, 1995.
이상희,《꽃으로 보는 한국문화》, 넥서스, 1999.
김순호,《대나무》, 대원사, 2000.
김태정,《21세기 본초강목》, 책만드는 식물추장, 2000.
許俊,《東醫寶鑑》
王平,《中國竹文化》, 民族出版社, 2001.
孫書安(編著),《中國博物別名大事典》, 北京出版社, 2000.
蔣廷錫(等)編著,《草木典》, 上海文藝出版社, 1999.
陳俊揄(外)編,《中國花經》, 上海文化出版社, 1993
顧雪梁(外)主編,《外花語花趣》, 浙江人民出版社, 2000
李時珍 撰,《木草綱目》
室井 綽,《竹の世界》, 他人書館, 1994.
室井 綽,《竹を知子本》, 他人書館, 1987.
淸岡高敏,《竹資源》, マネジメント社, 2001
沖浦和光,《竹の民俗誌》, 岩波書店, 1993.
大森志郎(外),《松竹梅》, 社會思想社, 1972.
相賀徹夫,《萬有百科大事典, 19, 植物》, 小學館, 1972.
麓 次郎,《四季の花事典》, 八坂書房, 1985.
小倉 謙 監修,《植物の事》
家永三郎, 日本文化史 第二版 p88 岩波新書 187)(大野晉, 日本語をさかのぼる 岩波新書, p209~10
三谷榮一 校訂, 武田友宏 脚注,《竹取物語》, 角川文庫
小松和彦,〈神神の精神史〉,《折口信雄全集》, 15卷 中央公論社, 講談社, 1997
柳田國男,《日本の傳說》, 新潮文庫, p34~35
石井進 外,《中世の風景 上》, 中公新書, 608

대나무의 주력과 영성, 절개의 상징
    일연(一然), 《삼국유사》
    일연(一然), 〈감통(感通)〉 '월명사 도솔가(月明師兜率歌)' 조, 《삼국유사》
    김부식, 《삼국사기》
    이황(李滉), 〈유소백산록(遊小白山錄)〉
    성현(成俔), 《용재총화(慵齋叢話)》
    권문해(權文海), 《대동운부군옥》

유교의 이상적인 인격체로서의 대나무
    《시경》, 〈위풍〉
    백거이(白居易), 〈양죽기(養竹記)〉
    《예기》
    《경덕전등록》
    《금강경》, 〈야부송(冶父頌)〉

일본의 대나무는 불목
    《대언해(大言海)》
    《國語學通論》
    《쿄교신쇼(教行信證)》
    《탄니쇼(歎異抄)》
    《東遊記》
    《古今要覽》
    《대보광박누각경(大寶廣博樓閣經)》

대나무와 선(禪)
    〈궁도에서의 선(禪)〉

대나무의 신통력은 대륙을 날아 바다를 건너
    《삼국사기》
    《삼국유사》
    《죽보(竹譜)》
    《연감유함(淵鑑類函)》 439권
    《속박물지(續博物志)》
    《진서(晋書)》
    《풍속통의(風俗通義)》 6권

혜심의 〈죽존자전〉
    혜심(彗諶), 〈죽존자전(竹尊者傳)〉

아마도 세한고절은 너뿐인가 하노라
    정도전(鄭道傳), 〈죽창명(竹窓銘)〉, 《삼봉집(三峰集)》
    《시경(詩經)》
    서거정(徐居正), 〈영죽(詠竹)〉, 《동문선(東文選)》
    《악학습령(樂學拾零)》

청정의 이상세계를 추구하는 경계선
    기오(淇奧)편, 〈위풍(衛風)〉, 《시경(詩經)》
    사간(斯干) 편, 〈소아(小雅)〉, 《시경(詩經)》
    〈유장전(柳莊傳)〉, 《수서(隋書)》
    원굉(袁宏), 〈삼국명신서찬(三國名臣序贊)〉
    원결(元結), 〈오경명(痦㾿銘)〉

상록의 정취와 장생의 상징
    《만요슈(万葉集)》
    《고센슈(後撰集)》
    《신코킨슈(新古今集)》
    《로쿠죠에이소슈이(六帖詠草拾遺)》
    《센자이슈(千載集)》
    《슈이슈(拾遺集)》
    〈쓰레즈레구사〉, 제200단, 《일본국어대사전》
    齋藤正二, 《植物と日本文化》, 八坂書房, 1979.10
    渡辺秀夫, 《詩歌の森》, 大修館書店, 1995.5

한국과 중국의 시문에 나타난 죽부인
    한유(韓愈), 〈모영전(毛穎傳)〉
    임춘(林椿), 〈국순전(麴醇傳)〉
    혜심(彗諶), 〈죽존자전(竹尊者傳)〉
    정수강(丁壽崗), 〈포절군전(抱節君傳)〉
    이득무(李德懋), 〈관자허전(管子虛傳)〉

달나라 항아와 미카도 천황의 사랑
    《다케도리모노가타리(竹取物語)》
    《겐지모노가타리(源氏物語)》

자연의 섭리를 서정적 기법으로
    〈계씨편(季氏篇)〉, 《논어》

탈속과 풍류로서의 청아한 격조를
　　《시경(詩經)》
　　《선화화보(宣和畵譜)》

전통적 덕목보다 강한 장식성 문양
　　이성미,〈사군자의 상징성과 그 역사적 전개〉,《한국의 미》18 화조사군자 (중앙일보사, 1985).
　　弓場紀知,〈元時代の陶磁器〉,《世界美術大全集》東洋編 7 元 (東京:小學館, 1999).

푸른 대나무는 오래도록 봄이다
　　한국문화상징사전편찬위원회,《韓國文化 상징사전》1, 동아출판사, 1992
　　허동화,《우리가 정말 알아야 할 우리 규방문화》, 현암사, 2000년.
　　담인복식미술관,《擔人服飾美術館 개관기념도록》, 이화여자대학교출판부, 1999.
　　이학,《韓繡文化》, 한국자수문화협회, 1986.
　　이경자·홍나영·장숙환,《우리 옷과 장신구》, 열화당, 2003.

홀로 그윽한 대숲 속에 앉아
　　국립민속박물관,《조선양반생활의 멋과 美》, 2003.
　　국립전주박물관,《우리文化속의 대나무》(도록), 2002.
　　국립중앙박물관,《朝鮮時代 文房諸具》(도록), 1992.
　　김희수·김삼기,《木家具》, 국립민속박물관, 2003.
　　유종국,〈대나무의 속성과 문학적 형상화〉,《우리文化속의 대나무》, 국립전주박물관, 2002.
　　이태호,〈한 붓으로 담는 虛心의 空間美〉,《우리文化속의 대나무》, 국립전주박물관, 2002.
　　임영주,〈한국 공예미술에 나타나는 대나무 문양〉,《우리文化속의 대나무》, 국립전주박물관, 2002.
　　정승모,〈죽물(竹物)을 통해 본 조선시기 생활사〉,《우리文化속의 대나무》, 국립전주박물관, 2002.
　　최승범,〈한국인과 대나무〉,《우리文化 속의 대나무》, 국립전주박물관, 2002.
　　한국국학진흥원,《선비, 그 멋과 삶의 세계》, 2002.
　　한국정신문화연구원,〈대나무〉,《한국민속문화대백과사전》

약용과 식용으로서의 대나무
　　李時珍,〈竹〉,《本草綱目》
　　徐有榘,《林園經濟志》
　　李睟光,〈竹〉,《芝峰類說》
　　許浚,〈箽竹葉〉,《東醫寶鑑》
　　柳僖,《物名考》
　　《廣才物譜》
　　許浚,〈苦竹葉〉,《東醫寶鑑》
　　許浚,〈取竹瀝法〉,《東醫寶鑑》
　　許浚,〈竹瀝〉,《東醫寶鑑》
　　許浚,〈竹笋〉,《東醫寶鑑》

許浚, 〈竹實〉, 《東醫寶鑑》

관련어와 속담 풀이
이기문 편저, 《개정판 속담사전》, 일조각, 2001
서정수 책임편저, 《세계속담대사전》, 한양대학교 출판부, 1998

푸름의 바다에서 만나는 건강 체험
스즈키 토조(鈴木棠三), 《일본 연중 행사 사전(日本年中行事辭典)》, 芼川出版社

과학적으로 증명된 웰빙 산업의 첨단소재
室井綽, 《竹》, 法政大學出版局, 1973.
上田弘一郎, 《竹と日本人》, 日本放送出版協會, 1979
박상범, 〈한·중·일 3국의 대나무 이용 (3)〉, 《전문기고 : 한국목재신문》, 2003.9.16

대나무의 다양한 모습
남해군청 http://www.namhae.go.kr
http://www.ebamboo.cn

부록 | 대나무 소재의 한·중·일 명시·명문
《사고전서(四庫全書)》
민족문화추진회, 《한국문집총간》
혜심(彗諶), 《無衣子詩集》.
나도규(羅燾圭), 《덕암만록(德巖漫錄)》.
《稼亭先生文集》 권1
안병설(安秉卨), 《竹夫人傳과 題材是非》, 中國文學, Vol.18, 1990.
황재국(黃在國), 《韓中竹夫人傳 연구》.

집필진 약력

| **강석원** | 국제대학 일어일문학과 졸업, 일본 오사카(大阪) 대학 석사, 박사학위 받음. 청주대학교 전임 강사·조교수, 오사카(大阪) 대학 문학부 객원연구원, 한국일어일문학회 감사·출판이사·부회장·회장을 역임했으며, 현재 동국대학교 일문과 교수. 저서로는 《上田秋成の硏究-朝鮮をめぐる秋成國學世界-》, 《新日本文學의 理解》(공저)가 있다.

| **김문성** | 고려대학교 신문방송학과 졸업. 언론중재위원회 심의실 근무. 경서도명창 고 김옥심추모사업회 회장, 현재 국악방송에서 〈김문성의 신민요 80년〉을 진행하고 있다.

| **김문학** | 조선족 3세로 중국 심양에서 태어남. 동북사범대학 일본문학과 졸업. 일본 도시샤(同志社) 대학교 대학원 졸업. 교토 대학교 객원연구원 역임. 히로시마 대학교 박사과정 수료. 현재 일본 쿠레 대학고 사회정보학부 강사. 저서로는 《반문화 지향의 중국인》, 《한중일 3국인 여기가 다르다》, 《벌거숭이 삼국지》 등이 있다.

| **김상환** | 한학자, 고문헌연구소 소장, 현재 고문헌을 수집·정리하며 한시와 초서, 주역 등 고전을 강의하고 있음. 탈초, 해제, 국역한 책으로는 《표암 강세황》, 《설촌가수집 고문서집 가장 간찰첩집》, 《한국간찰자료선집4》, 《일체경음의》, 《각사등록1》 등이 있다.

| **김용철** | 서울대학교 고고미술사학과 학사·석사. 도쿄 대학교 미술사학과 박사. 일본과 한국을 중심으로 한 동양미술사 전공. 현재 성신여자대학교 대학원 미술사학과 초빙교수.

| **김종덕** | 서울대학교 농생물학과 졸업. 경희대학교 한의과대학 및 동 대학원 졸업. 한의학 박사. 현재 순천향대학교 및 열린사이버대학교(OCU) 강사. 사당한의원 원장, 농촌진흥청 고농서 국역위원. 저서로는 《사상체질을 알면 건강이 보인다》, 《이제마평전》 등이 있으며, 《국역 식료찬요》(번역)가 있다.

| **김충영** | 한국외국어대학 일어과 졸업. 일본 중세문학 전공, 일본 쓰쿠바(筑波) 대학 박사과정 수료, 문학박사. 현재 고려대학교 문과대학 국제어문학부 일어일문학과 교수. 저서로는 《일본 고전의 방랑문학》 등이 있다.

| **김현자** | 이화여자대학교 국문학과 졸업. 동 대학에서 석사·박사 학위 받음. 현재 이화여자대학교 국문학과 교수. 저서로는 《시와 상상력의 구조》, 《한국 현대시 작품 연구》, 《한국 여성 시학》 등이 있다.

| **방병선** | 서울대학교 공과대학 및 동 대학원 졸업. 동국대학교 대학원 미술사학과에서 석·박사 학위 받음. 현재 고려대학교 고고미술사학과 교수. 저서로는 《조선후기 백자연구》, 《순백으로 빚어낸 조선의 마음, 백자》, 《토기 청자 2》(공저)가 있다.

| **신현철** | 경상대학교 농과대학 임학과 졸업, 동 대학교 대학원 석사·박사 학위 받음. 1982년~1986년 산림청 육종연구소 임업연구사 역임. 현재 국립산림과학원 남부산림연구소 임업연구사로 재직 중이며 〈대나무 자원 및 이용기술개발〉 연구과제 수행 중. 저서로는 《자연문화재 보호사업 설계용역보고》, 《고흥 금탑사 비자나무숲 보호설계용역보고서》가 있다.

| **심경호** | 서울대학교 국문학과, 동 대학원 졸업. 교토 대학교에서 박사 학위 받음. 현재 고려대학교 한문학과 교수. 저서로는 《한시로 엮은 한국사 기행》, 《김시습 평전》, 《한문 산문의 미학》 등이 있다.

| **안동준** | 경상대학교 국어교육과 졸업. 한국정신문화연구원 한국학대학원에서 고전문학 연구로 문학석사와 문학박사 학

위 받음. 현재 경상대학교 사범대학 국어교육과 부교수. 저서로는《진주 옛이야기》가 있다.

| 윤열수 | 원광대학교 사학과 졸업. 동국대학교 대학원 사학과 불교미술 전공. 동국대학교 미술사학과 박사과정 수료. 에밀레 박물관 학예실장, 삼성출판박물관 학예실장 역임. 문화관광부 문화재전문위원. 가회박물관 관장. 저서로는《한국의 호랑이》,《한국의 무신도》,《龍, 불멸의 신화》등이 있다.

| 이구열 | 1959~1973년《민국일보》,《경향신문》,《서울신문》,《대한일보》기자 및 문화부장을 거쳐 1979년부터 성신여대, 고려대, 숙명여대, 이화여대, 홍익대 등에서 강의. 1992년 문화관광부 문화위원회 위원, 1993년 예술의 전당 전시사업본부장 등을 역임. 1975년 '한국근대미술연구소'를 개설하여 현재까지 독자적으로 운영하고 있음. 주요 저서 및 편저로《이당 김은호 평전- 화단일경》,《한국근대미술산고》,《나혜석 길대기-에미는 선각자였느니라》,《국전 30년》,《근대 한국화의 흐름》,《근대한국미술사의 연구》,《한국문화재 수난사》,《북한 미술 50년》,《우리 근대미술 뒷이야기》등이 있다.

| 이규태 | 연세대학교 졸업, 1959년 조선일보사에 입사하여 문화부장, 사회부장, 논설위원, 논설주간, 논설고문 역임. 현재《조선일보》에 (이규태코너) 집필중. 저서로는《한국인의 의식구조》(전4권),《서민의 의식구조》,《선비의 의식구조》,《서양인의 의식구조》,《동양인의 의식구조》,《뽐내고 싶은 한국인》,《한국 여성의 의식구조》(전2권),《한국학 에세이》(전2권),《신열하일기》,《한국인, 이래서잘산다》,《한국인, 이래서 못한다》등 100여 권이 있다.

| 이상희 | 고려대학교 법학과, 경북대 대학원 졸업. 진주 시장, 산림청장, 대구직할시 시장, 경상북도지사, 내무부 장관, 건설부 장관, 수자원공사 사장, 한국토지공사 사장 역임. 저서로는《꽃으로 보는 한국문화 1·2·3》,《우리 꽃 문화 답사기》,《매화》등이 있다.

| 이어령 | 서울대학교 문리과 대학, 동 대학원 졸업. 이화여자대학교 교수, 이화여자대학교 기호학연구소 소장,《조선일보》,《한국일보》,《중앙일보》,《경향신문》등 논설위원 역임. 초대 문화부 장관. 현재《중앙일보》고문. 저서로는《축소지향의 일본인》,《흙 속에 저 바람 속에》등이 있다.

| 이종철 | 서울대학교 인류학과를 졸업, 영남대학교대학원 졸업. 국립민속박물관 관장, 국립전주박물관 관장 역임. 현재 한국전통문화학교 총장. 저서로는《우리 민속 도감》,《서낭당》(공저)가 있다.

| 장숙환 | 이화여자대학교 사학과, 동 대학원 의류직물학과 졸업. 서울여자대학교 의류학과 박사과정 수료. 현재 이화여자대학교 생활환경대학 의류직물학과 교수이며, 동 대학 담인복식미술관 관장. 저서로는《전통장신구》,《전통남자장신》,《실물로 본 한국 전통 복식의 양식》(공저) 등이 있다.

| 정양모 | 서울대학교 사학과 졸업. 한국미술사학회 회장, 국립경주박물관 관장, 국립중앙박물관 관장 역임. 현재 연세대학교 국학연구원 객원교수·문화재위원, 문화재위원회 위원장. 저서로는《고려청자》,《너그러움과 해학》등이 있다.

| 진태하 | 국립대만사범대학 대학원 중국문화과 박사과정 졸업. 현재 명지대학교 국어국문학과 명예교수, 한국국어교육학회 명예회장, 전국한자교육추진총연합회 상임집행위원장. 저서로《生活漢文》,《아, 白頭山》,《東方文字뿌리》,《漢字를 가장 쉽게 익히기》,《IQ EQ 도전 漢字 1, 2, 3, 部首編》,《완전정복 취업漢字》외 다수가 있다.

| 최강현 | 홍익대학교 국어국문학과 교수 역임. 저서로는《한국기행문학연구》,《한국기행가사연구》,《한국고전 수필신강》,《조선외교관이 본 영치시대 일본》,《조선시대 포쇄일기》,《미수 허목의 기행문학》,《계해 수로 조천록》,《감사 수로 조천록》,《휴당의 연행일기 1·2》,《기행가사 자료선집 1》,《오우당 연행록》,《홍순학의 연행유기와 북원록》,《조선시대 우리 어머니》,《보진당연행일기》가 있다.

| 허 균 | 홍익대학교 동 대학원에서 한국미술사를 전공, 우리문화연구원장·문화관광부 문화재전문위원·문화재감정위원·문화재청 심사평가위원, 한국정신문화연구원 책임편수연구원 역임. 현재 한국민예미술 연구소장으로 활동 중. 저서로는《전통미술의 소재와 상징》,《고궁산책》,《전통문양》,《문화재 및 전통문화 관리기능의 효율적 방안연구》(공저),《뜻으로 풀어본 우리 옛그림》,《사찰장식 그 빛나는 상징의 세계》,《한국의 정원, 선비들이 거닐던 세계》,《한국인의 미의식》등이 있다.

비교문화상징사전
한·중·일 문화코드읽기는
동북아시아의 문화적 이해를 돕고자
유한킴벌리의 지원으로 출판됩니다.

한·중·일 문화코드읽기 | 비교문화상징사전

대나무

책임편집 | 이어령
펴낸이 | 노영혜

기획위원 | 문국현 이은욱
편집위원 | (고)이규태 박석기 정철진

편집책임 | 오세기
편집진행 | 이영란
경영관리 | 윤재환
경영지원 | 김영수 손경자
마케팅 | 김상수 김종찬 심미화
제작 | 이창형
본문 디자인 | 완자무늬

펴낸곳 | (주)도서출판 종이나라
        경기도 양주시 광적면 우고리 86-4 (우 482-845)
        서울사무소 | 서울시 중구 장충동1가 62-35 종이나라빌딩 6층 (우 100-391)
        전화 | 02-2264-7667 FAX | 02-2264-0671
        홈페이지 | www.jongienara-book.co.kr

등록일자 1990. 3. 27
등록번호 제1호

초판 1쇄 인쇄 2006. 1. 1
초판 3쇄 발행 2006. 9. 30

ⓒ 유한킴벌리(주), 2005
이 책의 저작권은 유한킴벌리(주)에 있으며, 내용과 그림은 허락 없이 사용할 수 없습니다.
이 책의 판매권은 (주)도서출판 종이나라에 있습니다.

ISBN 89-7622-403-5 04380
세 트 89-7622-400-0 04380

·저작권자와 협의하여 인지는 붙이지 않습니다.
·잘못 만들어진 책은 바꿔 드립니다.

※ 알림: 〈한·중·일 문화코드읽기〉에 게재된 참고 도판은 사전합의에 의해 사용했으며, 저작권자의 소재
파악이 불가능한 몇몇 도판은 부득이하게 게재했사오니 연락주시면 소정의 게재료를 지불하겠습니다.
이 점 양지해 주시기 바랍니다.